计算机基础与实训教材系列

U0731295

Excel财务会计实战应用

（第三版）

姬昂　崔杰　崔婕 编著

清华大学出版社

北　京

内 容 简 介

本书结合 2007 年新会计准则，从 Excel 2010 的基础知识入手，以企业的会计核算流程为主线，采用循序渐进的讲解方法，由浅入深地介绍如何利用 Excel 解决企业会计核算和财务分析等问题。本书主要包括 Excel 概述、Excel 基础知识、Excel 高级应用、Excel 在会计凭证中的应用、Excel 在会计账簿中的应用、Excel 在会计报表中的应用、Excel 会计核算案例、Excel 在工资核算中的应用、Excel 在应收账款中的应用、Excel 在固定资产管理中的应用、Excel 在财务分析中的应用以及 Excel 在财务管理中的应用等内容。本书中运用大量实例对 Excel 的各种应用进行了详细介绍。

本书内容翔实、结构清晰、图文并茂、通俗易懂，既突出基础性内容，又重视实践性应用，具有很强的实用性和可操作性，易学易懂。每章都穿插了大量极富实用价值的示例，并对重要的知识和应用技巧进行了归纳和总结。每章末尾都安排了有针对性的思考练习，以便读者巩固所学的基本概念和知识，同时可以培养实际应用能力。本书可作为高等院校信息系统专业、信息管理专业、会计电算化专业及相关专业的教材，还可作为 Excel 会计应用的培训教材，也是广大 Excel 使用者不可多得的一本参考书。

本书的教学课件、实例源文件和习题答案可以到 http://www.tupwk.com.cn/edu 网站下载。

图书在版编目(CIP)数据

Excel 财务会计实战应用 / 姬昂，崔杰，崔婕编著. — 3 版. — 北京：清华大学出版社，　2014
(计算机基础与实训教材系列)
ISBN 978-7-302-35662-2

Ⅰ．①E… Ⅱ．①姬… ②崔… ③崔… Ⅲ. ①表处理软件－应用－财务会计－教材 Ⅳ.①F234.4-39

中国版本图书馆 CIP 数据核字(2014)第 052998 号

责任编辑：胡辰浩　袁建华
装帧设计：牛艳敏
责任校对：成凤进
责任印制：李红英

出版发行：清华大学出版社
　　　　　网　　址：http://www.tup.com.cn，http://www.wqbook.com
　　　　　地　　址：北京清华大学学研大厦 A 座　　　　邮　　编：100084
　　　　　社 总 机：010-62770175　　　　　　　　　邮　　购：010-62786544
　　　　　投稿与读者服务：010-62776969，c-service@tup.tsinghua.edu.cn
　　　　　质 量 反 馈：010-62772015，zhiliang@tup.tsinghua.edu.cn
　　　　　课 件 下 载：http://www.tup.com.cn，010-62796045
印 刷 者：北京富博印刷有限公司
装 订 者：北京市密云县京文制本装订厂
经　　销：全国新华书店
开　　本：190mm×260mm　　印　张：21　　　字　数：551 千字
版　　次：2009 年 4 月第 1 版　　2014 年 5 月第 3 版　　印　次：2014 年 5 月第 1 次印刷
印　　数：1～3500
定　　价：38.00 元

产品编号：055719-01

编审委员会

丛书序

计算机已经广泛应用于现代社会的各个领域，熟练使用计算机已经成为人们必备的技能之一。因此，如何快速地掌握计算机知识和使用技术，并应用于现实生活和实际工作中，已成为新世纪人才迫切需要解决的问题。

为适应这种需求，各类高等院校、高职高专、中职中专、培训学校都开设了计算机专业的课程，同时也将非计算机专业学生的计算机知识和技能教育纳入教学计划，并陆续出台了相应的教学大纲。基于以上因素，清华大学出版社组织一线教学精英编写了这套"计算机基础与实训教材系列"丛书，以满足大中专院校、职业院校及各类社会培训学校的教学需要。

一、丛书书目

本套教材涵盖了计算机各个应用领域，包括计算机硬件知识、操作系统、数据库、编程语言、文字录入和排版、办公软件、计算机网络、图形图像、三维动画、网页制作以及多媒体制作等。众多的图书品种可以满足各类院校相关课程设置的需要。

⊙　已出版的图书书目

《计算机基础实用教程(第二版)》	《中文版 Office 2007 实用教程》
《计算机基础实用教程(Windows 7+Office 2010 版)》	《中文版 Word 2007 文档处理实用教程》
《电脑入门实用教程(第二版)》	《中文版 Excel 2007 电子表格实用教程》
《电脑入门实用教程(Windows 7+Office 2010)》	《Excel 财务会计实战应用（第二版）》
《电脑办公自动化实用教程（第二版）》	《中文版 PowerPoint 2007 幻灯片制作实用教程》
《计算机组装与维护实用教程（第二版）》	《中文版 Access 2007 数据库应用实例教程》
《中文版 Word 2003 文档处理实用教程》	《中文版 Project 2007 实用教程》
《中文版 PowerPoint 2003 幻灯片制作实用教程》	《中文版 Office 2010 实用教程》
《中文版 Excel 2003 电子表格实用教程》	《中文版 Word 2010 文档处理实用教程》
《中文版 Access 2003 数据库应用实用教程》	《中文版 Excel 2010 电子表格实用教程》
《中文版 Project 2003 实用教程》	《中文版 PowerPoint 2010 幻灯片制作实用教程》
《中文版 Office 2003 实用教程》	《Access 2010 数据库应用基础教程》
《中文版 Word 2010 文档处理实用教程》	《中文版 Access 2010 数据库应用实例教程》
《中文版 Excel 2010 电子表格实用教程》	《中文版 Project 2010 实用教程》
《计算机网络技术实用教程》	《Word+Excel+PowerPoint 2010 实用教程》
《中文版 AutoCAD 2012 实用教程》	《中文版 AutoCAD 2013 实用教程》

《AutoCAD 2014 中文版基础教程》	《中文版 AutoCAD 2014 实用教程》
《中文版 Photoshop CS5 图像处理实用教程》	《中文版 Photoshop CS6 图像处理实用教程》
《中文版 Dreamweaver CS5 网页制作实用教程》	《中文版 Dreamweaver CS6 网页制作实用教程》
《中文版 Flash CS5 动画制作实用教程》	《中文版 Flash CS6 动画制作实用教程》
《中文版 Illustrator CS5 平面设计实用教程》	《中文版 Illustrator CS6 平面设计实用教程》
《中文版 InDesign CS5 实用教程》	《中文版 InDesign CS6 实用教程》
《中文版 CorelDRAW X5 平面设计实用教程》	《中文版 CorelDRAW X6 平面设计实用教程》
《网页设计与制作(Dreamweaver+Flash+Photoshop)》	《Mastercam X5 实用教程》
《ASP.NET 3.5 动态网站开发实用教程》	《Mastercam X6 实用教程》
《ASP.NET 4.0 动态网站开发实用教程》	《多媒体技术及应用》
《Java 程序设计实用教程》	《中文版 Premiere Pro CS4 多媒体制作实用教程》
《C#程序设计实用教程》	《中文版 Premiere Pro CS5 多媒体制作实用教程 》
《SQL Server 2008 数据库应用实用教程》	《Windows 8 实用教程》
《Excel 财务会计实战应用（第三版）》	

二、丛书特色

1. 选题新颖，策划周全——为计算机教学量身打造

本套丛书注重理论知识与实践操作的紧密结合，同时突出上机操作环节。丛书作者均为各大院校的教学专家和业界精英，他们熟悉教学内容的编排，深谙学生的需求和接受能力，并将这种教学理念充分融入本套教材的编写中。

本套丛书全面贯彻"理论→实例→上机→习题"4 阶段教学模式，在内容选择、结构安排上更加符合读者的认知习惯，从而达到老师易教、学生易学的目的。

2. 教学结构科学合理，循序渐进——完全掌握"教学"与"自学"两种模式

本套丛书完全以大中专院校、职业院校及各类社会培训学校的教学需要为出发点，紧密结合学科的教学特点，由浅入深地安排章节内容，循序渐进地完成各种复杂知识的讲解，使学生能够一学就会、即学即用。

对教师而言，本套丛书根据实际教学情况安排好课时，提前组织好课前备课内容，使课堂教学过程更加条理化，同时方便学生学习，让学生在学习完后有例可学、有题可练；对自学者而言，可以按照本书的章节安排逐步学习。

3. 内容丰富、学习目标明确——全面提升"知识"与"能力"

本套丛书内容丰富，信息量大，章节结构完全按照教学大纲的要求来安排，并细化了每一章内容，符合教学需要和计算机用户的学习习惯。在每章的开始，列出了学习目标和本章重点，便于教师和学生提纲挈领地掌握本章知识点，每章的最后还附带有上机练习和习题两部分内容，教师可以参照上机练习，实时指导学生进行上机操作，使学生及时巩固所学的知识。自学者也可以按照上机练习内容进行自我训练，快速掌握相关知识。

4. 实例精彩实用，讲解细致透彻——全方位解决实际遇到的问题

本套丛书精心安排了大量实例讲解，每个实例解决一个问题或是介绍一项技巧，以便读者在最短的时间内掌握计算机应用的操作方法，从而能够顺利解决实践工作中的问题。

范例讲解语言通俗易懂，通过添加大量的"提示"和"知识点"的方式突出重要知识点，以便加深读者对关键技术和理论知识的印象，使读者轻松领悟每一个范例的精髓所在，提高读者的思考能力和分析能力，同时也加强了读者的综合应用能力。

5. 版式简洁大方，排版紧凑，标注清晰明确——打造一个轻松阅读的环境

本套丛书的版式简洁、大方，合理安排图与文字的占用空间，对于标题、正文、提示和知识点等都设计了醒目的字体符号，读者阅读起来会感到轻松愉快。

三、读者定位

本丛书为所有从事计算机教学的老师和自学人员而编写，是一套适合于大中专院校、职业院校及各类社会培训学校的优秀教材，也可作为计算机初、中级用户和计算机爱好者学习计算机知识的自学参考书。

四、周到体贴的售后服务

为了方便教学，本套丛书提供精心制作的 PowerPoint 教学课件(即电子教案)、素材、源文件、习题答案等相关内容，可在网站上免费下载，也可发送电子邮件至 wkservice@vip.163.com 索取。

此外，如果读者在使用本系列图书的过程中遇到疑惑或困难，可以在丛书支持网站(http://www.tupwk.com.cn/edu)的互动论坛上留言，本丛书的作者或技术编辑会及时提供相应的技术支持。咨询电话：010-62796045。

前言

Excel 是 Office 系列软件中创建和管理电子表格的应用软件,不仅具有强大的制表和绘图功能,而且还内置了数学、财务、统计和工程等多种函数,同时也提供了数据管理与分析等多种方法和工具。它可以进行各种数据处理、统计分析和辅助决策操作,被广泛地运用于财务、会计以及管理工作等多个方面。

本书从教学实际需求出发,合理安排知识结构,从零开始、由浅入深、循序渐进地讲解 Excel 在会计和财务中的应用。本书共分为 12 章,主要内容如下:

第 1 章简单介绍了 Excel 的工作界面,使读者对 Excel 有初步的认识。

第 2 章介绍了单元格和工作表编辑的各种操作方法,公式、函数等功能在 Excel 中的应用。

第 3 章介绍了 Excel 的数据管理与分析、Excel 的图表、Excel 图形等高级功能的使用,使读者对 Excel 的掌握再上一个新台阶。

第 4 章介绍了如何利用 Excel 建立会计科目表,编制会计凭证。

第 5 章介绍了如何利用 Excel 建立日记账、总分类账、明细分类账、科目汇总表、科目余额表。

第 6 章介绍了如何利用 Excel 编制资产负债表、利润表、现金流量表等会计报表。

第 7 章介绍了使用 Excel 进行会计核算的综合案例。运用第 4~6 章所学的知识,进行企业的完整日常会计账务处理,使读者对使用 Excel 进行会计核算有更深入、更全面的认识。

第 8 章介绍了 Excel 在工资账务处理流程中的应用,主要包括工资数据的查询、汇总分析等。

第 9 章介绍了 Excel 在应收账款管理中的应用,主要包括应收账款账龄分析,坏账计算等。

第 10 章介绍了 Excel 管理固定资产的运用,主要包括如何计算固定资产的累计折旧、账面价值等。

第 11 章介绍了 Excel 针对编制完成的财务会计报表进行财务分析的应用,主要包括利用 Excel 对企业财务报表进行比率分析、趋势分析、比较分析和综合财务分析等。

第 12 章介绍了如何运用 Excel 中的财务函数,对筹资、投资中的相关问题进行分析等。

本书图文并茂、条理清晰、通俗易懂、内容丰富,在讲解每个知识点时都配有相应的实例,方便读者上机实践。同时在难于理解和掌握的部分内容给出相关提示,让读者能够快速地提高操作技能。此外,本书配有大量综合实例和练习,使读者在不断的实际操作中更加牢固地掌握书中讲解的内容。

本书是多人智慧的集成,作者们从事多年的教学工作,并具有丰富的实践经验。本书由姬昂担任主编,负责大纲拟定、全书总纂,崔婕、崔杰担任副主编。具体编写分工是:崔婕(第 1、5、6 章),姬昂(第 7、9、10、11 章),毕鹏翮(第 2、3 章),崔杰(第 8、12 章)。除以上作者外,本书编纂工作还得到了高光辉、穆乐福、董帅、付强、宁震霖、何保国、范新安、游雅娟、任丽丽、贾跃杰、任运成、高晓红、孙成洪、李永利等人的支持与帮助,在此向他们表示感谢。在本书的编写过程中,参考了一些相关著作和文献,在此向这些文献的作者深表感谢。由于作者水平有限,本书不足之处在所难免,欢迎广大读者批评指正。我们的邮箱是 huchenhao@263.net,电话是 010-62796045。

作　者

2013 年 12 月

推荐课时安排

章　名	重点掌握内容	教学课时
第 1 章　Excel 概述	1. 认识 Excel 的工作界面 2. 熟悉自定义工作环境	1 学时
第 2 章　Excel 基础知识	1. 掌握 Excel 的基本操作 2. 了解 Excel 的公式并熟练运用 3. 了解 Excel 的常用函数并可以灵活运用	5 学时
第 3 章　Excel 高级应用	1. 掌握数据管理与分析的方法 2. 使用 Excel 创建图表 3. 在 Excel 中添加图形	3 学时
第 4 章　Excel 在会计核算中的应用——凭证	1. 了解会计凭证有关基本概念 2. 掌握如何建立会计科目表 3. 掌握修改和删除会计科目 4. 掌握如何建立会计凭证表	3 学时
第 5 章　Excel 在会计核算中的应用——账簿	1. 了解会计账簿有关基本概念 2. 掌握设置【借贷不平衡】的自动提示 3. 掌握利用数据透视表功能建立总分类账、明细分类账、科目汇总表 4. 掌握如何建立科目余额表 5. 利用函数组合填制科目余额表	6 学时
第 6 章　Excel 在会计核算中的应用——报表	1. 了解会计报表的概念 2. 掌握如何建立并编制资产负债表 3. 掌握如何建立并编制利润表 4. 了解现金流量表的建立及编制	4 学时
第 7 章　Excel 在会计核算中的应用——综合实例	1. 掌握会计核算程序 2. 利用前述知识进行完整的会计核算	4 学时
第 8 章　Excel 在财务中的应用——工资核算	1. 掌握制作员工工资表 2. 掌握工资项目的设置 3. 掌握工资数据的查询与汇总分析 4. 掌握打印工资发放条 5. 数据简单和高级排序 6. 数据的筛选和分类汇总	2 学时

(续表)

章 名	重 点 掌 握 内 容	教 学 课 时
第 9 章 Excel 在财务中的应用—— 应收账款管理	1. 应收账款管理概述 2. 应收账款统计 3. 逾期应收账款分析 4. 应收账款账龄分析	2 学时
第 10 章 Excel 在财务中的应用—— 固定资产管理	1. 固定资产概述 2. 掌握如何建立并填写固定资产卡片账 3. 掌握如何计算固定资产的累计折旧 4. 掌握如何计算固定资产的账面价值	2 学时
第 11 章 Excel 在财务中的应用—— 财务分析	1. 掌握如何进行比率分析 2. 掌握如何进行趋势分析 3. 掌握如何进行比较分析 4. 掌握如何进行综合财务分析	3 学时
第 12 章 Excel 在财务中的应用—— 筹资与投资	1. 掌握货币时间价值的计量 2. 掌握资本成本的计量 3. 掌握如何进行基本项目投资评价	2 学时

目 录

CONTENTS

计算机基础与实训教材系列

计算机基础与实训教材系列

第 1 章

Excel 概述

学习目标

本章主要帮助初学者建立对 Excel 的感性认识。学习完本章后读者要熟悉 Excel 的工作界面；了解 Excel 的菜单类型以及操作；学会识别各种命令符号的含义；掌握快捷键的使用；学会 Excel 对话框的使用；了解对话框中各选项的作用及其操作方法。

本章重点

- ◉ 认识 Excel 的工作界面
- ◉ 熟悉自定义工作环境

1.1 Excel 的工作界面

随着计算机对人类社会的全方位渗透，面向各行各业的计算机应用软件应运而生。其中电子报表软件因给人们提供了一种高效的数据通信、组织、管理和分析工具，而备受众人瞩目。Excel 是微软公司 Office 办公系列软件中的电子表格处理软件。它是目前市场上最强大的电子表格制作软件，和 Word、PowerPoint 和 Access 等软件一起，构成了 Office 办公软件的完整体系。它不仅具有强大的数据组织、计算、分析和统计功能，而且可以通过图表、图形等多种形式将处理结果形象地显示出来，还能够方便地与 Office 其他软件互相调用数据，并能够通过 Internet 功能实现资源共享。对于未使用过 Excel 的用户来说，第一次使用 Excel 时，会因不熟悉它的界面、菜单栏和工具栏而不知所措。本章的主要目的便是帮助 Excel 初学者建立对 Excel 的感性认识。

Excel 2010 是微软公司于 2010 年推出的 Office 办公软件中的一个组件，相比之前推出的 Excel 2003 和 Excel 2007，Excel 2010 有了较大的变化。

Excel 2010 的工作界面由【快速访问】工具栏、标题栏、功能区、编辑栏、工作表编辑区、状态栏和滚动条等部分组成，如图 1-1 所示。

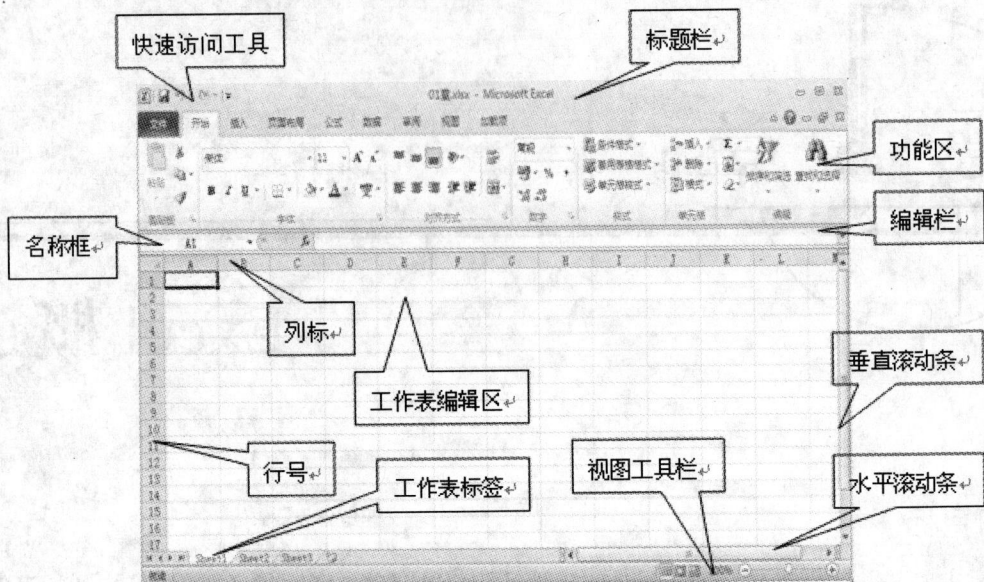

图 1-1　Excel 2010 的工作界面

1.1.1　Excel 2010 的新功能

1.【文件】按钮

在 Excel 2010 中,添加了【文件】按钮。单击【文件】按钮,将打开【文件】面板(Microsoft Office Backstage)。Microsoft Office Backstage 视图取代了传统的【文件】菜单,用户只需通过单击,即可执行与工作簿相关的各项操作,如图 1-2 所示。

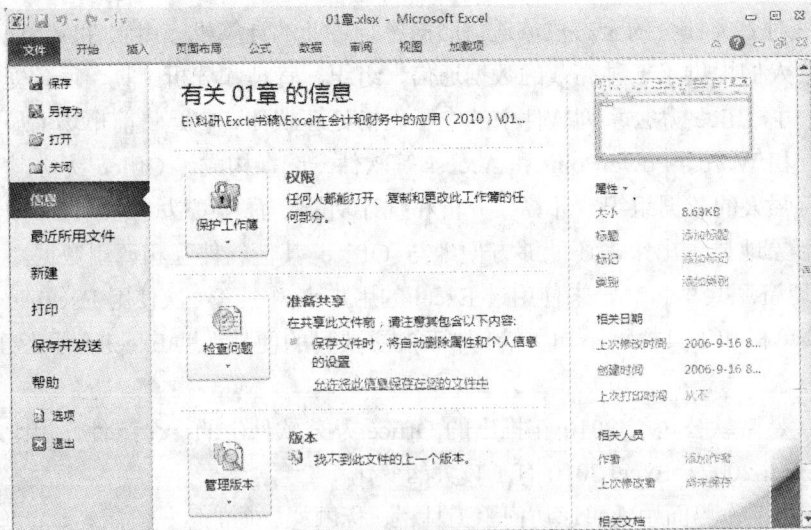

图 1-2　【文件】面板

2. 迷你图功能

迷你图是 Excel 2010 中的一个新功能。借助迷你图功能,用户可以在同一单元格中创建小图表,从而快速查看数据模型,如图 1-3 所示(C3 单元格)。迷你图可以显示一系列数值的趋势,或者可以突出显示最大值和最小值。

3. 智能粘贴功能

Excel 2010 的粘贴功能有较大改进,菜单格式的改变使粘贴更加易于使用,如图 1-4 所示。粘贴菜单上的图表会根据复制的源对象来自动调整各自的功能。

图 1-3 迷你图表

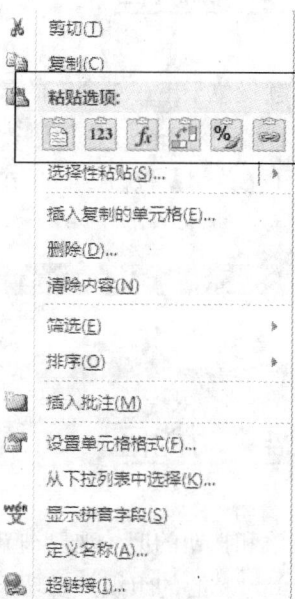

图 1-4 智能粘贴功能

①.1.2 快速访问工具栏

快速访问工具栏是 Excel 窗口左上角的一个工具栏,其中包含【保存】按钮 、【撤销】按钮 和【恢复】按钮 。如图 1-5 所示为快速访问工具栏。

图 1-5 快速访问工具栏

快速访问工具栏可以放置在功能区的下方。右击快速访问工具栏,在弹出的快捷菜单中选择【在功能区下方显示快速访问工具栏】命令,如图 1-6 所示。快速访问工具栏将移动到功能区的下方,效果如图 1-7 所示。单击快速访问工具栏右侧的【自定义快速访问工具栏】按钮 ,在弹出的【自定义快速访问工具栏】菜单中选择【在功能区下方显示】命令,也可以将快速访问工具栏移动到功能区下方。

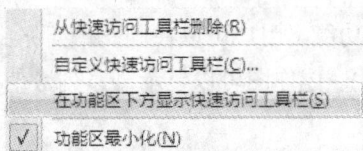

图 1-6　选择【在功能区下方显示快速访问工具栏】命令　　图 1-7　快速访问工具栏移动到功能区的下方

1.1.3　标题栏

标题栏位于 Excel 窗口的最上方，用于显示当前工作簿和窗口名称，如图 1-8 所示。标题栏的最右端是对 Excel 窗口进行操作的 3 个按钮，分别为【最小化】按钮、【最大化/还原】按钮和【关闭】按钮，单击相应按钮即可对窗口进行相应的操作。

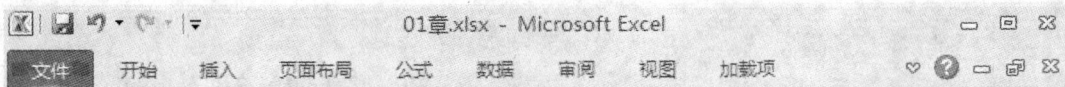

图 1-8　标题栏

1.1.4　功能区

菜单和按钮的旧外观已被新的功能区取代，Excel 2007 放弃了沿用多年的下拉菜单，将各个命令经过精心的组织，以功能区这一全新的面貌出现。Excel 2010 仍沿用了 Excel 2007 中的功能区。功能区位于标题栏的下方，由一排选项卡组成较宽的带形区域，其中包含各种按钮和命令，如图 1-9 所示。默认情况下，功能区由【文件】、【开始】、【插入】、【页面布局】、【公式】、【数据】、【审阅】、【视图】和【加载项】9 个选项卡组成。

图 1-9　功能区

选项卡构成中的专有名词如下。

(1) 选项卡：每个选项卡代表在 Excel 中或者执行的一组的核心任务，如图 1-10 所示。

(2) 组：每个选项卡包含一些功能类似的组并且将组中相关项显示在一起，如图 1-10 所示。

(3) 命令：选项卡的各种按钮或者菜单项，如图 1-10 所示。

選項卡　　　組　　　命令

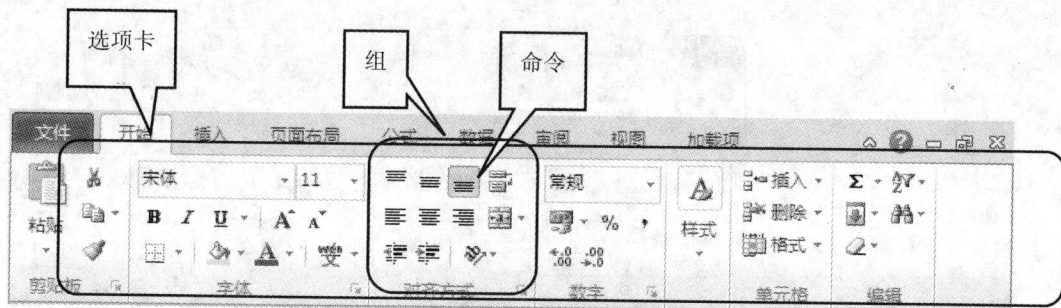

图 1-10　选项卡、组、命令

使用功能区的方法很简单，只需单击需要使用的功能按钮即可。使用鼠标指向某个功能按钮并在其上停留片刻，将会出现该按钮的功能说明。

有些功能按钮含有下拉箭头，单击该箭头可以打开下拉库，从中可以选择该功能的子功能，如图 1-11 所示，下拉库在很大程度上将复杂的对话框设置简化。

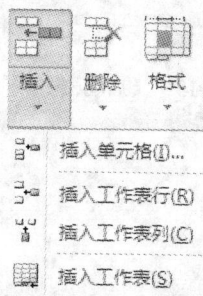

图 1-11　下拉库

如果需要将功能区最小化，以便为工作区留出更多的空间。将鼠标移至功能区并右击，在弹出的【自定义快速访问工具栏】菜单中选择【功能区最小化】命令，功能区将会隐藏起来，如图 1-12 所示。

图 1-12　功能区最小化

1.1.5　【启动器】按钮

【启动器】按钮位于选项卡中某个组中的右下方，单击如图 1-13 所示的【启动器】按钮即可打开对应组的对话框或者任务空格。

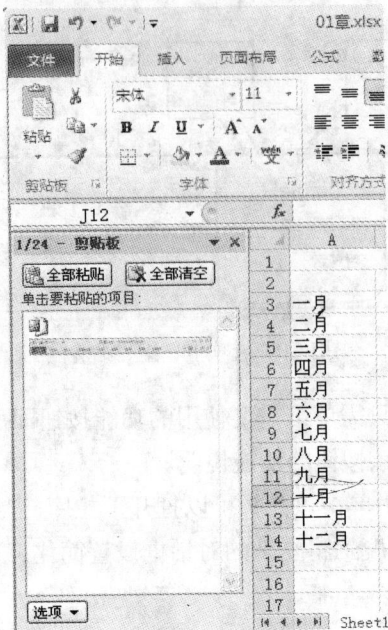

图 1-13 【启动器】按钮

①1.6 名称框与编辑栏

名称框和编辑栏位于功能区的下方，如图 1-14 所示。名称框用于显示所选单元格或单元格区域的名称，如果单元格还未命名，则名称框显示该单元格的坐标。编辑栏用于显示活动单元格中的数据或公式。

图 1-14 名称框和编辑栏

①1.7 工作表编辑区

工作表编辑区是 Excel 的主要工作区，是由行线和列线组成的表格区域，用于显示或者编辑工作表中的数据。它是占据屏幕最大且用于记录数据的区域，所有的信息都将存放在这张表中。如图 1-15 所示为工作表编辑区。

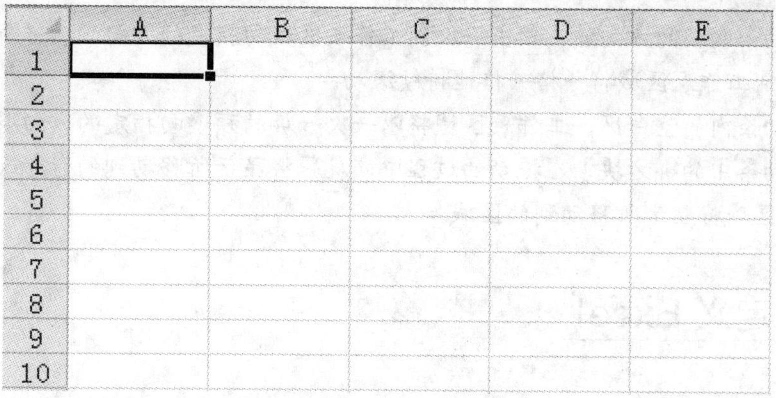

图 1-15　工作表编辑区

1.1.8　【工作表】标签

　　【工作表】标签位于工作表区域的左下方，如图 1-16 所示。【工作表】标签用于显示工作表的名称，可以通过单击这些标签来切换工作表，即只需单击【工作表】标签就可以激活相应的工作表。

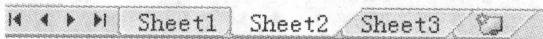

图 1-16　【工作表】标签

1.1.9　状态栏

　　状态栏位于工作表区域的下方，如图 1-17 所示。在状态栏中，不仅可以显示当前命令或操作的相关信息，而且可以根据当前的操作显示相应的提示信息。

图 1-17　状态栏

　　默认情况下，在状态栏的右侧显示【视图】工具栏。【视图】工具栏中列有【视图快捷方式】按钮、【显示比例】按钮和【显示比例】区域。使用【视图】工具可以快速选择合适的视图方式和设置工作表编辑区的显示比例。

1.1.10　水平、垂直滚动条

　　水平、垂直滚动条分别位于工作表区域的右下方和右边，如图 1-1 所示。水平、垂直滚动条用于在水平、垂直方向改变工作表的可见区域。滚动条的使用方法有以下 3 种。

(1) 单击滚动条两端的方向键，单击一次则工作表区域向指定的方向滚动一个单元格位置；如果按住鼠标，则工作表区域将一格一格地持续滚动。

(2) 单击滚动条内的空白区，工作表区域将以一次一屏的频率向指定的方向滚动。

(3) 拖动滚动条中的小方块，在拖动的过程中，屏幕将显示所移动到的行号或者列号，释放鼠标后，工作表区域将显示所移动到的区域。

1.2 自定义 Excel

用户在使用 Excel 2010 进行数据处理时，要对工作环境中的某些参数进行设置，如设置工作表中网格线的颜色、设置是否显示滚动条等，可以通过系统设置来实现。

1.2.1 设置屏幕显示

工作表的多数操作都与定制的屏幕显示相关。例如，在工作表窗口中是否显示网格线，单元格中是否显示公式或值，以及显示或隐藏批注等。更改屏幕显示通常使用如图 1-18 所示的【视图】选项卡。

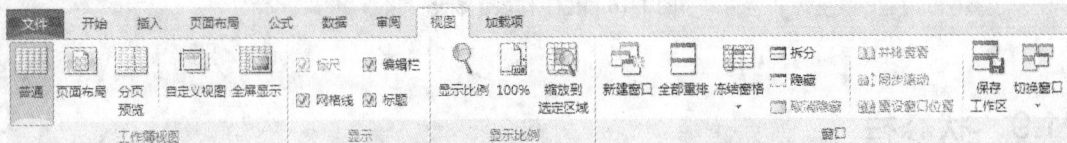

图 1-18 【视图】选项卡

【视图】选项卡由以下 4 个选项组组成，其中各选项组的含义如下。

1．【工作簿视图】选项组

该选项组用于控制查看、显示或者预览文档的外观。

2．【显示/隐藏】选项组

该选项组用于控制是否在 Excel 2010 中显示编辑栏、网格线和标题的窗口，用户只需选中或取消相应的命令按钮即可。

3．【显示比例】选项组

该选项组用于控制文档的缩放显示，使文档缩放为用户所需的比例要求。单击【显示比例】按钮，选择所需的显示比例，然后单击【确定】按钮即可。

4．【窗口选项】选项组

该选项组用于设置工作窗口显示要求。

1.2.2 设置默认值

如果不对 Excel 2010 进行设置，Excel 2010 系统将自动使用其默认设置。在实际应用中，如果一些经常用的默认值不符所需，可以对其进行修改。

1．设置默认文件位置

单击【文件】按钮，在打开的【文件】面板中单击【选项】按钮，打开【Excel 选项】对话框，在该对话框中单击【保存】标签，如图 1-19 所示。在该选项卡的【默认文件位置】文本框中输入默认文件夹的路径，然后单击【确定】按钮即可设置默认文件位置。

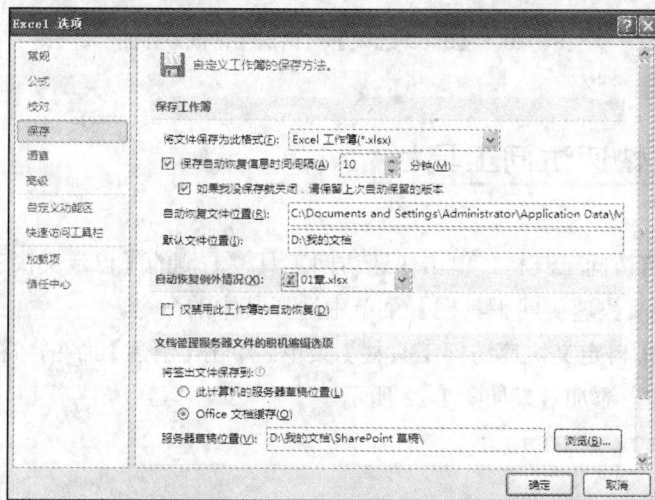

图 1-19　【Excel 选项】对话框【保存】界面

2．设置工作表中的字体和大小

单击【文件】按钮，在打开的【文件】面板中单击【选项】按钮，打开【Excel 选项】对话框，在该对话框中单击【常规】标签，如图 1-20 所示。在【新建工作簿时】组合框中单击【使用的字体】的下拉箭头，从该下拉列表中选择需要使用的字体，单击【字号】的下拉箭头，从该下拉列表中选择需要使用的字号，然后单击【确定】按钮即可设置工作表中的字体及其大小。

3．设置工作簿中工作表的数量

单击【文件】按钮，在打开的【文件】面板中单击【选项】按钮，打开【Excel 选项】对话框，在该对话框中单击【常规】标签，如图 1-20 所示。在【新建工作簿时】组合框中的【包含的工作表数】文本框中输入所需工作表的数量，然后单击【确定】按钮即可设置工作簿中工作表的数量。

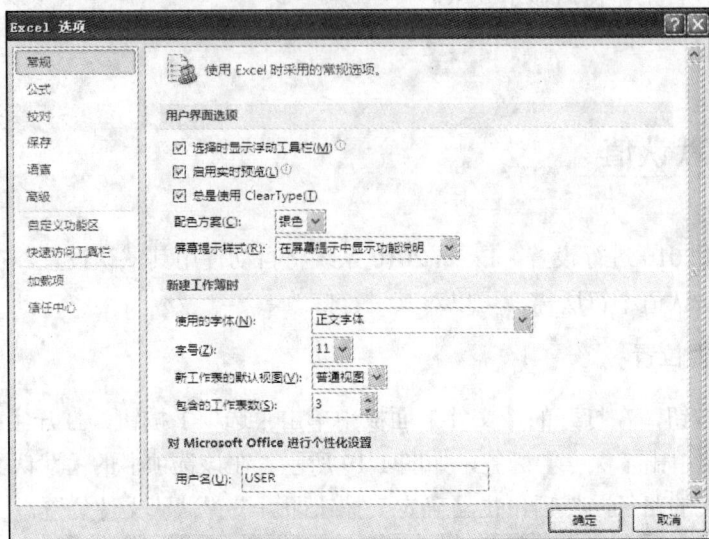

图 1-20　【Excel 选项】对话框【常规】界面

1.2.3　自定义快速访问工具栏

如果要自定义快速访问工具栏，单击快速访问工具栏右侧的【自定义快速访问工具栏】按钮，在弹出的【自定义快速访问工具栏】菜单中选择其中的命令。

如图 1-21 所示为【自定义快速访问工具栏】菜单。单击【新建】命令，将【新建】按钮添加到快速访问工具栏中，添加效果如图 1-22 所示。

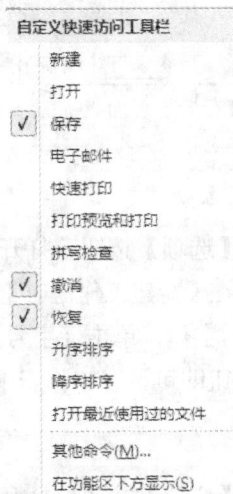

图 1-21　【自定义快速访问工具栏】菜单　　　图 1-22　添加【新建】按钮

Excel 2010 将某些早期版本中功能设定为选择性命令，如果在 Excel 2010 中使用这些命令，必须以自定义方式将该命令取出后，才可以执行该命令。具体操作步骤如下。

(1) 单击【文件】按钮，在打开的【文件】面板中单击【选项】按钮，打开【Excel 选项】对话框，在该对话框中单击【自定义功能区】标签，如图 1-23 所示。

图 1-23　【Excel 选项】对话框【自定义功能区】界面

(2) 在左侧的【从下列位置选择命令】列表中，单击所需的命令类别。在所选类别的命令列表中，选择要添加到快速访问工具栏的命令，单击【添加】按钮，该命令将被添加到右侧的命令列表中。单击【确定】按钮，该命令将被添加到快速访问工具栏。当不需要该命令时，在右侧的命令列表中选中要删除的命令，单击【删除】按钮即可。

1.3　上机练习

在【格式】菜单中添加【打印预览】命令。

1.4　习题

(1) 在 Excel 2010 中，添加了_____按钮。单击该按钮，打开的 Microsoft Office Backstage 视图取代了传统的文件菜单，用户只需通过单击，即可执行与工作簿相关的各项操作。

(2) _____用于显示工作表的名称，还可以进行工作表切换，只需单击_____就能够激活相应的工作表。

(3) 快速访问工具栏 Excel 标志右边的一个工具栏，其中包含_____、_____和_____。

(4) 默认情况下，Excel 功能区有_____、_____、_____、_____、_____、_____、_____、_____和_____ 9 个选项卡。

(5) 标题栏的最右端是对 Excel 窗口进行操作的 3 个按钮，分别是_____、_____和_____按钮。

(6) 编辑栏可以用来_____。

第2章

Excel 基础知识

学习目标

通过本章的学习，读者可以熟练使用 Excel 的基本功能进行数据处理。包括：熟悉各种单元格的编辑操作；掌握单元格的命名规则；熟悉工作表的各种操作；熟练使用打印预览功能；掌握公式的各种基本概念及公式的基本操作；掌握 Excel 函数的使用方法；掌握使用 Excel 提供的函数对工作表进行计算与分析。

本章重点

- 掌握 Excel 的基本操作
- 了解 Excel 的公式并熟练运用
- 了解 Excel 的常用函数并灵活运用

2.1 基本操作

Excel 的基本操作主要有以下内容：Excel 的基本操作对象、创建工作表、编辑工作表和修饰工作表等，下面进行详细介绍。

2.1.1 Excel 的操作对象

Excel 的基本操作对象包括单元格、工作表、工作簿和工作范围，下面分别对它们进行介绍。

1. 单元格

单元格是工作簿的基本对象的核心，也是组成 Excel 工作簿的最小单位，如图 2-1 所示，图中的白色长方格即为单元格。单元格可以记录字符或者数据。在 Excel 的操作中，一个单元格内记录信息的长短并不重要，关键是以单元格作为整体进行操作。实际上，单元格的长度、宽度以及单元格内字符串的类型可以根据需要进行改变。

单元格可以通过位置标识，每一个单元格均有对应的列号(列标)和行号(行标)。一般来说，B2、C4、D6 等即为相应的单元格位置，可以向上找到列号字母，再向左找到行号数字，将它们合在一起就可以作为该单元格的标识，如图 2-1 所示。

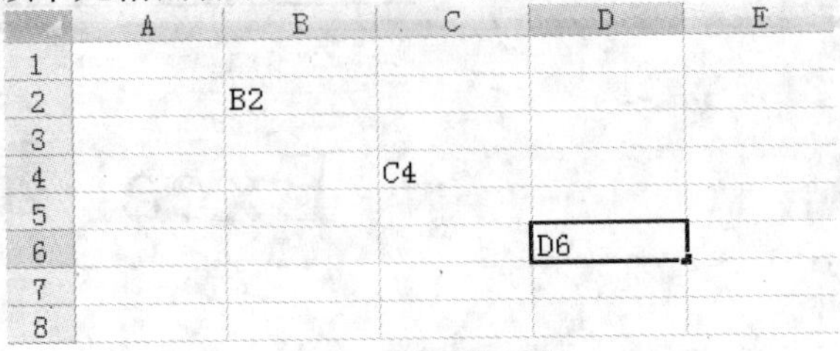

图 2-1　单元格示例

2. 工作表

使用工作表可以对数据进行组织和分析，可以同时在多张工作表上输入并编辑数据，并且可以对来自不同工作表的数据进行汇总计算。在创建图表之后，既可以将其置于源数据所在的工作表上，也可以置于单独的图表工作表上。如图 2-2 所示，工作表由单元格组成，纵向为列，分别以字母命名(A，B，C，…)；横向为行，分别以数字命名(1，2，3，…)。

工作表的名称显示于工作簿窗口底部的工作表标签上。要从一个工作表移动到另一工作表进行编辑，可以单击工作表标签。活动工作表的名称以单下划线显示。可以在同一工作簿内或两个工作簿之间对工作表进行改名、添加、删除、移动或复制等操作。

如图 2-2 所示的工作表，当前的名字为 Sheet1。每张工作表均有一个工作表标签与之对应，标签上的内容即为工作表的名字。一张工作表最多可以有 65536 行，256 列数据。将鼠标移至工作表中的某一单元格上单击，该单元格边框将变为粗黑线，表示该单元格被选中。在图 2-2 中，选中的单元格是 C6，即 C 列第 6 行。在工作表中选定单元格后即可在其中输入字符串、数字、公式和图表等信息。

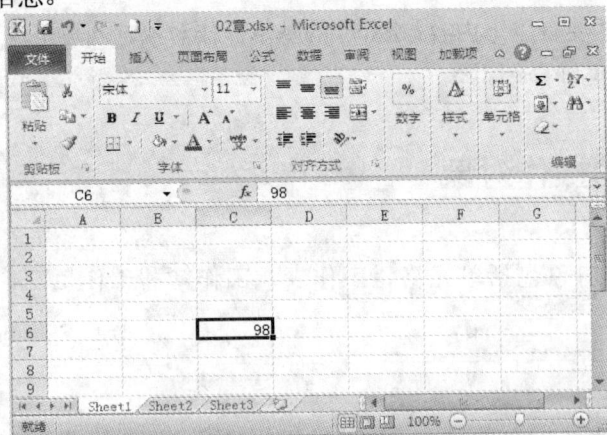

图 2-2　工作表

3. 工作簿

Excel 工作簿是计算和储存数据的文件，每一个工作簿都可以包含多张工作表，因此可在单个文件中管理各种类型的相关信息。如图 2-2 所示的工作簿有 3 个工作表，分别是 Sheet1、Sheet2 和 Sheet3，当前的工作表是 Sheet1。

在工作簿中，要切换到相应的工作表，只需要单击工作表标签，相应的工作表就会成为当前工作表，而其他工作表自动隐藏。如果要在屏幕上同时看到一个工作簿的多个工作表(比如 Sheet1 和 Sheet2)，只需打开该工作簿并且显示其中一个工作表 Sheet1，然后执行以下操作步骤：

(1) 选择【视图】|【新建窗口】命令。

(2) 单击新建窗口中的 Sheet2。

(3) 选择【视图】|【全部重排】命令，如图 2-3 所示。

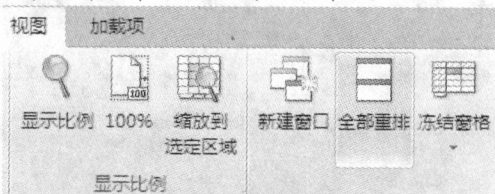

图 2-3 【视图】|【全部重排】命令

(4) 在如图 2-4 所示的【重排窗口】对话框中，选择【垂直并排】单选按钮，单击【确定】按钮，就可以同时看到工作簿中的 Sheet1 和 Sheet2 工作表了，如图 2-5 所示。

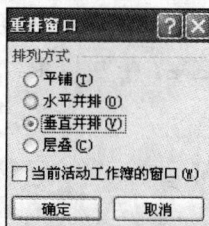

图 2-4 【重排窗口】对话框

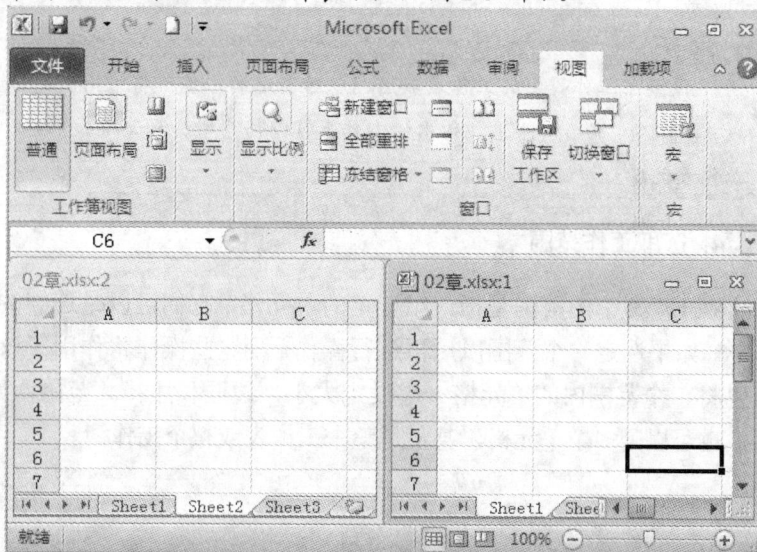

图 2-5 一个工作簿显示多个工作表

如果工作中需要同时打开多个工作簿进行编辑，可以在打开多个工作簿后，参照以上步骤进行操作。

一个工作簿包含多少工作表可以根据用户的需要决定，具体修改步骤如下：

(1) 打开【文件】选项卡，选择【选项】命令，将打开【Excel 选项】对话框。

(2) 在该对话框的【常规】界面中，修改【包含的工作表数】后面文本框中的数字，然后单击【确定】按钮，如图 2-6 所示。

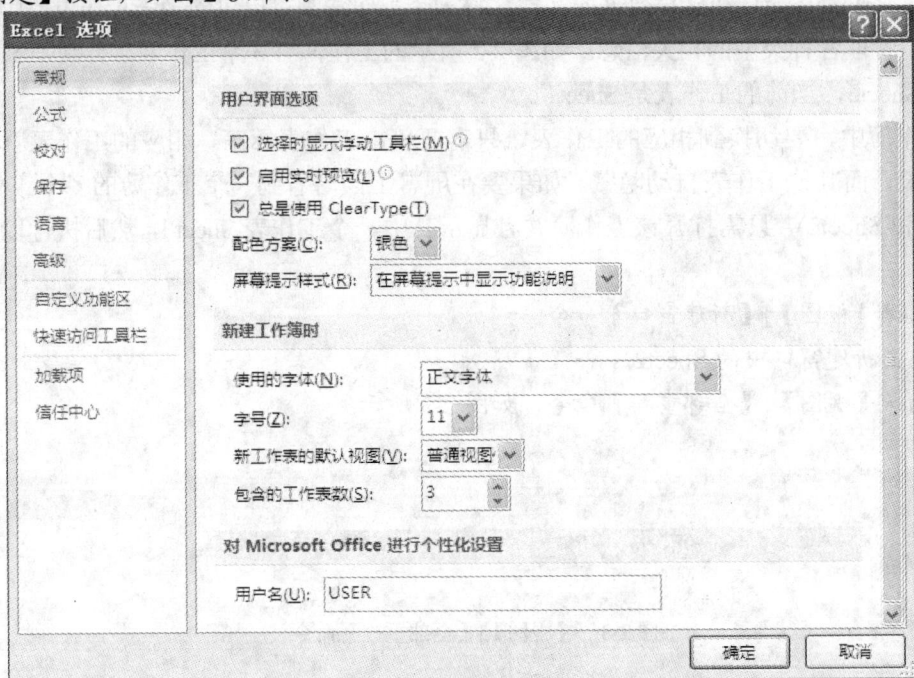

图 2-6 设置工作表数目

提示

设置了工作簿内的工作表数后，以后新建的工作簿将采用新的工作表数目，当前工作簿的工作表数并不改变，而且一个工作簿中的工作表可以任意增加和删减，上述方法只是用来设置新建工作簿中的工作表数目。

4. 选取工作范围

在 Excel 中的范围是指一组选定的单元格，它们可以是连续的，也可以是离散的，如图 2-7 所示。如果选定一个范围以后再进行操作，则这些操作将作用于该范围内的所有单元格。例如，可以将一个范围内的单元格一起设定大小、边框和注释。范围由用户选定，它可以是一个单元格，也可以是多个单元格，甚至是整个工作表或整个工作簿。

图 2-7 工作范围

工作范围是一个单元格的操作很简单，只需单击该单元格即可选中该工作范围。但是一般情况下都是选中若干个单元格，主要分以下几种情况。

- 如果要选中工作表中的一片连续区域，可以先单击要选区域一角的单元格，然后拖动鼠标。此时屏幕上会出现一片黑色区域，拖动鼠标，使这片黑色区域刚好包含要选中的区域，释放鼠标，此区域被选中为工作范围。
- 如果要选定几片不相连的区域或单元格，可以按住 Ctrl 键，再选择单个或多个单元格就可以选出所需的工作范围。
- 如果要选中一行或一列，可以单击列号区的字母或者行号区的数字，则该列或者该行将被选中为工作范围。

2.1.2 创建工作簿

创建工作簿也就是新建一个 Excel 文档，可使用以下几种常用方法创建工作簿。

1. 启动 Excel 2010，自动创建工作簿

启动 Excel 2010，Excel 将自动创建一个空白工作簿，如图 2-8 所示。

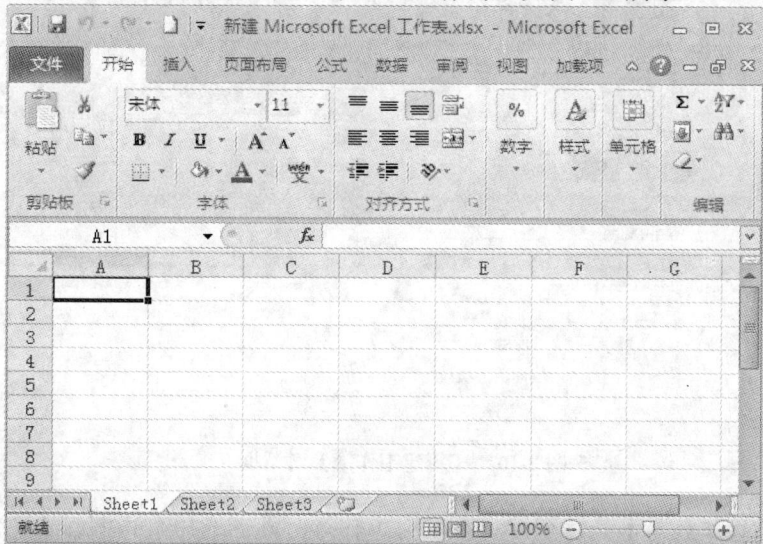

图 2-8 启动 Excel 2010 自动创建工作簿

2. 使用【新建】按钮创建工作簿

启动 Excel 2010，单击【快速访问工具栏】中的【新建】按钮，Excel 将创建一个名为"工作簿 1"的空白工作簿，如图 2-9 所示。

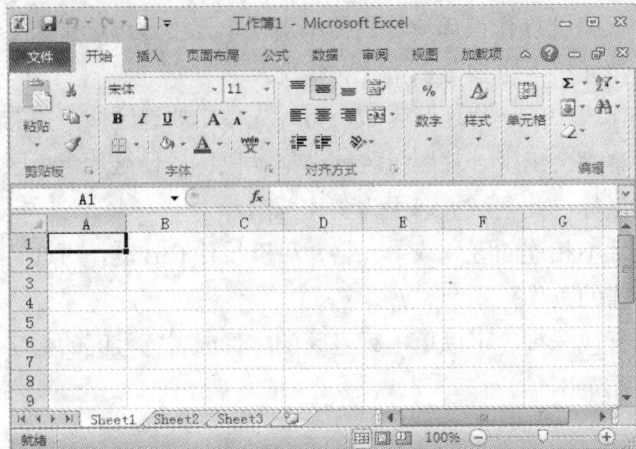

图 2-9　使用【新建】按钮创建工作簿

3. 使用【文件】选项卡

(1) 打开【文件】选项卡，在菜单中选择【新建】命令，弹出如图 2-10 所示的【新建工作簿】对话框。

图 2-10　【新建工作簿】对话框

(2) 选择【空白工作簿】选项创建一个空白工作簿，或者选择系统中已经安装的创建模板创建一个基于模板的工作簿。

(3) 单击【创建】按钮，完成创建。

②.1.3　打开工作簿

打开【文件】选项卡，在菜单中选择【打开】命令，在弹出的如图 2-11 所示的【打开】对话框中选择所需的工作簿，单击【打开】按钮即可打开工作簿。

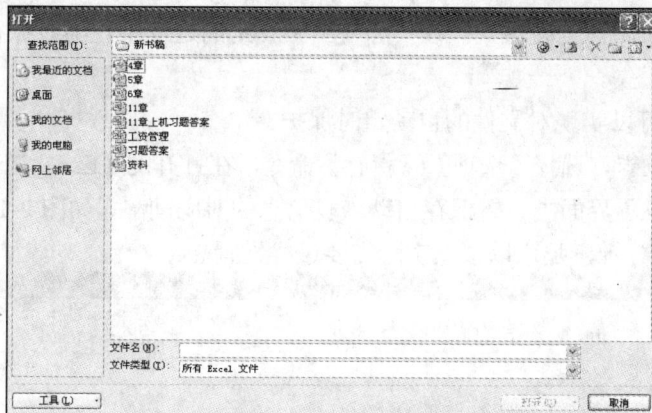

图 2-11　【打开】对话框

2.1.4　保存工作簿

通过以下步骤可以完成保存工作簿的操作。

(1) 打开【文件】选项卡，在菜单中选择【保存】命令，或者选择【另存为】命令，弹出如图 2-12 所示的【另存为】对话框。

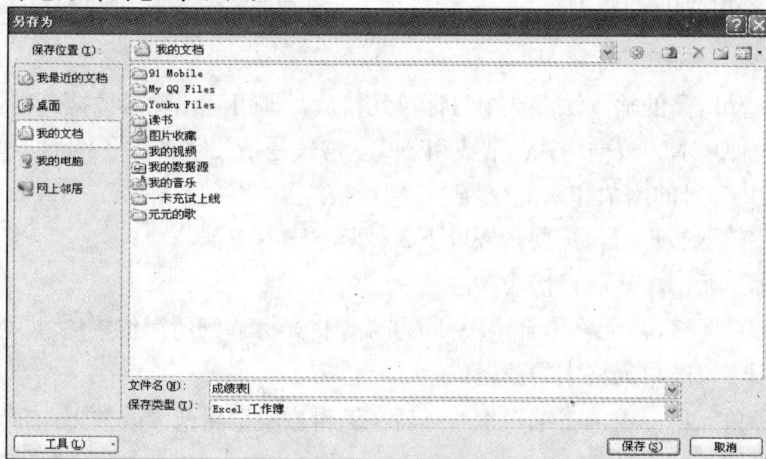

图 2-12　【另存为】对话框

(2) 在【文件名】组合框中输入【成绩表】。

(3) 单击【保存】按钮，完成操作。

这样即可将新文件命名为【成绩表】。由于采用了默认工作路径，所以这个工作表被存放在 Office 所在驱动器的 My Documents 目录下，也可以根据需要选择工作路径。

在图 2-12 中的【保存类型】下拉列表框中可以改变文件的格式，这样可以在其他程序中使用 Excel 制作的电子表格。

当工作告一段落或者需要进行其他工作时，就需要保存已经完成的操作。保存操作可以将所完成的操作从内存中储存到硬盘上。在实际使用 Excel 的过程中，随时保存十分必要，这样可以避免数据的意外丢失。

使用以下设置还可以实现对文件的自动定时保护。

打开【文件】选项卡，选择【选项】|【保存】命令，在打开的【Excel 选项】对话框的【自定义工作簿的保存方法】界面中设置保存自动恢复信息的时间间隔，如图 2-13 所示，一般系统默认的时间间隔为 10 分钟，那可以根据实际需要进行设置。

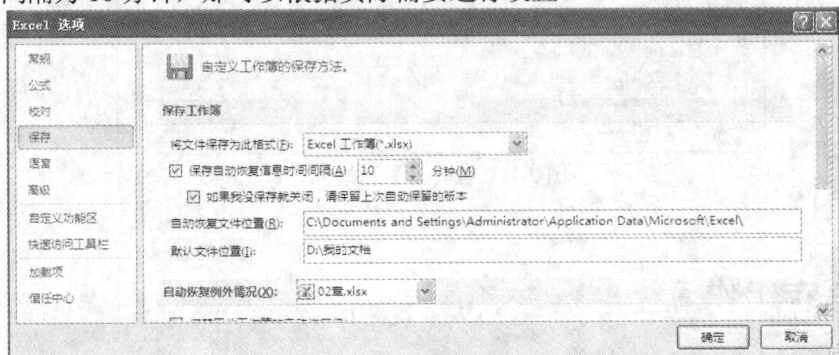

图 2-13　文件自动定时保存设置

② 1.5　数据的输入

在 Excel 中启动所需的输入法并选中目标单元格后，即可开始输入数据。在工作表的单元格中，可以使用两种基本的数据格式：常数和公式。常数是指文字、数字、日期和时间等数据；而公式则指包含 "=" 号的函数和宏命令等。

在向单元格中输入数据时，需要掌握以下 3 种基本输入方法。

- 单击目标单元格，然后直接输入。
- 双击目标单元格，单元格中会出现插入光标，将光标移到所需位置后，即可输入数据(该方法多用于修改单元格中的数据)。
- 单击目标单元格，再单击编辑栏，然后在编辑栏中编辑或修改数据。

1. 输入文本

文本包括汉字、英文字母、特殊符号、数字、空格以及其他能从键盘输入的符号。在 Excel 中，一个单元格内最多可容纳 32767 个字符，编辑栏可以显示全部字符，而单元格内最多只可以显示 1024 个字符。

在向单元格中输入文本时，如果相邻单元格中没有数据，那么 Excel 允许长文本覆盖在其右边相邻的单元格中；如果相邻单元格中有数据，则当前单元格中只显示该文本的开头部分。要查看并编辑单元格中的所有内容，可以单击该单元格，此时，在编辑栏中会显示出来，如图 2-14 所示。

图 2-14　显示单元格中的所有内容

在输入文本的过程中，文本会同时出现在活动单元格和编辑栏中，按 BackSpace 键可以删除光标左边的字符；如果要取消输入，单击编辑栏中的【取消】按钮，或按 Esc 键即可。

在单元格中输入文本后，如果要激活当前单元格右侧相邻的单元格，按 Tab 键即可；如果要激活当前单元格下方相邻的单元格，按 Enter 键即可；如果要使当前单元格成为活动单元格，单击编辑栏中的【输入】按钮即可。

默认情况下，按 Enter 键后单元格会向下移动。如果要改变按 Enter 键后单元格的移动方向，用户可参考以下操作。

(1) 打开【文件】选项卡，选择【选项】|【高级】命令，弹出如图 2-15 所示的【Excel 选项】对话框的【使用 Excel 时采用的高级选项】界面。

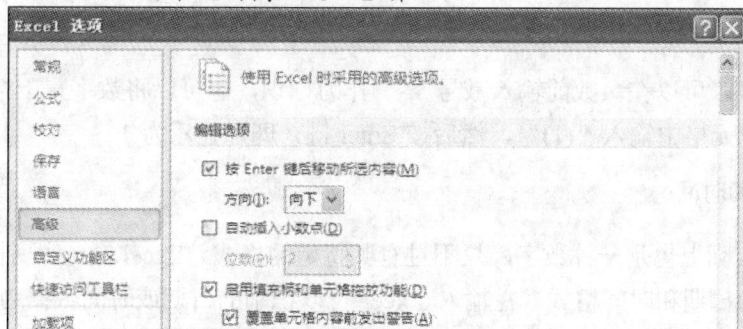

图 2-15　设置单元格的移动方向

(2) 单击【方向】下拉箭头，在弹出的下拉列表中选择单元格移动的方向。该下拉列表中包含【向下】、【向右】、【向上】和【向左】4 个选项。

(3) 单击【确定】按钮，完成设置。

2. 输入数字

数字也是一种文本，和输入其他文本一样，在工作表中输入数字也很简单。要在一个单元格中输入一个数字，首先选中该单元格，然后输入数字，最后按 Enter 键。

在 Excel 中，可作为数字使用的字符包括：0、1、2、3、4、5、6、7、8、9、-、( )、.、e、E、,、/、$、￥、%。

在单元格中输入数字时，有一点与其他文本不同，即单元格中数字和其他文本的对齐方式不同。默认状态下，单元格中的文本左对齐，而数字却是右对齐。如果要改变数字的对齐方式，可在【单元格格式】对话框中进行设置(在后面的章节中将作介绍)。

在向单元格中输入某些数字时，其格式不同，输入方法也不相同。下面着重介绍分数和负数的输入方法。

(1) 输入分数

在工作表中，分式常以斜杠"/"来分界分子和分母，其格式为"分子/分母"，但日期的输入方法也是以斜杠来分隔年月日，如"2005 年 6 月 28 日"可以表示为"2005/6/28"，这就有可能造成在输入分数时系统会将分数当成日期处理的错误。

为了避免发生这种情况，Excel 规定：在输入分数时，须在分数前输入 0 作区别，并且 0 和分子之间要用一个空格隔开。例如，要输入分数 2/3，需输入"0 2/3"。如果没有输入 0 和一个空格，Excel 会将该数据作为日期处理，认为输入的内容是"2 月 3 日"，如图 2-16 所示。

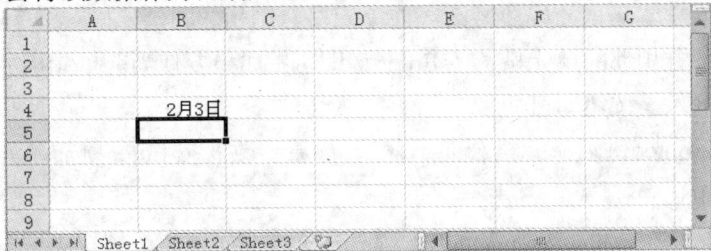

图 2-16　没有输入"0"和空格的分数显示结果

(2) 输入负数

在输入负数时，可以在负数前输入减号"-"作为标识，也可以将数字置于括号"()"中。例如，在选定的单元格中输入"(1)"，然后按 Enter 键，即可显示为-1。

3. 输入日期和时间

日期和时间实际上也是一种数字，只不过有其特定的格式。Excel 能够识别绝大多数用普通表示方法输入的日期和时间格式。在输入 Excel 可以识别的日期或时间数据之后，该日期或时间在单元格中的格式将变为 Excel 某种内置的日期或时间格式。

(1) 输入日期

用户可以使用多种格式来输入一个日期，斜杠"/"或"-"可以用来分隔日期的年、月和日。传统的日期表示方法以两位数来表示年份，如 2001 年 6 月 28 日，可以表示为 01/6/28 或 01-6-28。当在单元格中输入 01/6/28 或 01-6-28 并按 Enter 键后，Excel 会自动将其转换为默认的日期格式，并将两位数表示的年份更改为 4 位数表示的年份。

在默认状态下，当输入用两位数字表示的年份时，会出现以下两种情况：

⦿　当输入的年份为 00~29 之间的两位数年份时，Excel 将解释为 2000~2029 年。例如，如果输入日期 29/6/28，则 Excel 将认为日期为 2029 年 6 月 28 日。

⦿　当输入的年份为 30~99 之间的两位数年份时，Excel 将解释为 1930~1999 年。例如，如果输入日期 30/6/28，则 Excel 将认为日期为 1930 年 6 月 28 日，如图 2-17 所示。

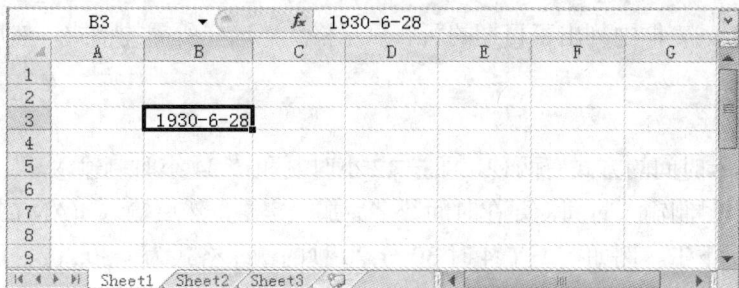

图 2-17 输入 30/6/28 后显示的结果

🌀 **提示**

为了尽可能地避免出错，建议用户在输入日期时不要输入两位数字的年份，而要输入 4 位数字的年份。

如图 2-17 所示的是多种日期显示格式中的一种。如果要设置日期的其他显示格式，其具体操作步骤如下：

① 选中目标单元格。

② 选择【开始】|【单元格】|【格式】|【设置单元格格式】命令，如图 2-18 所示。

③ 在【设置单元格格式】对话框中打开【数字】选项卡，然后选择【分类】列表框中的【日期】选项，如图 2-19 所示。

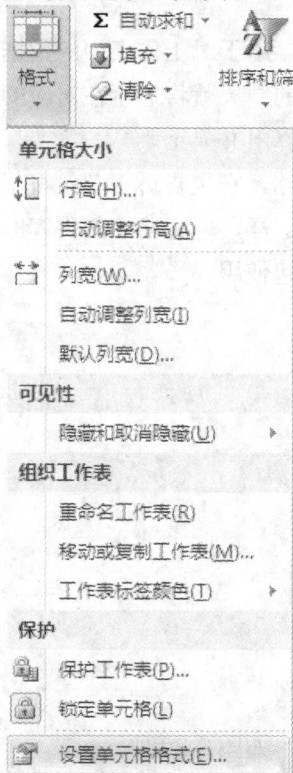

图 2-18 选择【设置单元格格式】命令

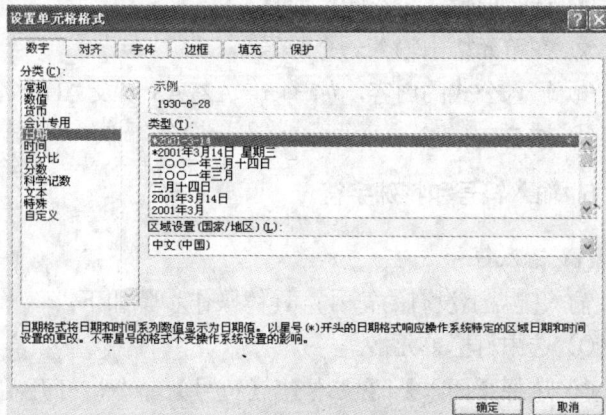

图 2-19 【数字】选项卡

④ 在【类型】列表框中列出了日期的所有显示格式，选择所需的格式，然后单击【确定】按钮。

(2) 输入时间

在单元格中输入时间的方式有两种，即按 12 小时制和按 24 小时制输入。二者的输入方法不同。如果按 12 小时制输入时间，要在时间数字后加一空格，然后输入 a(AM)或 p(PM)，字母 a 表示上午，p 表示下午。例如，下午 4 时 30 分 20 秒的输入格式为 4:30:20p。而如果按 24 小时制输入时间，则只输入 16:30:20 即可。如果只输入时间数字，而不输入 a 或 p，则 Excel 将默认是上午的时间。

提示

在同一单元格中输入日期和时间时，须用空格隔开，否则 Excel 将把输入的日期和时间当作文本。在默认状态下，日期和时间在单元格中右对齐。如果 Excel 无法识别输入的日期和时间，也会把它们当作文本，并在单元格中左对齐。此外，要输入当前日期，可使用 Ctrl+; 快捷键；而要输入当前时间，则使用 Ctrl+Shift+; 快捷键。

4. 输入公式

公式指一个等式，利用它可以从已有的值计算出一个新值。公式中可以包含数值、算术运算符、单元格引用和内置等式(即函数)等。

计算是 Excel 最强大的功能之一。用户可以在单元格中输入公式，用于对工作表中的数据进行计算。只要输入正确的计算公式，经过简单的操作步骤后，计算的结果就将显示在对应的单元格中。如果工作表内的数据有变动，系统会自动将变动后的答案算出并显示。

在 Excel 中，所有公式都以等号开始。等号标志着数学计算的开始，它也告诉 Excel 将其后的等式作为一个公式存储。公式中可包含工作表中的单元格引用。这样，单元格中的内容即可参与公式中的计算。单元格引用可与数值、算术运算符以及函数一起使用。

要输入公式，其具体操作步骤如下：

① 选定要输入公式的单元格。

② 在单元格中输入一个等号=。

③ 输入公式的内容，如 3+5，A2+A3 以及 Al+5 等。

④ 按 Enter 键。

5. 输入符号和特殊字符

(1) 输入符号

输入键盘上没有的符号，具体操作步骤如下。

① 选中目标单元格。

② 选择【插入】|【文本】|【符号】命令，打开【符号】选项卡，如图 2-20 所示。

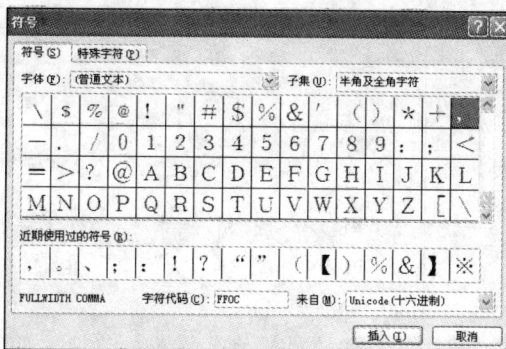

图 2-20 【符号】选项卡

③ 在该选项卡的列表框中选择所需的符号，然后单击【插入】按钮。

④ 此时【取消】按钮将变为【关闭】按钮，单击该按钮，即可在单元格中输入所需的符号。

(2) 输入特殊字符

输入键盘上没有的特殊字符，具体操作步骤如下。

① 选中目标单元格。

② 选择【插入】|【特殊符号】命令，打开【插入特殊符号】对话框。

③ 在该对话框中打开如图 2-21 所示的【特殊符号】选项卡，在列表框中选择所需的特殊符号，然后单击【确定】按钮。

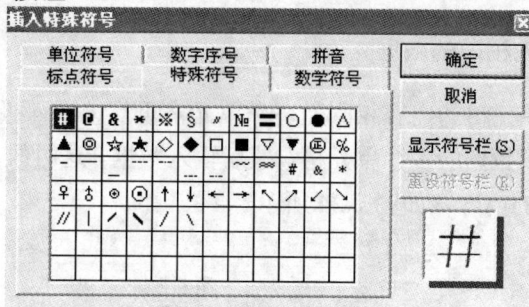

图 2-21 【特殊字符】选项卡

④ 此时【取消】按钮将变为【关闭】按钮，单击该按钮，即可在单元格中输入所需的特殊符号。

6. 输入多行数据

需要在一个单元格中输入两行数据时，只要同时按 Enter 和 Alt 键就可以在第二行开始输入了，如图 2-22 所示。

选择【开始】|【单元格】|【格式】|【设置单元格】命令，打开【设置单元格格式】对话框中的【对齐】选项卡，在【文本控制】选项组中选中【自动换行】复选框，如图 2-23 所示，Excel 会自动将超出单元格宽度的内容转到第二行显示。

	A	B
1	科目	教科书
2	数学	数学一 数学二
3	语文	

图 2-22　输入多行数据

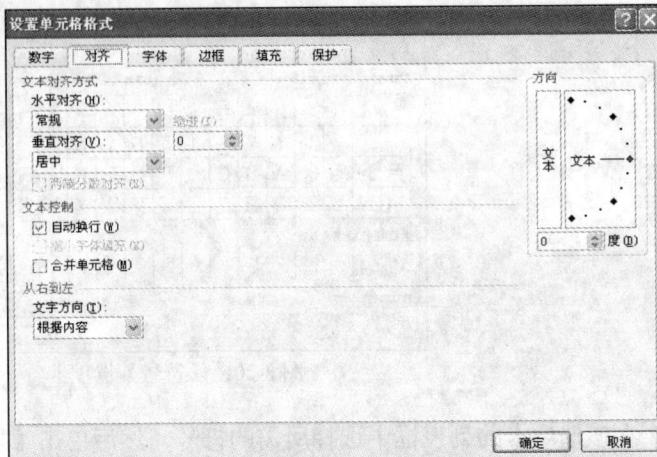

图 2-23　【对齐】选项卡

2.1.6　数据快速填充

在表格中经常要输入一些有规律的数据,如果按常规逐个输入,则既费时又容易出错。Excel 为此提供了以下功能。

1. 在多个单元格中输入相同的数据

如果在表格中有很多单元格的内容相同,逐个单元格重复地输入极为繁琐。

首先选取需要输入相同数据的多个单元格,然后输入数据。这时候,只在活动单元格(最后选取的单元格)中显示输入的内容,如图 2-24 所示。

	A	B	C
1	科技		
2	科技		科技
3			科技
4		科技	科技

图 2-24　输入数据

最后,按 Ctrl 和 Enter 键,在所有选取的单元格中都将出现相同的输入数据。

提示

此操作需要同时按 Ctrl 和 Enter 键。如果只按 Enter 键,那么只会在活动单元格中输入数据。

2. 自动完成输入功能

如果在单元格中输入的起始字符与该列已有单元格中的内容相符,那么 Excel 可以自动填写其余的字符,如图 2-25 所示。

按 Enter 键可以接受自动提供的字符。如果不采用,继续输入就可以忽略它。按 BackSpace

键可以清除自动提供的字符。

自动完成功能还有另外一种形式。如图 2-26 所示，右击单元格，然后在快捷菜单中选择【从下拉列表中选择】命令，Excel 将列出所在列所有相邻单元格中的内容供用户选择。

图 2-25　自动完成 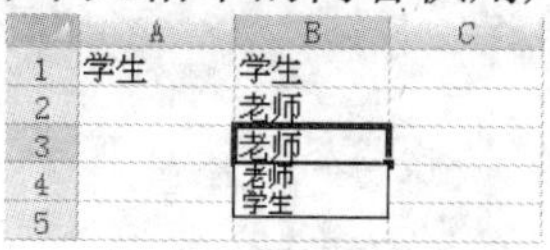　　　　　　　图 2-26　选择列表

3．自动填充

如果需要输入的数字或文字数据并不完全相同，而是遵循某种规律，如需要输入从 1~100 作为编号。显然，逐个手动输入很麻烦。此时就需要 Excel 的自动填充功能在连续的单元格内产生有规律的序列。其具体操作步骤如下。

(1) 建立一段有规律的数据，然后选中它们。这段有规律的数据既可以在同一列，也可以在同一行，但是必须在相邻的单元格中。假设建立了 2~4 的一个序列，如图 2-27 所示。

(2) 单击按住填充控制点，向下拖动到合适的位置后释放鼠标，Excel 就会按照已有数据的规律来填充选中的单元格，如图 2-28 所示。

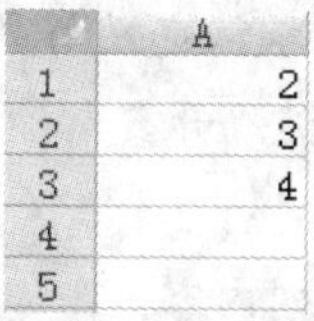

图 2-27　自动填充前 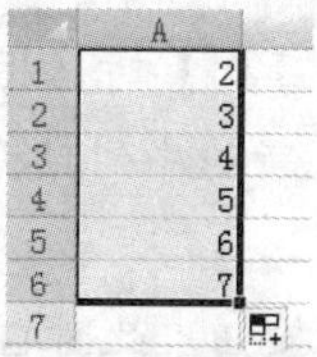　　　　　　图 2-28　自动填充后

自动填充还有另外一种方式。如果用鼠标右键拖动填充控制点，单击出现的下拉箭头，将会弹出如图 2-29 所示的快捷菜单。在该快捷菜单中，可以改变填充的方式或指定填充的规律。各选项含义如下：

- ⊙ 【复制单元格】指将选取的单元格中的内容复制到拖动范围内其他的单元格中。
- ⊙ 【填充序列】指按照选取的单元格内数据的规律填充。
- ⊙ 【仅填充格式】指仅填充格式而不会复制数据。
- ⊙ 【不带格式填充】指按照新单元格的格式填充数据。

使用 Excel 处理日常事务时，经常需要填充日期序列。Excel 提供了十分方便的日期填充功能。首先在单元格中输入一个日期，如"2003-01-15"。

然后用鼠标右键拖动填充控制点，并选择日期的填充方式，结果将用日期填充拖动的区域。如图 2-30 所示，新增 4 种填充方式：【以天数填充】指依次填入以输入日期开始的每一天；【以工作日填充】指跳过周六和周日，只填充工作日；【以月填充】指填充每月中和输入日期同处在一天的日期；【以年填充】指填充每年中和输入日期处在同一月、同一天的日期(即仅改变年份)。

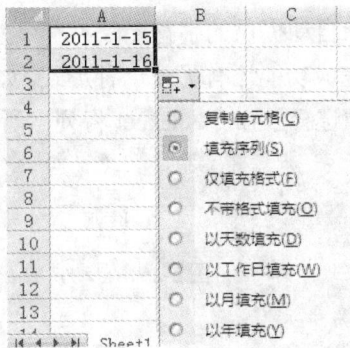

図 2-29　填充的方式　　　　　　　　　図 2-30　日期的填充方式

4. 用户自定义填充序列

Excel 提供了多种预定义的序列，除此之外，还允许用户根据实际需要自定义序列。自定义序列的具体操作步骤如下。

(1) 打开【文件】选项卡，选择【选项】|【高级】命令。

(2) 在【Excel 选项】对话框的【常规】界面中单击【编辑自定义列表】按钮，如图 2-31 所示。

(3) 弹出【自定义序列】对话框，对话框左侧有系统已经默认定义好的序列；如要定义一个新序列，在右侧输入新的序列数据，序列内容之间按 Enter 键隔开，如输入"中，美，法"，如图 2-32 所示。

(4) 单击【添加】按钮，此时自定义序列下方出现新建序列内容。

(5) 单击【确定】按钮，完成自定义序列的设置，并返回工作界面。

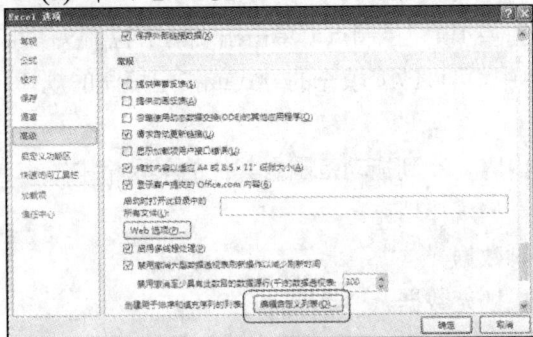

図 2-31　单击【编辑自定义列表】按钮　　　図 2-32　自定义填充序列的设置

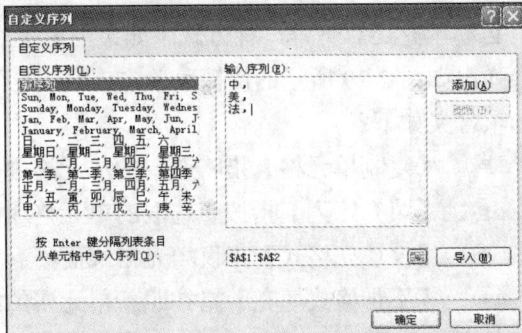

此时，单击工作表中的某一单元格，输入"中"，然后向右拖动填充柄，释放鼠标即可得到自动填充的"中，美，法"序列内容，如图 2-33 所示。

図 2-33　自定义填充序列

②.1.7　编辑工作表

建立工作表之后，用户需要根据实际需求，利用 Excel 提供的编辑功能，对工作表中的数据进行修改和调整，使其更符合实际需要。Excel 提供了强大的编辑功能，用于对工作表及其数据进行各种操作和处理。

本节将详细介绍工作表的基本操作，如工作表的拆分与冻结、工作表和工作簿的保护以及模板应用。通过本节内容的学习，用户可掌握工作表数据的编辑方法。

1. 工作表的基本操作

一个工作簿中最多可以包含 255 个工作表。下面将介绍如何对这些工作表进行具体的操作。

（1）激活工作表

如果要激活一个工作表，可以使用以下方法之一。

① 单击工作簿底部的工作表标签。

② 使用键盘，按 Ctrl + Page Up 快捷键激活当前页的前一页工作表，然后按 Ctrl + PageDown 快捷键激活当前页的后一页工作表。

③ 使用工作表【标签滚动】按钮，当在工作簿中显示不完过多的工作表标签时，可以单击【标签滚动】按钮对【工作表】标签进行翻页。【标签滚动】按钮在工作簿的左下方，如图 2-34 所示。

図 2-34　【标签滚动】按钮

如果要滚动显示其他工作表标签，在所需方向上连续单击【标签滚动】按钮中的滚动箭头，直到所需工作表标签显示在屏幕上；如果要一次滚动多个工作表，可以按住 Shift 键，再单击【标签滚动】按钮中的标签滚动箭头；如果要显示最前或者最后一个工作表，则可以单击【标签滚动】按钮左侧或者右侧的标签滚动按钮。

如果右击【标签滚动】按钮，可以直接从弹出的当前工作簿的所有工作表列表中选择要切换到的工作表标签。

（2）插入工作表

在编辑过程中，经常要在一个已有的工作表中插入一个新的工作表，可以使用以下方法之一。

① 选择【开始】|【单元格】|【插入】|【插入工作表】命令，如图 2-35 所示。

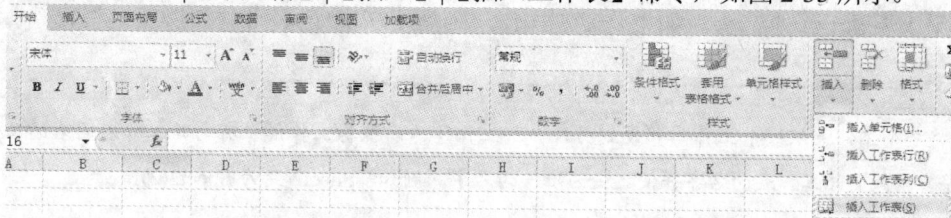

图 2-35　选择【开始】|【单元格】|【插入】|【插入工作表】命令

② 选择工作表，单击【插入工作表】按钮▢。

如果要删除某个工作表，可以使用以下方法。

右击要删除的工作表标签，从弹出的快捷菜单中选择【删除】命令。

提示

一张工作表被删除以后将无法恢复，所以用户在删除以前要考虑清楚。

(3) 移动和复制

Excel 中的工作表可以在一个或者多个工作簿中移动。如果要将一个工作表移动或者复制到不同的工作簿时，两个工作簿必须是打开的。

① 使用菜单

使用菜单移动和复制工作表的具体步骤如下。

- 右击要移动的工作表。
- 选择【移动或复制工作表】命令，打开【移动或复制工作表】对话框，如图 2-36 所示。

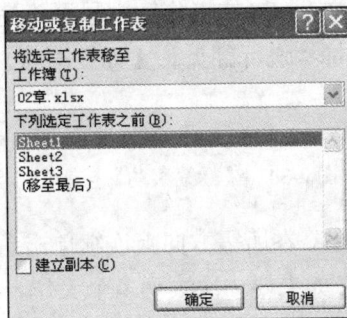

图 2-36 【移动或复制工作表】对话框

- 在【移动或复制工作表】对话框中的【工作簿】下拉列表框中选择要移到的工作簿，然后在【下列选定工作表之前】列表框中选择要移至位置之后的工作表，如果是要移动，则取消选中【建立副本】复选框，如果要复制，则应选中【建立副本】复选框，单击【确定】按钮。

② 使用鼠标

单击需要移动的工作表标签，将它拖动到所要放置的位置，然后释放鼠标。在拖放过程中鼠标变为一个小表和一个小箭头。如果是复制操作，则需要在拖动鼠标时按住 Ctrl 键。

提示

若将一个工作表从一个工作簿移动到另外一个工作簿，而目标工作簿含有与此工作表同名的工作表，Excel 将自动改变此工作表的名字并使之变为唯一的名字。例如，Sheet2 变为 Sheet2(2)。

(4) 多个工作表同时操作

可以一次对多个工作表进行操作，先选定多个工作表，然后就能执行移动、复制和删除等操作。

选定多个工作表的方法有以下两种。

① 单击工作表标签的同时按 Ctrl 键，则该工作表与以前选定的工作表同时被选定。

② 单击工作表标签的同时按 Shift 键，则选定连续的工作表。

> **提示**
>
> 要取消选定工作表中的其中一个，可以在按 Ctrl 键的同时单击该工作表标签。如果要取消所有被选中的工作表，可以右击某个选中的工作表标签，然后在弹出的快捷菜单中选择【取消成组工作表】命令；或者直接单击一个未选中的工作表标签。

(5) 重命名工作表

对工作表进行命名，以便于辨认、查找和使用。为工作表命名有以下 3 种方法。

① 单击工作表标签(如表 Sheet 1)，然后选择【开始】|【单元格】|【格式】|【重命名工作表】命令，此时，工作表标签 Sheet 1 处于编辑状态，如图 2-37 所示，输入新的工作表名称后如图 2-38 所示。

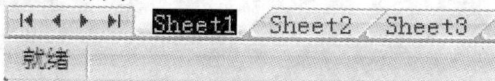

图 2-37　重命名工作表	图 2-38　重命名工作表后

② 右击工作表标签，从弹出的快捷菜单中选择【重命名】命令，工作表标签处于编辑状态后输入新的工作表名称。

③ 双击工作表标签，工作表标签处于编辑状态后输入新的工作表名称。

(6) 隐藏工作表

如果不希望被他人查看某些工作表，可以使用 Excel 的隐藏工作表功能将工作表隐藏起来。隐藏工作表还可以减少屏幕上显示的窗口和工作表，并避免不必要的改动。当一个工作表被隐藏时，其标签也同时被隐藏。隐藏的工作表仍处于打开状态，其他文档仍可以利用其中的信息。

隐藏工作表的步骤如下：

① 激活要隐藏的工作表。

② 选择【隐藏】命令，选定的工作表将被隐藏。

> **提示**
>
> 不能将工作簿中所有的工作表都隐藏，每个工作簿至少应有一个可见的工作表。

取消隐藏工作表的步骤如下：

① 右击工作表，选择【取消隐藏】命令，打开如图 2-39 所示的【取消隐藏】对话框。

② 在该对话框中选择要取消隐藏的工作表，然后单击【确定】按钮。

图 2-39　【取消隐藏】对话框

2. 拆分和冻结工作表

Excel 提供了拆分和冻结工作表窗口的功能，利用这些功能可以更加有效地利用屏幕空间。拆分和冻结工作表窗口是两个非常相似的功能。

(1) 拆分工作表

拆分工作表窗口是把工作表当前活动的窗口拆分成若干窗格，并且在每个被拆分的窗格中都可以通过滚动条来显示工作表的每一个部分。所以，使用拆分窗口功能可以在一个文档窗口中查看工作表不同部分的内容。

① 拆分

选定拆分分隔处的单元格，该单元格的左上角就是拆分的分隔点。

选择【视图】|【窗口】|【拆分】命令，如图 2-40 所示。

工作表窗口将拆分为上、下、左、右 4 个部分，如图 2-41 所示。

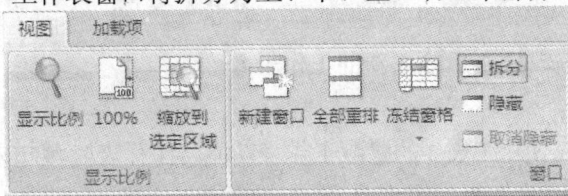

图 2-40　选择【视图】|【窗口】|【拆分】命令

图 2-41　拆分工作表窗口

> **提示**
> 拆分框是位于垂直滚动条和水平滚动条中的横格条。

② 取消拆分

单击拆分窗口的任一单元格，选择【视图】|【窗口】|【拆分】命令。或者在分割条的交点处双击；如果要删除一条分割条，在该分割条上方双击。

(2) 冻结工作表

对于比较大的工作表，屏幕无法在一页里同时显示标题和数据。

Excel 提供的冻结工作表窗口功能可以将工作表中选定的单元格的上窗格和左窗格冻结在屏幕上,从而使得在滚动工作表时屏幕上一直显示行标题和列标题,而且使用冻结工作表窗口不影响打印。

① 冻结

⦿ 首先选定一个单元格作为冻结点,在冻结点上边和左边的所有单元格都将被冻结,并保留在屏幕上。

⦿ 选择【视图】|【窗口】|【冻结窗格】|【冻结拆分窗格】命令,如图 2-42 所示。

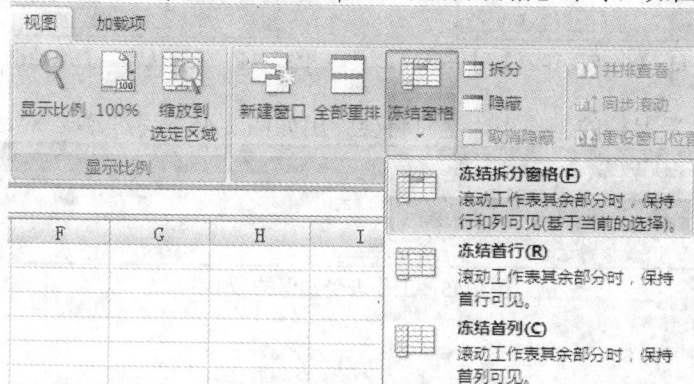

图 2-42 冻结工作表窗口

② 撤销冻结

要撤销冻结窗口,可以选择【视图】|【窗口】|【冻结窗格】|【取消冻结窗格】命令。

3. 保护工作表和工作簿

如果需要暂停对 Excel 的操作,但又不想退出 Excel,此时可以为工作表和工作簿建立保护,从而防止因误操作而造成工作表数据的丢失。

(1) 保护工作表

保护工作表功能可以防止修改工作表中的单元格、Excel 宏表、图表项、对话框编辑表项和图形对象等。保护工作表的具体步骤如下。

① 激活需要保护的工作表。

② 选择【审阅】|【更改】|【保护工作表】命令,打开如图 2-43 所示的【保护工作表】对话框。

③ 在该对话框中选择保护的选项并输入密码,然后单击【确定】按钮。输入密码(可选)可以防止未授权用户取消对工作表的保护。密码可以为字母、数字和符号,并且字母要区分大小写。密码的长度不能超过 255 个字符。

④ 弹出【确认密码】对话框,如图 2-44 所示,再次输入密码,单击【确定】按钮。

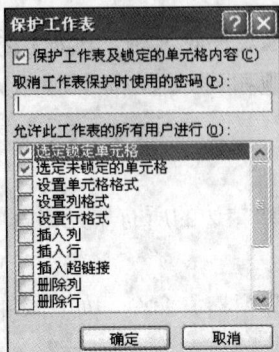

图 2-43 【保护工作表】对话框

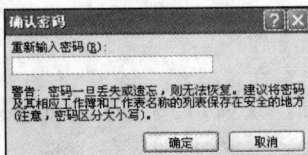

图 2-44 【确认密码】对话框

若有人试图修改受保护的工作表，这时将会弹出如图 2-45 所示的警告对话框。

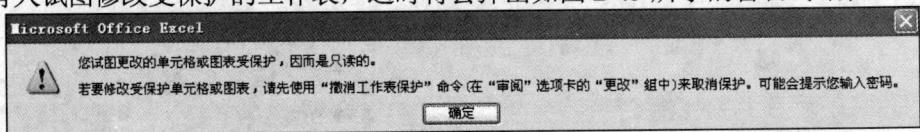

图 2-45 工作表受到保护后

(2) 保护工作簿

保护工作簿功能可以保护工作簿的结构和窗口，防止对工作簿进行插入、删除、移动、隐藏、取消隐藏以及重命名工作表等操作；保护窗口不被移动或改变大小。保护工作簿的步骤如下。

① 激活需要保护的工作簿。

② 选择【审阅】|【更改】|【保护工作簿】命令，如图 2-46 所示。

③ 弹出【保护结构和窗口】对话框，选择需要保护的选项并输入密码，然后单击【确定】按钮，如图 2-47 所示。

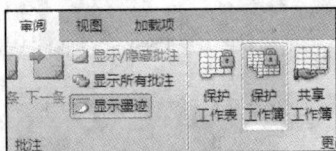

图 2-46 选择【审阅】|【更改】|【保护工作簿】命令

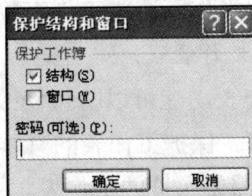

图 2-47 【保护结构和窗口】对话框

④ 弹出【确认密码】对话框，再次输入密码，单击【确定】按钮。

- 结构：保护工作簿的结构，避免删除、移动、隐藏、取消隐藏、插入工作表或者重命名工作簿。
- 窗口：保护工作簿的窗口不被移动、缩放、隐藏、取消隐藏或关闭。
- 密码(可选)：与【保护工作表】中的密码功能相同，可以防止未授权用户的非法操作。

(3) 取消保护

如果要取消工作表或者工作簿的保护状态，可以选择【审阅】|【更改】|【撤销工作表保护】命令。

如果原来没有设置密码，选择所需命令即可取消保护；如果原来设置了密码，选择所需要的命令后将打开【撤销工作表保护】对话框或【撤销工作簿保护】对话框，输入正确的密码，然后单击【确定】按钮，即可取消保护。

2.1.8　修饰工作表

一个专业的电子表格不仅需要有翔实的数据内容和公式分析、统计功能，而且还应配有庄重、漂亮的外观。

本节将通过对表格的外观参数(文字大小、字体、颜色、对齐方式、单元格的边框线、底纹以及表格的行高和列宽等)进行设置来美化工作表，从而更有效地显示数据内容。

1. 设置单元格格式

Excel 中的单元格可以设置各种格式，包括单元格中数字的类型，文本的对齐方式、字体，单元格的边框以及单元格保护等。不仅可以对单个单元格和单元格区域进行格式设置，对一个或多个工作表也可以同时进行格式设置。设置单元格格式的步骤如下。

- ⊙　选定要进行格式设置的单元格或单元格区域。
- ⊙　选择【开始】|【单元格】|【格式】|【单元格】命令，或者右击选定的单元格，在弹出的快捷菜单中选择【设置单元格格式】命令，打开【设置单元格格式】对话框，如图 2-48 所示。

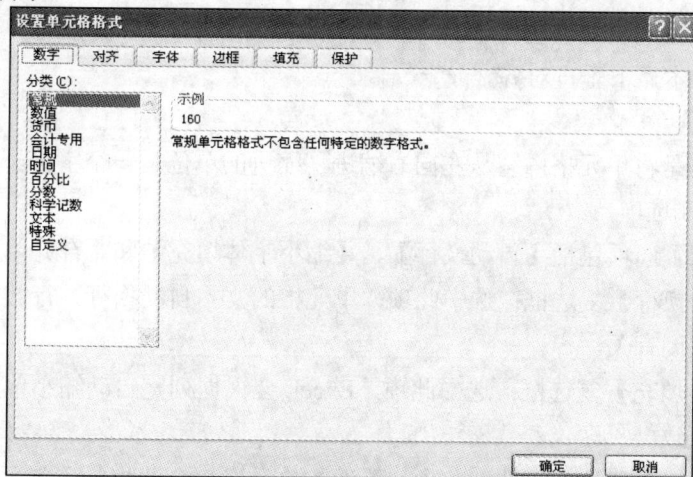

图 2-48　【设置单元格格式】对话框

- ⊙　在该对话框中设置单元格格式后，单击【确定】按钮。

(1) 设置数据的对齐方式

为了排版整齐，单元格中的数据一般需要对齐。默认情况下，单元格中的文字是左对齐，数字是右对齐。

如果要改变数据的对齐方式，需要将【设置单元格格式】对话框切换到如图 2-49 所示的【对齐】选项卡，在该选项卡中进行文本对齐方式的设置。

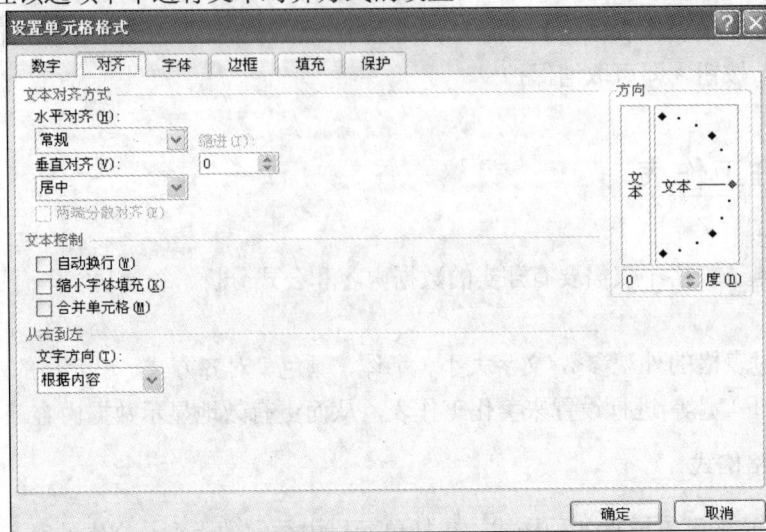

图 2-49　【对齐】选项卡

① 设置水平对齐方式

【水平对齐】下拉列表框中包含常规、左(缩进)、居中、靠右、填充、两端对齐、跨列居中和分散对齐等选项，默认选项为常规，即文本左对齐，数字右对齐，逻辑值和错误值则居中对齐。

② 设置垂直对齐方式

【垂直对齐】下拉列表框中包含靠上、靠下、居中、两端对齐和分散对齐等选项，默认选项为常规选项，即文本靠下垂直对齐。

③ 设置缩进

【缩进】列表框是将单元格内容从左向右缩进，缩进的单位是一个字符。

④ 设置文本控制选项

⦿　【文本控制】选项包括【自动换行】、【缩小字体填充】和【合并单元格】3 个复选框。【自动换行】复选框：选中此项，单元格的文本自动换行，行数与文本的长度和单元格的宽度有关。

⦿　【缩小字体填充】复选框：选中此项，Excel 会根据列宽自动缩小单元格中字符的大小，使之一致。

⦿　【合并单元格】复选框：选中此项，所选的单元格将合并为一个单元格，如果所选的单元格都有数据，则单击【确定】按钮后，Excel 会弹出一个消息框，提示用户只保留左上方单元格内容，此时单击消息框的【确定】按钮，则合并单元格。

⑤ 设置文本的旋转方向

【方向】用来改变单元格中文本旋转的角度，例如，要将文本从右上往左下转，使用负数，反之则使用正数。

【开始】选项卡中提供了常用的文本对齐方式的工具按钮，如图 2-50 所示。利用这些工具按钮可以大大提高工作效率。

图 2-50　对齐方式的工具按钮

(2) 设置单元格字体

要设置单元格字体，将【设置单元格格式】对话框切换到如图 2-51 所示的【字体】选项卡，然后在【字体】选项卡中对字体、字形、字号、下划线、颜色和特殊效果进行设置。

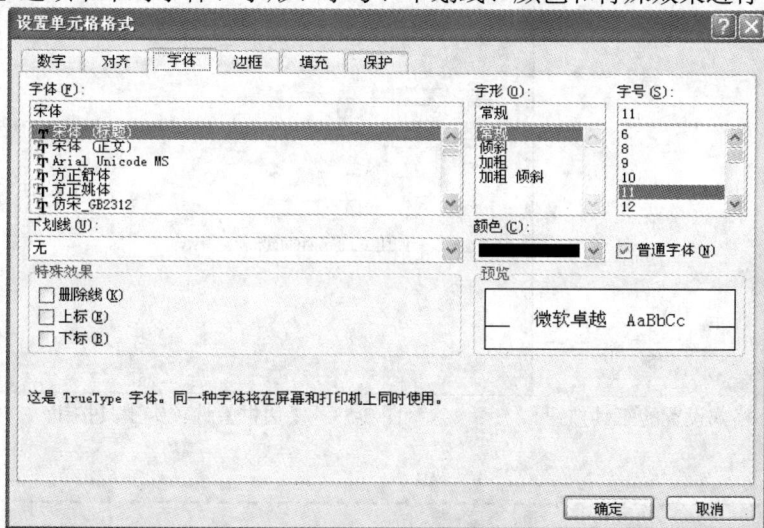
图 2-51　【字体】选项卡

① 设置字体、字形、字号

Excel 提供的字体包括宋体、仿宋体和楷体等，可以在【字体】列表框中选择系统提供的任意一种字体。

Excel 提供的字形包括常规、倾斜、加粗和加粗倾斜，可以在【字形】列表框中选择系统提供的任意一种字形。

字体的大小由字号决定，可用字号取决于打印机和文本所用的字体，在【字号】列表框中选择一种字号以设置文本或者数字的大小。

② 设置下划线、颜色

打开【下划线】或者【颜色】下拉列表框，根据需要选择不同的下划线类型或者颜色。

③ 设定普通字体

选中【普通字体】复选框，【字体】选项卡中的各个选项将重置为默认值。

④ 设置特殊效果

【删除线】复选框：选中该复选框可以产生一条贯穿字符中间的直线。

【上标】和【下标】复选框：选中这两个复选框中的其中之一，可以将选中的文本或数字设置为上标或者下标。

【开始】选项卡提供了常用的单元格字体格式设置的工具按钮，如图 2-52 所示。使用这些按钮可以使工作变得更加方便。

(3) 设置单元格边框

在工作表中给单元格添加边框可以突出显示工作表数据，使工作表清晰明了。要设置单元格边框，将【设置单元格格式】对话框切换到如图 2-53 所示的【边框】选项卡，然后在该选项卡中进行设置即可。

图 2-52　单元格字体格式设置的工具按钮

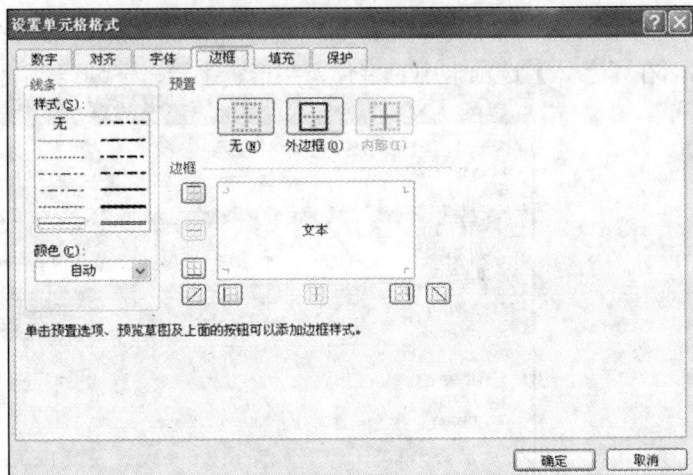

图 2-53　【边框】选项卡工具按钮

知识点

可以利用边框产生三维效果，方法之一是将浅色作为背景色，以白色作为边框顶部和左部的颜色，黑色作为边框底部和右部的颜色，就会产生凸的效果；反之则产生凹的效果。

(4) 设置单元格图案

如果想改善工作表的视觉效果，可以为单元格添加图案，Excel 提供了设置单元格图案的方法。设置单元格图案，首先将【设置单元格格式】对话框切换到如图 2-54 所示的【填充】选项卡，然后在该选项卡中进行图案的设置。

在【填充】选项卡中可以对单元格的底色、单元格底纹的类型和颜色进行设置。在【示例】预览框中可以预览设置的效果。

(5) 单元格保护

可以为单元格设置保护，防止非法的修改。在此之前必须设置工作表保护。当设置工作表保护后，只需将【设置单元格格式】对话框切换到如图 2-55 所示的【保护】选项卡，即可对单元格进行保护设置。

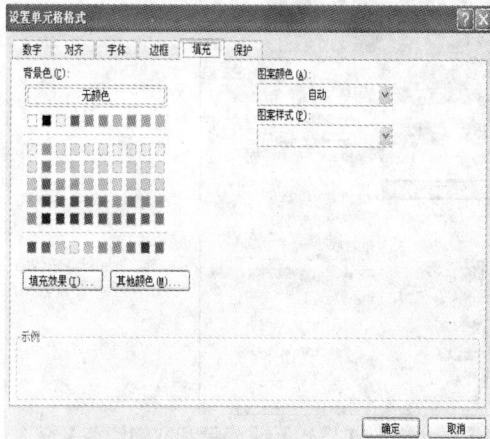

图 2-54　【填充】选项卡

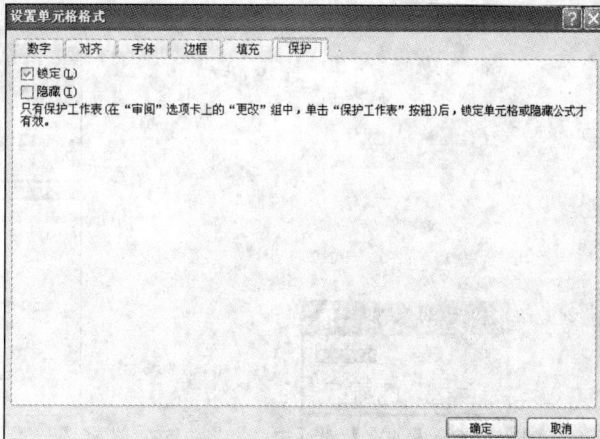

图 2-55　【保护】选项卡

知识点

当定义了一个单元格格式，又要把该单元格格式用于另外的单元格时，使用格式刷可以快速实现。选中已经定义了格式的单元格或范围，单击【常用】工具栏上的【格式刷】按钮，然后单击要复制单元格格式的单元格或单元格区域。

2. 格式化行和列

为了使工作表更加美观，有时需要适当地调整工作表的列宽和行高。适当的调整有助于在一页里存放更多的数据，还可以在一行或者一列中隐藏保密的数据。

(1) 调整行高和列宽

Excel 中，工作表的默认行高为 14.25、列宽为 8.38。要改变行高和列宽，可以使用鼠标直接在工作表中进行修改，也可以利用菜单进行修改。

方法一：将鼠标移到行号区数字上、下边框或列号区字母的左、右边框上，按住鼠标左键并拖动调整行高或列宽至所需位置后释放鼠标即可。

方法二：选择【开始】|【单元格】|【格式】|【列宽】命令，打开【列宽】对话框，如图 2-56 所示。在【列宽】文本框中输入列宽值，然后单击【确定】按钮即可。

如果选择【开始】|【单元格】|【格式】|【自动调整列宽】命令，Excel 将自动调整列宽，使之适合列中最长的单元格的宽度。

调整行高和调整列宽的操作相似，选择【开始】|【单元格】|【格式】|【行高】命令。

(2) 隐藏与取消隐藏

要将某些行和列隐藏起来，首先选中需要隐藏的行的行号区数字或列的列号区字母，然后选择【开始】|【单元格】|【格式】|【隐藏和取消隐藏】命令，最后在子菜单中选择需要隐藏的内容即可，如图 2-57 所示。

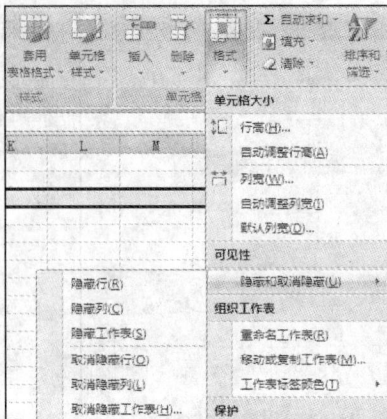

图 2-56　【列宽】对话框　　　图 2-57　选择【开始】|【单元格】|【格式】|【隐藏和取消隐藏】命令

要将隐藏的行和列显示出来，首先选择包含隐藏行或列的上下行行号区数字或上下列的列号区字母，然后选择【开始】|【单元格】|【格式】|【隐藏和取消隐藏】命令，最后在子菜单中选择相应的取消隐藏命令即可。

3. 自动套用格式

Excel 为用户提供了多种工作表格式，用户可以使用【自动套用格式功能】为自己的工作表穿上一件 Excel 自带的"修饰外套"。即使第一次使用 Excel 的新手，也可以不使用任何复杂的格式化操作，就能够创建出各种漂亮的表格和报告。这样既可以美化工作表，又能节省用户大量的时间。

自动套用格式的具体操作步骤如下。

(1) 打开需要套用格式的工作表。

(2) 选择【开始】| 【样式】|【套用表格格式】命令，如图 2-58 所示，其中提供了多种可供选择的样式。

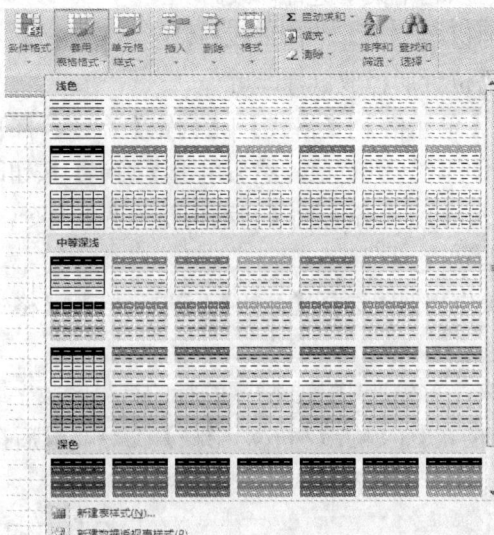

图 2-58　选择【开始】| 【样式】|【套用表格格式】命令

(3) 单击需要选择套用的格式，如中等深浅 27，弹出如图 2-59 所示的【创建表】对话框。

(4) 选择需要套用的区域，单击【确定】按钮返回工作表，套用格式后的效果如图 2-60 所示。

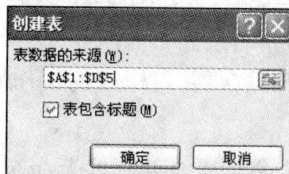

图 2-59　【创建表】对话框

图 2-60　套用格式后的效果

4. 使用样式

Excel 提供了将数字、对齐、字体、边框、图案和保护等格式设置成样式的方法。用户可以根据自己的需要将这几种格式组合成样式并命名。当需要设置工作表格式时，只要使用样式将所定义的样式用于选定的单元格区域，而无需使用【单元格格式】逐项设置。

(1) 使用样式

选择【开始】|【样式】|【单元格样式】命令，如图 2-61 所示，即可使用样式功能。

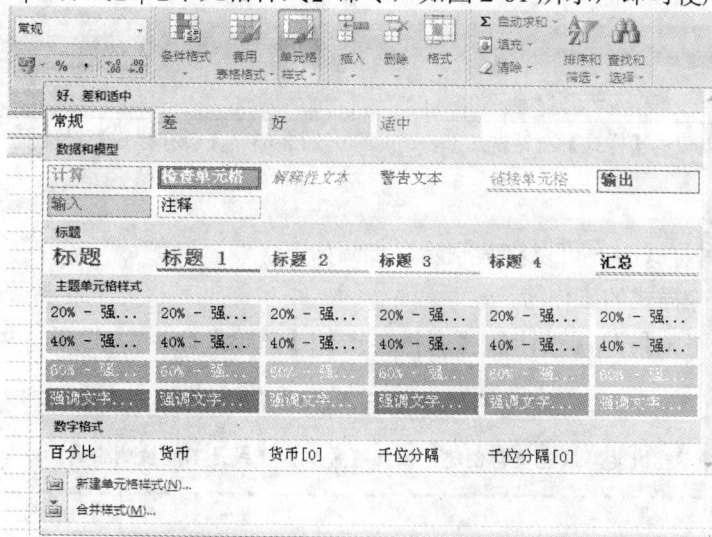

图 2-61　选择【开始】|【样式】|【单元格样式】命令

Excel 提供了多种预定义的样式，如图 2-61 所示。选定单元格，单击需要的样式即可。

当 Excel 提供的样式不能满足需求时，可以采用自定义样式。新建自定义样式的具体操作步骤如下。

① 选择要添加样式的工作簿。

② 选择【开始】|【样式】|【单元格样式】|【新建单元格样式】命令，打开如图 2-62 所示的【样式】对话框。

③ 在【样式名】文本框中输入样式名，单击【格式】按钮，在弹出的【设置单元格格式】对话框中设定单元格样式。

④ 单击【确定】按钮，返回【样式】对话框，再单击【确定】按钮即可。

(2) 合并样式

如果要把一个已经设置了样式的工作簿应用于另一个工作簿，可以使用合并样式功能。合并样式的具体操作步骤如下。

① 打开源工作簿(已经设置好样式的工作簿)和目标工作簿(要并入样式的工作簿)，并激活目标工作簿。

② 在目标工作簿上选择【开始】|【样式】|【单元格样式】|【合并样式】命令，打开如图2-63 所示的【合并样式】对话框。

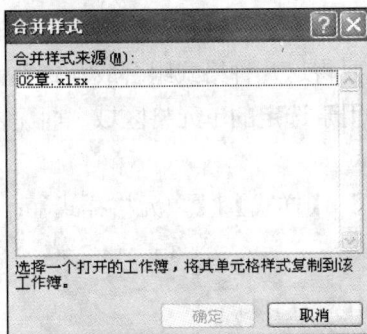

③ 在该对话框中的【合并样式来源】列表框中选择源工作簿，然后单击【确定】按钮即可。

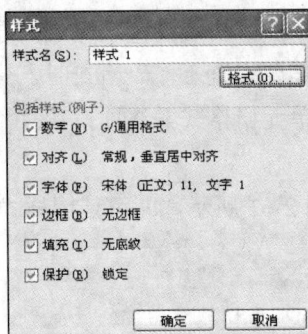

图 2-62　【样式】对话框　　　　图 2-63　【合并样式】对话框

（3）删除样式

当不再需要某种样式时，可以将其删除，步骤如下：

◉　选定要删除样式的工作簿。

◉　选择【表格工具】|【设计】|【表格样式】|【清除】命令。

提示

样式一旦删除将不能恢复，只能重新创建，因此【常规】样式是不能被删除的。

②1.9　打印工作表

打印工作表是 Excel 的一项重要内容，这是使用电子表格的一个关键步骤。事实上，当在屏幕上编制好工作表后，Excel 就会按默认设置安排好打印过程，只需要单击快速访问工具栏中的【快速打印】按钮即可打印。但是，不同行业的用户需要的报告样式不同，每个用户都会有自己的特殊要求。为方便用户，Excel 通过页面设置、打印预览等命令提供了许多用来设置或调整打印效果的实用功能。本节将介绍怎样使用这些功能，以便打印出完美的、具有专业化水平的工作表。

1. 预览打印结果

在准备打印和输出工作表之前，有一些工作要做。例如，可以使用【打印预览】功能来快速查看打印页面的效果与最终期望的输出结果之间的差距，然后通过【页面设置】相关功能进行调整，以达到理想的打印结果。

打开"嘉佑小电器有限公司 2010 年销售情况"工作表，如图 2-64 所示，这个工作表由表格和曲线图两部分组成。

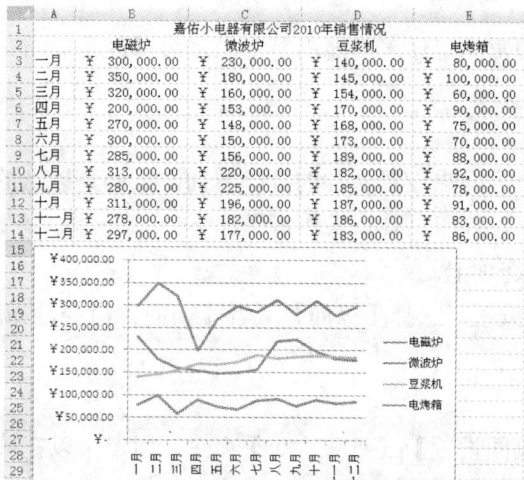

图 2-64　"嘉佑小电器有限公司 2010 年销售情况"工作表

查看"嘉佑小电器有限公司 2010 年销售情况"的打印预览结果，具体操作步骤如下。

(1) 选中"嘉佑小电器有限公司 2010 年销售情况"工作表。

(2) 打开【文件】选项卡，选择【打印】选项，在窗口的右侧可以看到预览的结果，如图 2-65 所示。

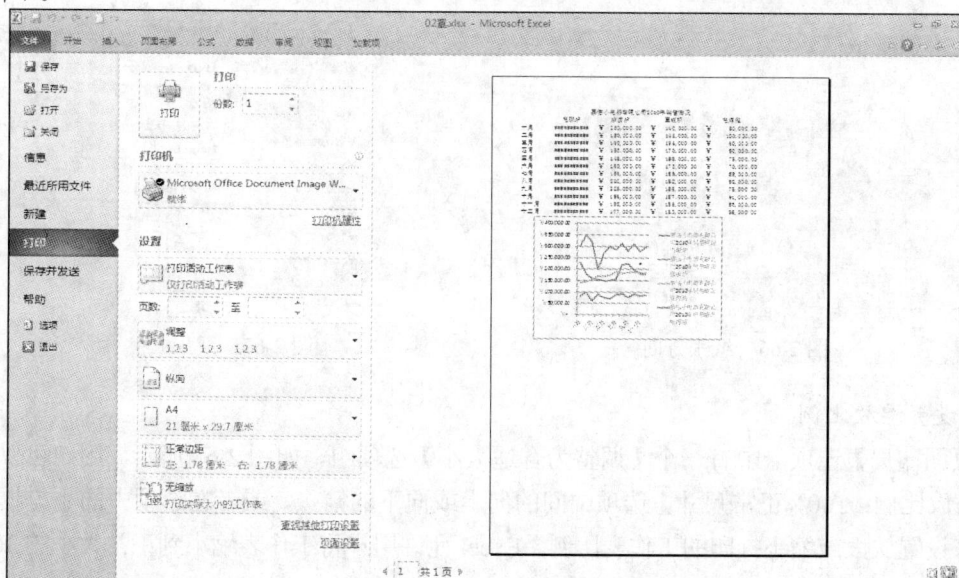

图 2-65　打印预览状态

预览窗口底部状态栏信息"第 1 页　共 1 页"说明这个工作表内容需要用 1 页纸打印出来。Excel 对于超过一页信息的内容，根据打印纸张的大小自动进行分页处理。可单击窗口顶部的"下一页"按钮或直接按 PageDown 键，依次浏览剩余几页的打印预览效果。

(3) 进入预览模式后，单击【关闭打印预览】按钮，将退出打印预览模式，并返回工作表的常规显示状态。

2. 打印设置

如果按照默认状态打印出的工作表不能满足要求，可通过【页面布局】选项卡进行设置以使打印结果更加符合要求。

(1) 设置纸张方向

可以按纵向和横向两个方向来设置文件的打印方向。纵向是以纸的短边为水平位置打印；横向是以纸的长边为水平位置打印。具体操作步骤如下。

① 选择【页面布局】选项卡。

② 单击【纸张方向】按钮，选择【纵向】或者【横向】命令，如图 2-66 所示，完成纸张方向的设置。

(2) 设置纸张大小

选择【页面布局】|【页面设置】|【纸张大小】命令，用户可以在该命令的下拉列表中选择需要的纸张大小，如图 2-67 所示。

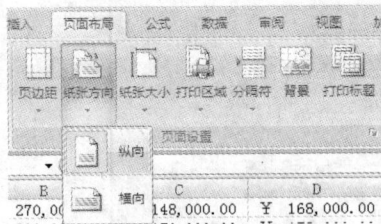

图 2-66　纸张方向

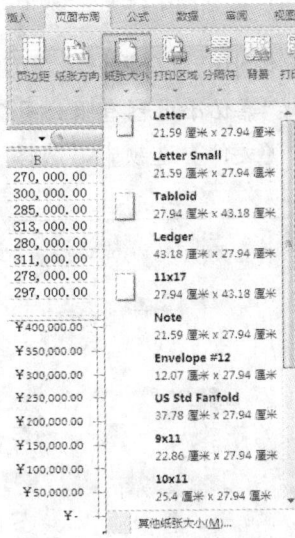

图 2-67　纸张大小

(3) 设置缩放比例

【页面布局】选项卡中有一个【调整为合适大小】选项组，如图 2-68 所示。用户可以通过单击【缩放比例：100%正常尺寸】选项中间的向上或向下的箭头，或者在选项中的小方框内输入数字来设置放大或缩小打印的工作表比例。Excel 允许用户将工作表缩小到正常大小的 10%，放大到 400%。

(4) 设置页边距

页边距是指工作表中打印内容与页面上、下、左、右页边的距离。正确地设置页边距可以使工作表中的数据打印到页面的指定区域中，其具体操作步骤如下。

① 选择【页面布局】选项卡。

② 单击【页面设置】组中的【启动器】按钮，弹出【页面设置】对话框。

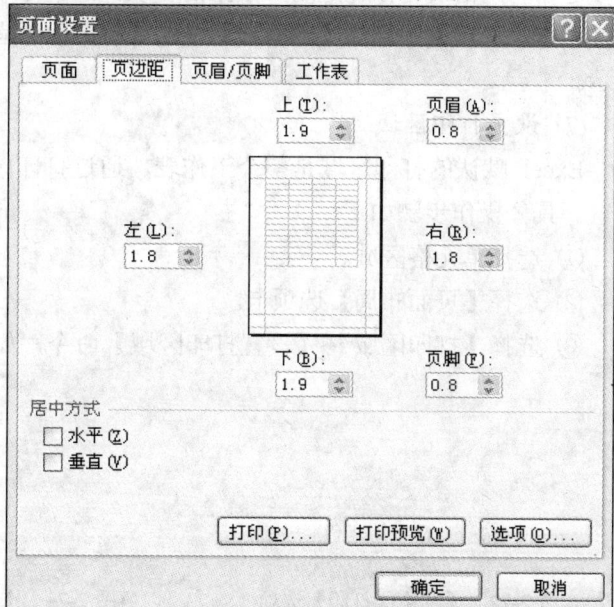

③ 选择如图 2-69 所示的【页边距】选项卡。

④ 输入页边距、页眉和页脚的数值，或者单击页眉、页脚、上、下、左、右文本框右边的向上或向下的箭头，也可以调整页边距。

⑤ 单击【确定】按钮，完成设置。

在【居中方式】选项组中，选中【水平】复选框，工作表在水平方向居中；选中【垂直】复选框，工作表在垂直方向居中。若两个复选框都选中，则工作表位于页面中间。

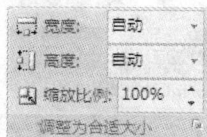

图 2-68　【调整为合适大小】选项组　　　　　图 2-69　【页边距】选项卡

(5) 设置页眉页脚

页眉是打印在工作表顶部的眉批或文本或页号。页脚是打印在工作表底部的眉批或文本或页号。用户可以选择 Excel 提供的页眉和页脚，如果页眉和页脚列表框中没有用户需要的格式，还可以自己定义页眉和页脚。具体操作步骤如下。

① 选择【页面布局】选项卡。

② 单击【页面设置】组中的【启动器】按钮，弹出【页面设置】对话框。

③ 选择【页眉/页脚】选项卡，单击【自定义页眉】或【自定义页脚】按钮，如图 2-70 所示。

④ 弹出【页眉】或【页脚】对话框，如图 2-71 所示。可以通过对话框中的【文字】、【页号】、【总页数】、【日期】、【时间】、【文件名】和【标签名】按钮定义页眉或页脚。

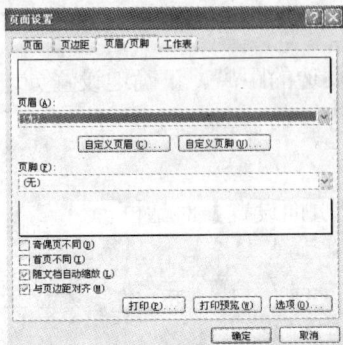

图 2-70 【页眉/页脚】选项卡　　　　　　图 2-71 【页眉】对话框

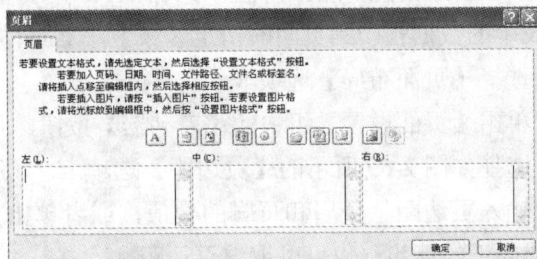

(6) 设置打印网格线与标题

通常，网格线与标题是用户根据需要设计的。打印前，用户可以选择【页面布局】选项卡，在【工作表选项】中选择【网格线】中的【打印】或者【标题】中的【打印】选项，如图 2-72 所示。

(7) 设置打印区域

Excel 默认的打印区域是整个工作表，通过打印区域的设置，也可打印需要的局部工作表内容。具体操作步骤如下。

① 选择单元格区域。

② 选择【页面布局】选项卡。

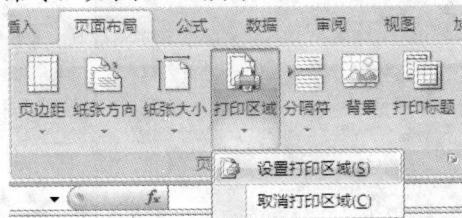

③ 选择【打印区域】|【设置打印区域】命令，如图 2-73 所示。

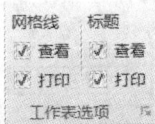

图 2-72 【网格线打印】选项　　　　图 2-73 选择【打印区域】|【设置打印区域】命令

④ 设置为打印区域的单元格区域将被虚线框中，效果如图 2-74 所示。

图 2-74 虚线框中打印区域

⑤ 打开【文件】选项卡，选择【打印】选项，检查打印结果，可以看到打印局部内容的

效果，如图 2-75 所示。

图 2-75　预览局部打印

当需要打印整个工作表中的数据时，选择【打印区域】|【取消打印区域】命令即可。

3. 打印

打印工作表，可以通过按快捷键 Ctrl+P，或者单击【文件】按钮后选择【开始】|【打印】命令，打开如图 2-76 所示的【打印内容】对话框，单击【确定】按钮执行打印命令。

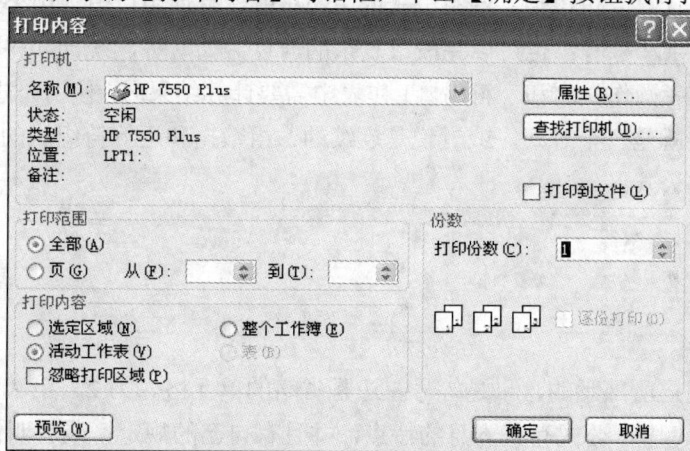

图 2-76　【打印内容】对话框

如果用户只想打印工作表中的内嵌图表而不打印其他内容，在打印之前，双击需要打印的图表，使选中的图表周围出现实心小方块(表示选定此图表)，然后选择【打印】命令即可。

【打印内容】对话框中的主要选项及其含义如下。

【选定区域】单选按钮：选中此选项后，只打印工作表中的选定单元格区域。

【活动工作表】单选按钮：选中此选项后，打印当前工作表的所有区域，按选择的页号逐页打印。如果没有定义打印页号区域，则打印整个工作表。

【整个工作簿】单选按钮：选中此选项后，打印工作簿的整个打印区域。

【打印份数】列表框：可以选择打印的份数。当份数大于 1 时，可以选择分页打印。

【全部】单选按钮：打印所选工作表的全部内容。

【页】单选按钮：打印【从……到……】组合框中指定的页。

【属性】按钮：单击此按钮，将打开当前打印机的【属性】对话框。

【打印到文件】复选框：如果用户要将选定的范围保存到硬盘或 U 盘上，并保存为 Excel 的打印输出格式，可以选择此项。

【预览】按钮：显示打印预览窗口。

设置完成后，单击该对话框中的【确定】按钮即可开始打印。

②.2 公式

本节将介绍公式的一些基本概念和语法，然后详细介绍如何建立、修改、移动和复制公式，公式的引用，公式的审核，用数组公式进行计算等内容。

②.2.1 公式概述

公式的作用在于计算。可以说，没有公式的 Excel 就没有使用价值。用公式可以进行简单的计算，如加、减、乘和除等；也可以完成很复杂的计算，如财务、统计和科学计算等；还可以用公式进行比较或者操作文本和字符串。工作表中需要计算结果时，使用公式是最好的选择。

简单地说，公式就是一个等式，或者说是连续的一组数据和运算符组成的序列。

考察一下以下的公式：

```
=10*2/3+4
=SUM(Al：A3)
=B5&C6
```

第一个公式是用户所熟悉的，只是等号左边是省略的单元格。第 2、第 3 个公式可能以前没有接触过。在 Excel 中，公式有其本身的特点，并且有自己的规定，或者叫做语法。

在工作表单元格中输入公式以后，公式的结果会显示在工作表中。要查看产生结果的公式，只要选中该单元格，公式就会出现在公式栏中。要在单元格中编辑公式，双击该单元格或者按 F2 键即可。

【例 2-1】查看工作表中所有的公式内容。

打开【公式】选项卡，选择【显示公式】命令，则单元格中就显示为公式，而非数值。

这时公式就出现在单元格中。在显示公式与结果之间切换的快捷键为 Ctrl+`(符号`位于 1 键左边)。一般用户都不需要显示工作表中的公式，但调试工作表时查看工作表的公式是很有用的。

下面来介绍公式中的运算符和公式的运算顺序。

1. 运算符

在 Excel 中，运算符可以分为 4 类：算术运算符、比较运算符、文本运算符和引用运算符。

用户通过算术运算符可以完成基本的数学运算，如加、减、乘、除、乘方和求百分数等，如表 2-1 列出了 Excel 公式中所有的算术运算符。

表 2-1　Excel 公式中的算术运算符

公式中使用的符号和键盘符	含　义	示　例
+	加	8+8
-	减	8-8
-	负号	-8
*	乘	8*8
/	除	8/8
^	乘方	8^8
%	百分号	88%
( )	括号	(3+3)*3

比较运算符用于比较两个数值，并产生逻辑值 TRUE 和 FALSE，如表 2-2 列出了 Excel 公式中所有的比较运算符。

表 2-2　Excel 公式中的比较运算符

公式中使用的符号和键盘符	含　义	示　例
=	等于	C1=C2
>	大于	C1>C2
<	小于	C1<C2
>=	大于等于	C1>=C2
<=	小于等于	C1<=C2
<>	不等于	C1<>C2

文本运算符可以将一个或者多个文本连接为一个组合文本，文本运算符只有一个：&，其含义是将两个文本值连接或串联起来产生一个连续的文本值，如"CLASS"&"ROOM"的结果是"CLASSROOM"。

引用运算符可以将单元格区域合并运算，如表 2-3 列出了 Excel 公式中所有的引用运算符。

表 2-3　Excel 公式中的引用运算符

公式中使用的符号和键盘符	含　义	示　例
：(冒号)	区域运算符，对两个引用之间，包括两个引用在内的所有单元格进行引用	A1:B5
，(逗号)	联合运算符，将多个引用合并为一个引用	SUM(Al:B2，A3:A4)

(续表)

公式中使用的符号和键盘符	含　义	示　例
(空格)	交叉运算符，产生同时属于两个引用的单元格区域的引用	SUM(A4:H4　B3:B8)

2. 运算顺序

当公式中既有加法，又有乘法、除法，也有乘方，Excel 是怎样确定其运算先后顺序的呢？这就需要理解运算符的运算先后顺序，也就是运算符的优先级。对于同一级的运算，则按照从等号开始从左到右进行运算；对于不同一级的运算符，则按照运算符的优先级进行运算。如表 2-4 列出了常用运算符的运算优先级。

表 2-4　公式中运算符的优先级

运　算　符	说　明
: (冒号)	区域运算符
, (逗号)	联合运算符
(空格)	交叉运算符
( )	括号
-(负号)	如：-5
%	百分号
^	乘方
*和/	乘和除
+和-	加和减
&	文本运算符
=, <, >, >=, <=, <>	比较运算符

3. 文本运算

文本运算符(&)用于连接字符串，例如公式："我爱"&"伟大的"&"中国"的结果是【我爱伟大的中国】。当然，文本运算符还可以连接数字，例如公式=12&34 的结果是【1234】字符串。

> **提示**
>
> 当用&来连接数字时，数字串两边的双引号可以没有，但对于连接一般的字母、字符串和文本时，双引号不可去掉，否则公式将返回错误值。

4. 比较运算

比较运算符可以对两个数字或者两个字符串进行比较，以产生逻辑值 TRUE 或 FALSE。例如公式=200<400 的结果是 TRUE；而公式=100>400 的结果则是 FALSE。

> **提示**
>
> 用比较运算符对字符串进行比较时，Excel 会先将字符串转化成内部的 ASCII 码，然后再作比较。因此公式="AB">"BC"的结果是 FALSE。

5. 数值转换

在公式中，每个运算符都需要特定类型的数值与之对应。如果输入数值的类型与所需的类型不同，Excel 有时可以对该数值进行转换。下面举几个例子来说明公式中数值的转换。

例如公式="1"+"2"，产生的结果是 3。这是因为使用(+)时，Excel 会认为公式中运算项为数值。虽然公式中的引号说明"1"和"2"是文本型数字，但 Excel 会自动将文本数字转换成数值。又例如公式="1"+"$2.00"，结果也是 3，其原因与此相同。如使用函数的公式=SQRT("9")，则公式也会先将字符"9"转换成数值 9，然后再计算 SQRT( )函数，即对 9 开方(有关函数的使用参看 2.3.2节)，得到结果 3。

例如公式="A"&TRUE，产生的结果是 ATRUE。因为需要文本时，Excel 会自动将数值和逻辑型值转换成文本。

6. 日期和时间

在 Excel 中，不仅能够对数字或字符进行运算，同样可以对日期进行运算。Excel 会将日期存储为一系列的序列数，而将时间存储为小数，因为时间可以被看成日期的一部分。

用户可以用一个日期减去另外一个日期来计算两个日期的差值。例如公式="98/10/1"-"97/8/1"的结果为 426。即 1998 年 10 月 1 日和 1997 年 8 月 1 日之间相差 426 天。

日期同样能够进行其他的混合运算，例如公式="98/10/1"-"97/8/1"/"98/10/1"的结果为36068.01。

7. 语法

公式的语法是公式中元素的结构或顺序。Excel 中的公式遵循一个特定的语法：最前面是"="，后面是参与运算的元素和运算符。元素可以是常量数值、单元格引用、标志名称以及工作表函数。

②.2.2　公式的基本操作

公式的运用在 Excel 中占有很重要的地位。下面介绍公式的一些基本操作。

1. 建立公式

公式的建立在前面一些例子中都曾经提到过，这一节正式介绍如何通过键盘和公式选项板来创建公式。

(1) 输入公式

用键盘创建公式的步骤：

① 选定要输入公式的单元格。

② 先输入等号"="，然后输入计算表达式；如果使用的是函数向导向单元格输入公式，Excel 会自动在公式前面插入等于号。

③ 按 Enter 键确认完成公式的输入。

> **提示**
>
> 如果在某一区域内输入同一个公式，单个输入显然太慢。这时可以选中该单元格区域，输入所需要的公式，然后按 Ctrl+Enter 键，则 Excel 会自动将所有单元格都粘贴上该输入公式。这不仅对公式有效，而且对其他文本和字符都有效。

(2) 公式选项板

使用公式选项板来输入公式。如果创建含有函数的公式，那么公式选项板有助于输入工作表函数和公式。

要显示公式选项板，可以单击编辑栏中的按钮 f_x，当在公式中输入函数时，公式选项板会显示函数的名称、函数中的每个参数、函数的当前结果和整个公式的结果等。【函数参数】对话框如图 2-77 所示。

下面以计算 10、25、30 的平均值为例来说明公式选项板的使用，这里要借助 Average 函数。

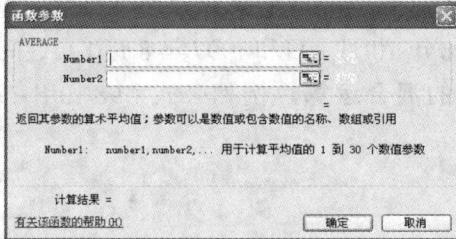

图 2-77 【函数参数】对话框

【例 2-2】平均值的计算。

① 选中一个单元格。

② 在编辑栏中输入"=AVERAGE()"，如图 2-78 所示，此时为了预览结果，可以用公式选项板。

③ 单击编辑栏中的 f_x 按钮，将会弹出【函数参数】对话框，并且【函数参数】对话框上会自动增加 AVERAGE 函数的使用选项。

④ 在【函数参数】对话框的函数 AVERAGE 参数栏中分别输入 10、25 和 30。

⑤ 输入完毕后，计算结果将出现在【函数参数】对话框上，如图 2-79 所示。

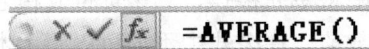

图 2-78　在编辑栏中输入函数公式　　　　图 2-79　输入函数的【函数参数】对话框

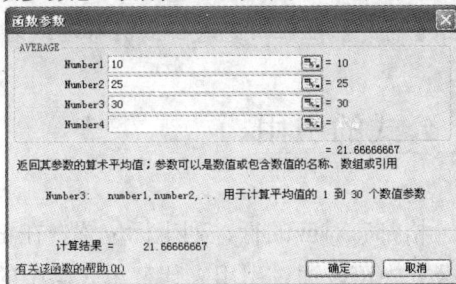

⑥ 单击【确定】按钮，完成公式的输入。完整的公式将出现在编辑栏中，而计算结果将显示在所选单元格上。

2. 修改公式

如果发现某处的公式有错误，就必须对该公式进行修改。

【例 2-3】修改公式。

(1) 单击包含要修改公式的单元格。

(2) 在编辑栏中对公式进行修改；如果需要修改公式中的函数，则更换或修改函数的参数。

3. 公式的移动和复制

如果要将含有公式的单元格整个(包括格式、边框等)移动和复制到另外的单元格或区域，可以按照前面介绍的移动和复制单元格的方法。也可以只粘贴单元格的公式。

如图 2-80 所示，在单元格 A1 中有一个公式=40+50*3，现在要将它移动或者复制到 C3 单元格，可以按照【例 2-4】的步骤进行操作。

【例 2-4】单元格公式的粘贴。

(1) 单击 A1 单元格。

(2) 单击【开始】选项卡【剪贴板】组中的【复制】按钮。

(3) 在 C3 单元格上右击，在弹出的快捷菜单中选择【选择性粘贴】命令，打开【选择性粘贴】对话框，如图 2-81 所示。

图 2-80　单元格中的公式　　　　图 2-81　【选择性粘贴】对话框

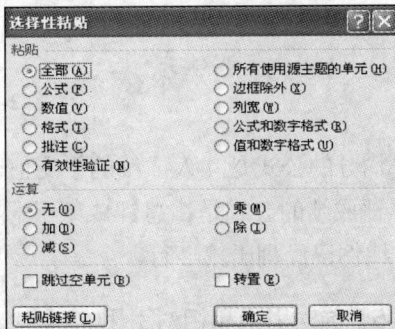

(4) 在【选择性粘贴】对话框中选中【公式】单选按钮。

(5) 单击【确定】按钮，完成公式的移动或者复制操作。

②.2.3 公式的引用

每个单元格都有对应的行、列坐标位置，在 Excel 中将单元格行、列坐标位置称之为单元格引用。在公式中可以通过引用来代替单元格中的实际数值。在公式中不但可以引用本工作簿中任何一个工作表中任何单元格或单元格组的数据，也可以引用其他工作簿中的任何单元格或单元格组的数据。

引用单元格数据以后，公式的运算值将随着被引用的单元格数据的变化而变化。当被引用的单元格数据被修改后，公式的运算值将自动修改。

1. 引用的类型

为满足用户的需要，Excel 提供了 3 种不同的引用类型：相对引用、绝对引用和混合引用。在引用单元格数据时，要弄清楚这 3 种引用类型。

(1) 绝对引用

绝对引用指被引用的单元格与引用的单元格的位置关系是绝对的，无论将这个公式粘贴到任何单元格，公式所引用的还是原来单元格的数据。绝对引用的单元格的行和列前都有 '$' 符，例如$A$1，$D$2 等。

(2) 相对引用

相对引用的格式是直接用单元格或者单元格区域名，而不加 '$' 符号，例如 A1，D2 等。使用相对引用后，系统将会记住建立公式的单元格和被引用的单元格的相对位置关系，在粘贴该公式时，新的公式单元格和被引用的单元格仍保持这种相对位置。

如图 2-82 所示是包含 4 位学生成绩的成绩表。要计算 4 个人各科的平均分和总评成绩。

	A	B	C	D	E	F
1						
2	所占比例	30%	30%	30%	10%	
3						
4		语文	数学	英语	音乐	总评
5	甲	88	92	88	98	
6	乙	85	90	89	89	
7	丙	96	85	78	93	
8	丁	87	89	84	95	
9	平均分					

图 2-82　成绩表

计算平均分的公式是 4 人成绩的平均值。

计算总评成绩的公式是：总评成绩=语文*30%+数学*30%+英语*30%+体育*10%；各科在总评中所占比例已经列于第 2 行。

【例 2-5】绝对引用和相对引用。

① 在单元格 B9 中输入公式=AVERAGE(B5，B6，B7，B8)；在这个公式中，对单元格 B5

至 B8 都使用了相对引用。

② 完成相对引用后，可以在单元格 B9 中得到计算结果。下面将单元格 B9 的公式复制到 C9、D9、E9 和 F9 中，复制完成后，用户就会发现这些单元格中的公式与 B9 单元格的公式不同了。原来公式中的 B 分别被改为 C、D、E 和 F。这就是相对引用。

③ 在单元格 F5 中输入公式=B5*$B$2+C5*$C$2+D5*$D$2+E5*$E$2。

在这个公式中，对单元格 B5 到 D5 都使用了相对引用，而对 B2 到 D2 则采用了绝对引用。下面再将单元格 F5 的公式复制到 F6、F7 和 F8 中，复制完以后，就会发现这些单元格中的公式相对引用的单元格名称变了，而绝对引用的单元格名称没有改变。这时可以按 Ctrl+` 快捷键 (用来切换查看公式还是公式的结果的快捷键)查看一下工作表的所有公式。

(3) 混合引用

若$符号在数字前，而字母前没有$符号，那么被应用的单元格行的位置是绝对的，列位置是相对的。反之，行的位置是相对的，而列的位置是绝对的。这就是混合引用，例如$E3 和 E$3。

2. 引用同一工作簿中的单元格

在当前工作表中可以引用其他工作表单元格的内容。例如当前的工作表是 Sheetl，如果要在 A1 单元格中引用 Sheet3 工作表中 B6:B8 的内容之和，可以有以下两种方法。

(1) 直接输入。在 Sheetl 中选择 A1 单元格，输入 "=SUM(Sheet3! B6:B8)"，然后按 Enter 键。

(2) 用鼠标选择要引用的单元格。在 Sheetl 中选择 A1 单元格，输入 "=SUM("，单击 Sheet3 工作表的标签，在 Sheet3 中选择 B6:B8 单元格，然后按 Enter 键。

提示

当编辑栏中显示 Sheetl 中 A1 单元格的公式 "=SUM(Sheet3! B6:B8" 时，此公式还缺少一个 ")"，这时可以在编辑栏中补上 ")"，也可以直接按 Enter 键，Excel 会自动加上一个 ")"。

3. 引用其他工作簿中的单元格

在当前工作表中可以引用其他工作簿中的单元格或者单元格区域的数据或者公式。例如，当前的工作簿是工作簿 2，如果在此工作簿的 Sheet 1 工作表中的 A1 单元格，要引用工作簿 1(文件存放的路径为 "C:\My Documents\工作簿 1.xls "中的$B$3:$B$4 单元格中的数据，可以按以下的方法操作。

(1) 直接输入。在 Sheet 1 中选择 A1 单元格，输入 "= SUM('C:\My Documents\[工作簿 1.xls]Sheet1'!$B$3:$B$4)"，然后按 Enter 键。

(2) 选择要引用的单元格。在 Sheet 1 中选择 A1 单元格，输入 "=SUM("，打开工作簿 1，在工作簿 1 中单击工作表 Sheetl 的标签，在 Sheetl 中选择$B$3:$B$4 单元格，然后按 Enter 键，关闭工作簿 1。

为了便于操作和观察，可以选择【视图】|【窗口】|【全部重排】命令，并单击【确认】按钮或按 Enter 键，使工作簿 1 和工作簿 2 同时显示在屏幕上，然后再进行上述操作。

2.2.4 公式的错误与审核

审核公式对公式的正确性来说至关重要，它包括循环引用、公式返回的错误值、审核及检查等内容。

1. 循环引用

使用公式有时会引用公式自身所在的单元格，这时公式将其视为循环引用。公式的循环引用是指公式直接或者间接地引用了该公式所在的单元格的数值。在计算循环引用的公式时，Excel 必须使用前一次迭代的结果来计算循环引用中的每个单元格。而迭代的意思就是重复工作表直到满足特定的数值条件。如果不改变迭代的默认设置，Excel 将在 100 次迭代以后或者两个相邻迭代得到的数值变化小于 0.001 时停止迭代运算。

在使用循环引用时，可以根据需要来设置迭代的次数和迭代的最大误差，在 Excel 中默认的迭代次数为 100 次。

【例 2-6】更改默认的迭代设置。

(1) 打开【文件】选项卡，选择【Excel 选项】|【公式】命令，打开如图 2-83 所示的【Excel 选项】对话框。

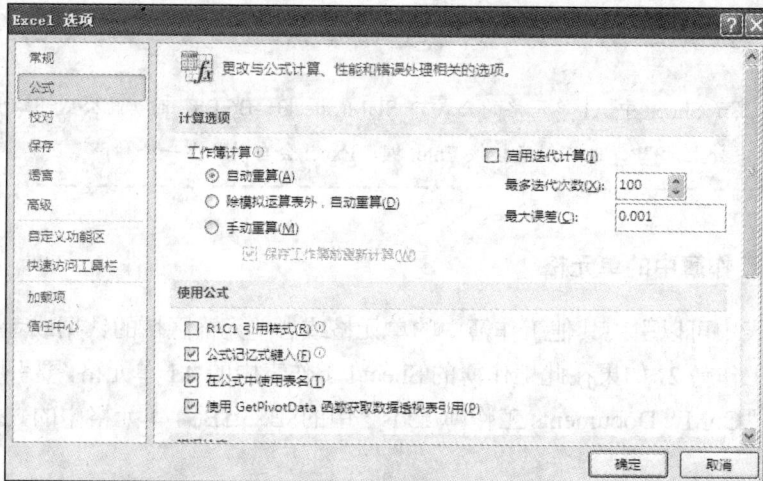

图 2-83 【Excel 选项】对话框

(2) 选中【启用迭代计算】复选框。

(3) 根据需要在【最多迭代次数】文本框中和【最大误差】文本框中输入进行迭代运算时的最多迭代次数和最大误差。

(4) 单击【确定】按钮，完成设置。

2. 公式返回的错误值

如果输入的公式不符合格式或者其他要求，就无法在 Excel 工作表的单元格中显示运算的结果，该单元格中会显示错误值信息，如"#####!"、"#DIV/01"、"#N/A"、"# NAME?"、"#NULL!"、"#NUM!"、"#REF!"、"#VALUE!"。了解这些错误值信息的含义可以帮助用户修改单元格中的公式。如表 2-5 就列出了 Excel 中的错误值及其含义。

表2-5　错误值及其含义

错　误　值	含　义
#####!	公式产生的结果或输入的常数太长，当前单元格宽度不够，不能正确显示，将单元格加宽就可以避免这种错误
#DIV/0!	公式中产生了除数或者分母为 0 的错误，此时需要检查：(1)公式中是否引用了空白的单元格或数值为 0 的单元格作为除数；(2)引用的宏程序是否包含有返回"#DIV/0!"值的宏函数；(3)是否有函数在特定条件下返回"#DIV/0！"错误值
#N/A	引用的单元格中没有可以使用的数值，在建立数学模型缺少个别数据时，可以在相应的单元格中输入#N/A，以免引用空单元格
# NAME?	公式中含有不能识别的名字或者字符，此时需要检查公式中引用的单元格名字是否输入了不正确的字符
#NULL!	试图为公式中两个不相交的区域指定交叉点，此时需要检查是否使用了不正确的区域操作符或者不正确的单元格引用
#NUM!	公式中某个函数的参数不对，此时需要检查函数的每个参数是否正确
#REF!	引用中有无效的单元格，移动、复制和删除公式中的引用区域时，应当注意是否破坏了公式中单元格引用，检查公式中是否有无效的单元格引用
#VALUE!	在需要数值或者逻辑值的地方输入了文本，检查公式或者函数的数值和参数

3. 审核及检查

Excel 提供了公式审核功能，使用户可以跟踪选定范围中公式的引用或者从属单元格，也可以追踪错误。使用这些功能的操作方法如下。

选中需要审核的公式所在的单元格，然后选择【公式】选项卡的【公式审核】选项组，如图 2-84 所示，该选项组包含了审核公式功能的各种命令。

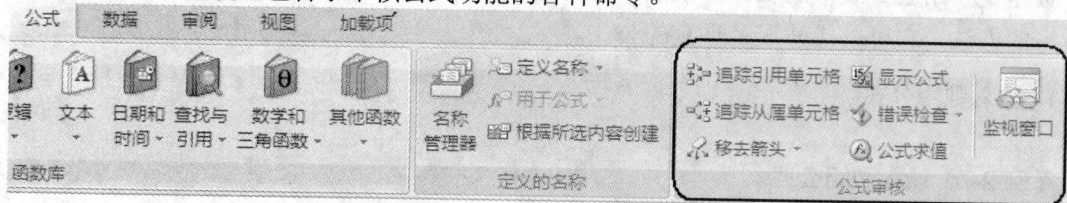

图 2-84　【公式审核】选项组

如果需要显示公式引用过的单元格，可在图 2-84 中单击【公式审核】选项组中的【追踪引用单元格】按钮，此时公式所引用过的单元格就会有追踪箭头指向公式所在的单元格。单击【公式审核】选项组中的【移去追踪引用单元格箭头】按钮即可取消该追踪箭头。

如果需要显示某单元格被哪些单元格的公式引用，可在图 2-84 中单击【公式审核】选项组中的【追踪从属单元格】按钮，此时该单元格就会产生指向引用它的公式所在单元格的追踪箭头。在删除单元格之前，最好使用这种方法来检查该单元格是否已被其他公式所引用。单击【公式审核】选项组中的【移去追踪从属单元格箭头】按钮即可取消该追踪箭头。

当单元格显示错误值时，选择【公式审核】选项组中的【错误检查】命令的下拉箭头，在下拉列表中选择【追踪错误】命令，如图 2-85 所示，即可追踪出产生错误的单元格。

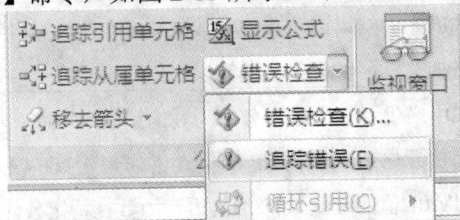

图 2-85　【追踪错误】命令

要取消上述的所有追踪箭头，可以在【公式审核】选项组中选择【移去箭头】命令的下拉箭头，从下拉列表中选择合适的命令。

要在每个单元格显示公式，而不是结果值，可以单击【公式审核】选项组中【显示公式】按钮，此时工作表中所有设置公式的单元格均将显示公式，如图 2-86 所示。

	A	B	C	D	E	F
1						
2	所占比例	0.3	0.3	0.3	0.1	
3						
4		语文	数学	英语	音乐	总评
5	甲	88	92	88	98	=B5*$B$2+C5*$C$2+D5*$D$2+E5*$E$2
6	乙	85	90	89	89	=B6*$B$2+C6*$C$2+D6*$D$2+E6*$E$2
7	丙	96	85	78	93	=B7*$B$2+C7*$C$2+D7*$D$2+E7*$E$2
8	丁	87	89	84	95	=B8*$B$2+C8*$C$2+D8*$D$2+E8*$E$2
9	平均分	=AVERAGE(B5, B6, B7,	=AVERAGE(C5, C6, C7,	=AVERAGE(D5, D6, D7,	=AVERAGE(E5, E6, E7,	=B9*$B$2+C9*$C$2+D9*$D$2+E9*$E$2

图 2-86　单元格显示公式

2.2.5　数组计算

数组是一组公式或值的长方形范围，Excel 视数组为一组。数组是小空间进行大量计算的强有力的方法，它可以代替很多重复的公式。

1. 输入数组公式

【例 2-7】输入数组公式。

(1) 选中需要输入数组公式的单元格或单元格区域。

(2) 输入公式的内容。

(3) 按 Shift + Ctrl + Enter 快捷键结束输入。

输入数组公式是一个非常简单的过程，但要理解它并不容易。下面举一个例子帮助用户理解怎样建立数组公式。

如图 2-87 所示的内容，要在 C 列得到 A 列和 B 列 1~4 行相乘的结果，可以在 C1 单元格输入公式=Al*B1，然后复制。使用数组的方法得到这些结果，A1 至 A4 和 B1 至 B4 的数据就是数组的参数。具体操作步骤如下。

(1) 选定 C1 至 C4 单元格区域(注意：4 个单元格全部选中)。

(2) 在编辑栏中输入公式=Al:A4*B1:B4。

(3) 按 Shift+Ctrl+Enter 快捷键结束输入，得到如图 2-88 所示的结果。

	A	B	C
1	20	87	
2	25	55	
3	63	65	
4	66	14	

图 2-87　数组参数

C4　{=A1:A4*B1:B4}

	A	B	C	D
1	20	87	1740	
2	25	55	1375	
3	63	65	4095	
4	66	14	924	

图 2-88　返回多个结果

提示

数组公式如果返回的是多个结果，则要删除数组公式时，必须删除整个数组公式，即选中整个数组公式所在单元格区域然后再删除，不能只删除数组公式的一部分。

2. 选中数组范围

通常，输入数组公式的范围，其大小与外形应该与作为输入数据的范围的大小和外形相同。如果存放结果的范围太小，则看不到所有的结果；如果范围太大，有些单元格中就会出现不必要的#N/A 错误。因此，选择的数组公式的范围必须与数组参数的范围一致。

3. 数组常量

在数组公式中，通常都使用单元格区域引用，也可以直接输入数值数组。这样直接输入的数值数组被称为数组常量。当不想在工作表中逐个单元格输入数值时，可以使用这种方法来建立数组常量。

可以用以下方法来建立数组中的数组常量：直接在公式中输入数值，并且用大括号“{}”括起来，注意把不同列的数值用逗号“，”分开，不同行的数值用分号“；”分开。例如，如果要表示一行中的 100、200、300 和下一行中的 400、500、600，应该输入一个 2 行 3 列的数组常量{100，200，300；400，500，600}。

实际应用中，先选中一个 2 行 3 列的矩形区域，然后输入公式={100，200，300；400，500，600}，按 Shift + Ctrl + Enter 快捷键，则在这个 2 行 3 列的矩形区域就可以一次得到所需要的数值，如图 2-89 所示。

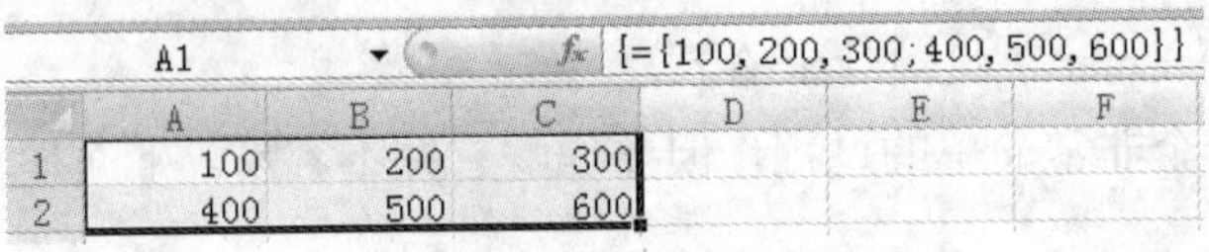

图 2-89　数组常量举例

数组常量有其输入的规范，因此，无论在单元格中输入数组常量还是直接在公式中输入数组常量，并非随便输入一个数值或公式就可以。

在 Excel 中，使用数组常量时应该注意以下规定。

● 数组常量中不能含有单元格引用，并且数组常量的列或行的长度必须相等。

● 数组常量可以包括数字、文本、逻辑值 FALSE 和 TRUE 以及错误值，如"#NAME?"。

● 数组常量中的数字可以是整数、小数或科学记数公式。

● 在同一数组中可以有不同类型的数值，如{1，2，"A"，TURE}。

● 数组常量中的数值不能是公式，必须是常量，并且不能含有"$"、"（　）"或者"%"。

● 文本必须包含在双引号内，如"CLASSROOMS"。

2.3　函数

函数处理数据的方式与公式处理数据的方式相同，函数通过引用参数接收数据，并返回结果。大多数情况下，返回的是计算的结果，也可以返回文本、引用、逻辑值、数组或工作表的信息。本章中列出的函数都可以用于工作表或 Excel 宏表中。本章将学习使用函数，然后介绍 Excel 中的一些工作表函数及其参数说明。

2.3.1　函数概述

前面已经看到，单元格中可以包括文本、公式和函数。通过公式和函数，就可以在单元格中放置计算的值。公式可以进行加、减、乘、除运算，也可以包含函数。

Excel 用预置的工作表函数进行数学、文本、逻辑的运算或者查找工作表的信息。与直接用公式进行计算相比，使用函数进行计算的速度更快。例如公式 =(A1+A2+A3+A4+A5+A6+A7+A8)/8 与使用函数公式=AVERAGE(Al：A8)是等价的。但是使用函数速度更快，而且占用工具栏的空间更少，同时可以减少输入出错的机会，因此，只要可能，建议用户应该尽量使用函数。

函数通过参数接收数据，输入的参数应该放在函数名后，并且必须用括号括起来，各函数使用特定类型的参数，如数值、引用、文本或者逻辑值。函数中使用参数的方式与等式中使用变量的方式相同。

函数的语法以函数的名称开始，后面是左括号以及逗号隔开的参数和右括号。如果函数要以公式的形式出现，需要在函数名前输入等号。

1. 函数分类

Excel 提供了大量的函数，这些函数按功能可以分为以下几种类型。

(1) 数字和三角函数：可以处理简单和复杂的数学计算。

(2) 文本函数：文本函数用于在公式中处理字符串。

(3) 逻辑函数：使用逻辑函数可以进行真假值判断，或进行符号检验。

(4) 数据库函数：用于分析数据清单中的数值是否符合特定条件。

(5) 统计函数：可以对选定区域的数据进行统计分析。

(6) 查找和引用函数：可以在数据清单或者表格中查找特定数据，或者查找某一单元格的引用。

(7) 日期与时间函数：用于在公式中分析和处理日期和时间值。

(8) 过程函数：用于工程分析。

(9) 信息函数：用于确定存储在单元格中的数据的类型。

(10) 财务函数：可以进行一般的财务计算。

2. 输入函数

输入函数与输入公式的过程类似。可以在单元格中直接输入函数的名称和参数，这是最快的方法。如果不能确定函数的拼写以及函数的参数，则可以使用函数向导插入函数。

一般在编辑栏输入函数名称加上左括号以后，Excel 就会弹出一个公式选项板。公式选项板的使用可以参看 2.2.2 节。

【例 2-8】输入单个函数。

(1) 选中需要输入函数的单元格。

(2) 选择【公式】|【函数库】|【插入函数】命令，或者单击编辑栏中的 f_x 按钮，打开如图 2-90 所示的【插入函数】对话框。

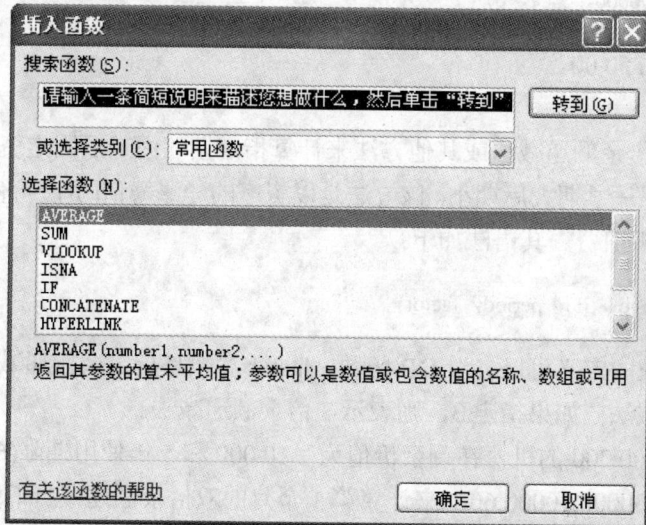

图 2-90　【插入函数】对话框

（3）在【或选择类别】下拉列表框中选择所需的函数类型，则该函数类型的所有函数将显示在【选择函数】列表框中，在该列表框中可选择需要使用的函数。

（4）单击【确定】按钮，完成函数的输入。

【插入函数】对话框中的两个列表框下方有选中函数的说明，通过这些说明可以了解所选函数的作用。

2.3.2 常见的函数

Excel 的函数有 200 多个，下面列出了比较常用的 Excel 函数及其参数，并且进行解释、说明和举例。

1. 财务函数

输入财务函数，并不需要输入财务等式，因为 Excel 函数处理的速度很快，而且不易出错。

（1）DB 函数

DB 函数是用固定余额递减法来计算一笔资产在给定期间内的折旧费。其语法如下：

    DB(cost, salvage, life, period, month)

其中，cost 参数为资产的初始价值；salvage 参数为资产全部折旧后的剩余价值；life 参数为资产折旧的时间长度；period 参数为需要计算折旧值的单个时间周期，它的单位必须与 life 相同；month 参数为第一年的月份数，如果省略，则默认为 12 个月。

例如，要计算 ￥500 000 在剩余价值为 ￥100 000、3 年使用期限和第一年中使用 6 个月的情况下第一年的固定余额递减折旧费，应使用公式：

    =DB(500000, 100000, 3, 1, 6)

该公式返回 ￥182 250.00。

（2）DDB 函数

DDB 函数利用双倍余额递减法或其他方法来计算指定期间内某项固定资产的折旧费。它返回加速利率的折旧费——早期大后期小。该方法是以资产的净账簿值(资产价值减去前几年的折旧费)的百分比来计算折旧费。其语法如下：

    DDB(cost, salvage, life, period, factor)

其中，前 4 个参数的定义可以参看 DB 函数。factor 参数是指定余额递减法，默认为 2，表示一般的双倍余额递减法；如果指定 3，则表示 3 倍余额递减法。

例如，要计算 ￥100 000 的机器在剩余价值为 ￥10 000 和 5 年使用期限(60 个月)的折旧费，可以使用公式=DDB(100000,10000,60,1)来计算第 1 个月的双倍余额递减折旧费 ￥3 333.33；使用公式=DDB(100000,10000,5,1)来计算第 1 年的双倍余额递减折旧费 ￥40 000.00；使用公式

=DDB(100000,10000,5,5)来计算第 5 年的双倍余额递减折旧费¥2 960.00。

(3) PV 函数

PV 函数是计算某项投资的一系列等额分期偿还额的现值之和或一次性偿还额。其语法如下：

> PV(rate，nper，pmt，fv，type)

其中，rate 参数为各期利率；nper 参数为投资期限；pmt 参数为各个数额相同时的定期支付额；fv 参数为投资在期限终止时的剩余值，其默认值为 0；type 参数指定各期的付款时间是在期初还是期末，type 为 0 表示期末，type 为 1 表示期初，其默认值为 0。

例如，某投资机会，只需要现在投资¥120 000 就可以在未来 5 年中每年返回¥30 000。为决定这项投资是否可以接受，必须计算将得到的等额分期偿还额¥30 000 的现值之和。假设现在的银行利率为 4.0%，可以使用公式：

> =PV(4%,5,30000)

该公式使用了 pmt 参数；没有 fv 参数；也没使用 type 参数，表示支付发生在每个周期的期末。该公式返回值为¥-133 554.67，说明现在投入¥133 554.67 才能得到那每年返回的¥30 000。由于现在只需要¥120 000，因此这是一项可以接受的投资。

如果该投资不是在未来 5 年中每年返回¥30 000，而是一次性的，此时应该使用公式：

> =PV(4%,5, ,150000)

这里必须使用逗号作为占位符来表示未用到 pmt 参数，以便使 Excel 识别 150000 为 fv 参数；该方式同样省略了 type 参数，其含义同上。该公式返回值为¥-123 289.07，说明现在投入¥133 554.67 才能得到 5 年后返回¥150 000，因此这仍然是一项可以接受的投资。

(4) NPV 函数

NPV 函数是基于一系列现金流和固定的各期利率，返回一项投资的净现值。一般情况下，任何产生大于 0 的净现值都被认为可赢利。

其语法如下：

> NPV(rate，valuel，value2，…)

其中，rate 参数为各期利率：valuel，value2，…为 1 到 29 笔支出及收入的参数值。它们所属各期间的长度必须相等，支付及收入的时间都发生在期末。NPV 按次序使用 valuel，value2，… 来注释现金流的次序。所以一定要保证支出和收入的数额按正确的顺序输入。

如果参数是数值、空白单元格、逻辑值或表示数值的文字表达式，则都会计算在内；如果参数是错误值或不能转化为数值的文字，则被忽略。如果参数是一个数组或引用，只有其中的数值部分计算在内，忽略数组或引用中的空白单元格、逻辑值、文字及错误值。NPV 函数在两个重要方面不同于 PV 函数。PV 函数假定相同的支付额，而 NPV 则允许可变的支付额。另一重要区别是 PV 函数允许支付和接收发生在周期开始或者结束，而 NPV 函数假定所有支付和接收都均等分布，发生在周期结束。如果投资费用必须在前面全部付清，则不应将此项费用作为 value 参数之一，而应当从函数结果中减去它。另一方面，如果该费用必须在第一期结束时付清，则应当将它作为第一个负 value 参数。

例如，要进行一项投资 ¥150 000，预计第 1 年末损失 ¥10 000，而第 2 年末、第 3 年末和第 4 年末分别可以获得 ¥50 000、¥75 000、¥95 000。银行利率为 5%，要衡量这项投资是否划算，则应使用公式：

```
=NPV(5%,-10000,50000,75000,95000)-150000
```

结果为 ¥28 772.22。所以这项投资可以接受。

(5) RATE 函数

RATE 函数用于计算得到一系列等额支付或者一次总支付的投资收益率。其语法如下：

```
RATE (nper，pmt，pv，fv，type，guess)
```

其中，nper，pmt，fv，type 参数可以参看 PV 函数；pv 参数为投资额现值；guess 参数提供给 Excel 开始计算收益率的一个起点，默认值为 0.1，即 10%。

例如考虑一项 4 年内每年可以得到 ¥100 000 的投资，投资费用为 ¥320 000。要计算投资的实际收益率，可以利用公式：

```
=RATE(4,100000,-320000)
```

结果为 10%。准确的返回值为 0.0956422744525717，但是由于答案是一个百分比，因此 Excel 将单元格格式转化为百分比。

RATE 函数是利用迭代过程来计算利率的。函数从给定的 guess 参数值开始计算投资的利润率。如果第 1 个净现值大于 0，则函数选择一个较低的利率进行第 2 次迭代。RATE 函数继续这个过程直到得到正确的收益率或者已经迭代 20 次。如果在输入 RATE 函数后得到错误值 "#NUM!"，则 Excel 可能不能在 20 次迭代内求得收益率。选择一个不同的 guess 参数为函数提供一个运行起点。

(6) IRR 函数

IRR 函数是计算一组现金流的内部收益率。这些现金流必须按固定的间隔发生，如按月或按年。其语法如下：

```
IRR(values，guess)
```

其中，values 参数为数组或包含用来计算内部收益率的数字单元格的引用。允许只有一个 values 参数，它必须至少包括一个正数值和负数值。IRR 函数忽略文字、逻辑值和空白单元格。

IRR 函数根据数值的顺序来解释现金流的顺序，故应确定按需要的顺序输入了支付和收入的数值。guess 参数参看 RATE 函数。

IRR 函数与 RATE 函数相似。RATE 函数和 IRR 函数的区别类似于 PV 函数和 NPV 函数之间的区别。同 NPV 函数一样，IRR 函数考虑了投资费用和不等支付额的问题，故其应

用更广。

例如要进行一项￥120,000 的投资,并预期今后 5 年的净收益为￥25 000、￥27 000、￥35 000、￥38 000 和￥40 000。建立一个包含投资和收入信息的简单工作表。在工作表的 A1:A6 单元格中分别输入以下数值: -￥120 000、￥25 000、￥27 000、￥35 000、￥38 000 和￥40 000。然后输入公式:

```
=IRR(A 1:A6)
```

计算此项投资 5 年后的内部收益率,结果为 11%。

公式:

```
=IRR(A 1:A5)
```

计算此项投资 4 年后的内部收益率,结果为 2%。

公式:

```
=IRR(A 1:A4,-10%)
```

计算此项投资 3 年后的内部收益率,并由-10%的利率开始算起,结果为-14%。

2. 日期与时间函数

在 2.2.1 节中提到过日期与时间的运算,Excel 中将日期和时间记录为序列数。下面介绍常用的日期与时间函数。

(1) NOW 函数

NOW 函数返回计算机的系统日期和时间所对应的日期、时间序列数。其语法如下:NOW( ),例如当前日期为 1999 年 6 月 14 日 20:52,如果正在使用的是 1900 日期系统,则公式:

```
=NOW( )
```

返回 36325.8697400463,如果单元格格式为日期格式,则显示 1999-6-14 20:52。10 分钟后 NOW 函数将返回 36325.8770170139,如果单元格格式为日期格式,则显示:

```
1999-6-14 21:02。
```

(2) TODAY 函数

TODAY 函数返回当前日期的序列数,该函数与 NOW 函数的作用相同,只是不返回序列数的时间部分。工作表打开或者重算时 Excel 会更新序列数。其语法如下:

```
TODAY( )
```

(3) DATE 函数

DATE 函数返回某一特定日期的序列数。其语法如下:

```
DATE(year,month,day)
```

其中，year 参数为年；month 参数为月份，如果所输入的月份大于 12，将从指定年份的一月份开始往上累加；day 参数为在该月份中第几天的数字，如果 day 大于该月份的最大天数，将从指定月份的第一天开始往上累加。

函数 DATE 在那些年份、月份和日期由公式计算而非常数的公式中非常有用。

例如，公式：

=DATE(99，5，1)

将返回 36281，此序列数对应于 1999 年 5 月 1 日。

(4) DATEVALUE 函数

DATEVALUE 函数返回 date text 参数所表示的序列数。它可以将文字表示的日期转换成一个序列数。其语法如下：

DATEVALUE(date_text)

其中，date_text 参数可以是 Excel 预定义的任何日期格式。

例如，要返回 1998 年 6 月 1 日的序列数，可以使用公式：

=DATEVALUE("06-01-98")

将返回 35947。

(5) NETWORKDAYS 函数

NETWORKDAYS 函数返回参数 start_data 和 end_data 之间总的工作天数。计算工作天数时应注意工作日不包括周末和专门指定的假期。其语法如下：

NETWORKDAYS=(start_date,end_date,holidays)

其中 start_date 参数为起始日期的日期值；end_date 参数为终止日期的日期值；holidays 参数为可选清单，指需要从工作日历中排除的日期值，如各种法定或自定假日。

如果该函数不存在，运行【安装】程序来加载【分析工具库】，安装完毕之后，必须通过选择【工具】菜单中的【加载宏】命令，在【加载宏】对话框中选择并启用它。

如果任何参数为非法日期值，函数 NETWORKDAYS 返回错误值 "#NUM!"。

例如，要计算 1998 年 3 月 1 日到 1998 年 3 月 19 日的总工作天数(除去节假日和 3 月 8 日)，使用公式：

=NETWORKDAYS(DATEVALUE("03-01-98")，DATEVALUE("03-19-98")，DATEVALUE ("03-08-98")

结果为 14。

(6) WEEKDAY 函数

WEEKDAY 函数返回与 serial_number 对应的序列数是星期几。其值为 1～7 之间的整数。其语法如下：

> WEEKDAY(serial_number，return_type)

其中，serial_number 参数为日期-时间代码，它既可以为数字，也可以为文本，如"30-Apr-1998"或 35915；return_type 参数为可选，用于确定一星期从哪天开始，默认值由星期日开始为 1，到星期六为 7；其值为 2，则由星期一开始为 1，到星期日为 7；其值为 3，则由星期一开始为 0，到星期日为 6。

例如，要计算 1998 年 12 月 25 日是星期几，输入公式：

> =WEEKDAY("12-25-98"，2)

结果为 5，即星期五。

(7) EOMONTH 函数

EOMONTH 函数返回 start_date 之前或之后指定月份中最后一天的日期序列数。其语法如下：

> EOMONTH(start_date，months)

其中，start_date 参数为起始日期的日期值；months 参数为 start_date 之前或之后的月数。如果是正数，指将来的日期，如果是负数，指过去的日期。

例如，要计算这个月底的序列数，可以使用公式(设今天为 1998 年 10 月 1 日)：

> =EOMONTH (TODAY( ),0)

结果为 36099 或 10/31/98。

3. 数学与三角函数

数学与三角函数是工作表中大部分计算的基础，特别是在这两种函数当中可以找到大多数科学与过程函数。

(1) SUM 函数

SUM 函数是一系列数字之和。其语法如下：

> SUM(number1，number2，…)

其中，number1，number2，…为 1 到 30 个需要求和的参数，它们可以是数字、公式、范围或者产生数字的单元格引用。

SUM 函数忽略数组或引用中的空白单元格、逻辑值以及文本。如果参数为错误值或为不能转换成数字的文本，将会导致错误。

例如，公式：

> =SUM(13，12)

结果为 25。而公式：

```
=SUM("13"，22，TRUE)
```

结果为 36，因为文本值被转换成数字，而逻辑值 TRUE 被转换成数字 1。

如果单元格 A1 中为"TEXT"，公式为：

```
=SUM(13，22，A1)
```

结果为 35，因为 Excel 忽略了文本。

如果单元格 A1:A5 包含 10、20、30、40 和 50，则公式为：

```
=SUM(A l:A3)
```

结果为 60。

```
=SUM(A l:A5，100)
```

结果为 250。

(2) ROUND 函数

ROUND 函数将参数引用的数舍入到指定的小数位数。其语法如下：

```
ROUND(number，num_digits)
```

其中，number 参数为需要进行舍入的数值、包含数值的单元格引用或者结果为数值的公式；num_digits 参数为舍入的位数，可以为任意整数。当它为负数时将舍入小数点左边的位数；当它为 0 时将舍入最近的整数。Excel 下舍小于 5 的数字，上入大于或等于 5 的数字。如表 2-6 列出了 ROUND 函数的几个例子。

表2-6   ROUND 函数返回值

输 入 项	返 回 值
=ROUND(123.456,-2)	100
=ROUND(123.456,-1)	120
=ROUND(123.456,0)	123
=ROUND(123.456,1)	123.5
=ROUND(123.456,2)	123.46
=ROUND(123.456,3)	123.456

(3) EVEN 函数

EVEN 函数返回沿绝对值增大方向取整后最接近的偶数。其语法如下：

```
EVEN(number)
```

其中，number 参数为要取整的数值。如果 number 为非数值参数，则 EVEN 函数返回错误值#VALUE!。

不论 number 的正负号如何，函数都向远离零的方向舍入，如果 number 恰好是偶数，则无需进行任何舍入处理。如表 2-7 列出了 EVEN 函数的几个例子。

表 2-7　EVEN 函数返回值

输 入 项	返 回 值
=EVEN(23.4)	24
=EVEN(2)	2
=EVEN(3)	4
=EVEN(-3)	-4

(4) PI 函数

PI 函数返回常量 π 精确到 14 个小数位的数值：3.14159265358979。其语法如下：

    PI ( )

PI 函数没有参数，通常嵌套在公式或其他函数中。

例如，要计算圆的面积，可以用 π 乘以圆半径的平方。公式：

    = PI ( ) * (5^2)

计算半径为 5 的圆面积。结果舍入到两个小数位后是 78.54。

4. 统计函数

统计函数可以帮助用户处理一些简单的计算问题，如计算平均值、计算某些项目的个数等。统计函数还可以进行一些简单的统计分析，如标准偏差、方差等。

(1) AVERAGE 函数

AVERAGE 函数返回参数平均值(算术平均值)。其语法如下：

    AVERAGE(number1，number2，…)

其中，number1，number2，…为要计算平均值的 1~30 个参数，参数可以是单个值或者范围，范围包括数字、单元格引用或者包含数字的数组。AVERAGE 函数忽略文本、逻辑值或空单元格。

例如，C12:C15 单元格中分别是以下的数值：2、3、4、5，公式为：

    =AVERAGE(C12:C15)

返回 3.5。

而公式为：

    =AVERAGE(C12:C15，11)

返回 5。

(2) COUNT 函数

COUNT 函数返回参数中数字的个数。其语法如下：

    COUNT (value1，value2，…)

其中，value1，value2，…为要计算数字个数的 1~30 个参数，参数可以是单个值或者范围，范围包括数字、单元格引用或者包含数字的数组。COUNT 函数忽略文本、逻辑值或空单元格。只计算数字类型的数据个数。

如果要统计逻辑值、文字或错误值，使用函数 COUNTA。

例如，A6:A9 分别是 1、2、3、4，则公式：

    =COUNT (A6:A9)

返回 4。如果 A8 为空白单元格，则该公式返回 3。

(3) COUNTA 函数

COUNTA 函数返回参数中非空白值的个数。其语法如下：

    COUNTA (value1，value2，…)

其中，value1，value2，…为要计算非空白值个数的 1~30 个参数，参数可以是单个值或者范围，范围包括数字、单元格引用或者包含数字的数组。COUNTA 函数忽略数组或者单元格引用中的空单元格。

例如，B14 是唯一的空单元格，则公式为：

    =COUNTA (B1:B15)

返回 14。

(4) MAX 函数

MAX 函数返回参数中的最大值。其语法如下：

    MAX(number1，number2，…)

其中，number1，number2，…为需要找出最大数值的 1~30 个数值。参数可以是单个值或者范围，范围包括数字、单元格引用或者包含数字的数组。MAX 函数忽略文本、逻辑值或空单元格，只考虑数字类型的数据大小。如果逻辑值和文本不能被忽略，使用函数 MAXA 来代替；如果参数不包含数字，MAX 函数将返回 0。

例如，单元格 C1:D3 包含数字-2、4、32、30、10 和 7，则公式：

    =MAX(C1:D3)

将返回 32。

5. 查找及引用函数

当用户需要确定单元格内容、范围或者选择的范围时，查找及引用函数非常有用。

(1) ADDRESS 函数

ADDRESS 函数返回指定的单元格引用，结果用文本形式来表示。其语法如下：

ADDRESS(row_num, column_num, abs_num, A1, sheet_text)

其中，row_num 为单元格引用中的行号；column_num 为单元格引用中的列号；abs_num 用于指定引用类型，默认值为 1，即表示绝对引用；当其为 2 时，表示绝对行，相对列；当其为 3 时，表示相对行，绝对列；当其为 4 时，表示相对引用；A1 用于指明引用样式，默认值为 TRUE，即返回 A1 形式的引用，如果其为 FALSE，即返回 R1C1 形式的引用；sheet_text 是文本，指明作为外部引用的工作表名，如果省略，则不使用任何工作表名。

例如，公式：

=ADDRESS(15，4，2，TRUE)

将返回 D$l5，而公式：

=ADDRESS(10，5，4，FALSE)

将返回 R10C5。

(2) VLOOKUP 函数

VLOOKUP 函数用于查找所构造的表格中存放的信息。当在表格中查找信息时，一般用行索引或者列索引来定位特定单元格。Excel 在利用这种方式时做了一些变动，即通过查找第一列中小于或者等于用户所提供的最大值来得到一个索引，然后用另一指定参数作为其他索引。这样可以根据表格中的信息查找数值，而不必确切地知道数值的位置。其语法如下：

VLOOKUP(lookup_value, table_array, col_index_num, range_lookup)

其中，lookup_value 参数为要在表格中查找以得到第一个索引的数值。它可以是数值、引用或文字串。table_array 参数为定义表格的数组或者范围名称。其第一行的数值可以为文本、数字或逻辑值。col_index_num 参数为开始选择结果的表格列(第二个索引)，当其值为 1 时，返回 table_array 第一列的数值，当其值为 2 时，返回 table_array 第二列的数值，以此类推。如果其值小于 1，VLOOKUP 函数返回错误值"#VALUE!"；如果其值大于 table_array 的列数，VLOOKUP 函数返回错误值"#REF!"。range_lookup 参数为一逻辑值，指明函数 VLOOKUP 查找时是精确匹配还是近似匹配,其默认值为 TRUE,此时函数返回近似匹配值,如果其为 FALSE,VLOOKUP 函数将查找精确匹配值,如果找不到,则返回错误值"#N/A!"。

例如要在如图 2-91 所示的表格中检索数据，公式：

=VLOOKUP(42，A2:C6，3)

返回值为 24。

	A	B	C	D	E
1	10	$100	5		
2	20	$200	8		
3	30	$300	22		
4	40	$400	24		
5	50	$500	27		
6			24		

C6 f_x =VLOOKUP(42,A2:C6,3)

图 2-91   要检索数据的表格

其检索过程如下：先找到包含比较值的列，此处为列 A，然后扫描比较值查找小于或者等于 lookup_value 的最大值。由于第 4 个比较值 40 小于 41，而第 5 个比较值 50 又大于 41，因此以包含 40 的行(即行 5)作行索引。列索引是 col_index_num 参数，此处为 3，因此列 C 中包含所要的数据。由此可以得到单元格 C5 中的数值 24。

(3) HLOOKUP 函数

HLOOKUP 函数在表格或数值数组的首行查找指定的数值，并由此返回表格或数组当前列中指定行处的数值。HLOOKUP 的用法可以参看 VLOOKUP。其语法如下：

> HLOOKUP(lookup_value，table_array，col_index_num，range_lookup)

(4) OFFSET 函数

OFFSET 函数返回具有指定高度和宽度，位于相对于另一个引用的指定位置的引用。其语法如下：

> OFFSET(reference，rows，cols，height，width)

其中，reference 参数为计算偏移的起点位置；rows 参数指定 reference 参数和被返回引用之间的垂直距离，正值指定相对 reference 参数向下偏移；cols 参数指定 reference 参数和被返回引用之间的水平距离，正值指定相对 reference 参数向右偏移；height 参数为高度，即所要返回的引用区域的行数，它必须为正数，如果省略则以 reference 参数的高度为高度；width 参数为宽度，即所要返回的引用区域的列数，它必须为正数，如果省略则以 reference 参数的宽度为宽度。

例如，公式：

> =OFFSET(A3:C5，-1，0，3，3)

将返回 A2:C4 单元格引用。一般 OFFSET 函数不单独使用，它是与需要将引用作为参数的函数连用，如公式：

> =SUM(OFFSET(a3:C5，-1，0，3，3))

将返回 A2:C4 单元格区域数值之和。

(5) INDIRECT 函数

INDIRECT 函数可以从单元格引用找到单元格的内容。其语法如下：

> INDIRECT(ref_text，A1)

其中，ref_text 参数为一个 A1 形式的引用、R1C1 形式的引用或者单元格名称，如果它的输入项无效，则函数返回错误值"#REF!"；A1 为一个逻辑值，指示使用的是哪一种引用的类型。如果其值为 FALSE，则 Excel 将其解释为 R1C1 格式；如果其值为 TRUE(默认值)，则 Excel 将其解释为 A1 格式。

例如，工作表的单元格 C5 包含文本 B2，而单元格 B2 中为数值 17，则公式：

> =INDIRECT(c5)

返回值为 17。如果工作表设置为 R1C1 格式的引用，而且单元格 R5C3 包含单元格 R2C2 的引用，单元格 R2C2 中为数值 17，则公式：

> =INDIRECTT(R5C3，FALSE)

返回值为 17。

(6) INDEX 函数

INDEX 函数返回指定范围中特定行与特定列交叉点上的单元格引用，其语法如下：

> INDEX(reference, row_num, column_num, area_num)

其中，reference 参数指定一个或多个区域的引用，如果指定多个区域，则必须用括号括起来，区域之间要用逗号隔开；row_num 参数指定引用中的行序号；column_num 参数指定引用中的列序号；area_num 参数指定 reference 所确定的几个区域中的某个，其默认值为 1。

例如，公式：

> =INDEX((D5:F9，D10:F14)，1，2，2)

返回区域 D10:F14 中第一行、第二列的单元格引用。

6. 数据库函数

Excel 中各个数据库都使用同样的参数：数据库(database)、字段(field)和条件(criteria)。函数 DAVERAGE 中讨论的参数说明适用于所有的数据库函数。

(1) DAVERAGE 函数

DAVERAGE 函数计算满足查询的数据库记录中给定字段内数值的平均值。其语法如下：

> DAVERAGE(database，field，criteria)

其中，database 参数为构成数据清单或数据库的单元格区域，它可以是一个范围或一个范围引用的名称。field 参数指定函数所使用的数据列。它可以是引号中的字段名，包含字段名的单元格引用或数字。criteria 参数为对一组单元格区域的引用。这组单元格区域用来设定函数的匹配条件。数据库函数可以返回数据清单中与条件区域所设定的条件相匹配的信息。条件区域包含了函数所要汇总的数据列(即 field)在数据清单中的列标志的一个副本。

例如,如图 2-92 所示的工作表,单元格 A1:C7 为数据库区域,要统计收入大于 5000 元的收入平均值,在 E3 输入公式:=DAVERAGE(A1:C7, " 收入 ", F1:F2),将得到收入平均值 6150。

	A	B	C	D	E	F	G
1	月份	收入	支出		月份	收入	支出
2	1	8000	5000		6150	>5000	
3	2	4700	3200				
4	3	5100	4800				
5	4	4900	4700				
6	5	6300	5600				
7	6	5200	4500				

图 2-92   数据库区域

(2) DCOUNT 函数

DCOUNT 函数计算数据库中给定字段满足条件的记录数,其语法如下:

> DCOUNT(database,field,criteria)

其中,参数 field 为可选项,如果省略,DCOUNT 函数将返回数据库中满足条件 criteria 的所有记录数;其他参数见 DAVERAGE 函数。

例如图 2-92 所示的数据库区域,要统计收入大于 5000 元的记录数,可以使用公式:

> =DCOUNT(A1:C7,F1:F2)

得到结果为 4。

(3) DSTDEVP 函数

DSTDEVP 函数将数据清单或数据库的指定列中,满足给定条件单元格中的数字作为总体样本计算其标准偏差。其语法如下:

> DSTDEVP(database,field,criteria)

其中各参数与 DAVERAGE 函数相同。

例如图 2-92 所示的数据库区域,要计算收入大于 5000 元的样本的标准偏差,可以使用公式:

> =DSTDEVP(A1:C7,"收入",F1:F2)

得到结果为 1167.262。

(4) DMAX 函数

DMAX 函数将返回数据库中满足条件的记录中给定字段的最大值,其语法如下:

> DMAX(database,field,criteria)

其中各参数与 DAVERAGE 函数相同。

例如图 2-92 所示的数据库区域,要查看收入大于 5000 元的记录中支出的最大值,可以使

用公式：

> =DMAX(A1：C7，"支出"，F1：G2)

将返回 5600。

7．文本函数

文本函数又称字符串函数，对于处理转化到 ASCII 文件的文本以及要装载到主机的文本都是非常重要的。

(1) CONCATENATE 函数

CONCATENATE 函数是返回将给出的几个字符串合并的一个字符串。其语法如下：

> CONCATENATE(Text1，Text2，…)

其中，Text1，Text2，…为 1～30 个将要合并成单个字符串的文本。这些文本可以为字符串、数字或单个单元格引用。

例如，公式：

> =CONCATENATE("Welcome"，"President! ")

将返回合成字符串"Welcome President"。

例如图 2-92 所示的工作表，公式：

> =CONCATENATE("今年"，A6，"月的"，B1，"为"，B3，"元")

将返回今年 5 月的收入为 6300 元。

(2) VALUE 函数

VALUE 函数将以文本形式输入的数字转换成数值。其语法如下：

> VALUE(text)

其中，text 为括在双引号内的字符串，也可以是包含文字的单元格引用。它可以是任何可识别的格式，包括自定义的格式。如果它不是其中任何一种格式，VALUE 函数将返回错误值"#VALUE!"。

例如，公式：

> =VALUE("13425")

将返回 13425，如果单元格 B5 中为文本"13425"，则公式：

> =VALUE(B5)

也返回 13425。

VALUE 函数还可以将日期和时间格式的文本转换为日期值，例如公式：

```
=VALUE("1-1-1998")
```

将返回日期系列值 35796。

(3) FIXED 函数

FIXED 函数将数字四舍五入到指定的小数位数，用逗号和一个圆点来格式化结果，并以文本形式显示结果。其语法如下：

```
FIXED(number，decimals，no_commas)
```

其中，number 参数为要转换成字符串的数；decimals 参数为一整数，当其为正值时指定小数点右边的位数，为负值时指定小数点左边的位数；no_commas 参数为逻辑值，用于指定结果中是否要包括逗号，其默认值为 FALSE，即在结果中插入逗号。

例如，公式：

```
=FIXD(5986.432，2，TRUE)
```

将返回字符串 5986.43，而公式：

```
=FIXD(5986.432，-l，FALSE)
```

将返回字符串 5990。

(4) LEN 函数

LEN 函数返回输入项中的字符个数，其语法为：

```
LEN (text)
```

其中，text 参数为要计算字符个数的字符串，它可以是括在括号里的文本，也可以是单元格引用。

例如，公式：

```
=TEXT ("text")
```

返回 4。如果单元格 B5 中包含字符串"text"，则公式：

```
=TEXT(B5)
```

也返回 4。

LEN 函数返回显示文字或者数值的长度，而不是基本单元格内容的长度。

例如，如果单元格 B5 中公式=BI+B2+B3+B4 的计算结果为 98，则公式：

```
=LEN(B5)
```

将返回数值 98 的长度 2。

(5) REPLACE 函数

REPLACE 函数用某一文字串替换另一个字符串中的全部或者部分内容。其语法如下：

REPLACE(old_text，start_num，num_chars，new_text)

其中，old_text 参数为被替换的字符串；start_num 参数为 old_text 中要替换为 new_text 字符的起始位置；num_chars 参数为 old_text 中要替换为 new_text 字符的个数；new_text 参数为用于替换 old_ text 字符的字符串。

例如，单元格 A5 中为字符串"Hello,Kitty!"，要将其置于单元格 B1 中，并用字符串"Windy"替换其中的"Kitty"，则选择 B1 单元格，使用公式：

=REPLACE(a5，7，5，"Windy")

得到的结果为"Hello,Windy!"

(6) REPT 函数

REPT 函数将指定字符串重复指定次数作为新字符串填充单元格。其语法为：

REPT(text，number_times)

其中，text 参数指定要重复的字符串；number_times 参数为重复的次数，它可以是任意整数，但重复的结果不能超过 255 个字符。如果其值为 0，则 REPT 函数保持单元格为空白，如果该值是整数，则忽略其小数部分。

例如，要得到 100 个"-"，可以使用公式：

=REPT("-"，100)

结果是一个由 100 个"-"组成的字符串。

(7) SEARCH 函数

SEARCH 函数返回一个指定字符或字符串首次出现在另外一个字符串中的起始位置，其语法如下：

SEARCH(find_text，within_text，start_num)

其中，find_text 参数为要查找的字符串，可以在其中使用通配符问号?和星号*，问号可以匹配任何单个字符；星号匹配任何字符序列。如果要查找实际的问号或星号，那么应在该字符前加一个代字符(~)。如果找不到 find-text，函数返回错误值"#VALUE!"。within_text 参数为被查找的字符串；start_num 参数为开始查找的位置，默认值为 1，从左边开始搜索，如果其值小于等于 0 或大于 within_text 的长度，则返回错误值"#VALUE!"。

例如，公式：

=SEARCH("here"，"Welcome here!")

返回 9，而公式：

=SEARCH("a?d"，"Welcome here，ladies and gentlemen! ")

返回 21。

8. 逻辑函数

逻辑函数是功能强大的工作表函数，它可以使用户对工作表结果进行判断和逻辑选择。

(1) IF 函数

IF 函数返回根据逻辑测试真假值的结果。它可以对数值和公式进行条件检测。其语法为：

    IF(logical_test，value_if_true，value_if_false)

其中，logical_test 参数为逻辑值，它可以是 TRUE 或 FALSE，也可以是计算结果为 TRUE 或 FALSE 的任何数值或表达式。Value_if_true 参数为 logical_test 为 TRUE 时函数的返回值，可以为某一个公式。如果 logical_test 为 TRUE 并且省略 value_if_true，则返回 TRUE。Value_if_false 参数为 logical_test 为 FALSE 时函数的返回值，可以为某一个公式。如果 logical_test 为 FALSE 并且省略 Value_if_false，则返回 FALSE。

IF 函数最多可以嵌套 7 层，方法是用 value_if_true 及 value_if_false 参数构造复杂的检测条件。例如，判断单元格 B5 中的数值是否小于 60，是则返回"FAIL!"，否则返回"PASS!"，可以使用公式：

    =IF(B5<60，"FAIL! "，"PASS! ")

如果还要对 PASS 的情况细分等级，即 60-85 为"FINE!"，85 及以上为"EXCELLENT!"，可以使用嵌套公式：

    =IF(B5<60，"FAIL! "，IF(B5<85，"FINE! "，"EXCELLENT! "))

这样就可以得到所需的等级。

(2) AND 函数

AND 函数是判断所有参数的逻辑值是否为真，是则返回 TRUE，否则只要有一个逻辑值为假即返回 FALSE。其语法如下：

    AND(logical1，logical2，…)

其中，logical1，logical2，…为 1~30 个逻辑值参数，各逻辑值参数可以为单个逻辑值 TRUE 或 FALSE，也可以是包含逻辑值的数组或者单元格引用。如果数组或单元格引用中包含文字或空单元格，则忽略其值。如果指定的单元格区域内包括非逻辑值，AND 将返回错误值 "#VALUE!"。

例如，要判断单元格 B10 中的数值是否大于 5 且小于 10，可以使用公式：

    =AND(B10>5，B10<10)

则当 B10 单元格的数值大于 5 且小于 10 时返回 TRUE，否则返回 FALSE。

(3) NOT 函数

NOT 函数对给定参数的逻辑值求反。其语法如下：

    NOT(logical)

其中，logical 为一个逻辑值参数，可以是单个逻辑值 TRUE 或 FALSE 或者是逻辑表达式。如果逻辑值为 FALSE，函数返回 TRUE；如果逻辑值为 TRUE，函数返回 FALSE。例如，公式：

```
=NOT(B5=10)
```

在 B5 单元格数值等于 10 时返回 FALSE，否则返回 TRUE。

(4) OR 函数

OR 函数判断给定参数中的逻辑值是否为真，只要有一个为真即返回 TRUE，如果全部为假，则返回 FALSE。其语法如下：

```
OR(logical1，logical2，…)
```

其中，logical1，logical2，…与 AND 函数相同。

例如，要判断单元格 C6 中是否为 10 或 20，可以使用公式：

```
=OR(C6=10，C6=20)
```

当单元格中是 10 或 20，则返回 TRUE，否则返回 FALSE。

2.4　上机练习

1. 设计一张班级成绩表，对其中的数据进行条件格式操作。

操作提示：

(1) 设计成绩表。

(2) 在条件格式对话框中进行设置。

(3) 要求用红色显示低于 60 分的单元格中的数据。

2. 求 10 个 0~100 之间的整数的和、平均数以及最大值。

操作提示：

(1) 输入 5 个整数。

(2) 用 SUM 函数求和。

(3) 用 AVERAGE 函数求平均数。

(4) 用 MAX 函数求最大值。

2.5　习题

1. 选择题

(1) 在 Excel 中编辑单元格内容的方法有(　　)。

A. 通过编辑栏进行编辑

B. 在单元格内直接进行编辑

C. 一旦输入就无法编辑

(2) 在 Excel 中可以自动完成的操作有( )。

A. 排序　　　　　　B. 填充　　　　　　C. 求和

(3) 下列选项在 Excel 中可被当作公式的有( )。

A. =10*2 / 3+4　　B. =SUM(A1：A3)　　C. =B5&C6

(4) 在 Excel 中正确地引用其他工作簿中单元格的操作是( )。

A. =SUM(Al：A3)　　　　B. =SUM(Sheet31B6：B8)

C. =SUM('C:\MYDOCUMENTS\[工作簿 1.xls]Sheet1'!$B$3：$B$4)

2. 填空题

(1) 要将某些行和列隐藏起来，先选定要隐藏行的行号区数字或列的列号区字母，然后打开_____菜单，选择_____命令，然后在弹出的子菜单中选择_____命令，就可以把行或列隐藏起来。

(2) "_____函数"可求一系列数字之和；"_____函数"返回参数平均值(算术平均值)；"_____函数"将以文本形式输入的数字转换成数值；"_____函数"返回根据逻辑测试真假值的结果。

(3) IF 函数最多可以嵌套_____层。

(4) Excel 提供的_____功能可以将工作表中选定的单元格的上窗格和左窗格冻结在屏幕上，从而使得在滚动工作表时屏幕上一直显示行标题和列标题，使用户能够将表格标题和数据相对应地查看，而且使用冻结工作表窗口不影响打印。

(5) _____是工作簿的基本对象的核心，也是组成 Excel 工作簿的最小单位。

(6) Excel 规定：在输入分数时，须在分数前输入___表示区别，并且___和分子之间用空格隔开。

(7) Excel 在输入公式时，公式中可以包含_____等。

(8) 若表格中有很多单元格的内容是一样的，为避免重复输入可选取需要输入相同数据的多个单元格，然后输入数据。最后，同时按_____键，在所有选取的单元格中都将出现相同的输入数据。

(9) 在 Excel 中，运算符可以分为 4 类：_____。

(10) Excel 提供了_____3 种公式引用类型。

第 **3** 章

Excel 高级应用

学习目标

本章主要对 Excel 的常用高级功能进行分析讲解，读者通过本章的学习可以全面了解 Excel 的高级应用。读者需要掌握以下内容：使用记录单管理数据清单；在数据清单中添加、修改、删除和查找数据；排序和筛选数据；在数据清单中插入分类汇总并对其中的数据进行分析或汇总计算；使用数据透视表管理有大量数据的数据清单并根据数据创建图表；使用图表功能将工作表中的数据转化为简洁图表形式。

本章重点

- ◉ 数据管理与分析
- ◉ Excel 的图表
- ◉ Excel 图形

3.1 数据管理与分析

Excel 为数据管理提供了强大的功能。本节主要介绍数据的获取，编辑工作表中的数据，汇总计算数据的方法，以及数据透视表等知识。

3.1.1 建立数据列表

对工作表中的数据进行管理，首先要建立数据列表。可以通过两种途径建立：一种是记录单功能；另一种是将数据区域转化为表，直接建立数据列表。

1. 使用记录单

数据清单，就是包含相关数据的一系列工作表数据行，若干数据清单组成数据列表。当对工作表中的数据进行操作时，Excel 会将数据清单当成数据库来处理。对数据清单的各种编辑操作经常要用到记录单。由于 Excel 2010 将记录单命令设为自定义命令，使用该命令时，用第 1 章介绍的自定义 Excel 的方法先将记录单命令调出。

(1) 使用记录单

记录单可以提供简捷的方法在数据清单中一次输入或显示一个完整的信息行，即记录。在使用记录单向新数据清单添加记录时，这个数据清单在每一列的最上面必须有标志。

【例 3-1】使用记录单在数据清单中添加数据。

① 单击需要添加记录的数据清单中的任意一个单元格，如图 3-1 所示。

② 单击【记录单】按钮📧，打开记录单对话框，如图 3-2 所示。

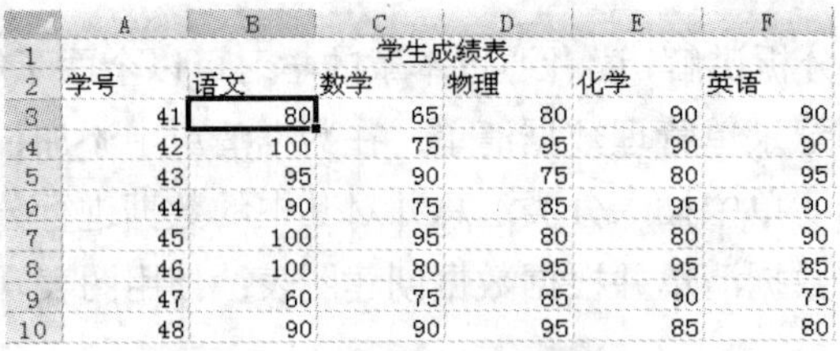

图 3-1　添加记录的数据清单

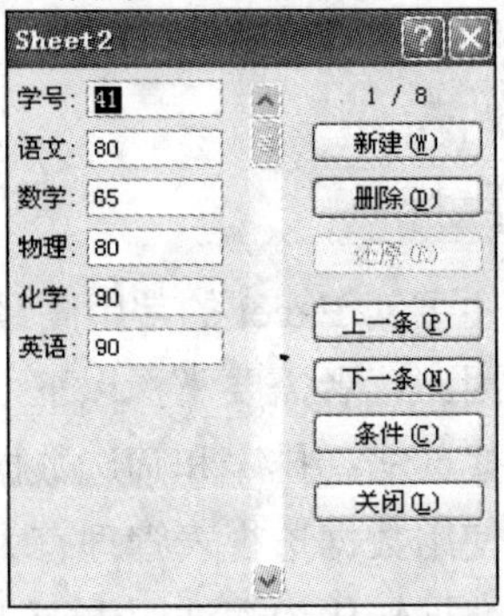

图 3-2　记录单对话框

③ 单击【新建】按钮，新建记录单。

④ 输入新记录所包含的信息。如果要移到下一字段，可以按 Tab 键；如果要移到上一字段，可以按 Shift+Tab 快捷键。完成数据输入后，按 Enter 键继续添加记录。

⑤ 完成记录的添加后，单击【关闭】按钮完成新记录的添加并关闭记录单。

🌼 **提示**

> 如果添加了含有公式的记录，那么直到按 Enter 键或单击【关闭】按钮添加记录之后，公式才会被计算。

(2) 修改记录

使用记录单不但可以在工作表中为数据清单添加数据，还可以对数据清单进行修改。

【例 3-2】修改记录。

① 单击需要修改的数据清单中的任意一个单元格。

② 单击【记录单】按钮📧，打开记录单对话框。

③ 单击【下一条】按钮或者【上一条】按钮找到需要修改的记录，然后在记录中对数据进行修改，如图 3-3 所示。

④ 记录修改完成后，单击【关闭】按钮更新当前显示的记录并关闭记录单，完成工作表中数据的修改，如图 3-4 所示。

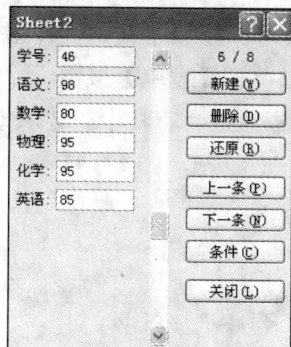

图 3-3　对数据进行修改

图 3-4　修改后的工作表

(3) 删除记录

使用记录单在数据清单中删除记录和修改记录的方法类似。

【例 3-3】删除记录。

① 单击需要删除的数据清单中任一单元格。

② 单击【记录单】按钮，打开记录单对话框。

③ 单击【下一条】按钮或者【上一条】按钮找到需要删除的记录。

④ 单击【删除】按钮，系统将弹出如图 3-5 所示的消息提示对话框。

图 3-5　删除记录时的提示

⑤ 在该对话框中单击【确定】按钮，即可删除被选中的记录。

⑥ 单击记录单对话框中的【关闭】按钮关闭该对话框。

提示

使用记录单删除记录后就不能恢复删除操作，该记录永远被删除。

(4) 查找记录

当数据清单比较大时，要找到数据清单中的记录就不容易了。记录单提供了快速查找数据清单记录的功能。

如果需要每次移动一条记录，可以单击记录单对话框中的滚动条箭头；如果需要每次移动 10 条记录，单击滚动条与下箭头之间的空白。

使用记录单可以对数据清单中的数据设置查找条件，所设置的条件通常为比较条件。

【例 3-4】设置条件查找数据清单中的数据。

① 单击数据清单中的任意一个单元格。

② 选择【数据】|【记录单】命令，打开记录单对话框。

③ 单击【条件】按钮，然后在记录单中输入查找条件。

④ 单击【上一条】按钮或者【下一条】按钮进行查找，可以按顺序找到符合查找条件的记录。如果要在找到符合指定条件的记录之前退出搜索，可以单击【表单】按钮。

⑤ 找到记录后，可以对记录进行各种编辑操作。操作完毕后或者查找中想要退出【表单】对话框时，直接单击【关闭】按钮即可。

2. 建立数据列表。

数据列表即常说的表格，在 Excel 中，用户只要是执行了数据库命令，Excel 会自动将数据列表默认为是一个数据库，数据列表中的每一行则对应数据库中的一条记录。

【例 3-5】建立数据列表。

(1) 打开【插入】选项卡，在【表格】选项组中单击如图 3-6 所示的【表格】按钮。

(2) 弹出【创建表】对话框，在该对话框的【表数据的来源】文本框中输入准备创建数据列表的单元格区域$A\$2:\$F\$10，如图 3-7 所示。

图 3-6　单击 "表" 按钮

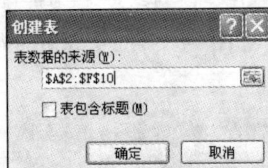

(3) 单击【确定】按钮，完成创建列表，效果如图 3-8 所示。

图 3-7　【创建表】对话框

图 3-8　创建列表完成

③ 1.2　数据排序

在工作表或者数据清单中输入数据后，一般需要进行排序操作，以便更加直观地比较各个记录。

1. 默认的排序顺序

在进行排序之前，首先来介绍 Excel 中数据的排序是按照怎样的规则进行的。在对数据进行排序时，Excel 有默认的排序顺序。

按升序排序时，Excel 的排序规则如下(在按降序排序时，除了空格总是在最后外，其他的排序顺序反转)。

(1) 数字从最小的负数到最大的正数排序。

(2) 文本以及包含数字的文本，按下列顺序进行排序：首先是数字 0~9，然后是字符'‐(空

格)！＃＄％＆ （)＊，．/：；？@\＾- {|}~+＜=＞，最后是字母 A~Z。

(3) 在逻辑值中，FALSE 排在 TRUE 之前。

(4) 所有错误值的优先级等效。

(5) 空格排在最后。

2. 简单排序

简单排序，是指对数据列表中的单列数据进行排序。

【例 3-6】根据某一列的内容对行数据排序。

(1) 在待排序数据列表中单击任一单元格。

(2) 选择【数据】|【排序】命令，如图 3-9 所示。

(3) 弹出如图 3-10 所示的【排序】对话框。

图 3-9 选择【数据】|【排序】命令

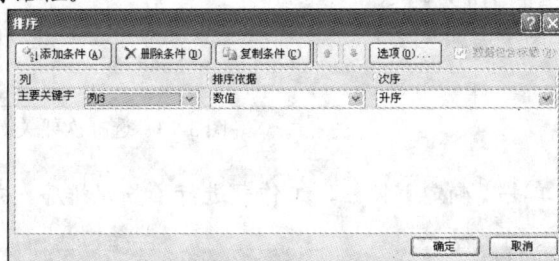
图 3-10 【排序】对话框

(4) 在该对话框中，选择【主要关键字】、【排序依据】和【次序】选项的内容，如图 3-10 所示。

(5) 单击【确定】按钮，工作表【数学】一列的数字将从小到大排列，如图 3-11 所示。

如果是通过建立工作列表的方式进行数据管理，则直接单击需要排序的列标题右侧的下拉菜单，选择准备应用的排序次序即可，如图 3-12 所示。

图 3-11 排序后的工作表

图 3-12 列标题右侧的排序下拉菜单

3. 多列排序

在根据单列数据对工作表中的数据进行排序时，如果该列的某些数据完全相同，则这些行的内容就按原来的顺序进行排列，这会给数据排序带来一定的麻烦。选择多列排序方式可以解决这个问题，而且在实际操作中也经常会遇到按照多行的结果进行排序的情况。例如，足球比赛中是按总积分来排列名次的。往往有一些球队总积分相同，这时就要通过净胜球来分出名次。

【例3-7】根据多列数据的内容对数据行排序。

(1) 单击需要排序的数据列表中的任意一个单元格。

(2) 选择【数据】|【排序】命令，弹出【排序】对话框。

(3) 在【排序】对话框中，选择【列2】作为主要关键字、升序排列。

(4) 单击【添加条件】按钮，选择【列3】作为次要关键字，如图3-13所示。

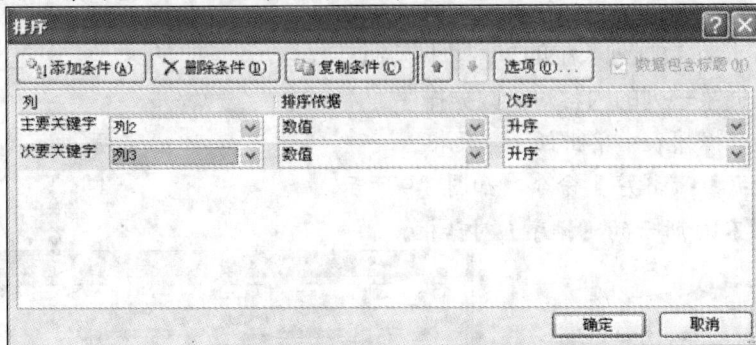

图3-13　选择次要关键字

(5) 单击【确定】按钮，工作表进行了多列排序，效果如图3-14所示。

图3-14　多列排序后的工作表

3.1.3　数据筛选

数据筛选，是指从数据中找出符合指定条件的数据。筛选与排序不同，它并不重排数据列表，而只是暂时隐藏不必显示的行。下面介绍各种筛选的方法。

1. 自动筛选

自动筛选的功能比较简单，可以很快地显示出符合条件的数据。

【例3-8】自动筛选。

(1) 单击需要筛选的数据列表中的任意一个单元格。

(2) 选择【数据】|【筛选】命令，如图3-15所示。

(3) 工作表变成如图3-16所示的格式，在每个字段的右边都出现了一个下拉箭头按钮。

图 3-15　选择【数据】|【筛选】命令

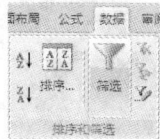

图 3-16　带箭头的工作表

提示

　　如果是已经建立好的数据列表，则不需要步骤(1)至步骤(3)的操作。

(4) 单击列标题右侧的下列箭头，弹出如图 3-17 所示的下列菜单。

(5) 取消选中【全选】复选框，选中【90】复选框。

(6) 单击【确定】按钮，工作表变成如图 3-18 所示的格式，仅显示符合筛选条件的数据。

如果要清除所有的筛选，以显示所有行。可以单击【排序与筛选】按钮，然后选中【清除】即可。

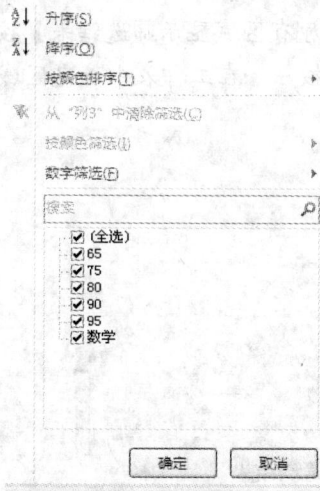

图 3-17　下列菜单

图 3-18　工作表仅显示符合筛选条件的数据

2. 高级筛选

　　使用高级筛选可以对工作表和数据清单进行更复杂的筛选。对于简单的工作表和数据清单来说，使用高级筛选比较麻烦，但是，对于大型的工作表和数据清单是非常有用的。

　　如果要进行高级筛选，必须在工作表的数据清单上方，至少留出 3 个可以被用作条件区域的空行，并将含有带筛选值的数据列的列标志复制到该条件区域的第一个空行中。因此，进行高级筛选的数据清单必须有列标志，而且要设置条件区域。

> **提示**
>
> 在条件值和数据清单中至少要留一个空行。

【例3-9】使用高级筛选。

(1) 单击需要筛选的工作表中的任意一个单元格。

(2) 打开【数据】选项卡，单击【高级】按钮，如图3-19所示。

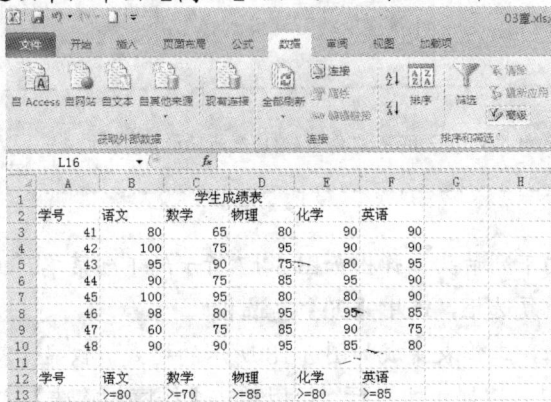

图3-19　单击【高级】按钮

(3) 弹出如图3-20所示的【高级筛选】对话框。选中【在原有区域显示筛选结果】按钮，在数据区域和条件区域中输入相应内容；也可以通过单击折叠按钮，在工作表中选定区域，然后单击【框伸展】按钮来选定数据区域和条件区域。

(4) 单击【确定】按钮，筛选结果如图3-21所示。

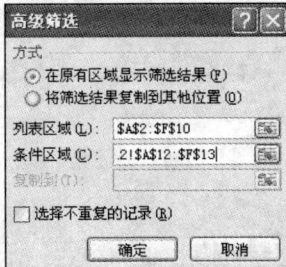

图3-20　【高级筛选】对话框

图3-21　筛选结果

3. 取消筛选

对工作表的数据进行筛选后，工作表中将只显示符号筛选条件的数据，需要查看其他数据时可以取消筛选。如果要取消自动筛选，可打开【数据】选项卡，单击【排序与筛选】选项组中的【清除】按钮即可，如图3-22所示。

图3-22　取消筛选

③.1.4　分类汇总数据

　　分类汇总是将数据按照某一字段进行分类并计算汇总(个数、和、平均值等)。通过分类汇总可以方便地分析出各类数据在总数据中所占的位置。例如，有一个销售数据清单，数据清单中包含了日期、账户、产品、单位、价格以及收入等项。可以按账户来查看分类汇总，也可以按产品来查看分类汇总。Excel 可以自动创建公式、插入分类汇总与总和的行并且自动分级显示数据。数据结果可以方便地用来进行格式化、创建图表或者打印。

1. 建立分类汇总

【例 3-10】创建分类汇总。

(1) 在需要分类汇总的工作表中单击任意一个单元格，如图 3-23 所示。

	A	B	C	D	E	F
1			学生成绩表			
2	学号	语文	数学	物理	化学	英语
3	41	80	65	80	90	90
4	42	100	75	95	90	90
5	43	95	90	75	80	95
6	44	90	75	85	95	90
7	45	100	95	80	80	90
8	46	98	80	95	90	85
9	47	60	75	85	90	75
10	48	90	90	95	85	80

图 3-23　单击任意一个单元格

(2) 选中【数据】选项卡中的【分级显示】选项组，单击该选项组中的【分类汇总】按钮，如图 3-24 所示。

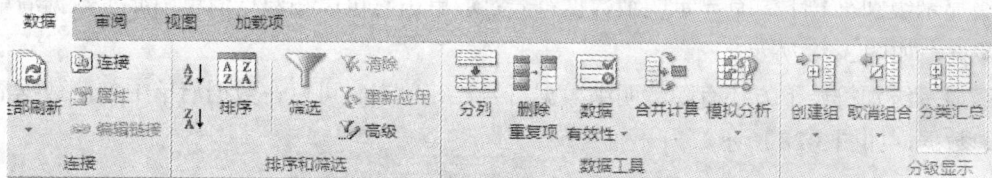

图 3-24　单击【分类汇总】按钮

(3) 弹出如图 3-25 所示的【分类汇总】对话框。单击该对话框中的【分类字段】下拉列表框，从中选择需要分类汇总的数据列，所选的数据列应已经排序。

(4) 单击【汇总方式】下拉列表框，在下拉列表中选择所需的用于计算分类汇总的函数。

(5) 在【选定汇总项】列表框中，选中与需要对其汇总计算的数值列对应的复选框。

(6) 设置【分类汇总】对话框中的其他选项。

　　如果想要替换任何现存的分类汇总，选中【替换当前分类汇总】复选框。

　　如果想要在每组之前插入分页，选中【每组数据分页】复选框。

　　如果想在数据组末段显示分类汇总及总和，选中【汇总结果显示在数据下方】复选框。

(7) 单击【确定】按钮，完成分类汇总操作，分类汇总后的结果如图 3-26 所示。

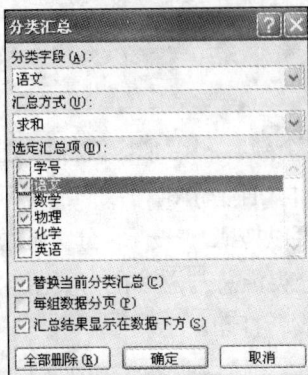

图 3-25 【分类汇总】对话框

图 3-26 【分类汇总】结果

对数据进行分类汇总后，如果要查看数据清单中的明细数据或者单独查看汇总总计，则要用到分级显示的内容。

在图 3-26 中，工作表左上方是分级显示的级别符号，如果要分级显示包括某个级别，则单击该级别的数字。如图 3-27 所示显示的为 2 级明细。

图 3-27 分级显示

分级显示级别符号下方有显示明细数据符号 ，单击它可以在数据清单中显示数据清单中的明细数据，如图 3-28 所示。

分级显示级别符号下方还有隐藏明细数据符号 ，单击它可以在数据清单中隐藏数据清单中的明细数据，如图 3-28 所示。

图 3-28 显示/隐藏明细数据符号

2．删除分类汇总

对工作表中的数据进行分类汇总后，如果需要将工作表还原到分类汇总前的状态，可以删除工作表的分类汇总。

【例 3-11】删除分类汇总。

(1) 在需要删除分类汇总的工作表中单击任意一个单元格。

(2) 选中【数据】选项卡中的【分级显示】选项组，单击该选项组中的【分类汇总】按钮，打开【分类汇总】对话框。

(3) 在该对话框中单击【全部删除】按钮，如图 3-29 所示，工作表中的分类汇总结果将被清除。

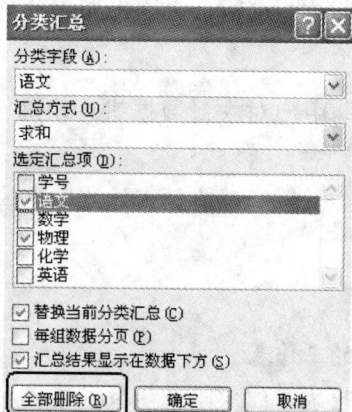

图 3-29　"全部删除"按钮

③1.5　数据透视表

阅读一个具有大量数据的工作表很不方便，用户可以根据需要，将这个工作表生成能够显示分类概要信息的数据透视表。数据透视表能够迅速方便地从数据源中提取并计算需要的信息。

1. 数据透视表简介

数据透视表是一种对大量数据快速汇总和建立交叉列表的交互式表格。它可以用于转换行和列，以便查看源数据的不同汇总结果，可以显示不同页面的筛选数据，还可以根据需要显示区域中的明细数据。

2. 数据透视表的组成

数据透视表由报表筛选、列标签、行标签和数值 4 个部分组成。
其中各组成部分的功能如下。

- 报表筛选：用于基于报表筛选中的选定项来筛选整个报表。
- 行标签：用于将字段显示为报表侧面的行。
- 列标签：用于将字段显示为报表顶部的列。
- 数值：用于显示汇总数值数据。

3. 数据源

在 Excel 中，可以利用多种数据源来创建数据透视表。可利用的数据源如下。

- Excel 的数据清单或者数据库作为数据源。
- 外部数据源，包括数据库、文本文件或者除了 Excel 工作簿以外的其他数据源，也可以是 Internet 上的数据源。
- 经过合并计算的多个数据区域以及另外一个数据透视表。

4. 建立数据透视表

使用数据透视表不仅可以帮助用户对大量数据进行快速汇总，还可以查看数据源的汇总结果。

假设有如图 3-30 所示的一张数据清单，现在要以这张数据清单作为数据透视表的数据源来建立数据透视表。

【例 3-12】建立数据透视表。

(1) 打开准备创建数据透视表的工作表。

(2) 打开【插入】选项卡，在【表】组中单击【数据透视表】按钮的下拉箭头，在该下拉菜单中选择【数据透视表】命令，如图 3-31 所示。

(3) 弹出【创建数据透视表】对话框，在【请选择要分析的数据】区域单击【表/区域】文本框右侧的【压缩对话框】按钮，如图 3-32 所示。

	A	B	C
1	商品名称	季度	销售额
2	电磁炉	一季度	970000
3	电磁炉	二季度	770000
4	电磁炉	三季度	878000
5	电磁炉	四季度	886000
6	微波炉	一季度	570000
7	微波炉	二季度	451000
8	微波炉	三季度	601000
9	微波炉	四季度	555000
10	豆浆机	一季度	439000
11	豆浆机	二季度	511000
12	豆浆机	三季度	556000
13	豆浆机	四季度	556000
14	电烤箱	一季度	240000
15	电烤箱	二季度	235000
16	电烤箱	三季度	258000
17	电烤箱	四季度	260000

图 3-30　企业销售统计表

图 3-31　选择【数据透视表】命令

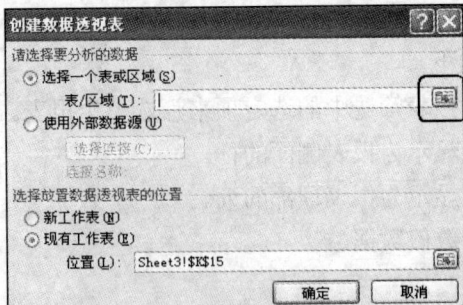

图 3-32　【创建数据透视表】对话框

(4) 选择准备创建数据透视表的数据区域，如图 3-33 所示。

图 3-33 选择准备创建数据透视表的数据区域

(5) 单击【创建数据透视表】文本框右侧的【展开对话框】按钮，返回【创建数据透视表】对话框，在【选择放置数据透视表的位置】区域中选中【新工作表】单选按钮，如图 3-34 所示。

(6) 单击【确定】按钮，打开【数据透视表字段列表】任务窗格，如图 3-35 所示。

(7) 在该任务窗格中【选择要添加到报表的字段】区域选择准备设置为【列标签】的字段，单击并拖动选择的字段到相应的区域中；在该任务窗格中【选择要添加到报表的字段】区域选择准备设置为【行标签】的字段，单击并拖动选择的字段到相应的区域中。如图 3-36 所示。

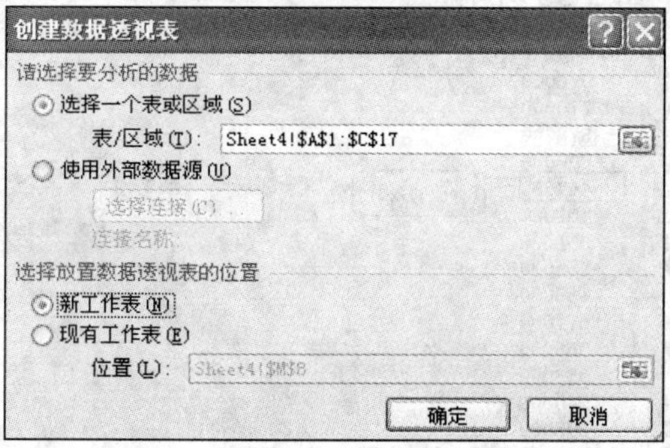

图 3-34 【创建数据透视表】对话框 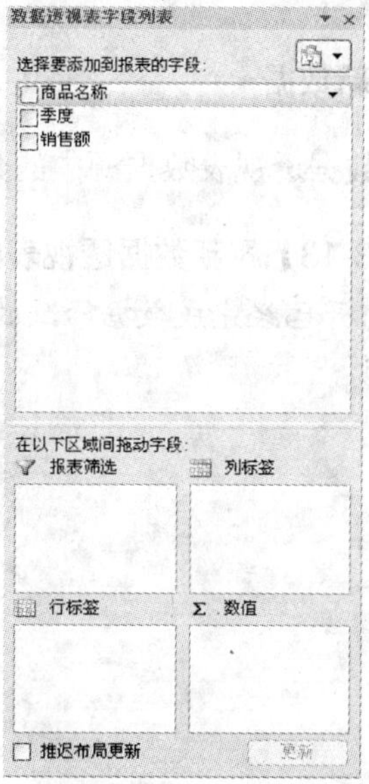   图 3-35 【数据透视表字段列表】任务窗格

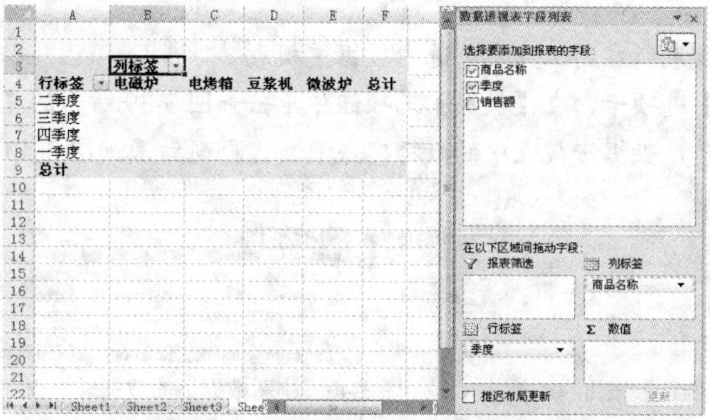

图 3-36 设置【列标签】与【行标签】

(8) 在该任务窗格中【选择要添加到报表的字段】区域选择准备设置为【数值】的字段，

单击并拖动选择的字段到相应的区域中，如图 3-37 所示，完成数据透视表的创建。

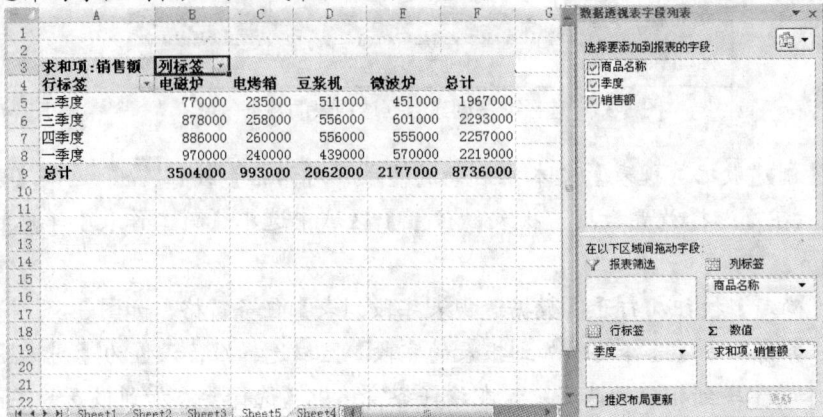

图 3-37　完成数据透视表的创建

5. 刷新数据

如果数据透视表数据源中的数据发生变化，可以通过刷新数据透视表中的数据进行修改。

【例 3-13】刷新数据透视表的数据。

(1) 打开已经完成数据修改的工作表，如图 3-38 所示。

图 3-38　完成数据修改的工作表

(2) 打开数据透视表所在的工作表，选中数据透视表。

(3) 打开【选项】选项卡，在【数据】选项组中单击如图 3-39 所示的【刷新】按钮。

(4) 通过上述操作，数据透视表中的数据完成更新，刷新结果如图 3-40 所示。

图 3-39　单击【刷新】按钮　　　　图 3-40　刷新数据后的数据透视表

6. 删除数据透视表

对于建立了数据透视表的数据清单，不能直接在其中删除数据。如果要删除其中的数据，只能删除整个数据透视表。

【例 3-14】删除数据透视表。

(1) 打开需要删除的数据透视表。

(2) 打开【数据透视表工具】|【选项】选项卡。

(3) 在【操作】组中单击【选择】选项的下拉菜单，在该下拉菜单中选择【整个数据透视表】选项，如图 3-41 所示，选中整个数据透视表。

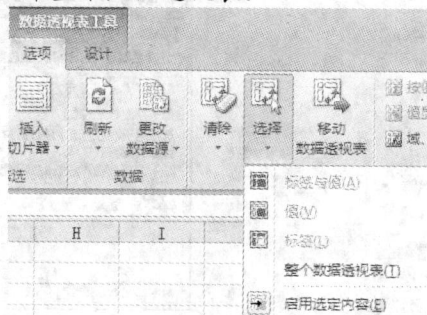

图 3-41　选择【整个数据透视表】选项

(4) 单击 Delete 键，删除整个工作表。

7. 设置汇总方式

在默认情况下，汇总使用的是与相关数据字段相同的汇总函数，但是有时需要使用与相关字段不同的汇总函数。

【例 3-15】设置分类汇总。

(1) 单击数据透视表中的任意一个单元格。

(2) 选择【数据透视表工具】中的【选项】选项卡，单击该选项卡的【显示】组中的【字段列表】按钮，如图 3-42 所示。

图 3-42　【字段列表】按钮

(3) 在打开的【数据透视表字段列表】任务窗格中单击【求和项】按钮，并选择【值字段设置】命令，如图 3-43 所示。

(4) 打开【值字段设置】对话框，在【值字段汇总方式】选项组中选择需要使用的汇总函数，如图 3-44 所示。

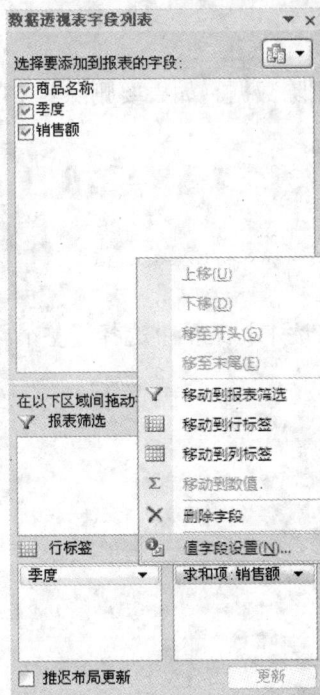

图 3-43 选择【值字段设置】命令   图 3-44 【值字段设置】对话框

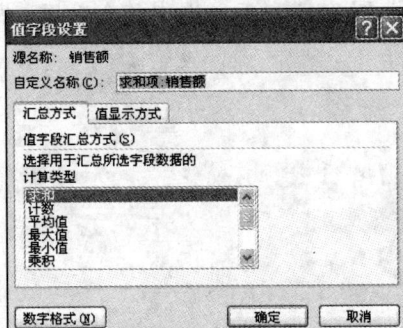

(5) 单击【确定】按钮，完成设置汇总方式。

3.2 图表

使用 Excel 的图表功能可以将工作表中的数据转化为图表形式。当编辑工作表中的数据时，图表也相应地随数据的改变而改变，不需要再次生成图表。本章将讲述有关图表的术语、类型、建立图表、自定义图表和三维图表的操作等。

3.2.1 图表的概述

图表具有很好的视觉效果，创建图表后，可以清楚地看到数据之间的差异。应用图表不仅可以形象地表示数据，还可以对图表中的数据进行预测分析，得到一系列数据的变化趋势。设计完美的图表与处于大量网格线中的数据相比，可以更迅速、有力地传递信息。

1. 数据系列

创建图表需要以工作表中的数据为基础。工作表中转化为图表的一连串数值的集合称作数据系列。例如，要画出某公司下属的各个分公司各季度的利润图表，某个分公司各个季度的利润就构成了一个数据系列。

2. 引用

每个数据系列都包含若干个数值点，Excel 的数据系列中最多可以有 4 000 个数值点，用"引用"作为各数据系列中数值点的标题。

3. 嵌入式图表

嵌入式图表是把图表直接插入数据所在的工作表中，主要用于说明工作表的数据关系。嵌入式图表具有更强的说服力和更为直观的表达力。如图 3-45 所示是一个嵌入式图表的例子。

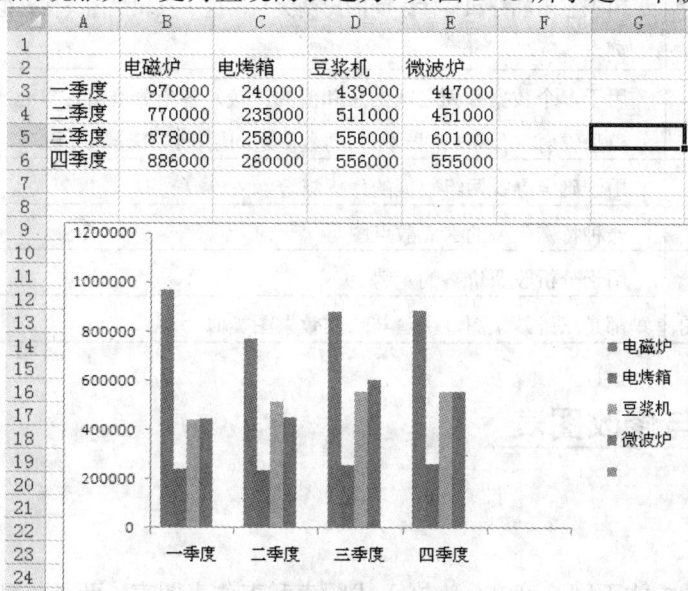

图 3-45　嵌入式图表

4. 图表工作表

为创建的图表工作表专门新建一个工作表，整个工作表中只有这一张图表，如图 3-49 所示的就是图表工作表，图表工作表主要用于只需要图表的场合，因为用户输入的数据往往只是为了建立一张图表，因而在最后的输出文档中只需出现一张单独的图表即可。

5. 图表类型

Excel 一共提供了 14 种图表类型，每种图表类型还包含几种不同的子类型，子类型是在图表类型基础上变化而来的。用户在创建图表前需要根据要求决定采用哪一种图表类型，每一种类型都有其各自不同的特点，如表 3-1 所示为各种图表类型的用途。

表 3-1　各种图表类型用途

图 表 类 型	用　　　途
柱形图	用于显示一段时期内数据的变化或者各项之间的比较关系
条形图	用于描述各项之间的差异变化或者显示各个项与整体之间的关系

(续表)

图 表 类 型	用　途
折线图	用于显示数据的变化趋势
饼图	用于显示数据系列中各项占总体的比例关系，注意饼图一般只显示一个数据系列
XY(散点)	多用于科学数据，用于比较不同数据系列中的数值，以反应数值之间的关联性
面积图	用于显示局部和整体之间的关系，更强调幅值随时间的变化趋势
圆环图	用于显示部分和整体之间的比例关系，这一点和饼图类似，但可表示多个数据系列
雷达图	用于多个数据系列之间的总和值的比较，各个分类沿各自的数值坐标轴相对于中点呈辐射状分布，同一序列的数值之间用折线相连
曲面图	用于确定寻找两组数据的最优组合
气泡图	一种特殊类型的 XY 散点图
股价图	用于分析股票价格的走势
圆锥、圆柱和棱锥图	都是三维效果图，用途与二维效果图类似

③.2.2　创建与修改图表

1. 创建图表

根据图表放置的方式不同，可以分为嵌入式图表和工作表图表。两种类型图表的创建方式基本类似，下面以建立嵌入式图表为例，讲述使用图表向导创建图表的方法。

【例 3-16】创建图表。

(1) 打开准备创建图表的工作簿，选择用来创建图表的数据区域，如图 3-46 所示。

	A	B	C	D	E	F
1						
2		电磁炉	电烤箱	豆浆机	微波炉	
3	一季度	970000	240000	439000	447000	
4	二季度	770000	235000	511000	451000	
5	三季度	878000	258000	556000	601000	
6	四季度	886000	260000	556000	555000	
7						

图 3-46　选择数据区域

(2) 打开【插入】选项卡，单击【图表】组中【柱形图】命令的下拉箭头，如图 3-47 所示。

图 3-47　选择【柱形图】命令

(3) 在下拉菜单中单击所需的一种柱形图类型，完成图表类型选择，如图 3-48 所示。

图 3-48　选择柱形图类型

(4) 如图 3-49 所示为柱形图创建完成效果。

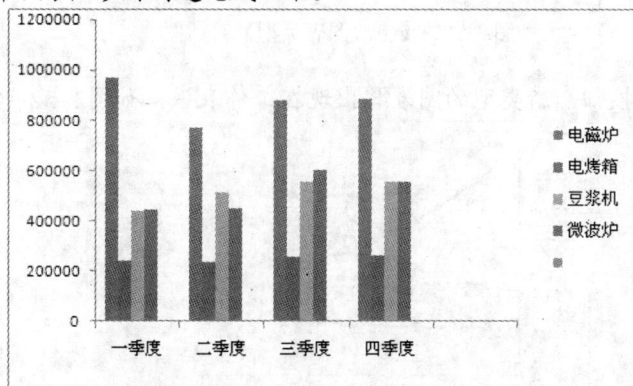

图 3-49　创建完成的柱形图

2. 修改图表

在创建图表时，用户不一定清楚为数据选择哪一种图表类型更合适，通常在创建了图表之后，才发现选择另一种图表类型更适合当前的数据，这里就涉及了如何改变图表类型的问题。

【例 3-17】改变图表类型。

(1) 打开需要修改图表的工作簿，激活需要改变的图表。

(2) 右击，在快捷菜单中选择【更改图表类型】命令，如图 3-50 所示。

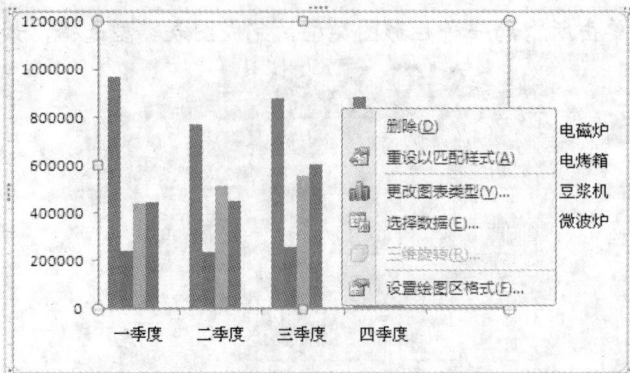

图 3-50 选择【更改图表类型】命令

(3) 弹出如图 3-51 所示的【更改图表类型】对话框，可以从中选择所需的图表类型。

图 3-51 【更改图表类型】对话框

(4) 单击【确定】按钮，新类型的图表将出现在工作表中，如图 3-52 所示。

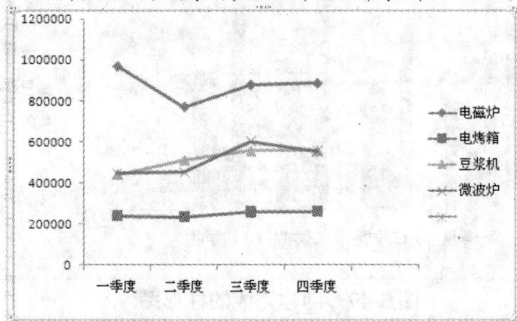

图 3-52 改变后的图表类型

3.2.3 编辑图表

1. 调整图表位置

如果在同一个工作表中调整图表的位置，直接用鼠标将图表拖动到合适的位置，松开鼠标即可。如果在不同的工作表中调整图表的位置，用户可以参考以下示例。

【例 3-18】调整图表位置。

(1) 打开需要移动图表的工作簿，激活需要移动的图表。

(2) 打开【图表工具】|【设计】选项卡，单击【移动图表】按钮，如图 3-53 所示。

图 3-53　【移动图表】按钮

(3) 弹出【移动图表】对话框，在该对话框中选择图表要移动到的工作表(如 Sheet4)，如图 3-54 所示。

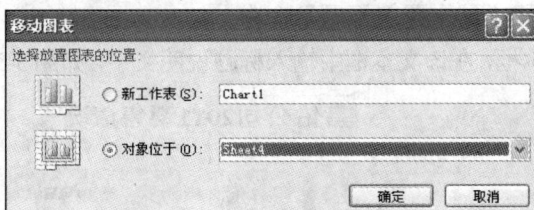

图 3-54　【移动图表】对话框

(4) 单击【确定】按钮，图表将出现在 Sheet4 工作表中，如图 3-55 所示。

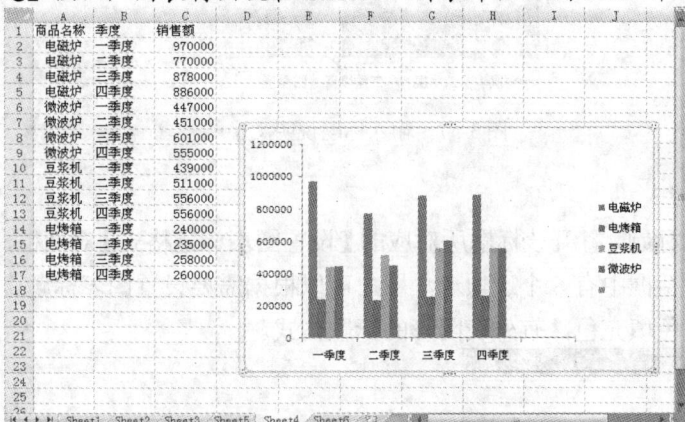

图 3-55　图表出现在 Sheet4 工作表

2. 标题操作

(1) 添加标题

图表标题是用来对图表进行说明的一个标志。用户可以在图表中添加图表标题，

【例 3-19】为图表添加标题。

① 打开需要添加标题图表所在的工作簿，激活该图表。

② 打开【图表工具】|【布局】选项卡，单击【图表标题】下拉箭头，打开【图表标题】下拉菜单，如图 3-56 所示。

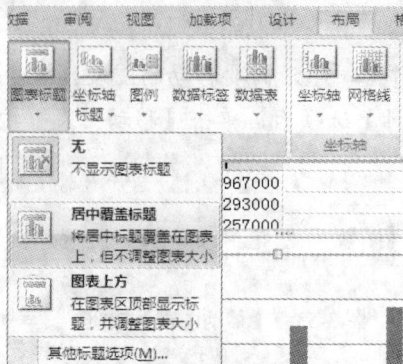

图 3-56 【图表标题】下拉菜单

③ 在该下拉菜单中选择【居中覆盖标题】命令。

④ 图表中出现标题文本框，在该文本框中输入标题说明文字，如图 3-57 所示，标题添加完成。

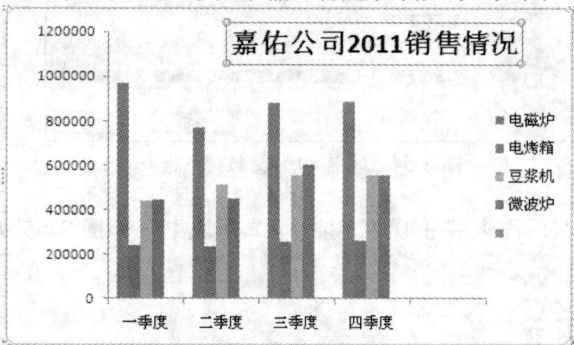

图 3-57 输入标题说明文字

(2) 修改标题属性

双击需要修改的标题，打开该标题所对应的【设置图表标题格式】对话框，如图 3-58 所示，【图表标题格式】对话框中有 6 个选项卡，用户可以根据需要设置图表标题。如图 3-59 所示，将图表标题设置为紫色填充色，有外表阴影的标题格式。

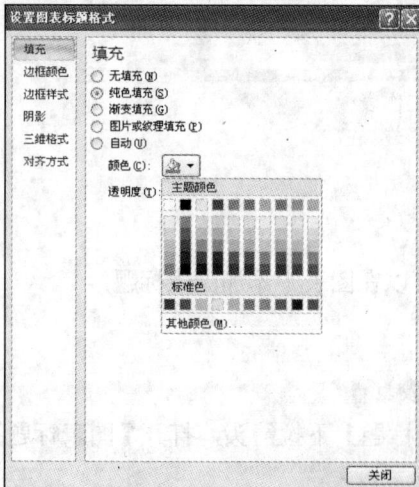

图 3-58 【设置图表标题格式】对话框

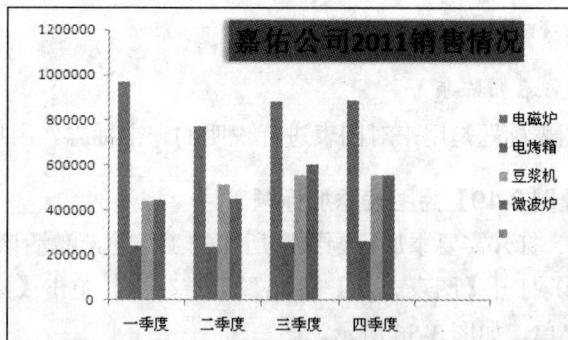

图 3-59 图表标题格式设置

对于图表标题格式的设置，也可以采用【图表工具】|【格式】选项卡中提供的现有模式进行快速设置，如图 3-60 所示。

图 3-60　【图表工具】|【格式】选项卡

3. 添加网格线

网格线扩展了坐标轴上的刻度线，有助于用户弄清数值点的数值大小。

【例 3-20】为图表添加网格线。

(1) 打开需要添加网格线图表所在的工作簿，激活该图表。

(2) 选择【图表工具】|【布局】选项卡，单击【网格线】下拉箭头，如图 3-61 所示。

图 3-61　【主要横网格线】|【主要网格线】命令

(3) 在【网格线】下拉菜单中选择【主要横网格线】|【主要网格线】命令，如图 3-61 所示。

(4) 图表中显示主要横网格线，如图 3-62 所示。

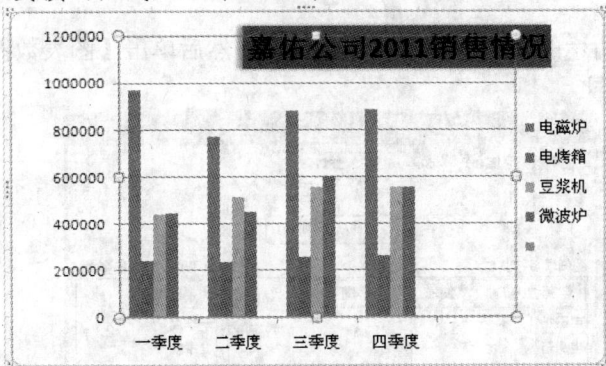

图 3-62　图表显示主要横网格线

如果用户不需要网格线，可以在网格线的下拉菜单中选择【无】命令，图表中的网格线即可清除。

> 💡 **提示**
>
> 主要网格线通过坐标轴的数据标志点，次要网格线位于主要网格线之间。

4. 数据系列操作

由于图表与其源数据之间在创建图表时已经建立了链接关系，因此，在对工作表中数据进行修改后，Excel 将会自动更新图表。

(1) 添加数据

【例 3-21】数据表添加数列，图表更新。

① 在 Sheet6 工作表中添加 F 列数据，如图 3-63 所示。

图 3-63　添加 F 列数据后的工作表

② 单击 Sheet4 工作表中的图表，选中该图表。

③ 打开【图表工具】|【设计】选项卡，单击该选项卡中的【选择数据】按钮，如图 3-64 所示。

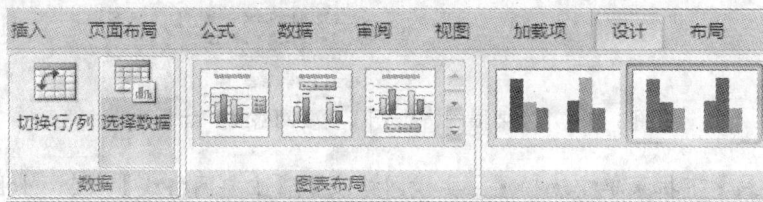

图 3-64　【选择数据】按钮

④ 弹出如图 3-65 所示的【选择数据源】对话框，然后单击【图表数据区域】文本框右侧的【压缩对话框】按钮🖼。

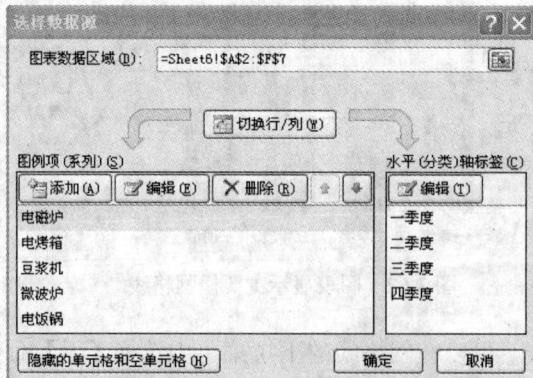

图 3-65　【选择数据源】对话框

⑤ 单击 Sheet6 工作表标签，选择 A2 到 F7 区域，单击【图表数据区域】文本框右侧的【展开对话框】按钮，返回【选择数据源】对话框。

⑥ 单击【确定】按钮，【电饭锅】数据将添加到图表中，结果如图 3-66 所示。

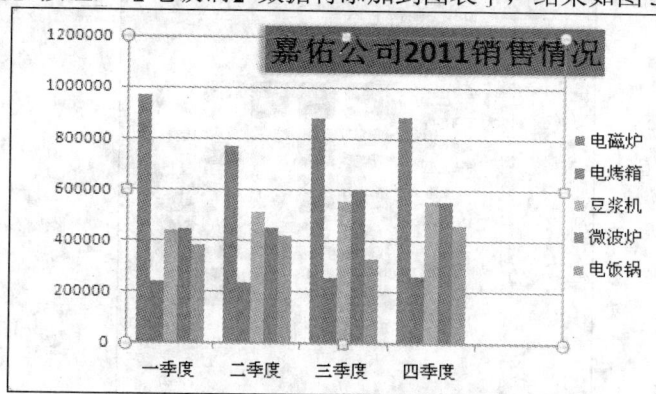

图 3-66　添加数据后的新图表

(2) 删除数据系列

如果要同时删除工作表和图表中的数据，只要从工作表中删除数据，图表将会自动更新。如果从图表中删除数据系列，则只需在图表单击所要删除的数据系列，然后按 Delete 键即可。

> **提示**
>
> 如果用户删除工作表中的数据系列，那么图表中的数据系列会发生相应的改变。

5. 设置图表区格式

在某些情况下，对图表区的背景进行重新设置，可以更好地突出图表的内容。

【例 3-22】设置图表区格式。

(1) 单击需要设置的图表，选中该图表。

(2) 打开【图表工具】|【布局】选项卡，单击【设置所选内容格式】按钮，如图 3-67 所示。

图 3-67　【设置所选内容格式】按钮

(3) 弹出【设置绘图区格式】对话框，如图 3-68 所示。

(4) 选择【渐变填充】选项，选择一种预设颜色，如图 3-68 所示。

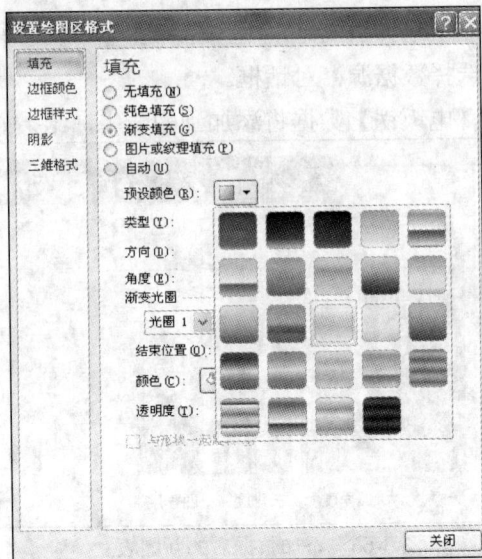

图 3-68　【设置绘图区格式】对话框

(5) 单击【关闭】按钮，图表区变为如图 3-69 所示的样式。

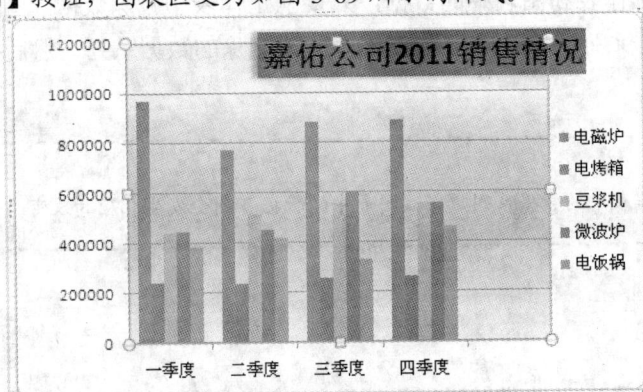

图 3-69　设置后的图表

6. 添加文本框

文本框用于输入文本和对文本进行格式化，用于为工作表和图表添加注释性文字，并且常常与箭头和圆一起使用，以指明信息所解释的对象。

【例 3-23】在数据表中添加文本框。

(1) 打开需要添加文本框图表所在的工作表。

(2) 打开【图表工具】|【布局】选项卡，单击【文本框】按钮，如图 3-70 所示。

图 3-70　单击【文本框】按钮

(3) 此时，鼠标指针将变成十字形状，拖动鼠标光标画出一个文本框并在其中输入文字，如图 3-71 所示。

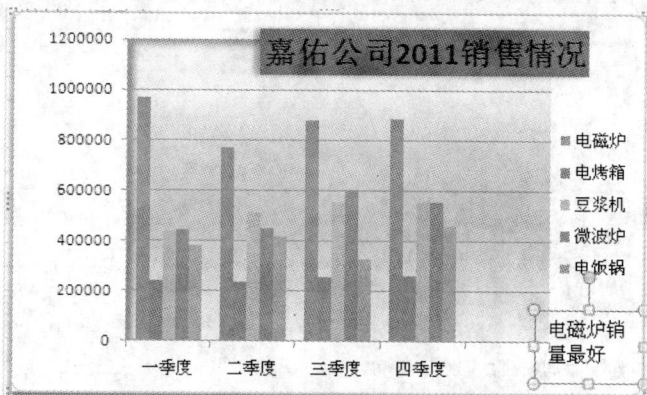

图 3-71 画出文本框并在其中输入文字

(4) 打开【图表工具】|【布局】选项卡，单击【形状】下拉箭头，在该下拉菜单中选择【箭头】按钮，如图 3-72 所示。

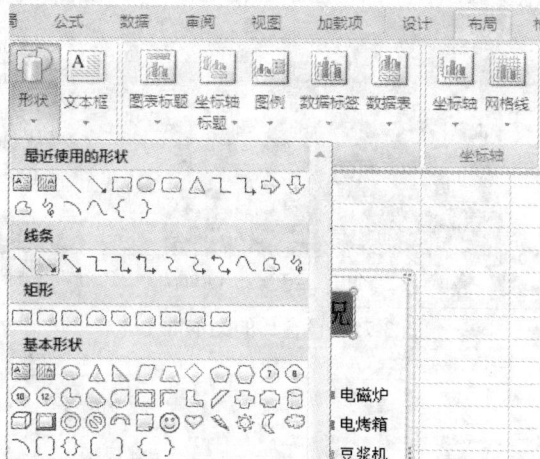

图 3-72 选择【箭头】按钮

(5) 拖动鼠标画出一个箭头，图表插入一条解释，如图 3-73 所示。

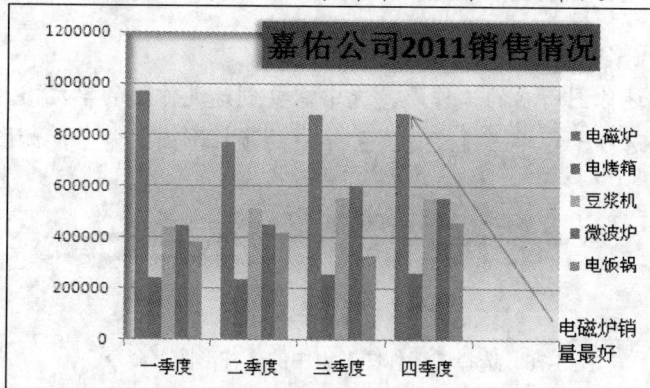

图 3-73 图表插入一条解释

另外，右击文本框，会出现文本框编辑的工具栏，如图 3-74 所示。在该工具栏中选择相应的选项，便可以对文本框格式进行设置。如图 3-75 所示为设置后的文本框。

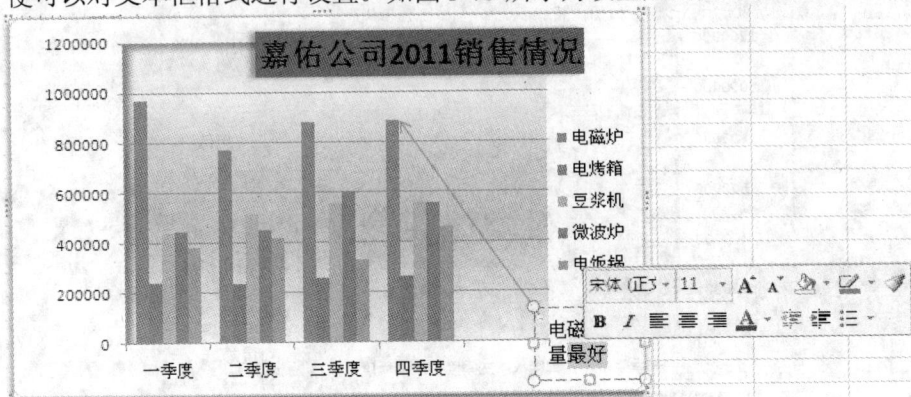

图 3-74　文本框编辑的工具栏

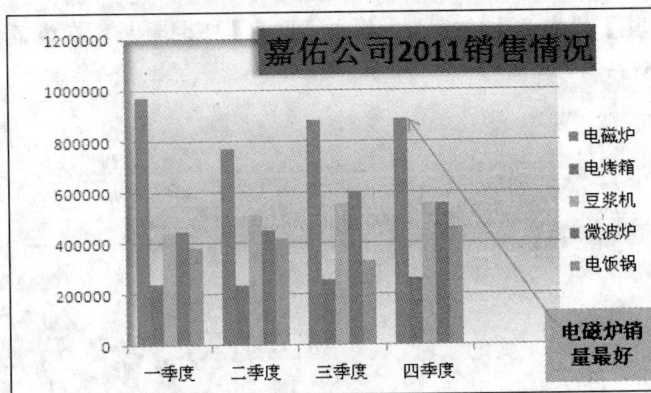

图 3-75　设置后的文本框

③.2.4　迷你图表

Excel 2010 新增了迷你图功能，这是工作表单元格中的一个微型图表。

【例 3-24】在单元格中创建迷你图。

(1) 打开需要创建迷你图所在的工作表，选中需要创建迷你图的单元格。

(2) 打开【插入】选项卡，单击【迷你图】组中的【柱形图】命令，如图 3-76 所示。

图 3-76　选择【迷你图】组中的【柱形图】命令

(3) 在弹出的【创建迷你图】对话框中选择数据源，如图 3-77 所示。

(4) 单击【确定】按钮，在单元格 B7 中显示迷你柱形图，如图 3-78 所示。

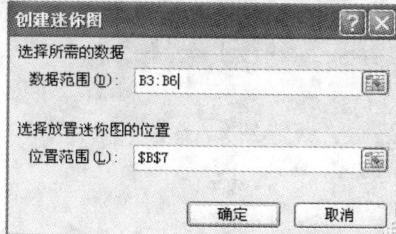

图 3-77　【创建迷你图】对话框

图 3-78　迷你柱形图

3.2.5　三维图表

三维图表比二维图表更符合人的视觉习惯，所以它比二维图表更能吸引人的注意力。如果三维图表使用得当，会达到事半功倍的效果。

要创建一张三维图表，可打开【插入】选项卡，单击【图表】组中【柱形图】命令的下拉箭头，在下拉菜单选择一种三维图类型，如图 3-79 所示，单击所选择的类型即可。如图 3-80 所示为创建好的一张三维图表。

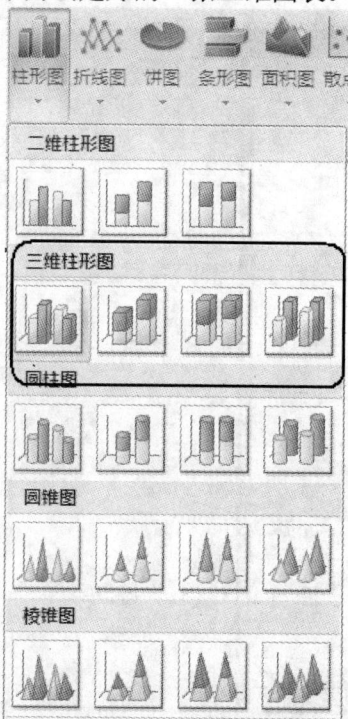

图 3-79　选择三维图类型

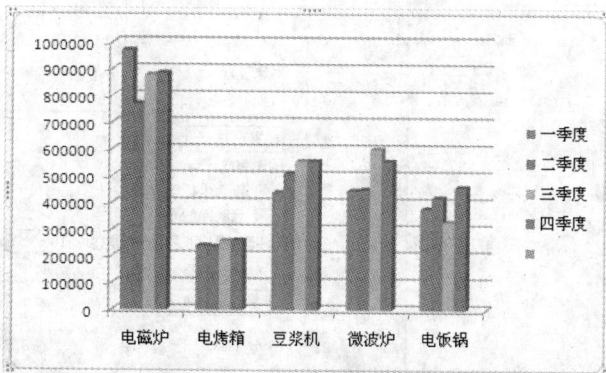

图 3-80　创建三维图表

创建三维图表的操作，基本与二维图形相同，但是对三维图表可以进行三维旋转的操作。

【例3-24】旋转三维图表。

(1) 激活需要旋转的三维图表并右击，在弹出的快捷菜单中选择【三维旋转】命令，如图 3-81 所示。

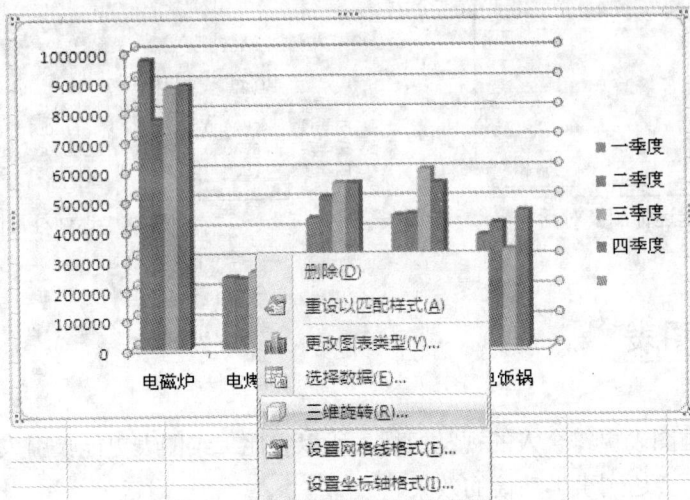

图 3-81　选择【三维旋转】命令

(2) 弹出【设置图表区格式】对话框，在【三维旋转】选项组中进行设置，如图 3-82 所示，在该对话框中可以调整三维图的仰角、转角、透视系数和高度。

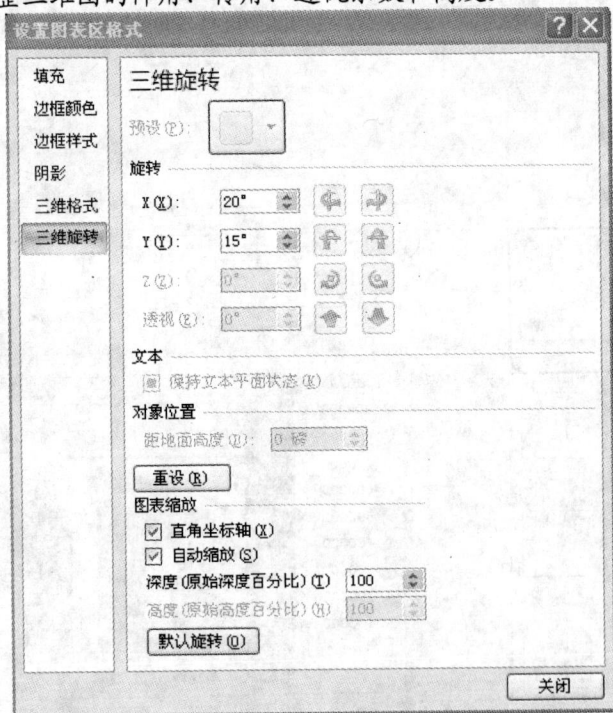

图 3-82　设置三维旋转

(3) 设置完成后单击【关闭】按钮，三维图表发生旋转，效果如图 3-83 所示。

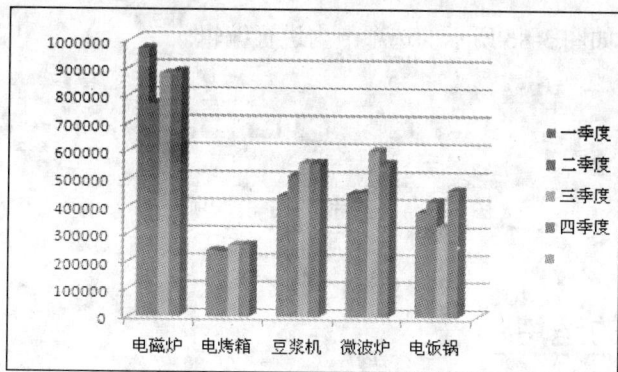

图 3-83 旋转图形三维的效果

3.3 图形

Excel 提供了大量的剪贴画、强大的图像处理功能以及各种图表背景，可以让用户充分展现自己的风格，设计出赏心悦目的图表。本章主要介绍图形和艺术字的运用。

3.3.1 如何插入图形对象

如果要在工作表中插入图片，可先将插入点定位到要插入图片的位置，然后选择【插入】选项卡，如图 3-84 所示。

从图 3-84 中可以看到 Excel 可插入的图片来源有几种，例如可以插入自带的剪贴画，插入来自扫描仪或相机的图片，以及其他图形程序生成的图形等。

选择了【图片】命令之后，Excel 将打开如图 3-85 所示的【插入图片】对话框，可以从中选择要插入的图片文件。在【查找范围】列表框中找到需要插入的图片，如果要在插入之前浏览效果，可以单击【预览】按钮，确认后单击【插入】按钮。

图 3-84 【插入】选择卡

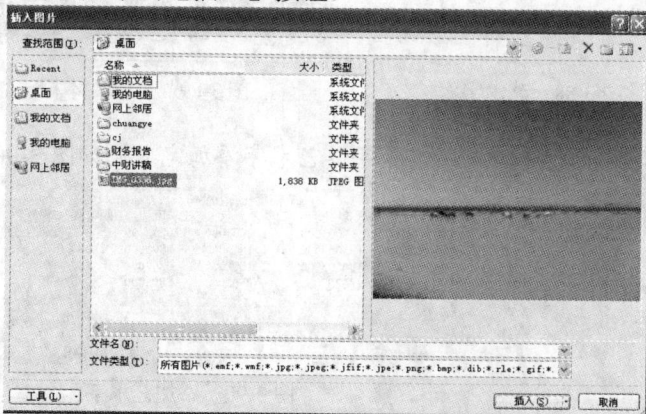

图 3-85 【插入图片】对话框

嵌入的图片可以在如图 3-86 所示的选项卡内进行编辑。

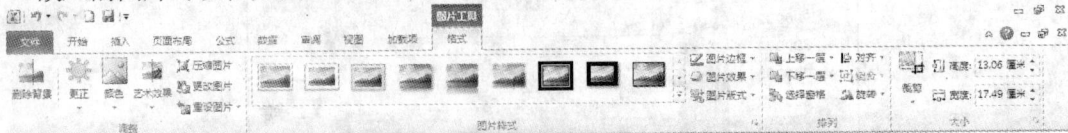

图 3-86　【图片工具】的选项卡

③.3.2　艺术字的运用

艺术字的运用可以美化文案视觉效果,一篇好的报告、文本及方案都离不开各方面的修饰,其中艺术字的运用将是其中重要的一环。

【例 3-25】在工作表中插入艺术字。

(1) 将插入点定位到要插入艺术字的位置,然后选择【插入】选项卡,单击【文本】组中的【艺术字】命令,如图 3-87 所示。

图 3-87　选择【艺术字】命令

(2) 在如图 3-88 所示的下列选项中选择所需的艺术字效果,工作表中出现如图 3-89 所示的文本框。

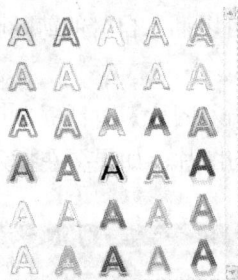

图 3-88　艺术字库　　　　　图 3-89　显示文本框

(3) 在文本框中输入所需文字,艺术字添加完成,如图 3-90 所示。

图 3-90　添加艺术字

如果需要更改艺术字的设置,右击该艺术字,出现如图 3-91 所示的快捷菜单,选择【设置文字效果格式】命令，在弹出的【设置文本效果格式】对话框中进行相关设置，如图 3-92 所示。

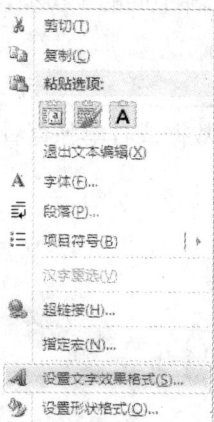

图 3-91　选择【设置文字效果格式】命令

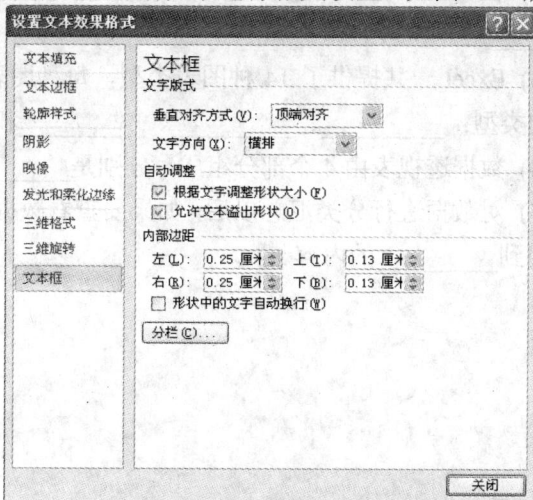

图 3-92　【设置文本效果格式】对话框

3.4　上机练习

(1) 请对某一列的内容进行数据排序。

操作提示：

输入数据。

选择数据。

对内容进行排序。

对内容进行多列排序。

(2) 根据下面给出的工作表数据，创建如图 3-93 所示的图表。

	A	B	C	D
1		班级成绩汇总表		
2		英文	数学	政治
3	一班	970000	240000	439000
4	二班	770000	235000	511000
5	三班	878000	258000	556000
6	四班	886000	260000	556000

图 3-93　创建图表

3.5　习题

1. 填空题

(1) 如果要取消自动筛选，可打开＿＿＿＿选项卡中的＿＿＿＿选项组，单击＿＿＿＿按钮即可取消所有筛选。

(2) 在 Excel 中，可以利用外部数据源来创建数据透视表，包括_____、_____和_____等。

(3) Excel 一共提供了 14 种图表类型，每种图表类型还包含几种不同的子类型，列举 4 种常用的类型：_____、_____、_____和_____。

(4) 数据透视表由 4 个部分组成，分别是_____、_____、_____和_____。

(5) 对数据进行分类汇总以后，如果要查看数据清单中的明细数据或者单独查看汇总总计，则要用到_____的内容。

第4章

Excel 在会计核算中的应用
——凭证

学习目标

会计凭证是会计账务处理的重要依据，是会计核算的起点。通过本章的学习，读者应了解并掌握 Excel 在会计账务处理流程中编制会计凭证环节的应用。

本章重点

- 了解会计凭证有关基本概念
- 掌握如何建立会计科目表
- 掌握如何修改和删除会计科目
- 掌握如何建立会计凭证表

4.1 会计凭证概述

4.1.1 会计凭证的含义及作用

会计凭证指记录经济业务，明确经济责任的书面证明，也是登记账簿的依据。填制和审核会计凭证，既是会计工作的开始，也是会计对经济业务进行监督的重要环节。

会计凭证在会计核算中具有十分重要的意义，主要表现在以下几个方面：

(1) 填制和取得会计凭证，可以及时正确地反映各项经济业务的完成情况。

(2) 审核会计凭证，可以更有力地发挥会计的监督作用，使会计记录合理合法。

(3) 填制和审核会计凭证，可以加强经济管理中的责任感。

④.1.2 会计凭证的类型

会计凭证按其填制的程序及其在经济管理中的用途,分为原始凭证和记账凭证。

1. 原始凭证

原始凭证指在经济业务发生时取得或填制的,用于证明经济业务的发生或完成等情况,并作为原始依据的会计凭证。原始凭证必须真实、完整、规范、及时和正确,并必须有经办人的签字。此外,原始凭证只有经过审核后,才能作为记账依据。审核原始凭证是保证会计记录的真实和准确、充分发挥会计监督的重要环节。

2. 记账凭证

记账凭证指会计人员根据审核后的原始凭证而填制的,用来确定经济业务应借、应贷会计科目分录,作为记账依据的会计凭证。记账凭证在记账前需经过审核。

④.2 建立会计科目表

在利用 Excel 完成会计账务处理时,首先要建立会计科目表。建立会计科目表时,需要在 Excel 工作表中录入数据。数据的录入有两种:一种方法是直接在对应单元格中输入数据;一种方法是在【记录单】中录入数据。

④.2.1 创建会计科目表

建立会计科目表的具体操作步骤如下。

(1) 打开 Excel,新建如图 4-1 所示的工作表。

(2) 单击 A1 单元格,输入公司名称"嘉佑有限责任公司会计科目表",如图 4-2 所示。

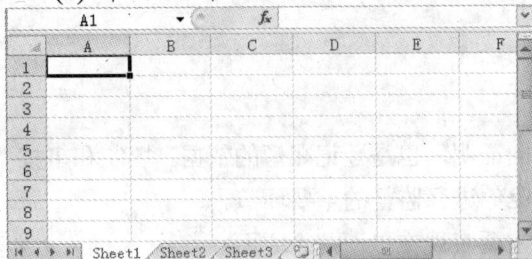

图 4-1 打开的 Excel   图 4-2 输入公司名称

(3) 选择 A2 和 B2 单元格,分别输入项目名称"科目代码"和"科目名称",如图 4-3 所示。

(4) 将光标移至列标 A 和 B 中间,当光标变成 ✚ 时,单击并拖动,将列 A 单元格调整为合适的宽度,如图 4-4 所示。

（5）将光标移至列标 B 和 C 中间，当光标变成 ✛ 时，单击并拖动，将列 B 单元格调整为合适的宽度，如图 4-4 所示。

（6）选择 A3 和 B3 单元格，分别输入"1000"和"资产类"，如图 4-5 所示。

（7）按照嘉佑有限公司所需的会计科目，完成所有会计科目编号及名称的输入，如图 4-6 所示。

图 4-3 输入"科目代码"和"科目名称"

图 4-4 将列 A、B 单元格调整为合适的宽度

图 4-5 输入科目代码与科目名称

图 4-6 完成科目代码与名称的输入

（8）将鼠标光标移至 Sheet1 的工作表标签处，右击鼠标，在弹出的快捷菜单中选择【重命名】命令，如图 4-7 所示。

（9）将 Sheet1 命名为"会计科目表"，如图 4-8 所示。

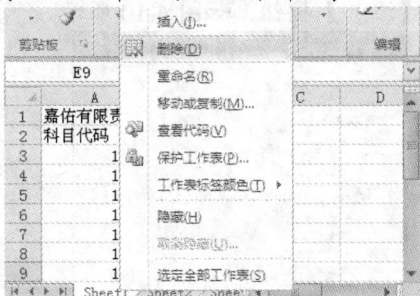

图 4-7 选择【重命名】命令

图 4-8 命名后的工作表

4.2.2 设置记录单

在 Excel 2003 版本中，可以选择【数据】|【记录单】命令，以数据列表方式进行数据编辑操作。然而 Excel 2007 版本之后，已将这项功能设定为选择性命令，在各项选项卡中，并没有将【记录单】命令纳入其选项区域或命令按钮中。如需执行列表命令，必须以自定义方式将数据列表命令取出后才可以执行。

在 Excel 2010 中，设置记录单的具体操作步骤如下。

(1) 打开 4.2.1 节建立的工作表。

(2) 打开【文件】选项卡，在【Excel 选项】对话框中选择【自定义功能区】选项。单击【新建组】命令，如图 4-9 所示。

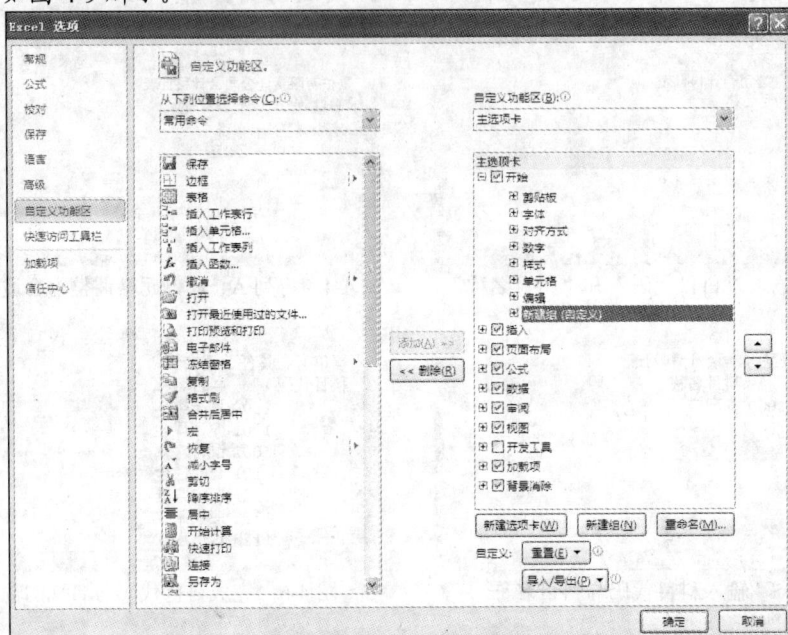

图 4-9　【Excel 选项】对话框

(3) 在【Excel 选项】对话框的【从下列位置选择命令】下拉列表框中选择【所有命令】选项，在其下的列表框中选择【记录单】选项，单击【添加】按钮，如图 4-10 所示。

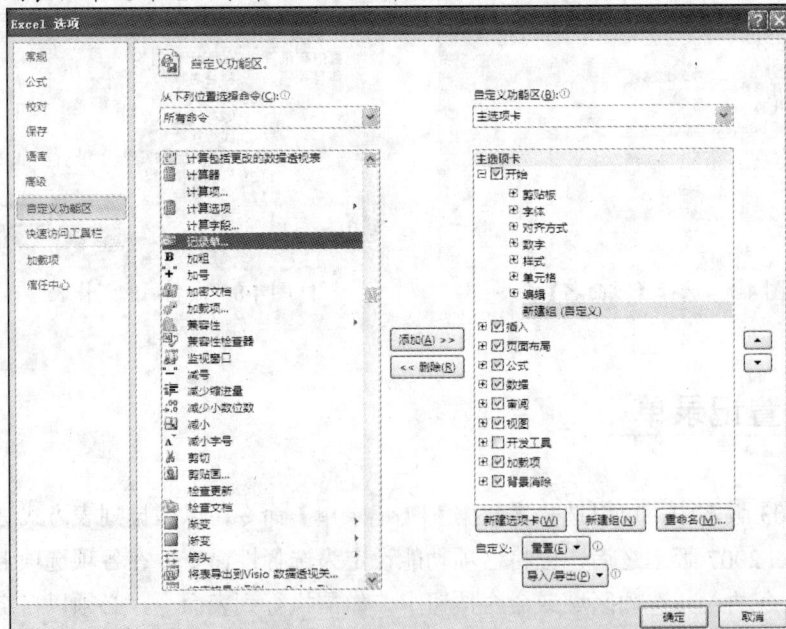

图 4-10　单击【添加】按钮

(4) 单击【确定】按钮，【记录单】命令添加到 Excel 2010 的功能区中，如图 4-11 所示。

图 4-11　【记录单】命令添加到 Excel 2010 的功能区中

(5) 将光标置于"会计科目表"工作表 A3:B57 内的任何一个单元格，单击【记录单】命令，即可以记录单方式进行会计科目编辑的操作，如图 4-12 所示。

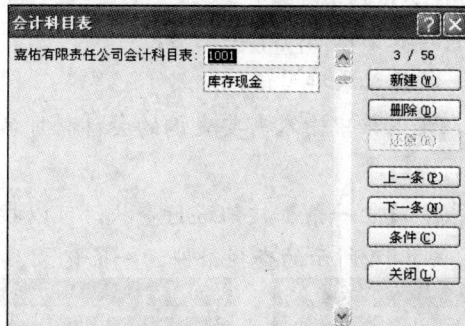

图 4-12　记录单对话框

4.2.3　修改和删除会计科目

企业会计科目的设置应保持相对稳定，但是并非一成不变，必须根据社会经济环境变化和本单位业务发展的需要，对已使用的会计科目进行相应的修改、补充或删除。

1. 修改会计科目

修改会计科目的具体操作步骤如下。

(1) 打开 4.2.1 节建立的工作表。

(2) 单击需要修改的会计科目表中任意一个单元格。

(3) 单击【记录单】命令，打开记录单对话框。

(4) 单击【下一条】按钮或者【上一条】按钮找到需要修改的记录，在记录中修改信息，如图 4-13 所示。

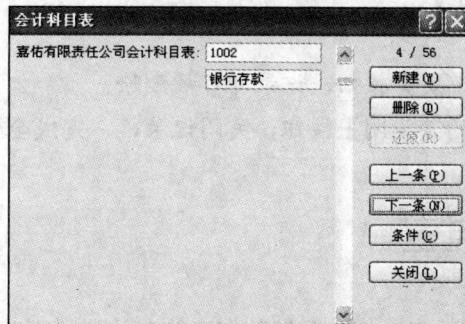

图 4-13　对会计科目表进行修改

(5) 完成会计科目修改后，单击【关闭】按钮更新当前显示的记录并关闭记录单，完成会计科目的修改操作。

2. 查询并删除会计科目

可以利用记录单快速查找数据清单记录的功能，找到某个会计科目并进行删除。

查询并删除会计科目的具体操作步骤如下。

(1) 打开 4.2.1 节建立的工作表。

(2) 单击需要修改的会计科目表中任意一个单元格。

(3) 单击【记录单】命令，打开记录单对话框。

(4) 单击【条件】按钮，在记录单中输入需要查询的会计科目名称、科目编号或者会计科目的编号范围，如图 4-14 所示。

(5) 单击【上一条】按钮或者【上一条】按钮进行查找，可以按顺序找到满足查找条件的记录。如图 4-15 所示的是满足图 4-14 所示的查找条件的一条记录。

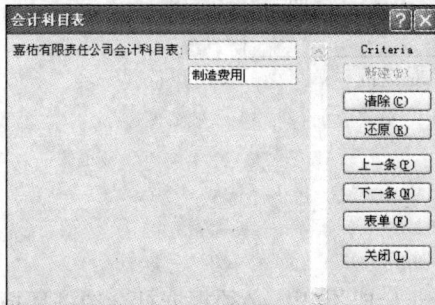

图 4-14　在记录单输入查找条件　　　　图 4-15　查找结果

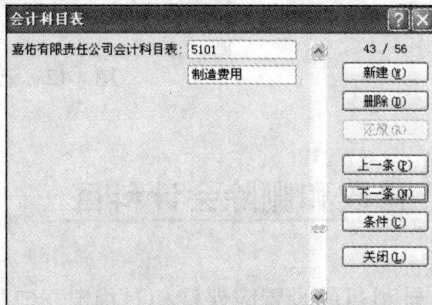

(6) 单击【删除】按钮，系统将弹出如图 4-16 所示的警告对话框。

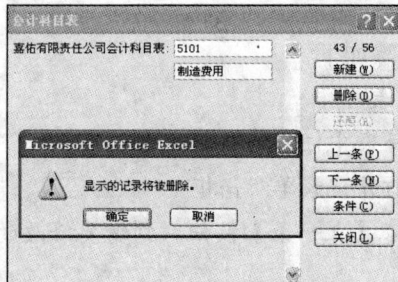

图 4-16　删除提示对话框

(7) 在该对话框中单击【确定】按钮，记录即可被删除。

(8) 单击记录单对话框中的【关闭】按钮，关闭记录单，完成会计科目的删除操作。

4.2.4　美化会计科目表

前面完成了会计科目表的基本操作，但是制作出的会计科目表略显粗糙。接下来对会计科目表进行填充颜色、设置字体等美化操作。

美化会计科目表的具体操作步骤如下。

(1) 打开 4.2.1 节建立的工作表。

(2) 选中整张工作表。

(3) 单击【开始】选项卡中的【字体】菜单按钮 ◇▾，在打开的调色板中选择【蓝色】，如图 4-17 所示，单击后，整张会计科目表都将填充所选颜色。

(4) 选择 A1 单元格，单击【字体】菜单按钮 ▲ ▾，在打开的调色板中选择【紫色】，如图 4-18 所示，单击后，会计科目表的标题字体颜色将变成紫色。

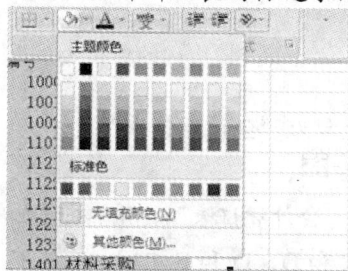

图 4-17　选择科目表颜色

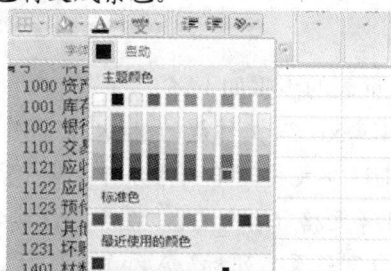

图 4-18　选择字体颜色

(5) 选择 A1 单元格，单击【加粗】按钮 B，会计科目表标题的字体变粗，如图 4-19 所示。

图 4-19　会计科目表标题加粗

(6) 选择 A3:B3 单元格，按住 Ctrl 键。

(7) 继续选择 A5:B5 单元格和 A7:B7 单元格。

(8) 释放 Ctrl 键，此时以上 6 个单元格被选中。

(9) 单击【字体】菜单按钮 ◇▾，在打开的调色板中选择【深蓝】，单击后，表格中行与行之间颜色分明，显得格外清晰，如图 4-20 所示。

(10) 选择 A3:B8 单元格，单击【格式刷】按钮 ◁。

(11) 按住鼠标左键并拖动选择 A9:B57 单元格。

(12) 释放鼠标左键，一张行间色彩分明的会计科目表已生成(会计科目表内容不变)，如图 4-21 所示。

图 4-20　进行颜色设置的会计科目表

图 4-21　完成设置的会计科目表

④.3 建立会计凭证表

建立会计科目表后，按照手工会计账务处理程序，应该将企业日常发生的经济业务填写在记账凭证上。但大部分的会计信息系统都省略填写凭证环节，只是在接口操作上，看起来像是填写凭证，而实际上是利用表单功能建立数据库。

④.3.1 设计会计凭证表

建立会计凭证表的步骤如下。

(1) 打开"4 章.xlsx"工作簿的 sheet2，将其重命名为"会计凭证表"。

(2) 选择 A1:J1 单元格，单击【合并及居中】按钮图。

(3) 选择 A1 单元格，输入文本"嘉佑有限责任公司会计凭证表"，并单击【加粗】 **B** 按钮。

(4) 将光标分别移至"列标"A 和 B、B 和 C、C 和 D、D 和 E 中间，当光标变成╂时，单击并拖动鼠标，将列 A、B、C、D 单元格调整为所需的宽度，如图 4-22 所示。

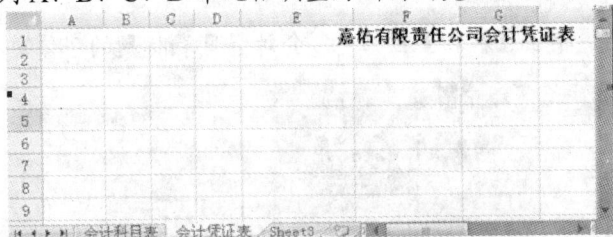

图 4-22　完成列宽调整的会计凭证表

(5) 分别选择 A2 至 J2 单元格，输入表头：年、月、日、序号、凭证编号、摘要、科目代码、科目名称、借方金额、贷方金额。

(6) 选中第 2 行，单击 ≡ 按钮执行【居中】命令，使单元格中的内容居中，如图 4-23 所示。

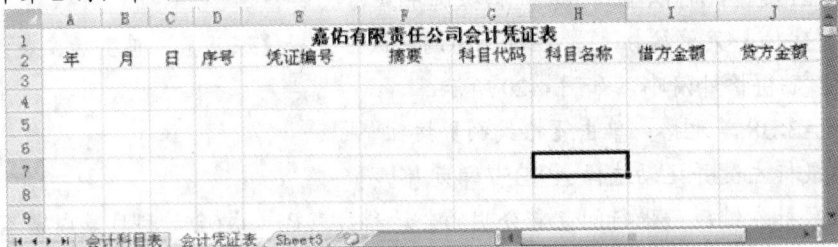

图 4-23　表头设置

(7) 选择整列 I:J 并右击，在弹出的快捷菜单中选择【设置单元格格式】命令，如图 4-24 所示。

(8) 将打开的对话框切换到【数字】选项卡，选择【会计专用】选项，在【小数位数】文本框中输入 2、在【货币符号】选择【无】，如图 4-25 所示。

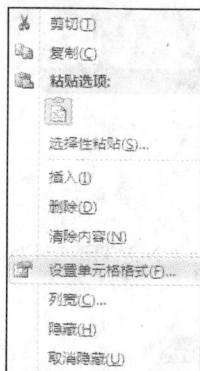

图 4-24　设置单元格格式

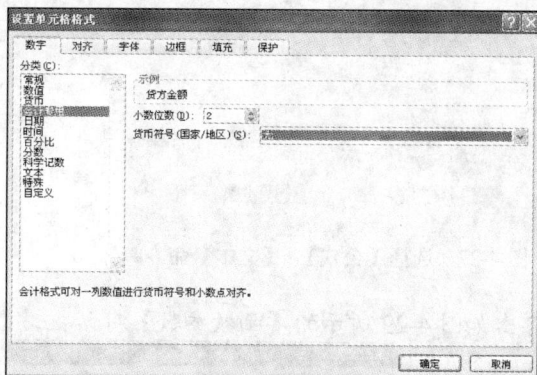

图 4-25　设置【数字】选项卡

(9) 单击【确定】按钮，将"借方金额"和"贷方金额"设置为数值格式。"会计凭证表"的基本格式设置完毕。

④.3.2　自动生成会计凭证编号

会计人员在用会计凭证记录经济业务时，要对每笔经济业务进行编号，以便查找和以后的核对。用 Excel 进行会计凭证表编制时，可以利用 CONCATENATE()函数，以"年＋月＋日＋当日顺序号"自动生成会计凭证的编号。

(1) 打开"4 章.xlsx"工作簿的"会计凭证表"。

(2) 选择整列 A:D 并右击，在弹出的快捷菜单中选择【设置单元格格式】命令，打开【设置单元格格式】对话框。

(3) 在该对话框中选择【文本】选项，如图 4-26 所示。

(4) 单击【确定】按钮。

(5) 分别选择 A3 至 D3 单元格，输入 2011、01、01、01。

(6) 选中 E3 单元格。

(7) 选择【公式】|【文本】命令，如图 4-27 所示。

(8) 在【文本】类别函数列表框中选择 CONCATENATE()函数，如图 4-28 所示。

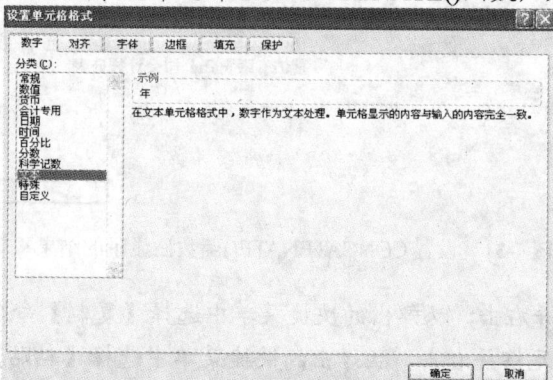

图 4-26　【文本】选项

图 4-27　选择【公式】|【文本】命令

图 4-28　选择 CONCATENATE()函数

(9) 弹出如图 4-29 所示的【函数参数】对话框。

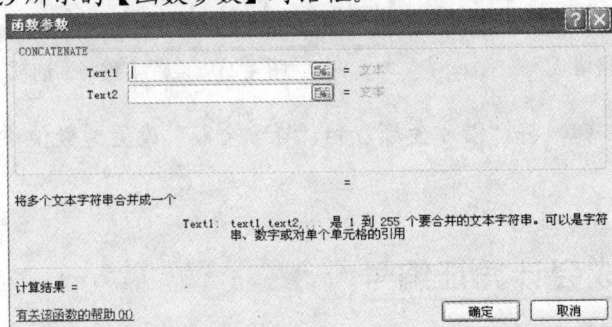

图 4-29　CONCATENATE()函数

(10) 在 CONCATENATE()函数中输入公式"=CONCATENATE(A3,B3,C3,D3)"，即在【函数参数】对话框中输入年、月、日、序号，如图 4-30 所示。

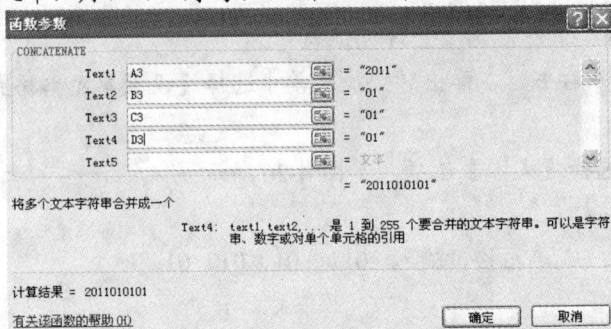

图 4-30　输入 CONCATENATE()函数参数

(11) 单击【确定】按钮，得到所需要的格式，结果如图 4-31 所示。

图 4-31　设置 CONCATENATE()函数后显示的结果

(12) 选中 E3 单元格并右击，从弹出的快捷菜单中选择【复制】命令。

(13) 选中 E4:E30 单元格并右击，从弹出的快捷菜单中选择【粘贴】命令。此时，E4:E30 套用 E3 的函数。

4.3.3　自动显示会计科目

进入经济业务记录的工作后,先登记完业务发生的时间,接下来就要用会计专门的语言"会计科目"来记录企业发生的经济活动了。该节将用到上节设置好的会计科目表。在输入经济业务时,为了节约时间,可以利用 VLOOKUP()函数,自动显示会计科目。

(1) 打开"4 章.xlsx"工作簿中的"会计凭证表"工作表。

(2) 选择 H3 单元格。

(3) 选择【公式】|【文本】命令。

(4) 在【逻辑】类别函数列表框中选择 IF(),如图 4-32 所示。

图 4-32　选择 IF()

(5) 打开【函数参数】对话框。在 IF()函数 Logical_test 自变量位置输入"G3="""",如图 4-33 所示。

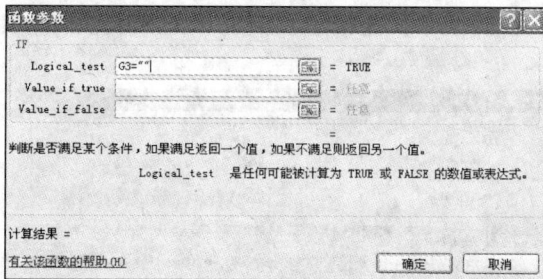

图 4-33　输入 IF()函数参数 Logical_test 自变量

(6) 在 IF()函数 Value_if_true 自变量位置输入 """",如图 4-34 所示。

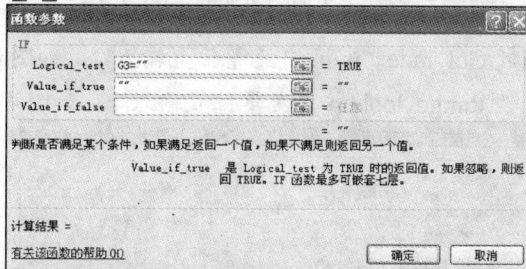

图 4-34　输入 IF()函数参数 Value_if_true 自变量

(7) 在 IF()函数 Value_if_false 自变量位置输入 VLOOKUP()函数,如图 4-35 所示。

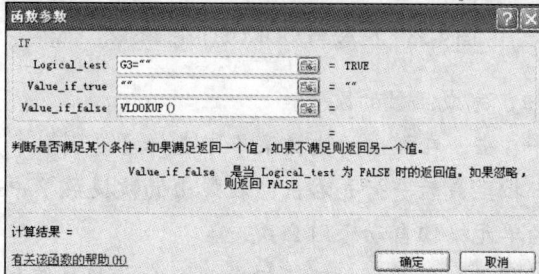

图 4-35　输入 VLOOKUP()函数

(8) 将光标移至编辑栏 VLOOKUP()函数的括号内并右击，弹出【函数参数】对话框。

(9) 在 VLOOKUP()函数 Lookup_value 自变量位置输入 G3。

(10) 将光标移至 VLOOKUP()函数 Table_array 自变量位置空白处。单击"会计科目表"工作表，如图 4-36 所示。

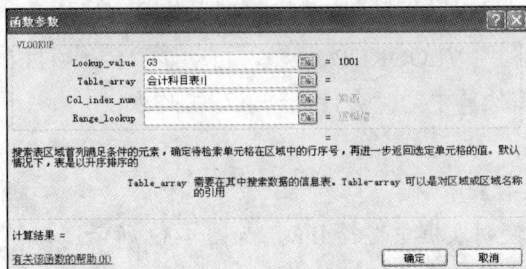

图 4-36　VLOOKUP()函数参数 Table_array 自变量的设定

(11) 在"会计科目表"工作表中，选择 A1:B57，VLOOKUP()函数 Table_array 自变量变为如图 4-37 所示。

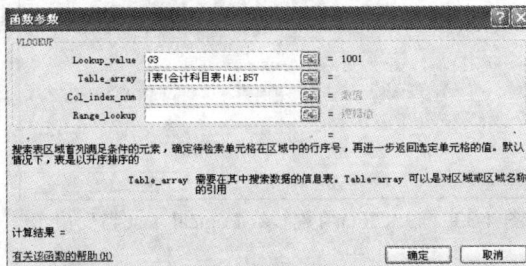

图 4-37　完成 VLOOKUP()函数参数 Table_array 自变量的设定

(12) 在 VLOOKUP()函数 Col_index_num 自变量位置输入 2，如图 4-38 所示。

(13) 在 VLOOKUP()函数 Range_lookup 自变量位置输入 1，如图 4-38 所示。

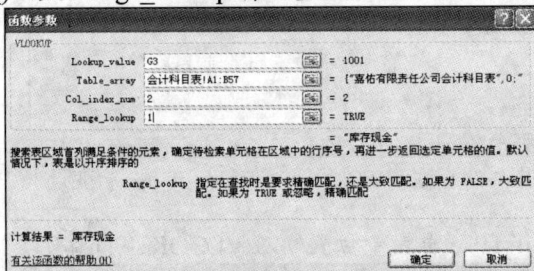

图 4-38　输入 VLOOKUP()函数参数

(14) 单击【确定】按钮，完成函数的设置。

(15) 选中 H3 单元格并右击，在弹出的快捷菜单中选择【复制】命令。

(16) 选中 H4 单元格下拉至最后一行并右击，在弹出的快捷菜单中选择【粘贴】命令。此时，整个"科目名称"下的单元格均自动套用公式。

(17) 在"科目代号"的任意单元格的位置下输入一个会计科目编码，则在其后的"科目名称"中将自动出现相应的科目名称，如图 4-39 所示。

图 4-39　完成自动显示会计科目设置后的会计凭证表

4.3.4　数据筛选

数据筛选是从数据中找出满足给定条件的数据，将符合条件的数据显示在工作表中，不符合条件的数据被隐藏。在会计核算过程中，经常会遇到数据筛选的情况。

进行筛选的具体操作步骤如下。

(1) 打开"4 章.xlsx"工作簿中的"会计凭证表"工作表。

(2) 单击"会计凭证表"工作表中的任意一个单元格。

(3) 选择【数据】|【筛选】命令，如图 4-40 所示。

(4) "会计凭证表"变成如图 4-41 所示的格式，每一个字段上会增加一个【筛选】按钮。

图 4-40　进行数据的自动筛选

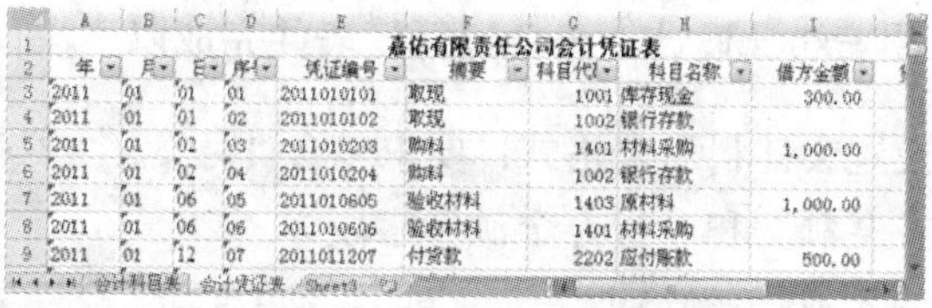

图 4-41　完成自动筛选设置

(5) 单击"科目名称"的【筛选】按钮，选择"银行存款"选项，如图 4-42 所示。

图 4-42　进行自动筛选

(6) 如图 4-43 所示，工作表仅列出"银行存款"的业务，而其他的业务则被隐藏起来。

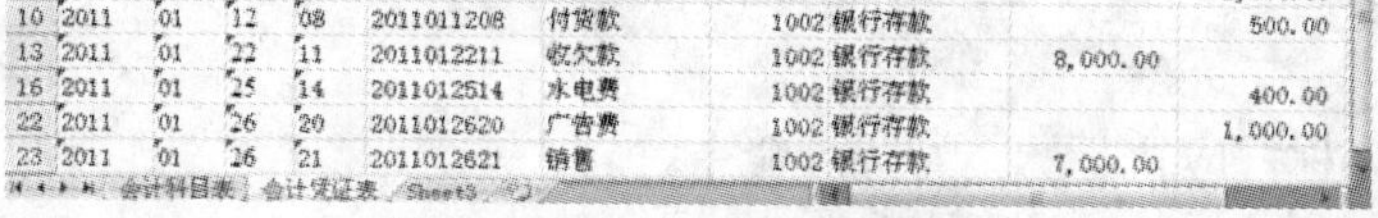

图 4-43　显示自动筛选的结果

4.4 上机练习

1. 依照下列步骤，完成公司员工基本资料数据表，如图 4-44 所示。

- 新建 Excel 工作簿，并将表 Sheet1 命名为"员工基本资料"。
- 输入"姓名"、"性别"、"年龄"、"民族"、"最高学历"和"联系方式"。
- 调整列宽：标题字段 110 像素，输入字段 340 像素。
- 将文本颜色设置为【紫色】并将文本加粗显示。
- 给文本加边框。

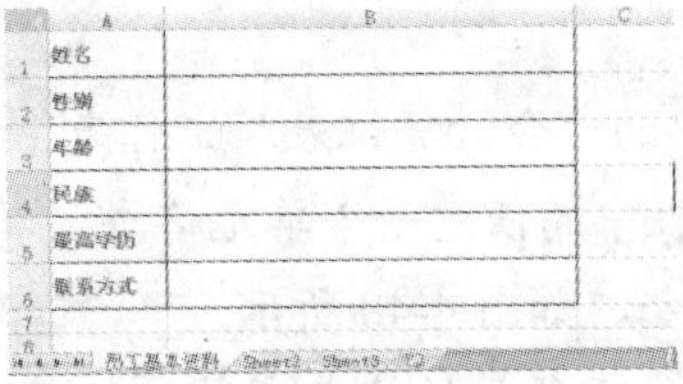

图 4-44 表 1

2. 利用 Excel 设计一个会计凭证表并完成以下操作，如图 4-45 所示。

- 设置会计科目表格式：要求包含"月"、"日"、"科目编号"、"会计科目"、"借方金额"和"贷方金额"字段。
- 输入 10 笔经济业务。
- 对会计凭证表进行自动筛选。

图 4-45 表 2

4.5 习题

填空题

1. 用 Excel 进行会计凭证表编制时，可以利用_____函数，以【年＋月＋日＋当日顺序号】自动生成会计凭证的编号。

2. 用 Excel 进行会计核算，在输入经济业务时，为了节约时间，可以利用_____函数，自动显示会计科目。

3. 要设置范围名称，应执行_____命令。

4. 要进行数据的自动筛选，应执行_____命令。

第5章

Excel 在会计核算中的应用
——账簿

学习目标

以会计凭证为依据，设置和登记会计账簿是会计账务处理工作的中心环节。本章主要讲解如何根据已建立的会计科目表中的有关数据，利用 Excel 的数据透视表及函数等功能，建立总分类账、明细分类账、科目汇总表和科目余额表等会计工作的账表。

本章重点

- 了解会计账簿有关基本概念
- 掌握设置【借贷不平衡】的自动提示
- 掌握利用数据透视表功能建立总分类账、明细分类账、科目汇总表
- 了解如何建立科目余额表
- 掌握利用 IF()函数、ISNA()函数、VLOOKUP()函数组合填制科目余额表

5.1 会计账簿概述

5.1.1 会计账簿的意义与作用

会计账簿是指以会计凭证为依据，在具有专门格式的账页中全面、连续、系统、综合地记录经济业务的簿籍。

会计账簿在会计核算中具有十分重要的意义，主要表现在以下几点：

(1) 可以为经济管理提供连续、全面、系统的会计信息。

(2) 可以保护财产物资的安全完整。

(3) 便于企业单位考核成本、费用和利润计划的完成情况。

(4) 可以为编制会计报表提供资料。

(5) 可以为会计检查、会计分析提供资料。

⑤.1.2 会计账簿的类型

按照在经济管理中的用途会计账簿可以分为日记账簿、分类账簿和备查账簿。

1. 日记账簿

日记账簿，又称序时账簿，是按照经济业务发生的时间先后顺序，逐日逐笔登记经济业务的账簿。按其记录内容的不同可分为普通日记账和特种日记账。

(1) 普通日记账是用来登记全部经济业务情况的日记账。将每天所发生的全部业务，按照经济业务发生的先后顺序，编制成记账凭证，根据记账凭证逐笔登记到普通日记账中，如企业设置的日记总账就是普通日记账。

(2) 特种日记账是用来记录某一类经济业务发生情况的日记账。将某一类经济业务，按照经济业务发生的先后顺序记入账簿中，反映某一特定项目的详细情况，如各经济单位为了对现金和银行存款加强管理，设置现金日记账和银行存款日记账，来记录现金和银行存款的收、付和结存业务。

2. 分类账簿

分类账簿是区别不同账户登记经济业务的账簿。账户按提供指标的详细程度，可分为总分类账簿和明细分类账簿。

(1) 总分类账簿是按一级科目分类，连续地记录和反映资金增减、成本和利润情况的账簿，它能总括并全面地反映企事业单位的经济活动情况，是编制会计报表的依据。一切企业都设置总分类账。

(2) 明细分类账簿是根据明细科目开设的账簿，它能详细地反映企业某项经济活动的具体情况。

3. 备查账簿

备查账簿是对某些在日记账簿和分类账簿中不能记录登记或记录登记不全的经济业务进行补充登记的账簿。企业根据自身的情况，可以选择设置或不设置此账簿。

5.2　日记账

5.2.1　设置日记账格式

日记账簿是序时记录企业经济业务的账簿，从而按照时间顺序全面反映企业发生的所有经济业务。如表 5-1 所示即为日记账的格式。

表 5-1　日记账格式

日　记　账

年	月	日	凭证编号	摘要	账户名称	借方金额	贷方金额

日记账的格式与前面设置的会计凭证表的格式极为相似，其中"账户名称"即为"会计科目"。这样在利用 Excel 进行核算时，便不用再设置专门的日记账。可以采用审核无误的会计凭证表进行以后的会计核算工作。

5.2.2　借贷不平衡自动提示

作为一名会计人员，"有借必有贷，借贷必相等"这个记账规则一定是牢记于心的。在会计凭证的编制、账簿的登记、编制会计报表整个会计核算过程中，始终以这个规则来进行账务处理。为避免出现借贷不平衡的情况，可以利用 IF()函数，进行借贷不平衡的自动提示。打开【第 4 章.xls】工作簿中的【会计凭证表】工作表。

具体步骤如下。

(1) 选中 K3 单元格。

(2) 选择【公式】|【逻辑】命令。

(3) 在【逻辑】类别函数列表框中选择 IF()函数，如图 5-1 所示。

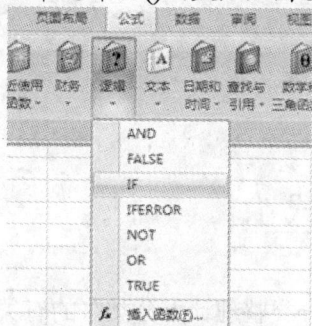

图 5-1　选择 IF()函数

(4) 在 IF()函数的 Logical_test 自变量位置输入 "SUM(I:I)=SUM(J:J)", Value_if_true 自变量位置输入 """", Value_if_false 自变量位置输入 ""借贷不平衡"", 如图 5-2 所示, 单击【确定】按钮。

(5) 若输入的借方金额不等于贷方金额时, 在 K3 单元格中会自动出现 "借贷不平衡" 的提示, 如图 5-3 所示。

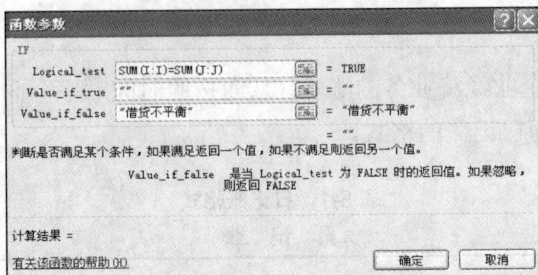

图 5-2　输入 IF()函数参数

图 5-3　借贷不平衡时出现的提示

(6) 若输入相等的金额, 提示自动消失, 如图 5-4 所示。

图 5-4　借贷平衡时提示消失

⑤.3　分类账

⑤.3.1　设置总分类账格式

任何企业的一切经济活动都应分类整理计入分类账的有关账户中, 这样企业的经济活动和财务状况可以通过分类账分门别类地反映出来。如表 5-2 所示为总分类账的格式。

表 5-2　总分类账格式

总 分 类 账

年	月	日	凭证编号	摘要	借方金额	贷方金额	借／贷	余额

将日记账与分类账进行比较，日记账的会计记录是依照交易发生的日期为顺序登记的，而分类账则是以会计科目(即分类账户的名称)为前提，再按照交易发生的日期为顺序登记的。二者在会计处理程序中是两种不同的账簿，但在利用 Excel 进行账务处理时，数据内容并无差别。因此，可以利用 Excel 中的数据透视表功能将已形成的日记账建立为总分类账。而分类账中的余额，可将其移至科目余额汇总表中予以反映。

⑤.3.2　建立总分类账

在运用数据透视表建立总分类账时，需要引用其他工作表的内容。请参考 4.3 节的内容，将所需要的范围名称定义完成。

建立总分类账的步骤如下。

(1) 打开【日记账】工作表。

(2) 选择【插入】|【数据透视表】命令。

(3) 在【创建数据透视表】对话框中选中 "日记账!$A$2:$J$30" 和 "新工作表" 单选按钮，如图 5-5 所示，单击【确定】按钮。

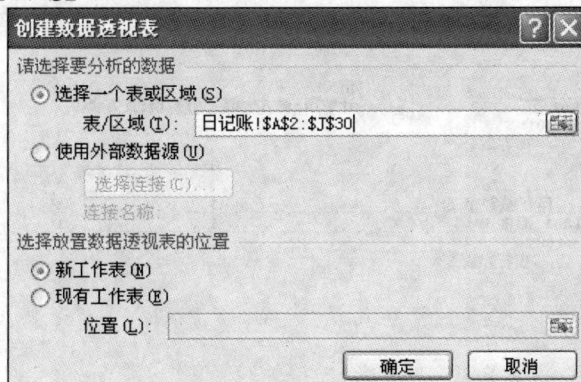

图 5-5　建立数据透视表

(4) 在如图 5-6 所示的【数据透视表字段列表】对话框中进行透视表的设置。

(5) 在【数据透视表字段列表】对话框中将 "年"、"月" 按钮拖动到 "报表筛选" 区域，如图 5-7 所示。

(6) 在【数据透视表字表列段】对话框中将 "科目代码"、"科目名称"、"日" 拖动到【行标签】区域，如图 5-7 所示。

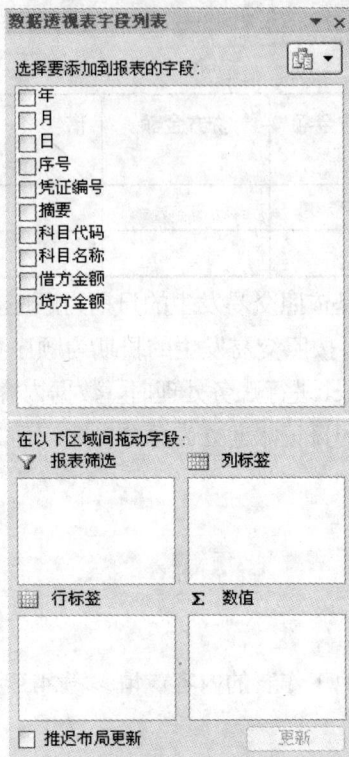

图 5-6 【数据透视表字段列表】对话框　　图 5-7 设置"数据透视表"版式

(7) 在【数据透视表字段列表】对话框中将"借方金额"、"贷方金额"按钮拖动到"数值"区域，如图 5-7 所示。

(8) 操作完上述步骤后，形成如图 5-8 所示的工作表。

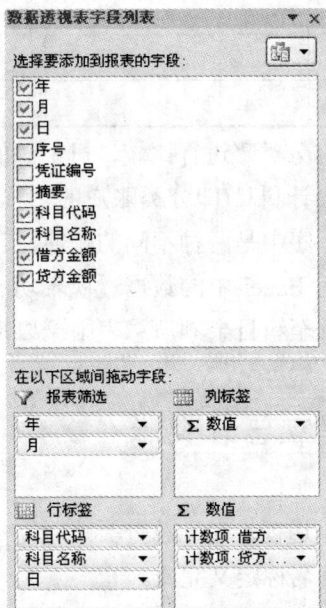

年	(全部)	
月	(全部)	
	值	
行标签	**计数项:借方金额**	**计数项:贷方金额**
⊟**1001**		
⊟库存现金		
01	1	
26		1
库存现金 汇总	**1**	**1**
1001 汇总	**1**	**1**
⊟**1002**		
⊟银行存款		
01		1
02		1
12		1
22	1	
25		1
26	1	1
银行存款 汇总	**2**	**5**
1002 汇总	**2**	**5**

图 5-8 设置"数据透视表"数据版式

(9) 将鼠标移至【计数项：借方金额】位置，并单击【计数项：借方金额】选择【值字段设置】命令，如图 5-9 所示。

(10) 在【值字段设置】对话框的【计算类型】列表框中选择【求和】选项，如图 5-10 所示。【计数项：借方金额】将改为【求和项：借方金额】。

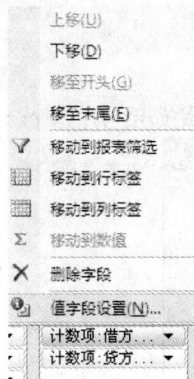

图 5-9　选择【值字段设置】　　　　　　图 5-10　【求和项：借方金额】的设置

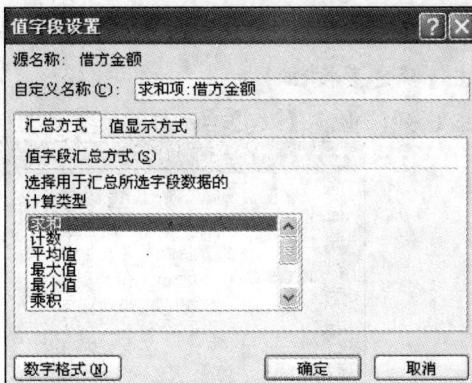

(11) 按照上述步骤，将【计数项：贷方金额】改为【求和项：贷方金额】，结果如图 5-11 所示。

(12) 操作完上述步骤后，形成如图 5-12 所示的工作表。

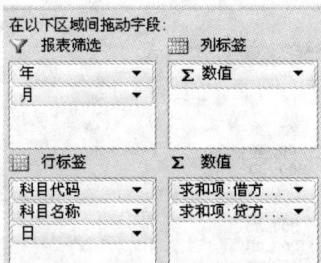

图 5-11　完成【值字段设置】　　　　图 5-12　值字段设置后的【数据透视表】数据版式

(13) 选中 B 列并右击，在弹出的快捷菜单中选择【设置单元格格式】命令，如图 5-13 所示。

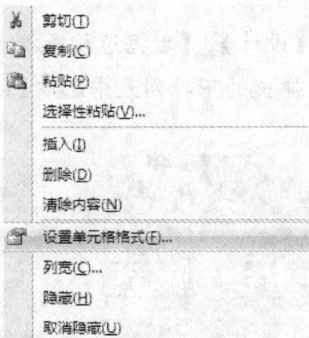

图 5-13　选择"设置单元格格式"命令

(14) 在【设置单元格格式】对话框的【分类】列表框中选择【会计专用】选项，将【小数位数】设置为 2,【货币符号】选项设置【无】,如图 5-14 所示。

(15) 单击【确定】按钮。

(16) 选中 C 列,重复【设置单元格格式】设置的步骤,工作表变成如图 5-15 所示的格式。

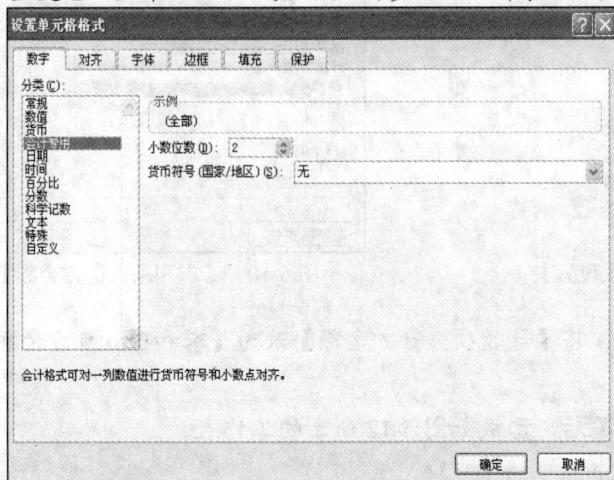

图 5-14　【设置单元格格式】对话框

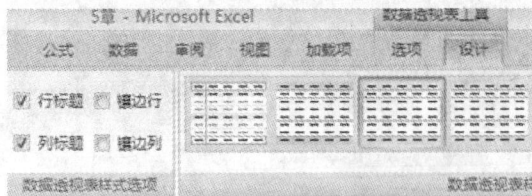

图 5-15　完成【设置单元格格式】

(17) 选取【数据透视表工具】|【设计】|【数据透视表样式】命令,如图 5-16 所示。

(18) 单击报表布局下拉按钮,在弹出的下拉列表中选取【以表格形式显示】命令,如图 5-17 所示。

图 5-16　选择【数据透视表样式】命令　　　图 5-17　选择【以表格形式显示】命令

(19) 操作完上述步骤后，显示如图 5-18 所示的工作表。

科目代码	科目名称	日	值 求和项:借方金额	求和项:贷方金额
⊟1001	⊟库存现金	01	300.00	
		26		200.00
	库存现金 汇总		300.00	200.00
1001 汇总			300.00	200.00
⊟1002	⊟银行存款	01		300.00
		02		1,000.00
		12		500.00
		22	8,000.00	
		25		400.00
		26	7,000.00	1,000.00
	银行存款 汇总		15,000.00	3,200.00
1002 汇总			15,000.00	3,200.00
⊟1122	⊟应收账款	22		8,000.00
		25	9,000.00	
	应收账款 汇总		9,000.00	8,000.00
1122 汇总			9,000.00	8,000.00

图 5-18 以表格形式显示的数据透视表

(20) 将新建立的透视数据表 Sheet1 重新命名为"总分类账"。

(21) 选中 1、2 行并右击，在弹出的快捷菜单中选择【插入】命令。

(22) 选中 A1:F1 单元格，单击【合并及居中】按钮 ⊞。

(23) 选中 A2:F2 单元格，单击【合并及居中】按钮 ⊞。

(24) 选中 A1 单元格，输入"嘉佑有限责任公司"，并单击【加粗】按钮 B。

(25) 选中 A2 单元格，输入"总分类账"，并单击【加粗】按钮 B。

(26) 如图 5-19 所示的是创建完成的总分类账。

图 5-19 创建的总分类账

明细分类账的创建与总分类账的创建极为相似，前者是根据带有明细科目的日记账利用数据透视表功能自动生成的。在此不再赘述，将在第 7 章中有所体现。

⑤.3.3 修改总分类账版面

1. 添加余额

观察已经建立的总分类账，可以发现所完成的报表虽然有借贷方总额，却没有各科目的余额。因此，要对工作表进行进一步的修改。

修改总分类账版面的具体操作步骤如下。

(1) 打开【总分类账】工作表。

(2) 选择【数据透视表工具】|【选项】|【域、项目和集】|【计算字段】命令，如图 5-20 所示。

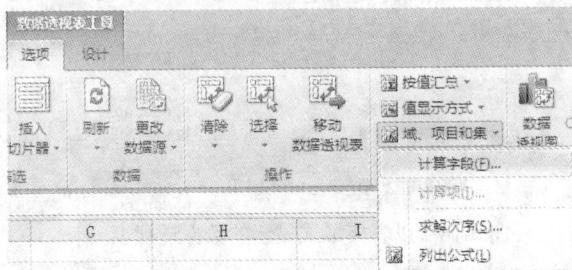

图 5-20　选择【数据透视表工具】|【选项】|【域、项目和集】|【计算字段】命令

(3) 在【插入计算字段】对话框的【名称】文本框中输入"借方余额"，并在公式文本框中设定"=IF((借方金额-贷方金额)>0,借方金额-贷方金额,0)"，如图 5-21 所示。

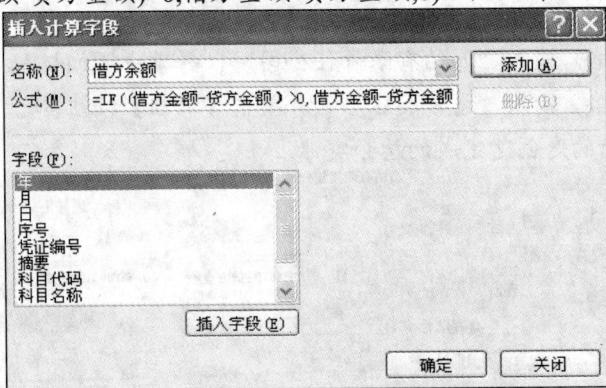

图 5-21　添加【借方余额】字段

(4) 单击【添加】按钮。在【插入计算字段】对话框的【名称】文本框中输入"贷方余额"，并在公式文本框中设定"=IF((贷方金额-借方金额)>0,贷方金额-借方金额,0)"，如图 5-22 所示。

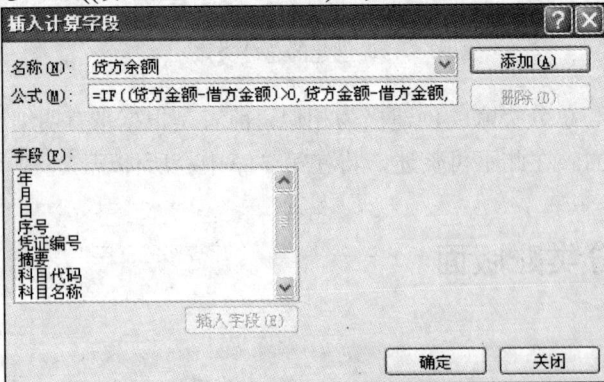

图 5-22　添加【贷方余额】字段

(5) 单击【确定】按钮。【总分类账】工作表变成如图 5-23 所示的格式。

图 5-23　产生余额的总分类账

2. 隐藏字段

由于【总分类账】工作表中含有较多字段，使得整张工作表看起来比较复杂。可以根据需要隐藏部分字段，使整个工作表看起来更简洁。隐藏字段的具体操作步骤如下。

(1) 打开【总分类账】工作表。

(2) 选取 11 行，选择【开始】|【格式】|【隐藏和取消隐藏】|【隐藏行】命令，如图 5-24 所示。

计算机 基础 与 实训 教材 系列

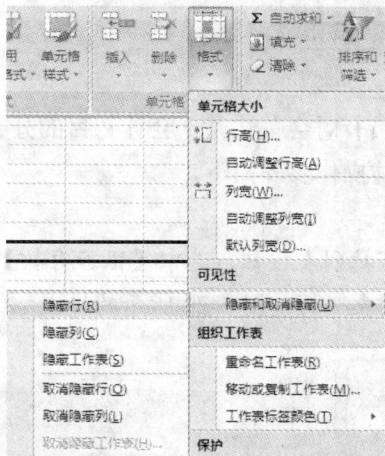

图 5-24　选择【开始】|【格式】|【隐藏和取消隐藏】|【隐藏行】命令

(3) 对需要隐藏的行或者列采取相类似的步骤，可得到如图 5-25 所示的工作表。

(4) 选择【数据透视表工具】|【选项】|【显示】命令 按钮，如图 5-26 所示。

图 5-25　隐藏行后的工作表

图 5-26 选择【数据透视表工具】|【选项】|【显示】命令

(5) 得到如图 5-27 所示的工作表。

科目代▾	科目名称 ▾	值 求和项:借方金额	求和项:货方金额
1001	库存现金	300.00	
			200.00
	库存现金 汇总	300.00	200.00
1002	银行存款		300.00
			1,000.00
			500.00
		8,000.00	
			400.00
		7,000.00	1,000.00
	银行存款 汇总	15,000.00	3,200.00
1002 汇总		15,000.00	3,200.00
1122	应收账款		8,000.00
		9,000.00	
	应收账款 汇总	9,000.00	8,000.00

图 5-27 简洁明了的工作表

如果需要取消隐藏的行或者列，可以选定行或列后，选择【开始】|【格式】|【隐藏和取消隐藏】|【取消隐藏行】命令。

5.3.4 显示单一科目分类账

在财务操作过程中，会计人员有时会关注某一会计科目的分类账。此时，可使用数据筛选功能。显示单一科目分类账的具体操作步骤如下。

(1) 打开【总分类账】工作表。

(2) 单击会计科目字段旁的下拉列表按钮，选中【银行存款】会计科目，如图 5-28 所示。

(3) 单击【确定】按钮，工作表变为如图 5-29 所示的格式，仅显示【银行存款】单一科目的分类账。

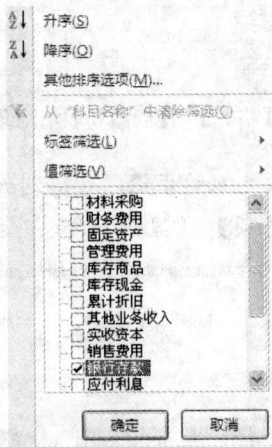

图 5-28 选择【银行存款】会计科目

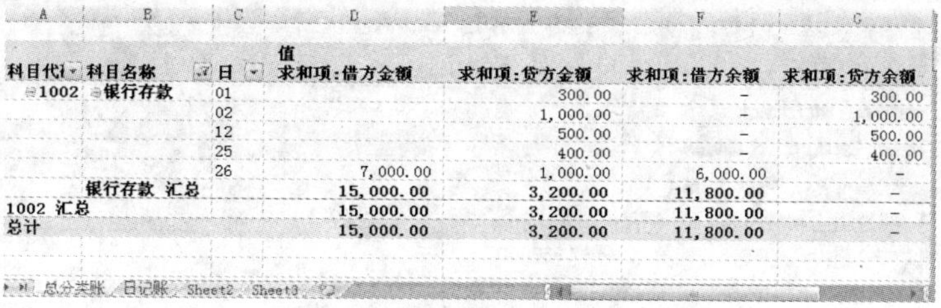

图 5-29　【银行存款】分类账

⑤.4　科目汇总表

⑤.4.1　科目汇总表概述

科目汇总表是根据一定期间内的所有经济业务，根据相同的会计科目进行归类，定期汇总出每一个会计科目的借方本期发生额合计数和贷方发生额合计数的一种表格。

在会计账务核算过程中科目汇总表起着承上启下的作用。一方面，将一定期间发生的经济业务分门别类进行汇总，另一方面，为编制会计报表提供数据。如表 5-3 所示的是科目汇总表的格式。

表 5-3　科目汇总表格式

科 目 汇 总 表

编制单位：　　　　　　　　　　　年　　月　　日　　　　　　　　　　单位：元

科 目 代 码	会 计 科 目	借方本期发生额	贷方本期发生额
合　　　　计			

⑤.4.2　建立科目汇总表

科目汇总表是建立在日记账记录基础上的，其数据也来源于日记账。因此仍然可以利用 Excel 中的数据透视表功能将已形成的日记账建立为科目汇总表。按照惯例，已将所需要的范围名称定义完成。

具体操作步骤如下。

(1) 打开【总分类账】工作表。

(2) 选择【数据透视表工具】|【选项】|【显示报表筛选页】命令，如图 5-30 所示。

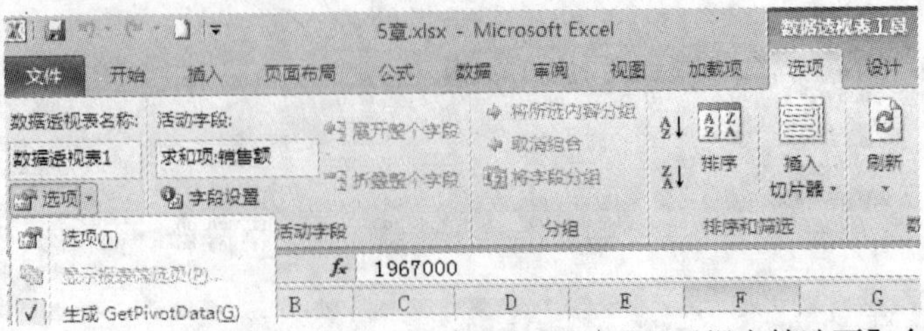

图 5-30　选择【数据透视表工具】|【选项】|【显示报表筛选页】命令

(3) 在【显示报表筛选页】对话框中选中【月】选项,如图 5-31 所示,单击【确定】按钮。

(4) 操作完上述步骤后,形成一个与 【总分类账】相同的工作表,即为科目汇总表的底稿。

(5) 选择【数据透视表工具】|【选项】|【字段列表】命令,如图 5-32 所示。

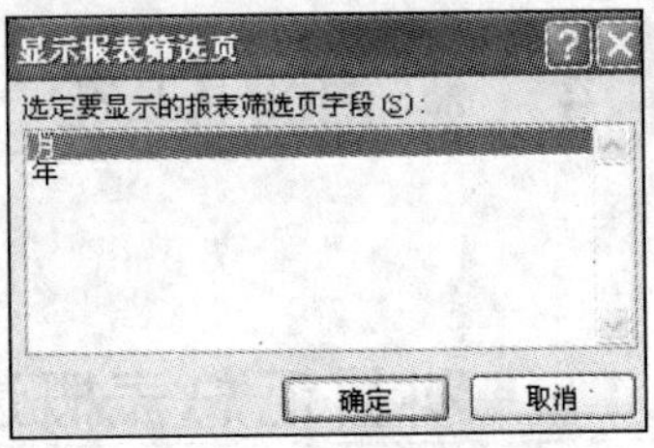

图 5-31　选中【月】选项

图 5-32　选择【数据透视表工具】|【选项】|【字段列表】命令

(6) 在【数据透视表字段列表】对话框中删除【日、求和项:借方余额、求和项:贷方余额】字段,如图 5-33 所示。

(7) 选择【数据透视表工具】|【设计】|【分类汇总】|【不显示分类汇总】命令,如图 5-34 所示。

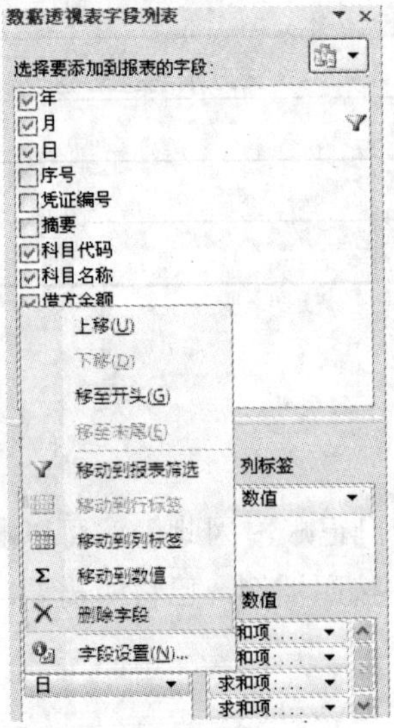

图 5-33　删除字段

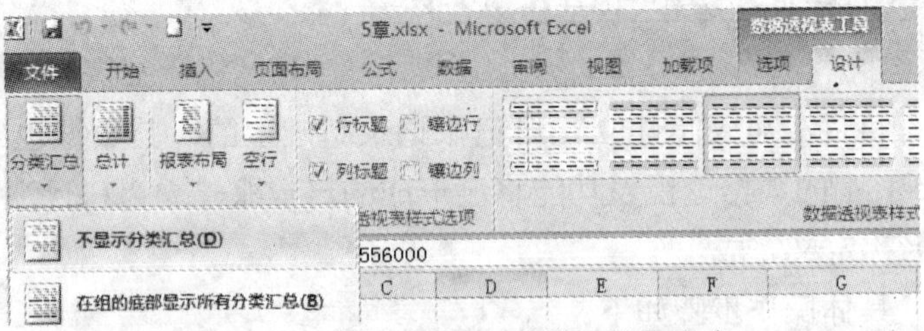

图 5-34　选择【不显示分类汇总】命令

(8) 工作表变为如图 5-35 所示的格式,即为科目汇总表。

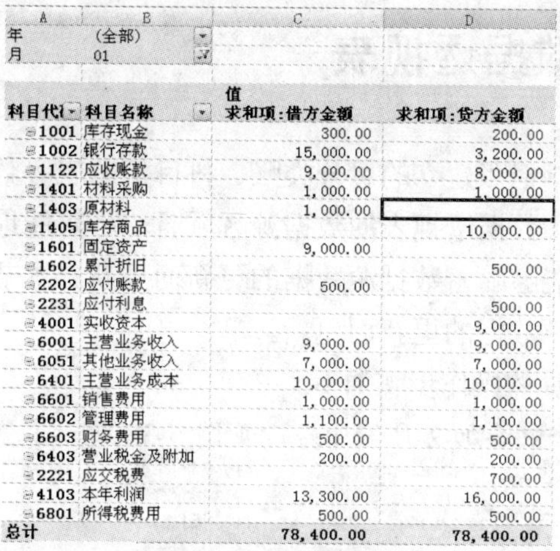

年	(全部)		
月	01		
		值	
科目代码	科目名称	求和项:借方金额	求和项:贷方金额
1001	库存现金	300.00	200.00
1002	银行存款	15,000.00	3,200.00
1122	应收账款	9,000.00	8,000.00
1401	材料采购	1,000.00	1,000.00
1403	原材料	1,000.00	
1405	库存商品		10,000.00
1601	固定资产	9,000.00	
1602	累计折旧		500.00
2202	应付账款	500.00	
2231	应付利息		500.00
4001	实收资本		9,000.00
6001	主营业务收入	9,000.00	9,000.00
6051	其他业务收入	7,000.00	7,000.00
6401	主营业务成本	10,000.00	10,000.00
6601	销售费用	1,000.00	1,000.00
6602	管理费用	1,100.00	1,100.00
6603	财务费用	500.00	500.00
6403	营业税金及附加	200.00	200.00
2221	应交税费		700.00
4103	本年利润	13,300.00	16,000.00
6801	所得税费用	500.00	500.00
总计		78,400.00	78,400.00

图 5-35　生成科目汇总表

(9) 将步骤(4)新生成的工作表重命名为【科目汇总表】，如图 5-36 所示。

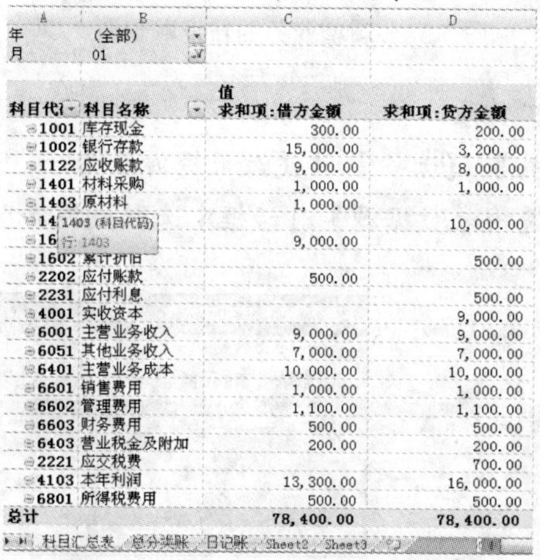

年	(全部)		
月	01		
		值	
科目代码	科目名称	求和项:借方金额	求和项:贷方金额
1001	库存现金	300.00	200.00
1002	银行存款	15,000.00	3,200.00
1122	应收账款	9,000.00	8,000.00
1401	材料采购	1,000.00	1,000.00
1403	原材料	1,000.00	
14			10,000.00
16		9,000.00	
1602	累计折旧		500.00
2202	应付账款	500.00	
2231	应付利息		500.00
4001	实收资本		9,000.00
6001	主营业务收入	9,000.00	9,000.00
6051	其他业务收入	7,000.00	7,000.00
6401	主营业务成本	10,000.00	10,000.00
6601	销售费用	1,000.00	1,000.00
6602	管理费用	1,100.00	1,100.00
6603	财务费用	500.00	500.00
6403	营业税金及附加	200.00	200.00
2221	应交税费		700.00
4103	本年利润	13,300.00	16,000.00
6801	所得税费用	500.00	500.00
总计		78,400.00	78,400.00

图 5-36　重命名为【科目汇总表】

(10) 单击【月】字段旁的下拉列表按钮，选择科目汇总表编制的月份，如图 5-37 所示。

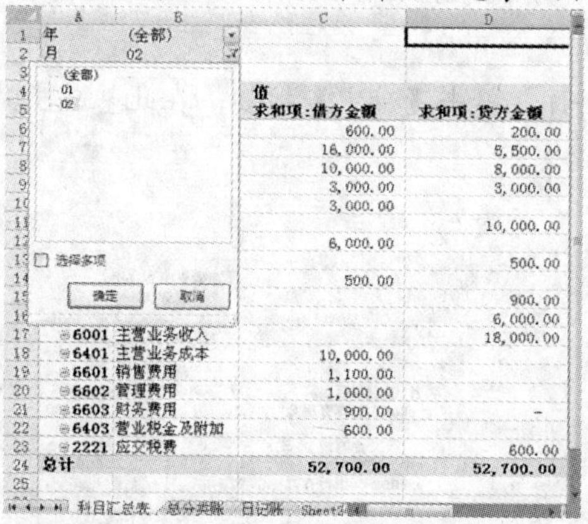

年	(全部)		
月	02		
		值	
		求和项:借方金额	求和项:贷方金额
		600.00	200.00
		16,000.00	5,500.00
		10,000.00	8,000.00
		3,000.00	3,000.00
		3,000.00	
			10,000.00
		6,000.00	
			500.00
		500.00	
			900.00
			6,000.00
6001	主营业务收入		18,000.00
6401	主营业务成本	10,000.00	
6601	销售费用	1,100.00	
6602	管理费用	1,000.00	
6603	财务费用	900.00	-
6403	营业税金及附加	600.00	
2221	应交税费		600.00
总计		52,700.00	52,700.00

图 5-37　所需月份的科目汇总表的选择

(11) 单击【确定】按钮，即可生成该月的科目汇总表。

5.5 自动更新数据透视表

在 Excel 中，确保根据日记账建立的总分类账、科目汇总表等数据透视表中数据正确的方法有两种：一种是在选择建立数据透视表的数据源区域时，尽可能地将数据来源范围扩大；另一种是数据透视表中的数据能够随着数据源数据的更新而更新。本节将使用一定的操作方法，使数据透视表内容随着数据源数据的更新而更新。

自动更新数据透视表的具体操作步骤如下。

(1) 在【日记账】工作表中添加 2 月份业务，如图 5-38 所示。

46	2011	02	02	01	2011020201	购料	1401	材料采购	3,000.00	
47	2011	02	02	01	2011020201	购料	1002	银行存款		3,000.00
48	2011	02	06	02	2011020602	验收材料	1403	原材料	3,000.00	
49	2011	02	06	02	2011020602	验收材料	1401	材料采购		3,000.00
50	2011	02	12	03	2011021203	付货款	2202	应付账款	500.00	
51	2011	02	12	03	2011021203	付货款	1002	银行存款		500.00
52	2011	02	12	04	2011021204	接受投资	1601	固定资产	6,000.00	
53	2011	02	12	04	2011021204	接受投资	4001	实收资本		6,000.00

图 5-38 新增业务的日记账记录

(2) 切换至【总分类账】工作表。

(3) 选择【数据透视表工具】|【选项】|【更改数据源】命令，如图 5-39 所示。

(4) 在弹出的【更改数据透视表数据源】对话框中选取数据源区域，如图 5-40 所示。单击【确定】按钮。

图 5-39 选择【更改数据源】命令

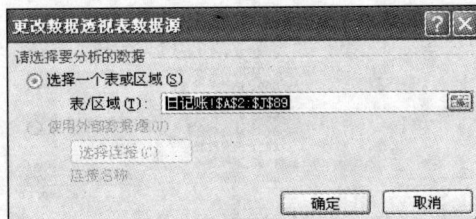

图 5-40 【更改数据透视表数据源】对话框

(5) 单击【月】字段旁的下拉列表按钮，如图 5-41 所示，【总分类账】的数据已被更新(2月业务已经添加)。

(6) 选择【02月】会计科目，单击【确定】按钮，在此基础上建立的数据透视表均自动更新，结果如图 5-42 所示。

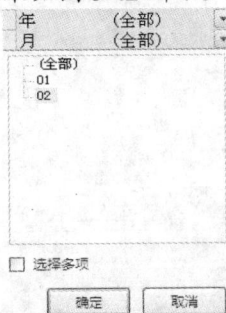

图 5-41 更新后的总分类账

图 5-42 更新后的数据表

如果数据源的范围没有扩大，或者最初设定的数据源范围足够大，仅是日记账业务增减及变动，则只需选择【数据透视表工具】|【选项】|【刷新】命令（如图 5-43 所示），数据表中的数字即可更新。

图 5-43　选择【刷新】命令

⑤.6　科目余额表

⑤.6.1　设计科目余额表

科目余额表用于记录本期所有会计科目的发生额和余额的表格。它是科目汇总表的进一步延伸，能够反映某一会计期间相关会计科目(账户)的期初余额、本期发生额、期末余额，为编制会计报表提供更完善的数据。如表 5-4 所示为科目余额表的格式。

表 5-4　科目余额表格式

科　目　余　额　表

编制单位：　　　　　　　　　　　　年　　月　　　　　　　　　　　单位：元

科目代码	会计科目	期初余额		本期发生额		期末余额	
合　　计							

利用 Excel 建立科目余额表的步骤如下。

(1) 将【5 章.xlsx】工作簿中的工作表 Sheet2 重命名为【科目余额表】。

(2) 选中 A1:H1 单元格，单击【合并及居中】按钮。在 A1 单元格中输入"嘉佑有限责任公司科目余额表"，单击【加粗】按钮 B。

(3) 选中 A2:A3 单元格，单击【合并及居中】按钮。在 A2 单元格中输入"科目代码"，单击【加粗】按钮 B。

(4) 选中 B2:B3 单元格，单击【合并及居中】按钮。在 B2 单元格中输入"会计科目"，单击【加粗】按钮 B，如图 5-44 所示。

图 5-44　设置 A1、A2、B2 单元格

(5) 选中 C2:D2 单元格,单击【合并及居中】按钮⬚。在 C2 单元格中输入"期初余额",单击【加粗】按钮 **B**。

(6) 选中 E2:F2 单元格,单击【合并及居中】按钮⬚。在 E2 单元格中输入"本期发生额",单击【加粗】按钮 **B**。

(7) 选中 G2:H2 单元格,单击【合并及居中】按钮⬚。在 G2 单元格中输入"期末余额",单击【加粗】按钮 **B**。

(8) 分别选中 C3、E3、G3 单元格,在这些单元格中输入"借方",单击【合并及居中】按钮⬚及【加粗】按钮 **B**。

(9) 分别选中 D3、F3、H3 单元格,在这些单元格中输入"贷方",单击【合并及居中】按钮⬚及【加粗】按钮 **B**。最终效果如图 5-45 所示。

	A	B	C	D	E	F	G	H
1			嘉佑有限责任公司科目余额表					
2	科目代码	会计科目	期初余额		本期发生额		期末余额	
3			借方	贷方	借方	贷方	借方	贷方
4								

图 5-45　设置单元格

(10) 根据 4.2 节介绍的记录单的有关操作,在 A4:B53 的单元格中输入科目代码及相应的会计科目。

(11) 选中 A54:B54 单元格,单击【合并及居中】按钮⬚。在 A54 单元格中输入"合计",单击【加粗】按钮 **B**。

(12) 选择列 C:H 并右击,在弹出的快捷菜单中选择【设置单元格格式】命令。在【设置单元格格式】对话框的 【分类】列表框中选择【会计专用】选项,将【小数位数】设置为 2,【货币符号】选项设置【无】,单击【确定】按钮。

(13) 选中 C54 单元格,选择【公式】|【自动求和】命令,如图 5-46 所示。

(14) 选中 C4:C53 单元格,在编辑栏中的 SUM()函数中显示公式"=SUM(C4:C53)",如图 5-47 所示。按 Enter 键确认。

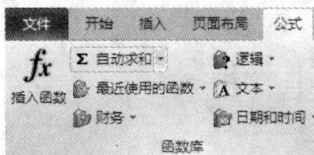

图 5-46　选择 SUMF()函数参数　　　　图 5-47　设置 SUMF()函数参数

(15) 选中 C54 单元格并右击，在弹出的快捷菜单中选择【复制】命令。

(16) 选中 D54:H54 单元格并右击，在弹出的快捷菜单中选择【粘贴】命令。此时，D54:H54 单元格均自动套用公式。科目余额表已建立完成。

⑤.6.2　编制科目余额表

编制科目余额表是指对科目余额表中期初余额、本期发生额以及期末余额的填写。这个过程实质上是工作表之间数据链接调用的过程。科目余额表的期初余额、本期发生额分别是从上期期末科目余额表中的期末余额及本期科目汇总表中链接过来。而科目余额表的期末余额是利用公式【期末余额=期初余额+/－本期发生额】计算得到。解决工作表之间数据链接的问题即可编制科目余额表。

1. 期初余额的链接调用

由于科目余额表中的会计科目固定，这样期初余额的链接可以直接从上期科目余额表的期末余额中调用。直接引用公式为"=[被引用工作簿名称]被引用工作表名称!被引用单元格"。如果数据在同一个工作簿中，则"被引用工作簿名称"可以省略。

期初余额的链接调用的具体操作步骤如下。

(1) 打开【科目余额表】工作表。

(2) 选中 C4 单元格，输入"="。

(3) 将鼠标移至【资料.xlsx】工作簿的【2010 年 12 月份科目余额表】工作表，单击 G4 单元格。

(4) 将鼠标移回至【科目余额表】工作表，如图 5-48 所示。

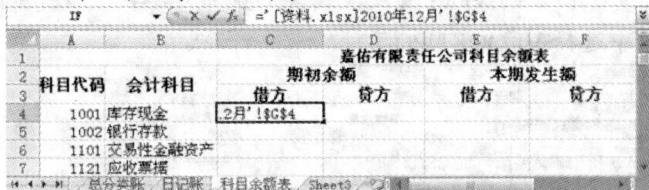

图 5-48　建立直接链接

(5) 按 Enter 键，系统在【科目余额表】工作表的 C4 单元格显示期初现金余额的数值，如图 5-49 所示。

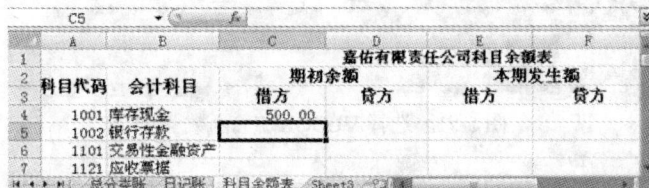

图 5-49　显示链接结果

(6) 使用相同的方法，建立其他会计科目期初余额的链接。至此，2011 年 1 月份科目余额表的期初余额已编制完成。

2. 本期发生额的链接调用

科目余额表中本期发生额需从本期科目汇总表中调用。由于每个会计期间发生的经济业务不完全相同，因而根据记录经济业务的日记账自动生成的科目汇总表的会计科目并不固定。在从本期科目汇总表中调用数据时，不能直接调用，需要借助于函数进行间接调用。以下的内容假设已将所需要的范围名称定义完成。

本期发生额的链接调用的具体操作步骤如下。

(1) 打开【科目余额表】工作表。

(2) 选中 E4 单元格，输入"="。选择 IF()函数。

(3) 将光标移至 IF()函数的 Logical_test 自变量位置空白处，单击如图 5-50 所示的下拉式菜单按钮，从打开的菜单中选择 ISNA()函数。

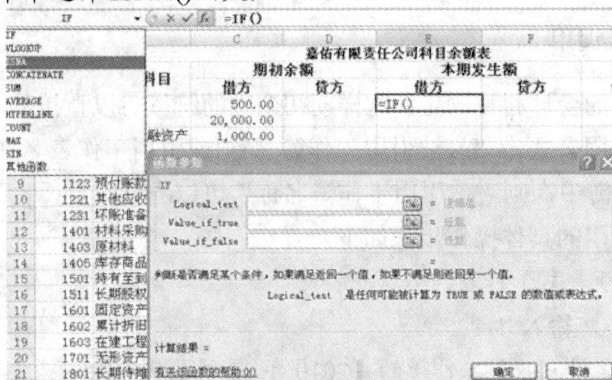

图 5-50　选择 ISNA()函数

(4) 将光标移至 ISNA()函数的 Value 自变量位置的空白处，单击如图 5-51 所示的下拉式菜单按钮，从打开的菜单中选择 VLOOKUP()函数。

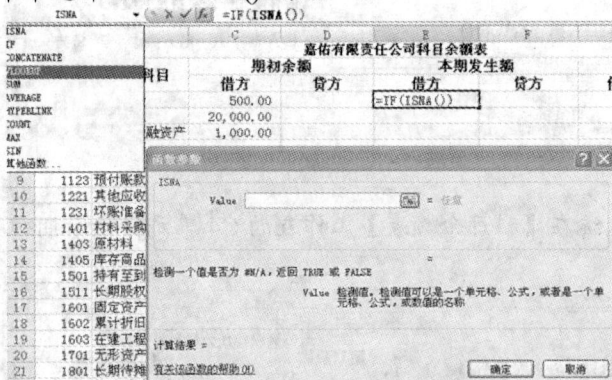

图 5-51　选择 VLOOKUP()函数

(5) 在 VLOOKUP()函数的 Lookup_value 自变量位置输入""库存现金""，在 Table_array 自变量位置输入"科目汇总表! B6:D12"（直接选取该工作表相应区域即可)，在 Col_index_num 自变量位置输入 2，在 Range_lookup 自变量位置输入 FALSE，如图 5-52 所示。

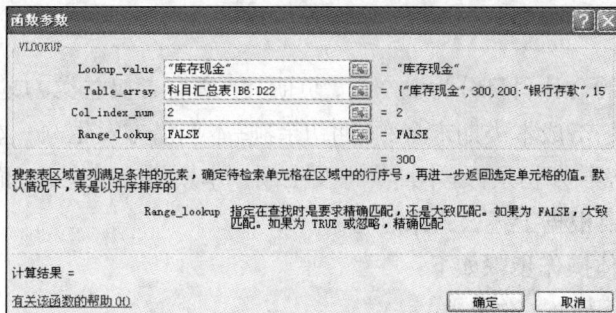

图 5-52　设置 VLOOKUP()函数的参数

(6) 将光标移回至 IF()函数，在 Value_if_true 自变量位置输入"0"，在 Value_if_false 自变量位置空白处，单击下拉式菜单按钮，从打开的菜单中选择 VLOOKUP()函数，如图 5-53 所示。

图 5-53　设置 IF()函数的参数

(7) 重复步骤(5)的操作。

(8) 单击【确定】按钮，完成函数的设置。

(9) 如图 5-54 所示的是系统在 E4 单元格显示本月现金的借方发生额。

图 5-54　显示函数的计算结果

使用相同的方法，可以将科目余额表与科目汇总表建立动态的链接。科目余额表中的借方金额、贷方金额字段的公式如下：

本期借方发生额
=IF(ISNA(VLOOKUP("查找的会计科目",科目汇总表,2,FALSE)),0,VLOOKUP("查找的会计科目",科目汇总表,2,FALSE))
本期贷方发生额
=IF(ISNA(VLOOKUP("查找的会计科目",科目汇总表,3,FALSE)),0,VLOOKUP("查找的会计科目",科目汇总表,3,FALSE))

3. 期末余额的计算

科目余额表中所有的会计科目分为资产类、负债类、所有者权益类、成本类和损益类 5 类。根据会计核算的规则，资产/成本类期末余额=期初余额+本期借方发生额－本期贷方发生额，负债/所有者权益类期末余额=期初余额+本期贷方发生额－本期借方发生额，而损益类无余额。所以，期末余额的计算需要根据上述公式来进行。

期末余额计算的具体操作步骤如下。

(1) 打开【科目余额表】工作表。

(2) 选中 G4 单元格，输入“=C4+E4-F4”，如图 5-55 所示。按 Enter 键。

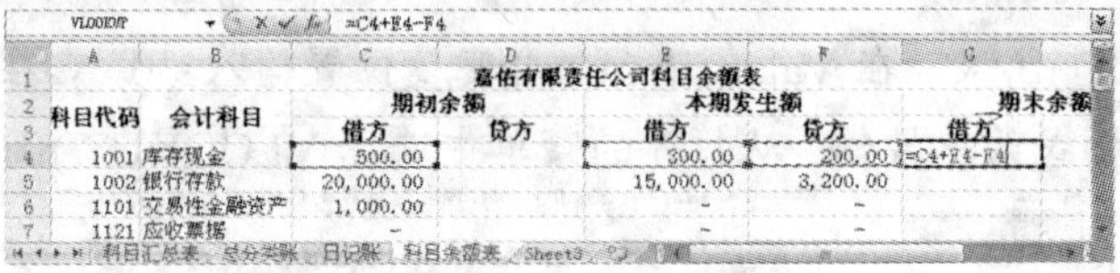

VLOOKUP =C4+E4-F4

科目代码	会计科目	期初余额 借方	期初余额 贷方	本期发生额 借方	本期发生额 贷方	期末余额 借方
1001	库存现金	500.00		300.00	200.00	=C4+E4-F4
1002	银行存款	20,000.00		15,000.00	3,200.00	
1101	交易性金融资产	1,000.00		-	-	
1121	应收票据	-		-	-	

图 5-55　输入公式

(3) 计算出来的现金的期末余额为 600，如图 5-56 所示。

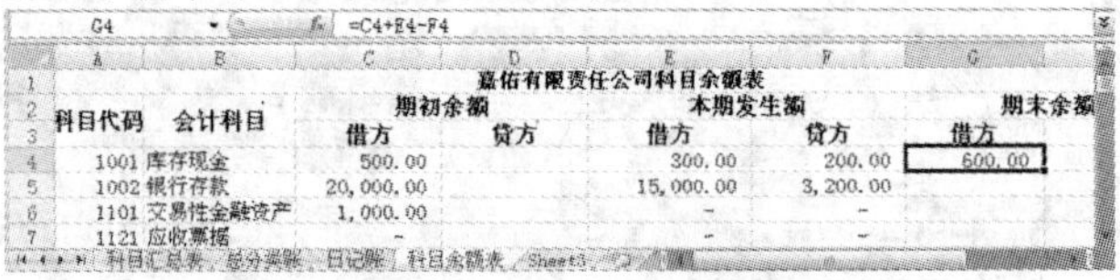

G4 =C4+E4-F4

科目代码	会计科目	期初余额 借方	期初余额 贷方	本期发生额 借方	本期发生额 贷方	期末余额 借方
1001	库存现金	500.00		300.00	200.00	600.00
1002	银行存款	20,000.00		15,000.00	3,200.00	
1101	交易性金融资产	1,000.00		-	-	
1121	应收票据	-		-	-	

图 5-56　显示公式计算结果

(4) 选中 G4 单元格并右击，在弹出的快捷菜单中选择【复制】命令。

(5) 选择 G5:G10 单元格，然后按住 Ctrl 键，继续选择 G12:G17 单元格及 G19:G22 单元格。释放 Ctrl 键，此时共有 16 个单元格被选中。

(6) 在选中的任意单元格上右击，在弹出的快捷菜单中选择【粘贴】命令。

(7) 系统计算出资产/成本类会计科目的期末余额，结果如图 5-57 所示。

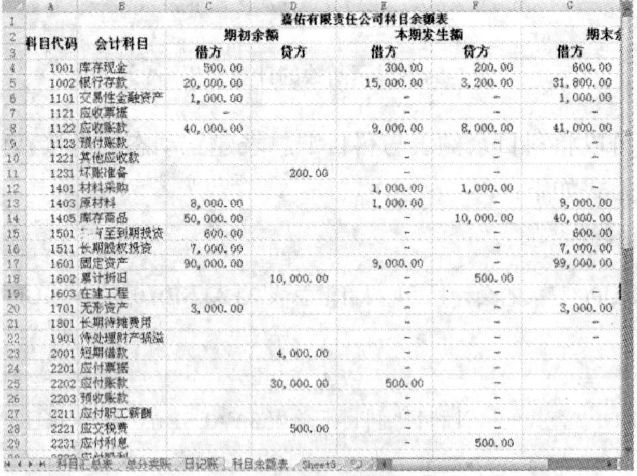

嘉佑有限责任公司科目余额表

科目代码	会计科目	期初余额 借方	期初余额 贷方	本期发生额 借方	本期发生额 贷方	期末余额 借方
1001	库存现金	500.00		300.00	200.00	600.00
1002	银行存款	20,000.00		15,000.00	3,200.00	31,800.00
1101	交易性金融资产	1,000.00		-	-	1,000.00
1121	应收票据	-		-	-	-
1122	应收账款	40,000.00		9,000.00	8,000.00	41,000.00
1123	预付账款			-	-	-
1221	其他应收款			-	-	-
1231	坏账准备		200.00	-	-	
1401	材料采购			1,000.00	1,000.00	-
1403	原材料	8,000.00		1,000.00	-	9,000.00
1405	库存商品	50,000.00		-	10,000.00	40,000.00
1501	[illegible]有至到期投资	600.00		-	-	600.00
1511	长期股权投资	7,000.00		-	-	7,000.00
1601	固定资产	90,000.00		9,000.00	-	99,000.00
1602	累计折旧		10,000.00	-	500.00	
1603	在建工程			-	-	-
1701	无形资产	3,000.00		-	-	3,000.00
1801	长期待摊费用			-	-	-
1901	待处理财产损溢			-	-	-
2001	短期借款		4,000.00	-	-	
2201	应付票据			-	-	
2202	应付账款		30,000.00	500.00	-	
2203	预收账款			-	-	
2211	应付职工薪酬			-	-	
2221	应交税费		500.00	-	-	
2231	应付利息			-	500.00	

图 5-57　显示填制结果

(8) 选中 H11 单元格，输入“=D11+F11-E11”，按 Enter 键。

(9) 选中 H18、H23:H39 单元格，复制 H11 单元格中的公式。

(10) 如图 5-58 所示的是已计算好的负债/所有者权益类会计科目的期末余额。至此，科目余额表的编制工作已完成。

图 5-58　编制完成的科目余额表

5.7　上机练习

1. 根据第 4 章上机操作题 2 建立的会计凭证表资料进行以下操作。

- 建立总分类账，要求总分类账(数据透视表)格式："报表筛选"区域为"月"；"字段行"区域为"科目代码"、"科目名称"、"日"；"值"区域为"求和项：借方金额"、"求和项：贷方金额"，如图 5-59 所示。

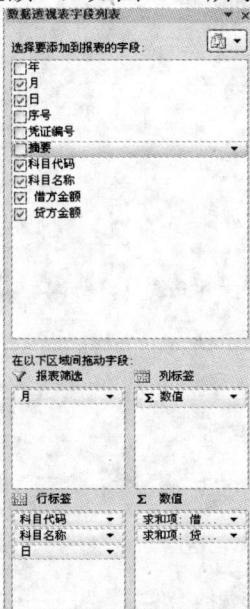

图 5-59　上机练习

⦿ 隐藏"求和项：借方金额"与"求和项：贷方金额"。

2. 增加 2 笔业务，更新上机练习 1 的总分类账。

⑤.8 习题

填空题

(1) 在数据透视表中，预设的是_____计算格式作为数据的计算格式。

(2) 在一张数据透视表中应分别有_____、_____、_____和_____ 4 个字段。

(3) 在建立数据透视表的数据源区域内的数据进行改动时，应执行_____命令对相应的数据透视表数据进行更新。

(4) 设置"借贷不平衡"自动显示，最主要是呼应_____这个会计观念。

(5) 不同工作簿间建立数据的直接链接，直接引用的公式是_____。

(6) 若在数据透视表中添加及删除字段，选中数据透视表的任意一个数据单元格后，通过出现的_____窗口进行操作。

第6章

Excel 在会计核算中的应用
——报表

学习目标

会计报表是会计账务处理的最终环节，是会计工作的定期总结，是基于会计凭证、会计账簿、会计科目汇总表和会计科目余额表等会计资料的基础上编制的。本章主要介绍如何利用 Excel 建立和编制会计报表。

本章重点

- 了解会计报表的概念
- 掌握如何建立并编制资产负债表
- 掌握如何建立并编制利润表
- 了解现金流量表的建立及编制

6.1 会计报表概述

6.1.1 会计报表的含义及作用

会计报表是综合反映企业经营成果、财务状况以及现金流量信息的书面文件，它是会计核算的最终结果，也是会计核算工作的总结。

会计报表向投资者、债权人、政府及其机构等会计报表的使用者提供有用的经济决策信息。编制会计报表的作用在于以下几个方面：

(1) 会计报表提供的经济信息是企业加强和改善经营管理的重要依据。

(2) 会计报表提供的经济信息是国家经济管理部门进行宏观调控和管理的依据。

(3) 会计报表提供的经济信息是投资者和债权人决策的依据。

6.1.2 会计报表的分类

会计报表可根据需要，按照不同的标准进行不同的分类。常见的分类如下。

(1) 按照反映内容的不同，会计报表可以分为动态会计报表和静态会计报表。动态会计报表是反映一定时期内资金耗费和资金收回的报表，如利润表是反映企业一定时期内经营成果的报表；静态会计报表是综合反映一定时点资产、负债和所有者权益的会计报表，如资产负债表是反映一定时点企业资产总额和权益总额的报表，从企业资产总量方面反映企业的财务状况，从而反映企业资产的变现能力和偿债能力。

(2) 按照编制时间不同，会计报表可以分为月报、季报、半年报和年报。

(3) 按照编制单位不同，会计报表可以分为单位会计报表和汇总会计报表。单位会计报表是指由企业在自身会计核算的基础上，对账簿记录进行加工而编制的会计报表，以反映企业本身的财务状况和经营成果；汇总会计报表指由企业主管部门或上级机关，根据所属单位报送的会计报表，连同本单位会计报表汇总编制的综合性会计报表。

在本书中，仅介绍利用 Excel 编制基于企业在自身会计核算资料上的资产负债表、利润表和现金流量表。

6.2 Excel 在资产负债表中的应用

企业经营一定期间后，需要反映出企业当时的资产、负债及所有者权益的情况，这就需要编制资产负债表。资产负债表是企业会计报表中的主要报表。

6.2.1 设置资产负债表格式

资产负债表是反映企业某一特定日期财务状况的会计报表，它是根据资产、负债和所有者权益三者之间的平衡关系，由日常经营活动的信息按照一定的分类标准和一定的顺序加工而成。它表明企业某一特定日期所拥有或控制的经济资源，所承担的现有义务和所有者对净资产的要求权。

通常国际上流行的资产负债表的格式有账户式和报告式两种。

账户式的资产负债表是根据【资产=负债+所有者权益】将表分成左右两方，左方反映资产，右方反映负债和所有者权益，按其构成项目依据流动性(变现能力由强到弱)分类，并使左右双方总额相等，如表6-1所示。

表 6-1　账户式资产负债表格式

资产负债表(账户式)

编制单位：　　　　　　　　　　　　　年　　月　　日　　　　　　　　　　　　　单位：元

资产	行次	金额	负债及所有者权益	行次	金额
流动资产			流动负债		
非流动资产			非流动负债		
			所有者权益		
资产合计			负债及所有者权益合计		

报告式的资产负债表是按照资产、负债、所有者权益顺序自上而下排列的报表格式，如表 6-2 所示。

表 6-2　报告式资产负债表格式

资产负债表(报告式)

编制单位：　　　　　　　　　　　　　年　　月　　日　　　　　　　　　　　　　单位：元

资 产	
流动资产	××××
非流动资产	××××
资产合计	××××
负 债	
流动负债	××××
非流动负债	××××
负债合计	××××
所有者权益	
实收资本	××××
资本公积	××××
盈余公积	××××
未分配利润	××××
所有者权益合计	××××

在我国会计实务中多采用账户式的资产负债表，因此本书介绍账户式资产负债表的编制。具体编制步骤如下。

(1) 将【第 6 章.xlsx】工作簿中的工作表 Sheet1 重命名为【资产负债表】。

(2) 选中 A1:H1 单元格，单击【合并及居中】按钮 。在 A1 单元格输入"资产负债表"，并单击【加粗】按钮 B 。

(3) 使用相同的方法，并参照资产负债表基本格式，在每个单元格中输入指定的数据，如图 6-1 所示。

图 6-1　资产负债表

(4) 选中 A3:H32 单元格并右击，在弹出的快捷菜单中选择【设置单元格格式】命令。

(5) 将打开的对话框切换到【边框】选项卡，选择如图 6-2 所示的边框样式，然后单击【确定】按钮。

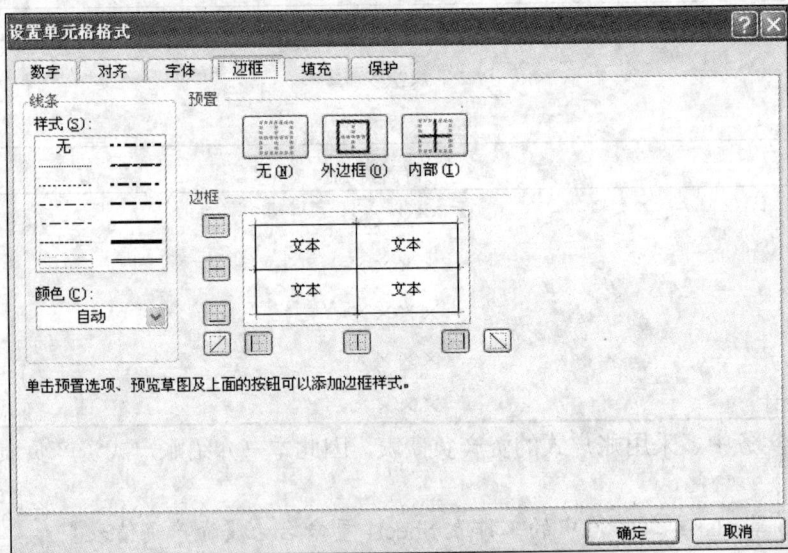

图 6-2　【设置单元格格式】对话框

(6) 生成一张泾渭分明的资产负债表，如图 6-3 所示。

计算机 基础与实训教材系列

资产负债表

编制单位：			年		月	日			单位：元
资产	行次	期初数	期末数		负债及所有者权益	行次	期初数		期末数
流动资产					流动负债				
货币资金					短期借款				
交易性金融资产					应付票据				
应收票据					应付账款				
应收账款					预收款项				
预付账款					应付职工薪酬				
应收股利					应交税费				
其他应收款					应付利息				
存货					应付股利				
一年内到期的非流动资产					其他应付款				
其他流动资产					一年到期的非流动负债				
流动资产合计					其他流动负债				
非流动资产					流动负债合计				
可供出售金融资产					非流动负债				
持有至到期投资					长期借款				
长期应收款					应付债券				
长期股权投资					长期应付款				
固定资产					预计负债				
在建工程					递延所得税负债				
工程物资					其他非流动负债				
固定资产清理					非流动负债合计				
无形资产					负债合计				
商誉					所有者权益				
长期待摊费用					实收资本（股本）				
递延所得税资产					资本公积				
其他非流动资产					盈余公积				
非流动资产合计					未分配利润				
					所有者权益合计				
资产总计					负债和所有者权益总计				

图 6-3　美化后的资产负债表

6.2.2　资产负债表的编制

在建立好的科目余额表基础上，可以很容易地编制出资产负债表。因为资产负债表的编制是根据各账户的余额加或减之后填列。资产负债表本期期初余额即为上期期末余额，可以直接从上期资产负债表中获得，参照科目余额表期初余额的填制，在此不再赘述，本节主要介绍期末余额的编制。

资产负债表各项目的数据来源主要通过以下几种方式获得。

(1) 根据总账科目余额直接填列。例如：应收票据、短期借款。

(2) 根据总账科目余额计算填列。例如：货币资金＝现金＋银行存款＋其他货币资金。

(3) 根据明细科目余额计算填列。例如：应付账款、预付账款。

(4) 根据总账科目和明细账科目的期末余额计算填列。例如：长期借款、长期债权投资。

(5) 根据科目余额减去其备抵项目后的净额填列。例如：应收账款、短期投资、无形资产。

依照各项目数据来源方式，可以采用数据链接直接引用方式引用科目余额表、明细分类账等工作表的相关数据进行资产负债表的编制，也可采用 SUMIF() 和 VLOOKUP() 等函数间接调用科目余额表等其他工作表的相关数据进行资产负债表的编制。本例以直接引用为例，具体步骤如下。

(1) 打开【5章.xlsx】工作簿中的【科目余额表】工作表。

(2) 打开【6章.xlsx】工作簿中的【资产负债表】工作表。

(3) 选择【资产负债表】工作表的D5单元格，输入"="。

(4) 单击【第5章.xlsx】标签切换至【科目余额表】。

(5) 单击【5章.xlsx —— 科目余额表】中的单元格G4，输入"+"，然后单击【5章.xlsx —— 科目余额表】中的单元格G5。

(6) 按Enter键，界面自动切换到【6章.xlsx ——资产负债表】，并在D5单元格显示计算结果32 400.00。此时，在公式编辑栏中显示单元格D5所采用的计算公式"=[5章.xlsx]科目余额表!\$G\$4+[5章.xlsx]科目余额表!\$G\$5"，显示结果如图6-4所示。

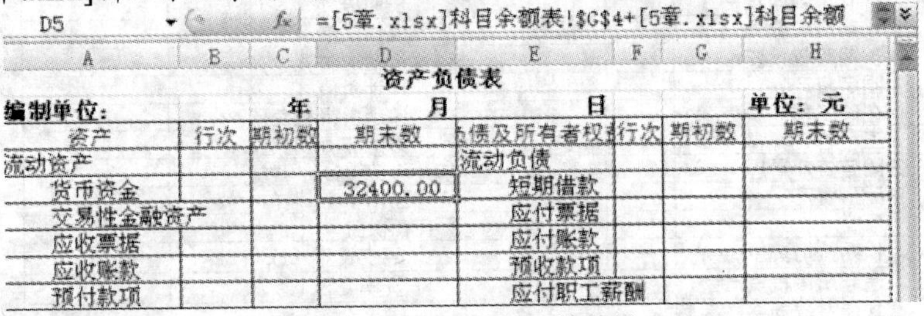

图6-4　显示公式的计算结果

(7) 参照步骤(3)至步骤(6)将除合计数之外的项目填制完成。

(8) 选中D15单元格，选择【公式】|【自动求和】命令。

(9) 选中D5:D14单元格，编辑栏中SUM()函数中显示公式"=SUM (D5:D14)"，如图6-5所示。

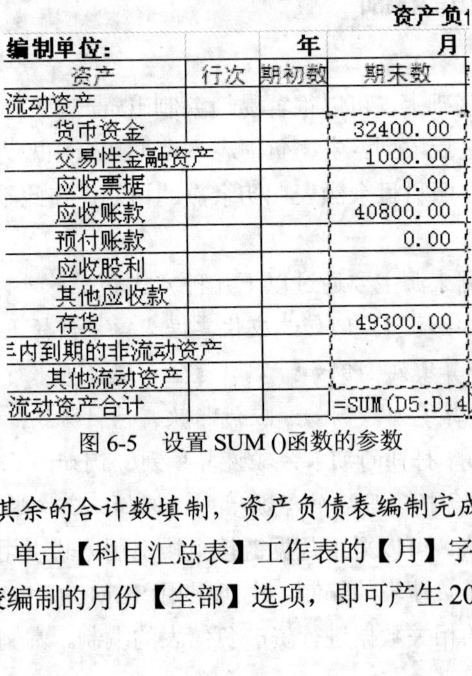

图6-5　设置SUM ()函数的参数

(10) 参照步骤(9)，将其余的合计数填制，资产负债表编制完成，结果如图6-6所示。

当全年业务记录完毕，单击【科目汇总表】工作表的【月】字段旁的下拉列表按钮，选择如图6-7所示的科目汇总表编制的月份【全部】选项，即可产生2013年度的资产负债表。

	A	B	C	D	E	F	G	H
1				资　产　负　债　表				
2	编制单位：		年	月	日			单位：元
3	资产	行次	期初数	期末数	负债及所有者权益	行次	期初数	期末数
4	流动资产				流动负债			
5	货币资金			35400.00	短期借款			4000.00
6	交易性金融资产			1000.00	应付票据			
7	应收票据				应付账款			29500.00
8	应收账款			37800.00	预收款项			
9	预付款项				应付职工薪酬			
10	应收股利				应交税费			1200.00
11	其他应收款				应付利息			900.00
12	存货			49300.00	应付股利			420.00
13	一年内到期的非流动资产				其他应付款			700.00
14	其他流动资产				一年到期的非流动负债			
15	流动资产合计			123500.00	其他流动负债			
16	非流动资产				流动负债合计			36720.00
17	可供出售金融资产				非流动负债			
18	持有至到期投资			600.00	长期借款			70000.00
19	长期应收款				应付债券			
20	长期股权投资			7000.00	长期应付款			
21	固定资产			87700.00	预计负债			
22	在建工程				递延所得税负债			
23	工程物资				其他非流动负债			
24	固定资产清理				非流动负债合计			70000.00
25	无形资产			3000.00	负债合计			106720.00
26	商誉				所有者权益			
27	长期待摊费用				实收资本（股本）			109000.00
28	递延所得税资产				资本公积			400.00
29	其他非流动资产				盈余公积			3880.00
30	非流动资产合计			98300.00	未分配利润			1800.00
31					所有者权益合计			115080.00
32	资产总计			221800.00	负债和所有者权益总计			221800.00

图 6-6　编制完的资产负债表图

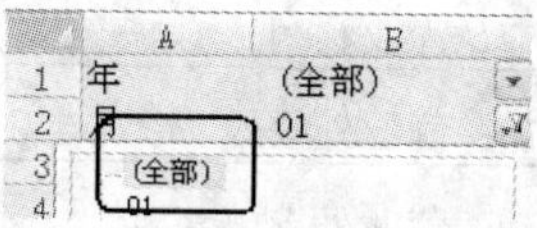

图 6-7　选择【全部】选项

6.3　Excel 在利润表中的应用

企业经营一定期间后，需要了解企业的资产、负债及所有者权益的情况，这些关系到企业经营的好坏，这就需要编制利润表。利润表也是企业会计报表中的主要报表。

6.3.1　设置利润表格式

利润表是反映企业一定期间生产经营成果的会计报表。利润表把一定时期的营业收入与其同一会计期间相关的营业费用进行配比，以计算出企业一定时期的净利润。通过利润表反映的收入和费用等情况，能够反映企业生产经营的收入情况及费用耗费情况，表明企业一定时期的生产经营成果。这是因为利润是企业经营业绩的综合体现，又是进行利润分配的主要依据。

目前比较普遍的利润表的格式有多步式和单步式两种。

多步式利润表是通过计算营业利润、利润总额多个步骤最后计算净利润而编制的利润表，如表 6-3 所示。

表 6-3　多步式利润表格式

利 润 表

编制单位：　　　　　　　　　　　年　　月　　　　　　　　　　　单位：元

项　　目	行　　次	本　月　数	本年累计数
一、营业收入			
减：营业成本			
营业税金及附加			
销售费用			
管理费用			
财务费用			
资产减值损失			
加：公允价值变动损益			
投资收益			
二、营业利润			
加：营业外收入			
减：营业外支出			
三、利润总额			
减：所得税费用			
四、净利润			

单步式利润表是通过将所有收入扣除所有费用后一次计算净利润而编制的利润表，如表 6-4 所示。

表 6-4　单步式利润表格式

利 润 表

编制单位：　　　　　　　　　　　年　　月　　　　　　　　　　　单位：元

项　　目	行　　次	本　月　数	本年累计数
一、收入			
营业收入			
公允价值变动收益			
投资收益			
营业外收入			
收入合计			
二、费用			
营业成本			
营务税金及附加			

(续表)

项　　目	行　　次	本　月　数	本年累计数
销售费用			
管理费用			
财务费用			
资产减值损失			
营业外支出			
所得税费用			
费用合计			
三、净利润			

在我国会计实务中多采用多步式利润表，因此本书将介绍多步式利润表的编制。利润表的建立与资产负债表的建立过程和方法类似，具体操作步骤如下。

(1) 将【第六章.xlsx】工作簿中的工作表 Sheet2 重命名为【利润表】。

(2) 选择 A1:D1 单元格，单击【合并及居中】按钮。在 A1 单元格输入“利润表”，并单击【加粗】按钮 B。

(3) 参照步骤(2)以及利润表基本格式，在每个单元格中录入既定的项目。

(4) 选择单元格 A4:D18，设置边框，如图 6-8 所示，利润表建立完成。

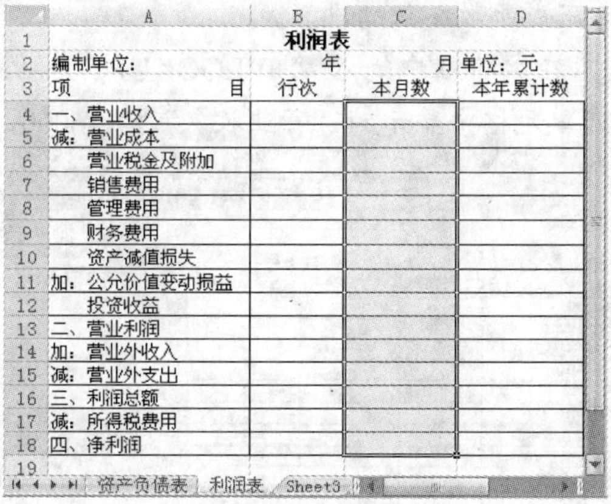

	A	B	C	D
1	利润表			
2	编制单位:	年	月	单位: 元
3	项　　目	行次	本月数	本年累计数
4	一、营业收入			
5	减：营业成本			
6	营业税金及附加			
7	销售费用			
8	管理费用			
9	财务费用			
10	资产减值损失			
11	加：公允价值变动损益			
12	投资收益			
13	二、营业利润			
14	加：营业外收入			
15	减：营业外支出			
16	三、利润总额			
17	减：所得税费用			
18	四、净利润			
19				

图 6-8　利润表

6.3.2　利润表的编制

利润表的编制同样建立在科目余额表上，只是收入、费用类账户是虚账户，每期没有期初和期末余额，在编制时，需要根据科目余额表中本期发生额的有关会计科目进行编制。

1. 本月数的填制

利润表中本月数的填制，同样要建立利润表与科目余额表的链接，进行数据的调用。6.2.2

节曾提及数据链接调用有直接调用与间接调用，资产负债表编制用了直接调用，本节利润表编制将再一次练习间接调用。按照惯例已定义所需范围名称。具体步骤如下。

(1) 打开【第 6 章.xls】工作簿中【利润表】的工作表。

(2) 选择【利润表】工作表中 C4 单元格。

(3) 选择【公式】|【查找与引用】命令，选择 VOOLKUP()函数。

(4) 在 VLOOKUP()函数的 Lookup_value 自变量位置输入""主营业务收入""，在 Table_array 自变量位置输入范围 "科目余额表! $B$4:$H$52" (直接选取该工作表相应区域即可)，在 Col_index_num 自变量位置输入 "5"，在 Range_lookup 自变量位置输入 "FALSE"，如图 6-9 所示。

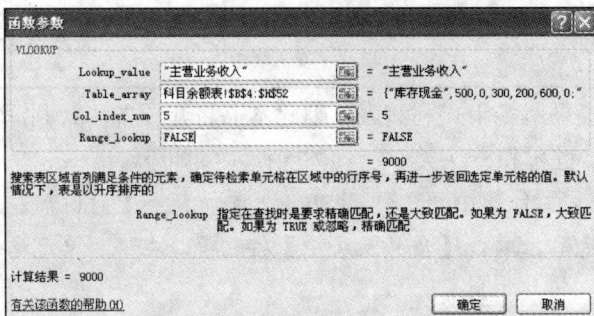

图 6-9　设置 VLOOKUP()函数参数

(5) 单击【确定】按钮，完成函数参数的设置。

(6) 按照步骤(4)的方法，在编辑栏中输入 "+VLOOKUP("其他业务收入",科目余额表! $B$4:$H$52,5,FALSE)"，C4 单元格中显示的 "营业收入" 为 16000，如图 6-10 所示。

图 6-10　显示函数的计算结果

(7) 选中 C5 单元格，输入 "=VLOOKUP("主营业务成本",科目余额表! $B$4:$H$52,5, FALSE)+VLOOKUP("其他业务成本",科目余额表! $B$4:$H$52,5,FALSE)"，然后按 Enter 键。

(8) 分别选中 C6、C7、C8、C9、C10、C11、C12、C14、C15、C17 单元格，参照步骤(4)至步骤(5)完成数据的链接引用。

(9) 选中 C13 单元格，输入 "=C4-C5-C6-C7-C8-C9-C10+C11+C12，然后按 Enter 键，结果如图 6-11 所示。

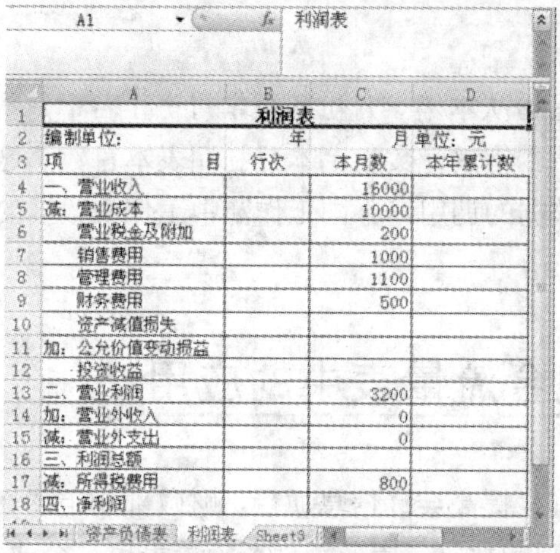

	A	B	C	D
1	利润表			
2	编制单位:	年	月	单位：元
3	项　　　目	行次	本月数	本年累计数
4	一、营业收入		16000	
5	减：营业成本		10000	
6	营业税金及附加		200	
7	销售费用		1000	
8	管理费用		1100	
9	财务费用		500	
10	资产减值损失			
11	加：公允价值变动损益			
12	投资收益			
13	二、营业利润		3200	
14	加：营业外收入		0	
15	减：营业外支出		0	
16	三、利润总额			
17	减：所得税费用		800	
18	四、净利润			

图 6-11　显示函数的计算结果

(10) 选中 C16 单元格，输入“=C13+C14-C15”，然后按 Enter 键，结果如图 6-12 所示。

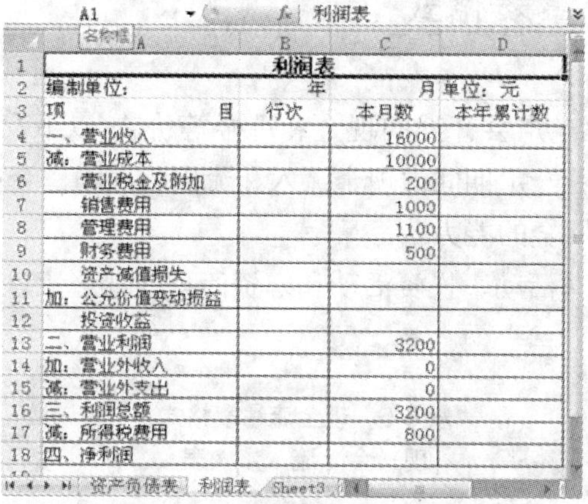

	A	B	C	D
1	利润表			
2	编制单位:	年	月	单位：元
3	项　　　目	行次	本月数	本年累计数
4	一、营业收入		16000	
5	减：营业成本		10000	
6	营业税金及附加		200	
7	销售费用		1000	
8	管理费用		1100	
9	财务费用		500	
10	资产减值损失			
11	加：公允价值变动损益			
12	投资收益			
13	二、营业利润		3200	
14	加：营业外收入		0	
15	减：营业外支出		0	
16	三、利润总额		3200	
17	减：所得税费用		800	
18	四、净利润			

图 6-12　显示单元格计算结果

(11) 选中 C18 单元格，输入“=C16-C17”，然后按 Enter 键，结果如图 6-13 所示，完成利润表本月数的填制。

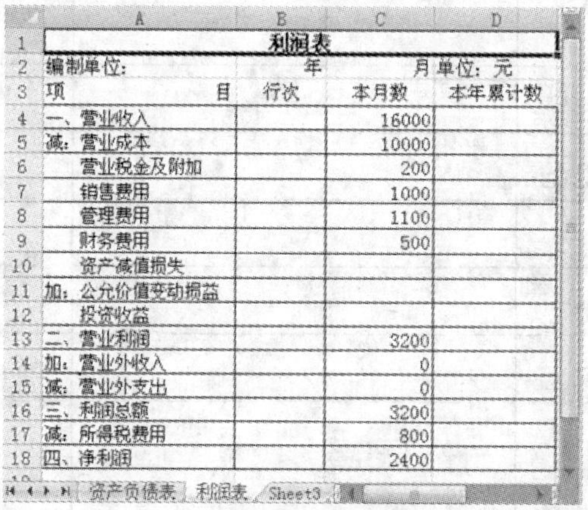

	A	B	C	D
1	利润表			
2	编制单位:	年	月	单位：元
3	项　　　目	行次	本月数	本年累计数
4	一、营业收入		16000	
5	减：营业成本		10000	
6	营业税金及附加		200	
7	销售费用		1000	
8	管理费用		1100	
9	财务费用		500	
10	资产减值损失			
11	加：公允价值变动损益			
12	投资收益			
13	二、营业利润		3200	
14	加：营业外收入		0	
15	减：营业外支出		0	
16	三、利润总额		3200	
17	减：所得税费用		800	
18	四、净利润		2400	

图 6-13　编制完的利润表

2. 本年累计数的填制

利润表中的本年累计数是指从本年一月份起至本月份止若干月份累计实现的利润数，即本年累计数应该等于上月利润表本年累计数加上本月利润表本月数。这样需要建立起上月利润表与本月利润表的链接，进行数据的调用。不同工作簿中工作表数据的调用在第 5 章已经详细讲述，在本节不再赘述。

6.4 Excel 在现金流量表中的应用

为了规范企业现金的管理，提高会计信息质量，财政部制定了《企业会计准则——现金流量表》，并于 1998 年 1 月 1 日起执行。因此，现金流量表也是企业会计报表中的主要报表。

6.4.1 设置现金流量表格式

现金流量表是反映企业一定会计期间现金和现金等价物(以下简称现金)流入和流出的报表。现金流量表能够说明企业一定期间内现金流入和流出的原因、企业的偿债能力和支付股利的能力、分析企业未来获取现金的能力。

现金流量表应当按照经营活动、投资活动和筹资活动的现金流量分类分项列示，如表 6-5 所示。

表 6-5　现金流量表格式

现 金 流 量 表

编制单位：　　　　　　　　　　　　　　　年度　　　　　　　　　　　　　　单位：元

项　目	行　次	金　额
一、经营活动产生的现金流量		
销售商品或提供劳务收到现金		
收到税费返还		
收到的与经营业务有关的其他现金		
现金流入合计		
购买商品、接受劳务支付的现金		
支付给职工以及为职工支付的现金		
支付的各项税费		
支付的与经营活动有关的其他现金		
现金流出合计		

(续表)

项　目	行　次	金　额
经营活动产生的现金流量净额		
二、投资活动产生的现金流量		
收回投资所收到的现金		
取得投资收益所收到的现金		
处置固定资产、无形资产和其他长期资产的现金净额		
收到的与投资活动有关的其他现金		
现金流入合计		
购建固定资产、无形资产和其他长期资产支付的现金		
投资所支付的现金		
支付的与投资活动有关的其他现金		
现金流出合计		
投资活动产生的现金流量净额		
三、筹资活动产生的现金流量		
吸收投资所收到的现金		
借款所收到的现金		
收到的与投资活动有关的其他现金		
现金流入合计		
偿还债务所支付的现金		
分配股利、利润、偿付利息所支付的现金		
支付的与筹资活动有关的其他现金		
现金流出合计		
筹资活动产生的现金流量净额		
四、汇率变动对现金的影响		
五、现金流量净额		

现金流量表的建立仍然采用与【资产负债表】和【利润表】类似的建立方法。同样将【第6章.xlsX】工作簿中的工作表 Sheet3 重命名为【现金流量表】，并通过单击【合并及居中】、【加粗】以及【设置边框】等按钮完成如图 6-14 所示的现金流量表的设置。

	A	B	C
3	项目	行次	金额
4	一、经营活动产生的现金流量		
5	销售商品或提供劳务收到现金		
6	收到税费返还		
7	收到的与经营业务有关的其他现金		
8	现金流入合计		
9	购买商品、接受劳务支付的现金		
10	支付给职工以及为职工支付的现金		
11	支付的各项税费		
12	支付的与经营活动有关的其他现金		
13	现金流出合计		
14	经营活动产生的现金流量净额		
15	二、投资活动产生的现金流量		
16	收回投资所收到的现金		
17	取得投资收益所收到的现金		
18	处置固定资产、无形资产和其他长期资产的现金净额		
19	收到的与投资活动有关的其他现金		
20	现金流入合计		
21	购建固定资产、无形资产和其他长期资产支付的现金		
22	投资所支付的现金		
23	支付的与投资活动有关的其他现金		
24	现金流出合计		
25	投资活动产生的现金流量净额		
26	三、筹资活动产生的现金流量		
27	吸收投资所收到的现金		
28	借款所收到的现金		
29	收到的与投资活动有关的其他现金		
30	现金流入合计		
31	偿还债务所支付的现金		
32	分配股利、利润、偿付利息所支付的现金		
33	支付的与筹资活动有关的其他现金		
34	现金流出合计		
35	筹资活动产生的现金流量净额		
36	四、汇率变动对现金的影响		
37	五、现金流量净额		

图 6-14　现金流量表

6.4.2　现金流量表的编制

现金流量表的编制是建立在总分类账等工作表基础之上的，类似于【资产负债表】和【利润表】的编制，通过直接链接或间接链接从相关的工作表中提取数据。然后根据会计准则的有关规定，设置单元格的计算公式，并填列在对应的单元格内。

由于直接链接和间接链接分别在前面章节都已进行讲解，本节具体操作步骤不再赘述。本书将在第 7 章对三大会计报表的编制综合举例。

6.5　上机练习

根据表 6-6 中的资料进行以下操作。

表 6-6　上机操作题

项　　目	借方发生额	贷方发生额
主营业务收入		5,000.00
其他业务收入		1,000.00
投资收益		200.00
营业外收入		800.00
主营业务成本	3,000.00	
主营业务税金及附加	200.00	
其他业务支出	500.00	
营业费用	100.00	
管理费用	300.00	
财务费用	400.00	
营业外支出	500.00	
所得税	600.00	

● 利用 Excel 建立一张多步式利润表，格式如表 6-7 所示。

表 6-7　利　润　表
利　润　表

编制单位：四方有限责任公司　　　　2006 年 1 月　　　　　　　单位：元

项　　目	行　次	本　月　数

● 根据表 6-6 中的资料，完成利润表中本月数的填制。

6.6 习题

填空

1. 资产负债表主要是根据_____建立起数据间的链接完成编制的。

2. 在美化各种已建立的报表时，需要设置边框，应执行_____命令。

3. 基于企业在自身会计核算资料上编制的三大会计报表是_____、和_____。

第7章

Excel 在会计核算中的应用
——综合实例

学习目标

通过本章的学习，读者可以结合前面章节的内容，了解利用 Excel 进行会计核算的整体流程，掌握从编制会计凭证表开始到资产负债表、利润表、现金流量表的生成为止的整个会计核算的操作流程，从而对财务报表编制的具体环节和步骤有更加直观、清晰的认识。

本章重点

- ⊙ 掌握如何建立并填制会计科目表
- ⊙ 掌握如何建立并填制会计凭证表
- ⊙ 掌握如何形成总分类账、明细分类账、现金日记账以及银行存款日记账
- ⊙ 掌握如何建立并形成科目余额表
- ⊙ 掌握如何建立并形成资产负债表、利润表以及现金流量表

⑦.1 会计核算循环概述

⑦.1.1 手工记账会计循环流程

财务会计必须对企业的交易和事项进行会计处理，以便最终为会计信息使用者提供财务报告。会计处理包括许多具体的会计程序，并要依次完成一定的基本步骤。在财务会计上，这些依次继起、周而复始、以记录为主的会计处理步骤称为会计循环。手工记账的会计循环的流程如图 7-1 所示。

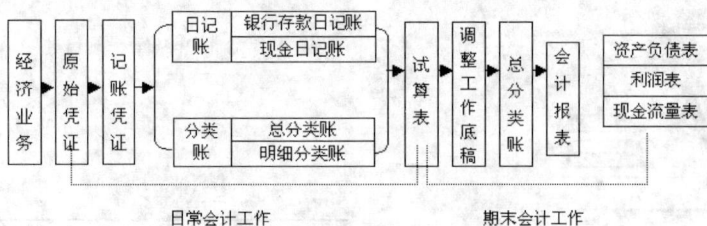

图 7-1　手工记账会计循环的流程图

由图 7-1 可知，手工记账会计循环一般包括以下几个过程。

(1) 编审凭证。经济业务发生后，会计人员首先要取得或编制原始凭证，并审核其合法性以及合规性等。其次，对每笔经济业务列示其应借记和贷记的账户及金额，并填制记账凭证。

(2) 登记账簿。根据记账凭证所确定的会计分录，在各分类账中按账户进行登记。

(3) 进行试算。将各分类账中各账户的借方总额、贷方总额和期末余额汇总列表，以验证分录及记账工作是否有误。

(4) 定期调整。根据经济业务的最新发展，定期修正各账户的记录，使各账户能正确反映实际情况。

(5) 期末结账。在会计期间终了，分别结算收入、费用类账户，以确定损益，并列示资产、负债、所有者权益类账户余额，以便结转到下期连续记录。

(6) 编制报表。会计期间结束，将期间内所有经济业务及其结果汇总，编制完成资产负债表、利润表和现金流量表，以反映企业的财务状况、经营成果和现金流量等。

手工核算程序包括记账凭证核算程序、科目汇总表核算程序、汇总记账核算程序以及日记总账核算程序等。在手工核算方式下对数据进行的分类整理是通过将记账凭证的内容按会计科目转抄到日记账、明细分类账以及总分类账的形式来实现的。各种核算形式的根本出发点相同，即减少转抄的工作量，于是适应不同企业的特点而产生了各种各样的核算程序。但这些核算形式，只能在一定程度上减少或简化转抄工作，而不能完全避免转抄。同一数据的多次转抄不仅浪费时间、精力和财物，而且还容易造成错误。为了减少这类错误则必须增加一些核对工作，如编制试算平衡表、进行明细账和总账的核对等。

7.1.2　Excel 记账会计循环流程

使用 Excel 进行会计核算时，登账的环节完全可以取消。即平时不记现金日记账、银行存款日记账、明细分类账及总账，只将经济业务以会计分录(记账凭证)的形式保存在会计分录表(记账凭证表)中，在需要时对记账凭证按会计科目、日期等条件进行检索、编辑和直接输出日记账、明细账、总账甚至会计报表。由于计算机处理速度相当快，因此检索和编辑的时间很短，能快速得到各种账簿和报表资料；另一方面由于计算机不会发生遗漏、重复及计算错误，因此，手工核算方式下的某些核对环节即可避免，从而节约了相当的人力和时间，提高了会计人员的工作效率。

Excel 提供了强大的表格处理函数和功能，借此可以编制各种类型的报表。如图 7-2 所示为使用 Excel 记账的会计循环流程图。

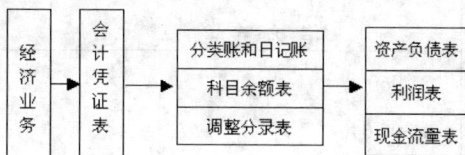

图 7-2　使用 Excel 记账会计循环流程图

根据图 7-2 可知，利用 Excel 记账会计循环包括以下几个过程。

(1) 编制会计凭证表。根据实际发生的经济业务编制生成会计分录表(即记账凭证表)，并对此进行审核。

(2) 生成分类账和日记账。将会计凭证表中的经济业务进行透视，生成分类账(总分类账和明细分类账)和日记账(现金日记账和银行存款日记账)。

(3) 生成科目汇总表。将会计凭证表中所有具有相同一级科目名称的科目汇总，生成一张科目汇总表。

(4) 编制调整分录表。在编制现金流量表时需要按现金及现金等价物产生的原因调整会计分录表中有关科目，即将现金及现金等价物区分为经营活动现金、投资活动现金和筹资活动现金，调整后生成一张【调整分录表】。

(5) 生成会计报表。根据调整分录表和科目汇总表生成资产负债表、利润表和现金流量表。

可以看到，利用 Excel 进行会计核算并不用遵循传统会计核算程序(即"经济业务-原始凭证-记账凭证-日记账-分类账-会计报表")。主要原因有以下几点：

(1) 编制会计报表所需的信息均可从会计分录表和调整分录表中直接或间接获得。

(2) 使用表格化【会计分录表】能更直观地反映经济业务的具体内容。

(3) 即便需要查询科目明细内容、现金日记账和银行日记账，通过 Excel 的数据库功能也可以很容易地实现。

7.2　使用 Excel 进行会计核算案例

7.2.1　企业资料概况

企业名称：嘉佑有限责任公司　　法人名称：×××

单位地址：北京市黄河路 6 号　　开户行：工行黄河路分理处

账号：123001　　国税登记号：100010　　主要产品：A 型机器、B 型机器

核算要求：材料发出采用先进先出法

固定资产月折旧率为 0.4%　　增值税率为 17%　　所得税率为 25%

(1) 2013 年 12 月初科目余额如表 7-1 所示。

表7-1　科 目 余 额

科 目 名 称	借 方 余 额	贷 方 余 额
库存现金	21 960	
银行存款	1 308 640	
应收票据	15 000	
应收账款	42 000	
预付账款	11 000	
原材料	976 000	
库存商品	260 000	
长期股权投资	600 000	
固定资产	4 500 000	
累计折旧	-1 020 000	
无形资产	500 000	
短期借款		400 000
应付账款		17 000
应付票据		65 000
预收账款		8 000
应付利息		2 000
应付职工薪酬		12 800
其他应交款		267.27
应交税费		9 532.73
实收资本		5 000 000
资本公积		200 000
盈余公积		1 460 000
利润分配		40 000
余额合计	7 214 600	7 214 600

(2) 明细账期初余额

应收账款——应收红光厂　　　　　借：30 000
　　　　　——应收蓝天公司　　　　借：12 000
应收票据——胜利厂　　　　　　　　借：15 000
预付账款——永安机械厂　　　　　　借：11 000
原材料——甲 380 吨，每吨 1 600 元　借：608 000
　　　　——乙 150 吨，每吨 2 000 元　借：300 000
　　　　——丙 40 吨，每吨 1 700 元　借：68 000
库存商品——A 20 台，每台 6 400 元　借：128 000

库存商品——B 22 台，每台 6 000 元　　　借：132 000

固定资产——车间用　　　　　　　　　　借：2 500 000

　　　　　——厂部用　　　　　　　　　借：2 000 000

应付账款——新飞公司　　　　　　　　　　贷：17 000

应付票据——大路公司　　　　　　　　　　贷：65 000

预收账款——万方公司　　　　　　　　　　贷：8 000

应交税费——应交增值税　　　　　　　　　贷：8 909.09

　　　　　——应交城建税　　　　　　　　贷：623.64

其他应交款——教育费附加　　　　　　　　贷：267.27

盈余公积——法定盈余公积　　　　　　　　贷：1 000 000

　　　　　——法定公益金　　　　　　　　贷：460 000

(3) 12 月份发生如下经济业务：

【1】12 月 1 日，用现金购买办公用品 400 元。

【2】12 月 2 日，用支票偿还前欠新飞公司货款 17 000 元。

【3】12 月 2 日，以银行存款购买转账支票，共计 60 元。

【4】12 月 3 日，车间领用甲材料 10 吨，每吨 1 600 元，用于 A 产品的生产。

【5】12 月 3 日，从银行提取现金以作备用金使用 2 000 元。

【6】12 月 4 日，由红星工厂购入甲材料 10 吨，每吨 1 600 元，货款共计 16 000 元，增值税 2 720 元，用支票支付，材料已入库。

【7】12 月 5 日，缴纳上月增值税、城建税和教育费附加。

【8】12 月 6 日，采购员张平出差，借差旅费 2 000 元。

【9】12 月 7 日，销售给海文公司 B 产品一批，货款 91 000 元(10 台×9 100 元/台)增值税税率为 17%，收到的支票已存入银行。

【10】12 月 7 日，用支票支付第三季度养路费 3 000 元。

> **提示**
>
> 这笔业务涉及的原始凭证有支票存根和缴款收据等。

【11】12 月 8 日，车间领用乙材料 1 吨，每吨 2 000 元，用于车间一般耗用。

【12】12 月 9 日，用现金支付车间修理费 500 元。

【13】12 月 10 日，用现金预付明年上半年的报刊费 600 元。

【14】12 月 11 日，签发现金支票，提取现金准备支付本月工资 46 900 元。

【15】12 月 11 日，发放本月工资 46 900 元。

【16】12 月 12 日，厂部招待客户餐费支付现金 460 元。

【17】12 月 13 日，职工王艳报销医药费 240 元。

【18】12 月 14 日，由新飞公司购入乙材料 3 吨，每吨 2 000 元，款项尚未支付，材料已入库。

【19】12 月 14 日，由银行支付本月生产车间水费 600 元。

【20】12 月 15 日，车间领用乙材料 15 吨，每吨 2 000 元，用于 B 产品的生产。

【21】12 月 16 日，销售给蓝天公司 A 产品一批，货款 117 600 元(12 台×9 800 元/台)，已经开具增值税专用发票，增值税率 17%，货款尚未收到。

【22】12 月 17 日，用支票支付广告费 2 000 元。

【23】12 月 18 日，采购员张平出差回来报销差旅费 2 700 元，不足部分用现金支付。

【24】12 月 19 日，用银行存款支付本月电费 2 700 元。其中，厂部用电 800 元，车间用电 1 900 元。

【25】12 月 20 日，发生本月借款利息费用 1 000 元。

【26】12 月 21 日，销售给万方公司丙材料 10 吨，每吨 1 900 元，共计 19 000 元，冲销预收账款 8 000 元，其余收转账支票，丙材料成本为每吨 1 700 元。

【27】12 月 21 日，以银行存款支付本月电话费 1 000 元。

【28】12 月 22 日，分配本月工资。其中，生产 A 产品的生产工人工资 18 000 元，生产 B 产品的生产工人工资 12 000 元，车间管理人员工资 6 600 元，厂部人员工资 10 300 元。

【29】12 月 22 日，按工资总额的 14%计提福利费。

【30】12 月 23 日，本月以银行存款支付车间大修理费用 1 000 元。

【31】12 月 25 日，年终盘点，盘盈生产用设备一台(全新)，同类固定资产市场价格为 8 000 元(全新)。

【32】12 月 25 日，年终盘点，盘亏甲材料 1 吨，金额 1 600 元(应负担的增值税为 272 元)。

【33】12 月 26 日，用银行存款支付第四季度借款利息 3 000 元。

【34】12 月 26 日，计提本月折旧。其中，车间应负担折旧 10 000 元，厂部应负担折旧 8 000 元。

【35】12 月 27 日，接受协作单位无偿捐赠电脑一台，市场价格 12 000 元，用于管理。

【36】12 月 27 日，盘点结果，经领导审批后，盘盈的设备 8 000 元计入营业外收入，盘亏的甲材料 1 872 元列入营业外支出。

【37】12 月 28 日，结转本月制造费用，按工人工资比例分配。

【38】12 月 28 日，结转本月已完工的 A 产品成本(包括上期尚未生产完工的 A 产品)，A 产品共 8 台。

【39】12 月 29 日，计提本月城建税、教育费附加。

【40】12 月 29 日，企业已有的丙材料当前市场价为每吨 1 600 元，按已给资料计提存货跌价准备。

【41】12 月 30 日，用现金购印花税票 500 元。

【42】12 月 30 日，厂部报销汽车加油费 300 元，经审核后以现金支付。

【43】12 月 31 日，按年末应收账款余额的 5‰计提坏账准备。

【44】12 月 31 日，结转本月销售成本。其中，A 产品 12 台，每台 6 400 元；B 产品 10 台，每台 6 000 元。

【45】12 月 31 日，结转本月各项收入与利得。

【46】12 月 31 日，结转本月各项成本、费用与损失。

【47】12 月 31 日，计算并结转所得税费用。(本年纳税调整项目有：实际发放工资超过计税工资 1000 元，盘亏的甲材料 1 872 元，税务部门不允许税前扣除。)所得税费用采用应付税款法计算。

【48】12 月 31 日，按净利润的 10%计提法定盈余公积金。

【49】12 月 31 日，将本年净利润转入利润分配科目。

7.2.2　使用 Excel 进行会计核算的准备工作

1. 建立会计科目表

(1) 首先打开 Excel 工作簿，将光标移至 A1 单元格并单击，输入 "嘉佑有限责任公司会计科目表"，如图 7-3 所示。

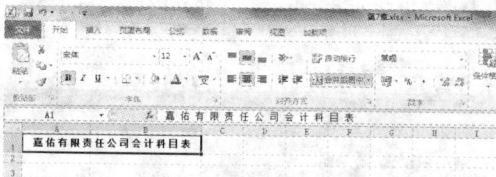

图 7-3　输入公司名称

(2) 选择 A2 和 B2 单元格，分别输入 "科目编号" 和 "科目名称"，将列单元格调整成所需的宽度，在【科目编号】和【科目名称】文本框中分别输入【1000】和【资产类】，按照嘉佑有限公司所需的会计科目，完成所有会计科目编号及名称的输入，形成会计科目表；将工作表 Sheet1 重命名为【会计科目表】，结果如图 7-4 所示。

图 7-4　输入数据后的会计科目表

(3) 如果会计科目表中的具体科目名称不适合本企业的经济业务类型，可以按照第 4 章所介绍的添加、修改和删除会计科目的方式进行调整。

2. 建立会计凭证表

(1) 将【第 7 章.xlsx】工作簿中的工作表 Sheet2 重命名为【会计凭证表】，在 A1 单元格中输入“嘉佑有限责任公司会计凭证表”；分别选择 A2 至 K2 单元格，输入“年”、“月”、“日”、“序号”、“凭证编号”、“摘要”、“科目代码”、“科目名称”、“明细科目”、“借方金额”、“贷方金额”形成会计分录表的基本格式；根据第 4 章的讲解，完成对会计凭证表单元格的设置，如图 7-5 所示。

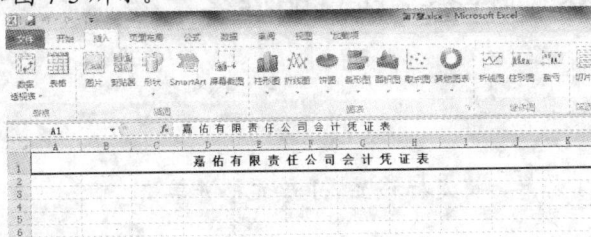

图 7-5　建立会计凭证表

(2) 根据已知企业资料填制会计凭证表，如图 7-6 所示。

嘉 佑 有 限 责 任 公 司 会 计 凭 证 表

年	月	日	序号	凭证编号	摘要	科目代码	科目名称	明细科目	借方金额	贷方金额
11	12	1	01	1112101	用现金购买办公用品	5502	管理费用		400.00	
11	12	1	01	1112101	用现金购买办公用品	1001	库存现金			400.00
11	12	2	02	1112202	用支票偿还前欠新飞公司货款	2121	应付账款	新飞公司	17,000.00	
11	12	2	02	1112202	用支票偿还前欠新飞公司货款	1002	银行存款			17,000.00
11	12	2	03	1112203	用银行存款购买转账支票	5503	财务费用		60.00	
11	12	2	03	1112203	用银行存款购买转账支票	1002	银行存款			60.00
11	12	3	04	1112304	车间领用甲材料用于A产品的生	4101	生产成本	A	16,000.00	
11	12	3	04	1112304	车间领用甲材料用于A产品的生	1211	原材料	甲		16,000.00
11	12	3	05	1112305	提取备用金	1133	其他应收款	备用金	2,000.00	
11	12	3	05	1112305	提取备用金	1002	银行存款			2,000.00
11	12	4	06	1112406	由红星工厂购入甲材料	1211	原材料	甲	16,000.00	
11	12	4	06	1112406	由红星工厂购入甲材料	2163	应交税费	应交增值	2,720.00	
11	12	4	06	1112406	由红星工厂购入甲材料	1002	银行存款			18,720.00
11	12	5	07	1112507	缴纳上月增值税、城建税和教言	2163	应交税费	未交增值	8,909.09	
11	12	5	07	1112507	缴纳上月增值税、城建税和教言	2163	应交税费	应交城市	623.64	
11	12	5	07	1112507	缴纳上月增值税、城建税和教言	2163	应交税费	应交教育	267.27	
11	12	5	07	1112507	缴纳上月增值税、城建税和教言	1002	银行存款			9,800.00
11	12	6	08	1112608	采购员张平出差借差旅费	1133	其他应收款	张平	2,000.00	
11	12	6	08	1112608	采购员张平出差借差旅费	1002	银行存款			2,000.00
11	12	7	09	1112709	销售给文公司B产品一批	1002	银行存款		106,470.00	
11	12	7	09	1112709	销售给文公司B产品一批	5101	主营业务收入	B		91,000.00
11	12	7	09	1112709	销售给文公司B产品一批	2163	应交税费	应交增值税（销项税额		15,470.00

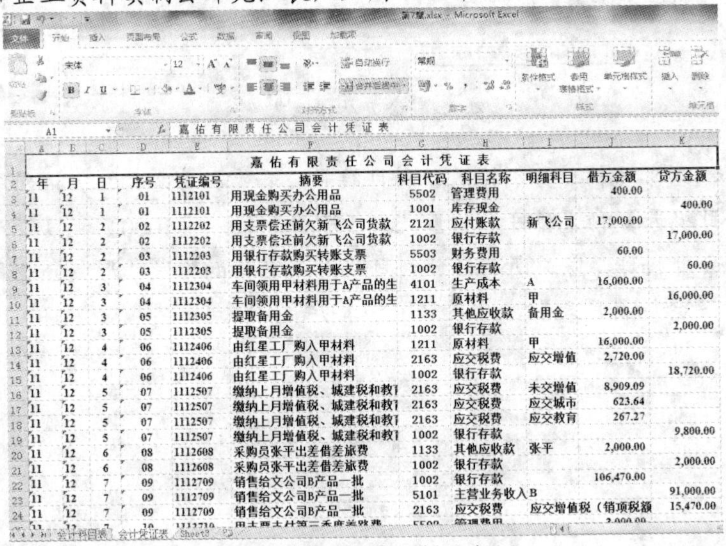

图 7-6　填制会计凭证表

(3) 进行发生额失算平衡。

注意登记完毕后可以对会计凭证表登记的借方金额和贷方金额进行核对，根据借贷记账法“有借必有贷、借贷必相等”的记账原则，对本期登记分录的借方以及贷方发生额分别进行合计，并使用函数“IF()”进行判断，如果借贷方发生额的合计数相同，证明记账过程基本无误。此方法实际上属于试算平衡中的发生额试算平衡法。

首先，单击 J141 和 K141，使用函数“Σ()”分别对上述借贷方数据求和。

其次，单击 K142 单元格，输入公式“=IF(J141=K141,"正确","错误")”，按回车键确认。注意，公式中的符号为英文模式下的符号。具体函数参数如图 7-7 所示。

最后，该公式表示针对"会计凭证表"工作表中借贷方本期发生额是否平衡进行判断，如果该表中"J141"单元格(即借方发生额合计数)等于"K141"单元格(即贷方发生额合计数)，即借贷平衡。如满足上述条件，则返回"正确"；如不满足借贷平衡条件，则返回"错误"。

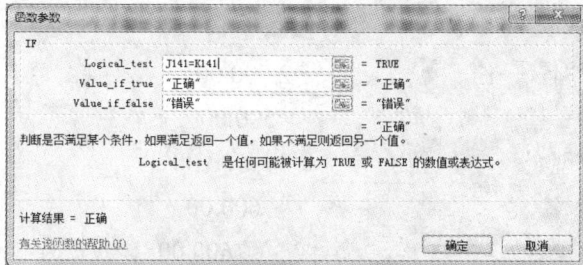

图 7-7　使用 IF()函数进行发生额试算平衡分析

需要强调的是，借贷方合计数相同并不意味着会计记录的登记完全正确，因为有些账户记录的错误很难通过试算平衡发现。这些错误包括：(1)借贷双方发生同等金额的记录错误；(2)全部漏记或重复记录同一项经济业务；(3)账户记录发生借贷方向错误；(4)用错有关账户名称。这些错误需要使用其他方法进行查找。

根据经济业务编制会计分录表：

【1】借：管理费用　　　　400.00
　　　贷：库存现金　　　　400.00
【2】借：应付账款——新飞公司　17 000.00
　　　贷：银行存款　　　　　17 000.00
【3】借：财务费用　　　　60.00
　　　贷：银行存款　　　　60.00
【4】借：生产成本——A　　16 000.00
　　　贷：原材料——甲　　16 000.00
【5】借：其他应收款——备用金　2 000.00
　　　贷：银行存款　　　　　2 000.00
【6】借：原材料——甲　　　　　16 000.00
　　　应交税费——应交增值税(进项税额)　2 720.00
　　　贷：银行存款　　　　　　18 720.00
【7】借：应交税费——未交增值税　8 909.09
　　　　　——应交城市维护建设税　623.64
　　　　　——应交教育费附加　267.27
　　　贷：银行存款　　　　　9 800.00
【8】借：其他应收款——张平　2 000.00
　　　贷：银行存款　　　　2 000.00
【9】借：银行存款　　　　　　106 470.00

        贷：主营业务收入——B   91 000.00

            应交税费——应交增值税(销项税额)   15 470.00

【10】借：管理费用   3 000.00

        贷：银行存款   3 000.00

【11】借：制造费用   2 000.00

        贷：原材料——乙   2 000.00

【12】借：管理费用   500.00

        贷：库存现金   500.00

【13】借：管理费用   600.00

        贷：库存现金   600.00

【14】借：库存现金   46 900.00

        贷：银行存款   46 900.00

【15】借：应付职工薪酬   46 900.00

        贷：库存现金   46 900.00

【16】借：管理费用   460.00

        贷：库存现金   460.00

【17】借：应付职工薪酬   240.00

        贷：库存现金   240.00

【18】借：原材料——乙   6 000.00

      应交税费——应交增值税(进项税额)   1 020.00

        贷：应付账款——新飞   7 020.00

【19】借：制造费用   600.00

        贷：银行存款   600.00

【20】借：生产成本——B   30 000.00

        贷：原材料——乙   30 000.00

【21】借：应收账款——蓝天公司   137 592.00

        贷：主营业务收入——A   117 600.00

            应交税费——应交增值税(销项税额)   19 992.00

【22】借：销售费用   2 000.00

        贷：银行存款   2 000.00

【23】借：管理费用   2 700.00

        贷：其他应收款——张平   2 000.00

            库存现金   700.00

【24】借：管理费用   800.00

      制造费用   1 900.00

        贷：银行存款   2 700.00

【25】借：财务费用　　　　　　　　　　1 000.00

　　　　贷：应付利息　　　　　　　　　　1 000.00

【26】借：预收账款——万方公司　　　　8 000.00

　　　　银行存款　　　　　　　　　　14 230.00

　　　　　贷：其他业务收入——丙　　　　　　　　19 000.00

　　　　　　应交税费——应交增值税(销项税额)　　3 230.00

　　　借：其他业务成本——丙　　　　17 000.00

　　　　贷：原材料——丙　　　　　　　　　　17 000.00

【27】借：管理费用　　　　　　　　　　1 000.00

　　　　贷：银行存款　　　　　　　　　　1 000.00

【28】借：生产成本——A　18 000.00

　　　　　　　——B　12 000.00

　　　　制造费用　　　　6 600.00

　　　　管理费用　　　10 300.00

　　　　贷：应付职工薪酬　　　　　　　46 900.00

【29】借：生产成本——A　2 520.00

　　　　　　　——B　1 680.00

　　　　制造费用　　　　924.00

　　　　管理费用　　　1 442.00

　　　　贷：应付职工薪酬　　　　　　　6 566.00

【30】借：管理费用　　　　　　　　　1 000.00

　　　　贷：银行存款　　　　　　　　　1 000.00

【31】借：固定资产　　　　　　　　　8 000.00

　　　　贷：以前年度损益调整　　　　　8 000.00

　　　借：以前年度损益调整　　　　　2 000.00

　　　　贷：应交税费——应交所得税　　　2 000.00

【32】借：待处理财产损溢——待处理流动资产损溢　　1 872.00

　　　　贷：原材料——甲　　　　　　　　　1 600.00

　　　　　应交税费——应交增值税(进项税额转出)　272.00

【33】借：应付利息　　　　　3 000.00

　　　　贷：银行存款　　　　3 000.00

【34】借：制造费用　　　　　10 000.00

　　　　管理费用　　　　　8 000.00

　　　　贷：累计折旧　　　　　18 000.00

【35】借：固定资产　　　　　12 000.00

贷：营业外收入　　　　　12 000.00

【36】借：以前年度损益调整　　　　　　　6 000.00

　　　贷：利润分配——未分配利润　　6 000.00

　　借：营业外支出　　　　　　　　　　　　　　1 872.00

　　　贷：待处理财产损溢——待处理流动资产损溢　　1 872.00

【37】借：生产成本——A　　　13 214.40

　　　　　　　　——B　　　　8 809.60

　　　贷：制造费用　　　　　　　　　　　22 024.00

【38】借：库存商品——A　　　　　49 734.40

　　　贷：生产成本——A　　　　　　49 734.40

【39】借：营业税金及附加　　　　　　　　　3 522.40

　　　贷：应交税费——应交城市维护建设税　　2 465.68

　　　　　　　　　——应交教育费附加　　　1 056.72

【40】借：资产减值损失　　　　3 000.00

　　　贷：存货跌价准备　　　3 000.00

【41】借：管理费用　　　500.00

　　　贷：库存现金　　　500.00

【42】借：管理费用　　　300.00

　　　贷：库存现金　　　300.00

【43】借：资产减值损失　　　897.96

　　　贷：坏账准备　　　897.96

【44】借：主营业务成本　——A　　　76 800.00

　　　　　　　　　——B　　　60 000.00

　　　贷：库存商品——A　　　　76 800.00

　　　　　　　　——B　　　60 000.00

【45】借：主营业务收入　——A　　117 600.00

　　　　　　　　　——B　　91 000.00

　　其他业务收入　　　　19 000.00

　　营业外收入　　　　　12 000.00

　　　贷：本年利润　　　　　　　　239 600.00

【46】借：本年利润　　197 154.36

　　　贷：管理费用　　　　31 002.00

　　　　财务费用　　　　1 060.00

　　　　销售费用　　　　2 000.00

　　　　资产减值损失　　3 897.96

　　　　营业税金及附加　3 522.40

主营业务成本   136 800.00

其他业务成本   17 000.00

营业外支出   1 872.00

【47】借：所得税费用   11 321.91

         贷：应交税费——应交所得税   11 321.91

     借：本年利润   11 321.91

         贷：所得税费用   11 321.91

【48】借：利润分配——计提法定盈余公积金   3 112.37

         贷：盈余公积——计提法定盈余公积金   3 112.37

【49】借：本年利润   31 123.73

         贷：利润分配——未分配利润   31 123.73

⑦.2.3   使用 Excel 进行会计核算

1．生成总分类账

打开【第七章.xlsx】工作簿中的【会计凭证表】工作表，根据在第 5 章学习的生成总分类账的方法，通过执行【插入】|【数据透视表】命令，建立透视数据表 Sheet1，并将其重命名为【总分类账】，如图 7-8 所示。

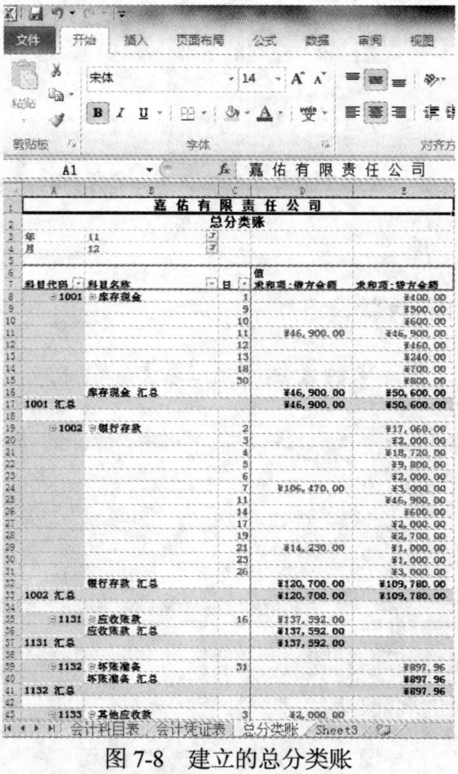

图 7-8   建立的总分类账

2. 生成明细分类账

打开【第七章.xlsx】工作簿中的【会计凭证表】工作表，根据在第 5 章学习的生成总分类账的方法，建立透视数据表 Sheet2，并将其重命名为【明细分类账】，如图 7-9 所示。

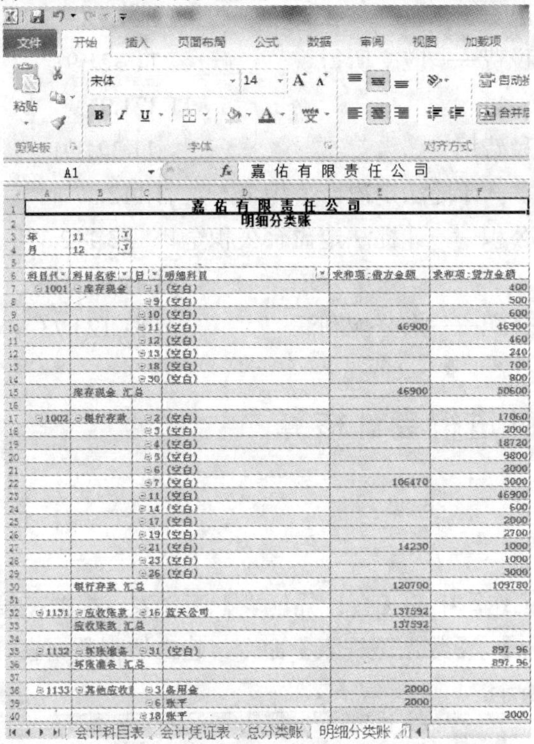

图 7-9　建立的明细分类账

> **提示**
>
> 也可以不建立明细分类账，直接在要了解具体数据的总分类账的数据单元格上双击，即可生成 Sheet1 等新的工作表，显示相关账户的明细数据。

3. 筛选出现金日记账、银行存款日记账

(1) 打开【第七章.xlsx】工作簿中的【会计凭证表】工作表，选择【开始】|【排序和筛选】|【筛选】命令，如图 7-10 所示。

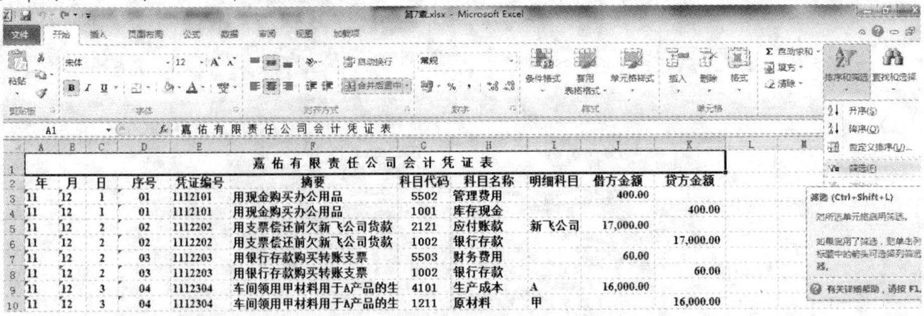

图 7-10　选择【筛选】命令

(2) 单击【科目名称】右侧的按钮▾，在弹出的下拉列表中选择 “银行存款”选项作为筛选条件，然后单击【确定】按钮，即可生成如图 7-11 所示的银行存款日记账。

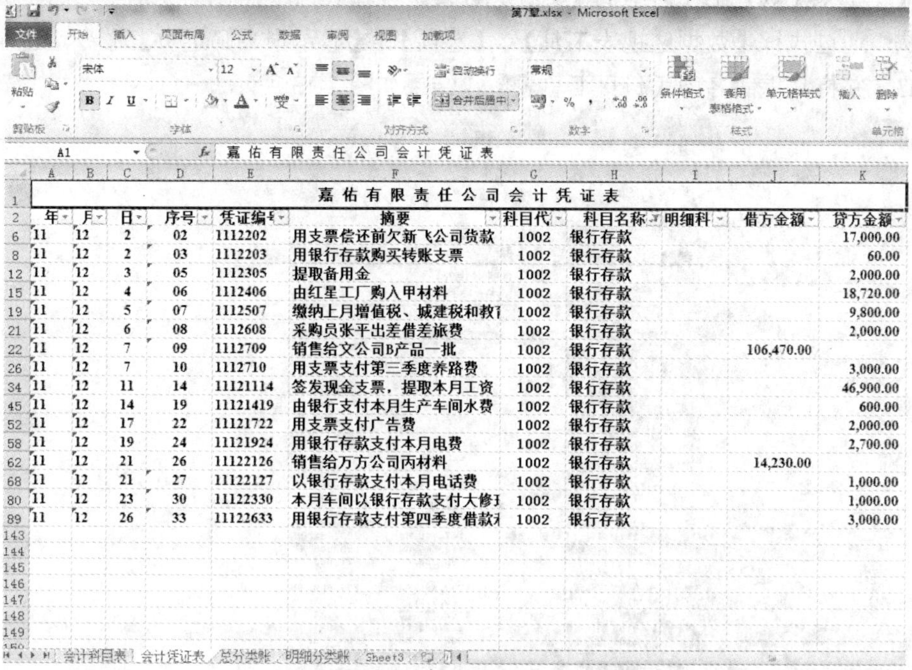

	年	月	日	序号	凭证编号	摘要	科目代	科目名称	明细科	借方金额	贷方金额
1	嘉佑有限责任公司会计凭证表										
6	11	12	2	02	1112202	用支票偿还前欠新飞公司货款	1002	银行存款			17,000.00
8	11	12	2	03	1112203	用银行存款购买转账支票	1002	银行存款			60.00
12	11	12	3	05	1112305	提取备用金	1002	银行存款			2,000.00
15	11	12	4	06	1112406	由红星工厂购入甲材料	1002	银行存款			18,720.00
19	11	12	5	07	1112507	缴纳上月增值税、城建税和教育	1002	银行存款			9,800.00
21	11	12	6	08	1112608	采购员张平出差借差旅费	1002	银行存款			2,000.00
22	11	12	7	09	1112709	销售给文公司B产品一批	1002	银行存款		106,470.00	
26	11	12	7	10	1112710	用支票支付第三季度养路费	1002	银行存款			3,000.00
34	11	12	11	14	11121114	签发现金支票，提取本月工资	1002	银行存款			46,900.00
45	11	12	14	19	11121419	由银行支付本月生产车间水费	1002	银行存款			600.00
52	11	12	17	22	11121722	用支票支付广告费	1002	银行存款			2,000.00
58	11	12	19	24	11121924	用银行存款支付本月电费	1002	银行存款			2,700.00
62	11	12	21	26	11122126	销售给万方公司丙材料	1002	银行存款		14,230.00	
68	11	12	21	27	11122127	以银行存款支付本月电话费	1002	银行存款			1,000.00
80	11	12	23	30	11122330	本月车间以银行存款支付大修理	1002	银行存款			1,000.00
89	11	12	26	33	11122633	用银行存款支付第四季度借款利	1002	银行存款			3,000.00

图 7-11　生成的银行存款日记账

(3) 采用同样的方式，可自动生成现金日记账，如图 7-12 所示。

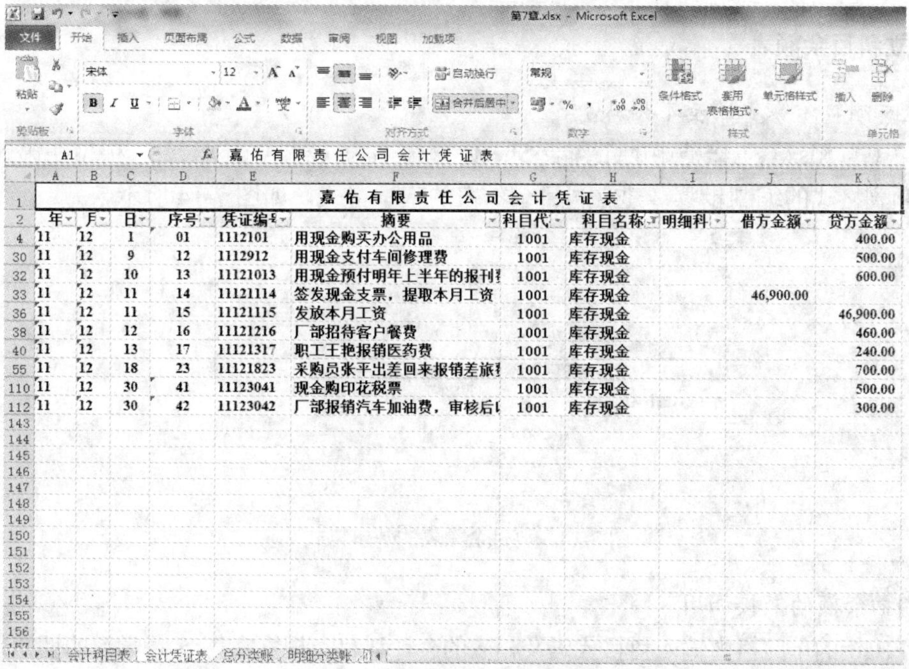

	年	月	日	序号	凭证编号	摘要	科目代	科目名称	明细科	借方金额	贷方金额
1	嘉佑有限责任公司会计凭证表										
4	11	12	1	01	1112101	用现金购买办公用品	1001	库存现金			400.00
30	11	12	9	12	1112912	用现金支付车间修理费	1001	库存现金			500.00
32	11	12	10	13	11121013	用现金预付明年上半年的报刊费	1001	库存现金			600.00
33	11	12	11	14	11121114	签发现金支票，提取本月工资	1001	库存现金		46,900.00	
36	11	12	11	15	11121115	发放本月工资	1001	库存现金			46,900.00
38	11	12	12	16	11121216	厂部招待客户餐费	1001	库存现金			460.00
40	11	12	13	17	11121317	职工王艳报销医药费	1001	库存现金			240.00
55	11	12	18	23	11121823	采购员张平出差回来报销差旅费	1001	库存现金			700.00
110	11	12	30	41	11123041	现金购印花税票	1001	库存现金			500.00
112	11	12	30	42	11123042	厂部报销汽车加油费，审核后以	1001	库存现金			300.00

图 7-12　生成的现金日记账

4. 建立科目汇总表

打开【第七章.xlsx】工作簿中的【会计凭证表】工作表，根据在第 5 章学习的生成科目汇总表的方法，通过执行【数据透视表工具】|【选项】|【显示报表筛选页】命令，建立透视数据表 Sheet3，并将其重命名为【科目汇总表】，结果如图 7-13 所示。

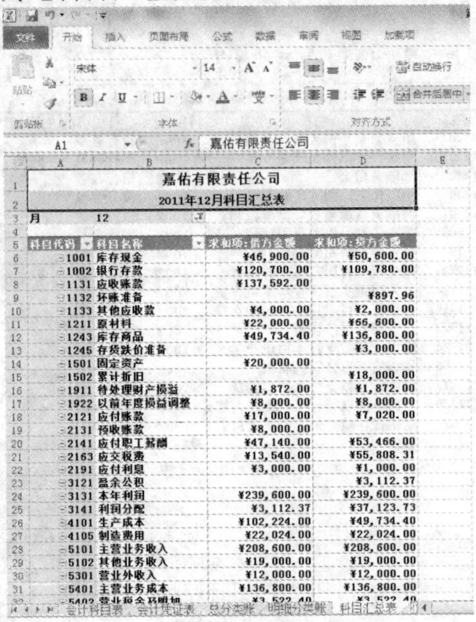

嘉佑有限责任公司			
2011年12月科目汇总表			
月	12		
科目代码	科目名称	求和项:借方金额	求和项:贷方金额
1001	库存现金	¥46,900.00	¥50,600.00
1002	银行存款	¥120,700.00	¥109,780.00
1131	应收账款	¥137,592.00	
1132	坏账准备		¥897.96
1133	其他应收款	¥4,000.00	¥2,000.00
1211	原材料	¥22,000.00	¥66,600.00
1243	库存商品	¥49,734.40	¥136,800.00
1245	存货跌价准备		¥3,000.00
1501	固定资产	¥20,000.00	
1502	累计折旧		¥18,000.00
1911	待处理财产损益	¥1,872.00	¥1,872.00
1922	以前年度损益调整	¥8,000.00	¥8,000.00
2121	应付账款	¥17,000.00	¥7,020.00
2131	预收账款	¥8,000.00	
2141	应付职工薪酬	¥47,140.00	¥53,466.00
2163	应交税费	¥13,540.00	¥55,808.31
2191	应付利息	¥3,000.00	¥1,000.00
3121	盈余公积		¥3,112.37
3131	本年利润	¥239,600.00	¥239,600.00
3141	利润分配	¥3,112.37	¥37,123.73
4101	生产成本	¥102,224.00	¥49,734.40
4105	制造费用	¥22,024.00	¥22,024.00
5101	主营业务收入	¥208,600.00	¥208,600.00
5102	其他业务收入	¥19,000.00	¥19,000.00
5301	营业外收入	¥12,000.00	¥12,000.00
5401	主营业务成本	¥136,800.00	¥136,800.00
5402	营业税金及附加	¥3,522.40	¥3,522.40

图 7-13　建立的科目汇总表

5. 建立科目余额表

(1) 建立科目余额表的基本格式

将【第七章.xlsx】工作簿中的工作表 Sheet4 重命名为【科目余额表】，根据在第 5 章学习的科目余额表格式的编制步骤，建立科目余额表的基本格式，如图 7-14 所示。

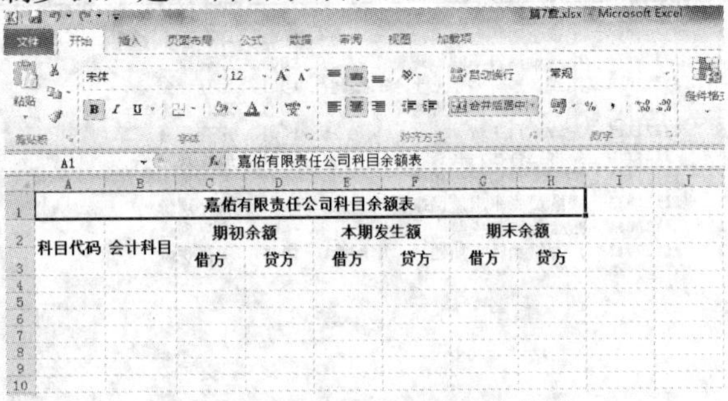

嘉佑有限责任公司科目余额表							
科目代码	会计科目	期初余额		本期发生额		期末余额	
		借方	贷方	借方	贷方	借方	贷方

图 7-14　科目余额表的基本格式

(2) 期初余额的链接调用

在 A4:B56 的单元格内输入科目代码及相应的会计科目，根据在第 5 章学习的期初余额的链接调用的【直接引用】公式，建立会计科目期初余额的链接，完成 12 月份科目余额表的期初余额编制，本核算流程直接根据已知公司科目余额填制 12 月份期初余额，如图 7-15 所示。

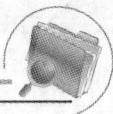

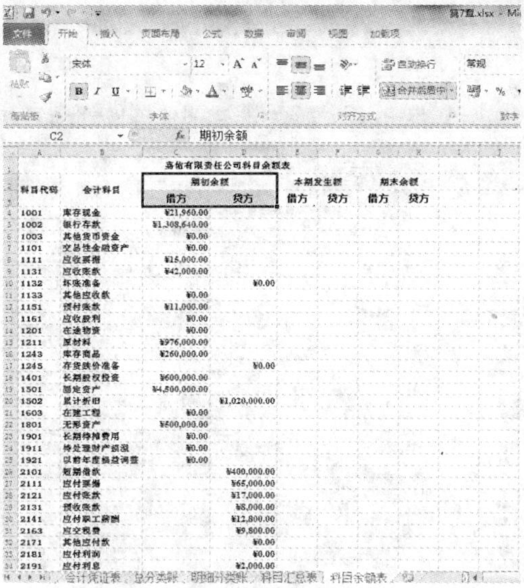

嘉佑有限责任公司科目余额表

科目代码	会计科目	期初余额		本期发生额		期末余额	
		借方	贷方	借方	贷方	借方	贷方
1001	库存现金	¥21,960.00					
1002	银行存款	¥1,308,640.00					
1003	其他货币资金	¥0.00					
1101	交易性金融资产	¥0.00					
1111	应收票据	¥15,000.00					
1131	应收账款	¥42,000.00					
1132	坏账准备		¥0.00				
1133	其他应收款	¥0.00					
1151	预付账款	¥11,000.00					
1161	应收股利	¥0.00					
1201	在途物资	¥0.00					
1211	原材料	¥976,000.00					
1243	库存商品	¥260,000.00					
1245	存货跌价准备		¥0.00				
1401	长期股权投资	¥600,000.00					
1501	固定资产	¥4,500,000.00					
1502	累计折旧		¥1,020,000.00				
1603	在建工程	¥0.00					
1801	无形资产	¥600,000.00					
1901	长期待摊费用	¥0.00					
1911	待处理财产损溢	¥0.00					
1921	以前年度损益调整	¥0.00					
2101	短期借款		¥400,000.00				
2111	应付票据		¥65,000.00				
2121	应付账款		¥17,000.00				
2131	预收账款		¥8,000.00				
2141	应付职工薪酬		¥12,800.00				
2163	应交税费		¥9,800.00				
2171	其他应付款		¥0.00				
2181	应付利润		¥0.00				
2191	应付利息		¥2,000.00				

图 7-15 12 月份期初余额

(3) 本期发生额的链接调用

根据在第 5 章学习的本期发生额借助于函数进行间接调用的方法，从本期科目汇总表中调用 12 月份本期发生额，如图 7-16 所示。

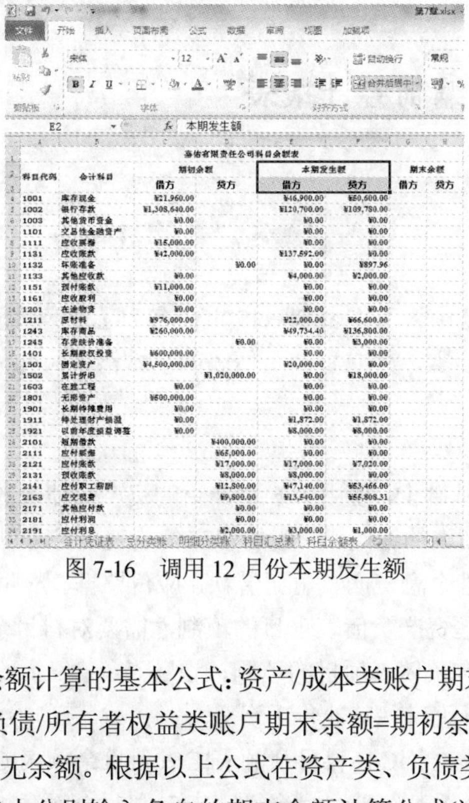

嘉佑有限责任公司科目余额表

科目代码	会计科目	期初余额		本期发生额		期末余额	
		借方	贷方	借方	贷方	借方	贷方
1001	库存现金	¥21,960.00		¥46,900.00	¥50,600.00		
1002	银行存款	¥1,308,640.00		¥120,700.00	¥109,780.00		
1003	其他货币资金	¥0.00		¥0.00	¥0.00		
1101	交易性金融资产	¥0.00		¥0.00	¥0.00		
1111	应收票据	¥15,000.00		¥0.00	¥0.00		
1131	应收账款	¥42,000.00		¥137,592.00	¥0.00		
1132	坏账准备		¥0.00	¥0.00	¥897.96		
1133	其他应收款	¥0.00		¥4,000.00	¥2,000.00		
1151	预付账款	¥11,000.00		¥0.00	¥0.00		
1161	应收股利	¥0.00		¥0.00	¥0.00		
1201	在途物资	¥0.00		¥0.00	¥0.00		
1211	原材料	¥976,000.00		¥22,000.00	¥66,600.00		
1243	库存商品	¥260,000.00		¥49,734.40	¥136,800.00		
1245	存货跌价准备		¥0.00	¥0.00	¥3,000.00		
1401	长期股权投资	¥600,000.00		¥0.00	¥0.00		
1501	固定资产	¥4,500,000.00		¥20,000.00	¥0.00		
1502	累计折旧		¥1,020,000.00	¥0.00	¥18,000.00		
1603	在建工程	¥0.00		¥0.00	¥0.00		
1801	无形资产	¥600,000.00		¥0.00	¥0.00		
1901	长期待摊费用	¥0.00		¥0.00	¥0.00		
1911	待处理财产损溢	¥0.00		¥1,872.00	¥1,872.00		
1921	以前年度损益调整	¥0.00		¥8,000.00	¥8,000.00		
2101	短期借款		¥400,000.00	¥0.00	¥0.00		
2111	应付票据		¥65,000.00	¥0.00	¥0.00		
2121	应付账款		¥17,000.00	¥17,000.00	¥7,020.00		
2131	预收账款		¥8,000.00	¥8,000.00	¥0.00		
2141	应付职工薪酬		¥12,800.00	¥47,140.00	¥53,466.00		
2163	应交税费		¥9,800.00	¥13,540.00	¥55,808.31		
2171	其他应付款		¥0.00	¥0.00	¥0.00		
2181	应付利润		¥0.00	¥0.00	¥0.00		
2191	应付利息		¥2,000.00	¥3,000.00	¥1,000.00		

图 7-16 调用 12 月份本期发生额

(4) 期末余额的计算

在第 5 章学习了期末余额计算的基本公式：资产/成本类账户期末余额=期初余额+本期借方发生额-本期贷方发生额；负债/所有者权益类账户期末余额=期初余额+本期贷方发生额-本期借方发生额；损益类账户期末无余额。根据以上公式在资产类、负债类、所有者权益类、成本类、损益类账户所对应的单元格中分别输入各自的期末余额计算公式(注意：分清借贷方向)，完成期末余额的计算，如图 7-17 所示。

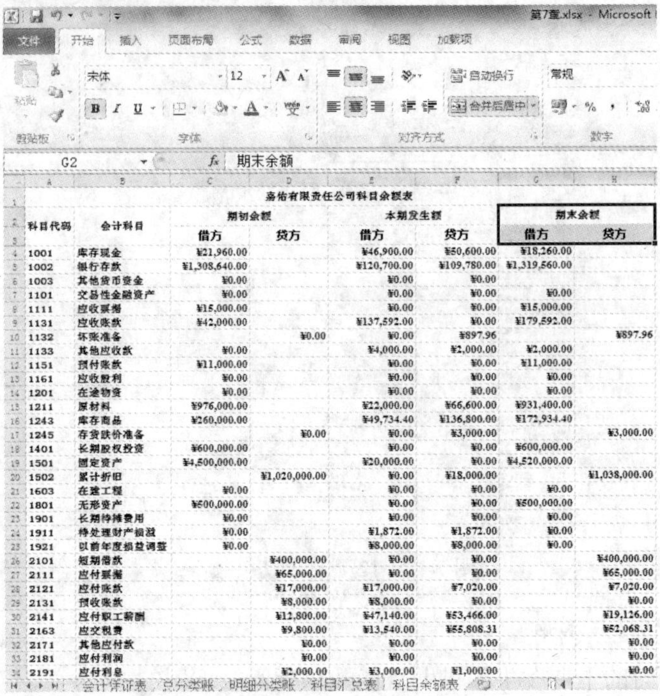

嘉佑有限责任公司科目余额表							
科目代码	会计科目	期初余额		本期发生额		期末余额	
		借方	贷方	借方	贷方	借方	贷方
1001	库存现金	¥21,960.00		¥46,900.00	¥50,600.00	¥18,260.00	
1002	银行存款	¥1,308,640.00		¥120,700.00	¥109,780.00	¥1,319,560.00	
1003	其他货币资金	¥0.00		¥0.00	¥0.00		
1101	交易性金融资产	¥0.00		¥0.00	¥0.00	¥0.00	
1111	应收票据	¥15,000.00		¥0.00	¥0.00	¥15,000.00	
1131	应收账款	¥42,000.00		¥137,592.00	¥0.00	¥179,592.00	
1132	坏账准备		¥0.00	¥0.00	¥897.96		¥897.96
1133	其他应收款	¥0.00		¥4,000.00	¥2,000.00	¥2,000.00	
1151	预付账款	¥11,000.00		¥0.00	¥0.00	¥11,000.00	
1161	应收股利	¥0.00		¥0.00	¥0.00	¥0.00	
1201	在途物资	¥0.00		¥0.00	¥0.00	¥0.00	
1211	原材料	¥976,000.00		¥22,000.00	¥66,600.00	¥931,400.00	
1243	库存商品	¥260,000.00		¥49,734.40	¥136,800.00	¥172,934.40	
1245	存货跌价准备		¥0.00	¥0.00	¥3,000.00		¥3,000.00
1401	长期股权投资	¥600,000.00		¥0.00	¥0.00	¥600,000.00	
1501	固定资产	¥4,500,000.00		¥20,000.00	¥0.00	¥4,520,000.00	
1502	累计折旧		¥1,020,000.00	¥0.00	¥18,000.00		¥1,038,000.00
1603	在建工程	¥0.00		¥0.00	¥0.00	¥0.00	
1801	无形资产	¥500,000.00		¥0.00	¥0.00	¥500,000.00	
1901	长期待摊费用	¥0.00		¥0.00	¥0.00	¥0.00	
1911	待处理财产损溢	¥0.00		¥1,872.00	¥1,872.00	¥0.00	
1921	以前年度损益调整	¥0.00		¥8,000.00	¥8,000.00	¥0.00	
2101	短期借款		¥400,000.00	¥0.00	¥0.00		¥400,000.00
2111	应付票据		¥65,000.00	¥0.00	¥0.00		¥65,000.00
2121	应付账款		¥17,000.00	¥17,000.00	¥7,020.00		¥7,020.00
2131	预收账款		¥8,000.00	¥8,000.00	¥0.00		¥0.00
2141	应付职工薪酬		¥12,800.00	¥47,140.00	¥53,466.00		¥19,126.00
2163	应交税费		¥9,800.00	¥13,540.00	¥55,808.31		¥52,068.31
2171	其他应付款		¥0.00	¥0.00	¥0.00		¥0.00
2181	应付利润		¥0.00	¥0.00	¥0.00		¥0.00
2191	应付利息		¥2,000.00	¥3,000.00	¥1,000.00		¥0.00

图 7-17　计算生成 12 月份期末余额

7.2.4　使用 Excel 编制会计报表

1. 编制资产负债表

(1) 建立资产负债表格式

将【第七章.xlsx】工作簿中的工作表 Sheet5 重命名为【资产负债表】，根据在第 6 章学习的账户式资产负债表的编制步骤，建立资产负债表的基本格式，并将表头各项目填制完整，如图 7-18 所示。

(2) 编制资产负债表

在建立好的科目余额表基础上，使用第 6 章介绍的资产负债表的编制方法，采用数据链接直接引用的方法，进行资产负债表的编制。一般的资产负债表项目可以引用科目余额表对应的会计科目而不需要调整，如交易性金融资产、短期借款、应付票据、应付职工薪酬和实收资本等，可以进行直接引用。但是，有些资产负债表项目的填制，需要对科目余额表的数据进行分析调整。下面介绍需要分析调整的资产负债表项目的填制。

货币资金=库存现金+银行存款+其他货币资金

货币资金期初数=科目余额表!C4+科目余额表!C5+科目余额表!C6

货币资金期末数=科目余额表!G4+科目余额表!G5+科目余额表!G6

应收账款=应收账款-坏账准备

应收账款期初数=科目余额表!C9-科目余额表!D10

应收账款期末数=科目余额表!G9-科目余额表!H10

存货=原材料+在途物资(即物资采购)+低值易耗品+库存商品+分期收款发出商品+委托加工物资+包装物+委托代销商品+受托代销商品+生产成本-受托代销商品款-存货跌价准备

存货期初数=科目余额表!C14+科目余额表!C15+科目余额表! C16-科目余额表! D17+科目余额表!C42

存货期末数=科目余额表!G14+科目余额表!G15+科目余额表!G16-科目余额表! H17+科目余额表!G42

以下省略编制公式：

长期股权投资=长期股权投资-长期股权投资减值准备

固定资产=固定资产-累计折旧-固定资产减值准备

在建工程=在建工程-在建工程减值准备

相对资产类项目，负债类项目与所有者权益类项目相对简单，只要直接调用科目余额表对应的会计科目及对应的金额即可。

使用第 6 章介绍的资产负债表的编制方法，完成资产负债表的编制(注意检查资产负债表编制是否正确，即资产总额是否等于负债+所有者权益总额)，如图 7-18 所示。

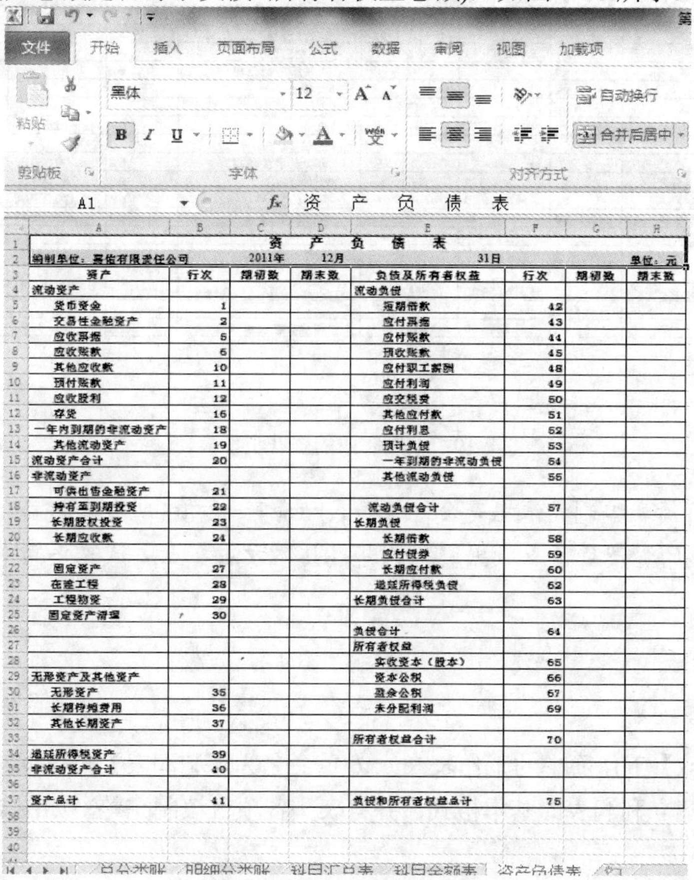

资　产　负　债　表							
编制单位：晨佑有限责任公司		2011年	12月		31日		单位：元
资产	行次	期初数	期末数	负债及所有者权益	行次	期初数	期末数
流动资产				流动负债			
货币资金	1			短期借款	42		
交易性金融资产	2			应付票据	43		
应收票据	5			应付账款	44		
应收账款	6			预收账款	45		
其他应收款	10			应付职工薪酬	48		
预付账款	11			应付利润	49		
应收股利	12			应交税费	50		
存货	16			其他应付款	51		
一年内到期的非流动资产	18			应付利息	52		
其他流动资产	19			预计负债	53		
流动资产合计	20			一年到期的非流动负债	54		
非流动资产				其他流动负债	55		
可供出售金融资产	21						
持有至到期投资	22			流动负债合计	57		
长期股权投资	23			长期负债			
长期应收款	24			长期借款	58		
				应付债券	59		
固定资产	27			长期应付款	60		
在建工程	28			递延所得税负债	62		
工程物资	29			长期负债合计	63		
固定资产清理	30						
				负债合计	64		
				所有者权益			
				实收资本（股本）	65		
无形资产及其他资产				资本公积	66		
无形资产	35			盈余公积	67		
长期待摊费用	36			未分配利润	69		
其他长期资产	37						
				所有者权益合计	70		
递延所得税资产	39						
非流动资产合计	40						
资产总计	41			负债和所有者权益总计	75		

图 7-18　建立的资产负债表

根据第 6 章学习的资产负债表的编制方法，完成资产负债表的编制(注意检查资产负债表编制是否正确，即资产总额是否等于负债加所有者权益总额)，如图 7-19 所示。

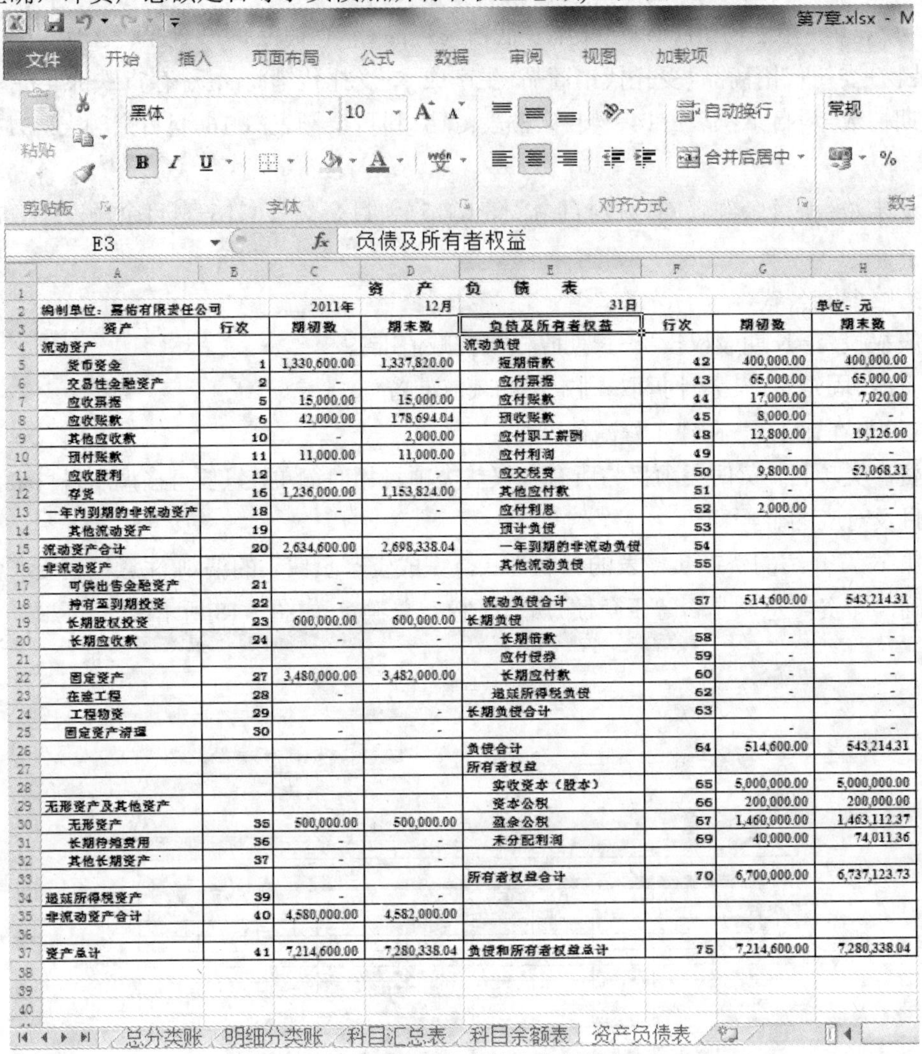

资　产　负　债　表							
编制单位：嘉佑有限责任公司		2011年	12月	31日			单位：元
资产	行次	期初数	期末数	负债及所有者权益	行次	期初数	期末数
流动资产				流动负债			
货币资金	1	1,330,600.00	1,337,820.00	短期借款	42	400,000.00	400,000.00
交易性金融资产	2	-	-	应付票据	43	65,000.00	65,000.00
应收票据	5	15,000.00	15,000.00	应付账款	44	17,000.00	7,020.00
应收账款	6	42,000.00	178,694.04	预收账款	45	8,000.00	-
其他应收款	10	-	2,000.00	应付职工薪酬	48	12,800.00	19,126.00
预付账款	11	11,000.00	11,000.00	应付利润	49	-	-
应收股利	12	-	-	应交税费	50	9,800.00	52,068.31
存货	16	1,236,000.00	1,153,824.00	其他应付款	51	-	-
一年内到期的非流动资产	18	-	-	应付利息	52	2,000.00	-
其他流动资产	19			预计负债	53	-	-
流动资产合计	20	2,634,600.00	2,698,338.04	一年到期的非流动负债	54		
非流动资产				其他流动负债	55		
可供出售金融资产	21	-	-				
持有至到期投资	22	-	-	流动负债合计	57	514,600.00	543,214.31
长期股权投资	23	600,000.00	600,000.00	长期负债			
长期应收款	24	-	-	长期借款	58	-	-
				应付债券	59	-	-
固定资产	27	3,480,000.00	3,482,000.00	长期应付款	60	-	-
在建工程	28	-		递延所得税负债	62	-	-
工程物资	29		-	长期负债合计	63		
固定资产清理	30	-	-			-	-
				负债合计	64	514,600.00	543,214.31
				所有者权益			
				实收资本（股本）	65	5,000,000.00	5,000,000.00
无形资产及其他资产				资本公积	66	200,000.00	200,000.00
无形资产	35	500,000.00	500,000.00	盈余公积	67	1,460,000.00	1,463,112.37
长期待摊费用	36	-	-	未分配利润	69	40,000.00	74,011.36
其他长期资产	37	-	-				
				所有者权益合计	70	6,700,000.00	6,737,123.73
递延所得税资产	39	-	-				
非流动资产合计	40	4,580,000.00	4,582,000.00				
资产总计	41	7,214,600.00	7,280,338.04	负债和所有者权益总计	75	7,214,600.00	7,280,338.04

图 7-19　编制完成的资产负债表

(3) 由于资产负债表编制的依据是会计恒等式“资产=负债+所有者权益”，同样可以通过函数“IF()”对生成的资产负债表数据进行判断，具体方法在上文试算平衡中已经详加说明，本例不再赘述。

2. 编制利润表

(1) 建立利润表格式

将【第七章.xlsx】工作簿中的工作表 Sheet6 重命名为【利润表】，根据第 6 章的多步式利润表的编制步骤，建立利润表的基本格式，并将表头各项目填制完整，如图 7-20 所示。

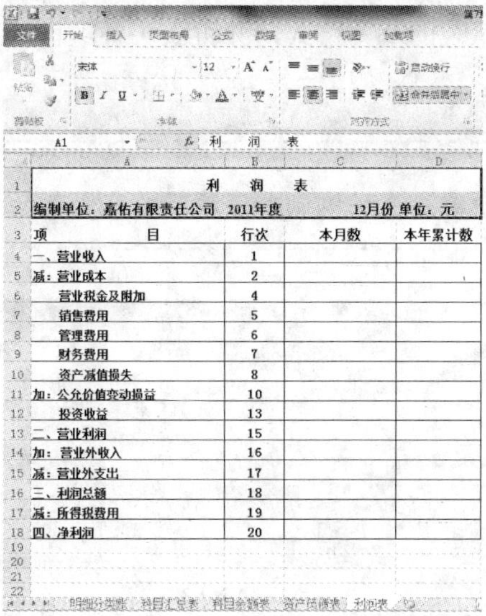

利　润　表			
编制单位：嘉佑有限责任公司　2011年度		12月份 单位：元	
项　　　　目	行次	本月数	本年累计数
一、营业收入	1		
减：营业成本	2		
营业税金及附加	4		
销售费用	5		
管理费用	6		
财务费用	7		
资产减值损失	8		
加：公允价值变动损益	10		
投资收益	13		
二、营业利润	15		
加：营业外收入	16		
减：营业外支出	17		
三、利润总额	18		
减：所得税费用	19		
四、净利润	20		

图 7-20　建立的利润表

(2) 编制利润表

利润表的编制同样建立在科目余额表上，只不过收入、费用类账户是虚账户，每期没有期初和期末余额。在编制时，需要根据科目余额表中本期发生额的有关会计科目进行编制。根据第 6 章介绍的利润表编制方法，利用间接调用方式(选择 VOOLKUP()函数)填制本月数，完成利润表的编制，如图 7-21 所示。

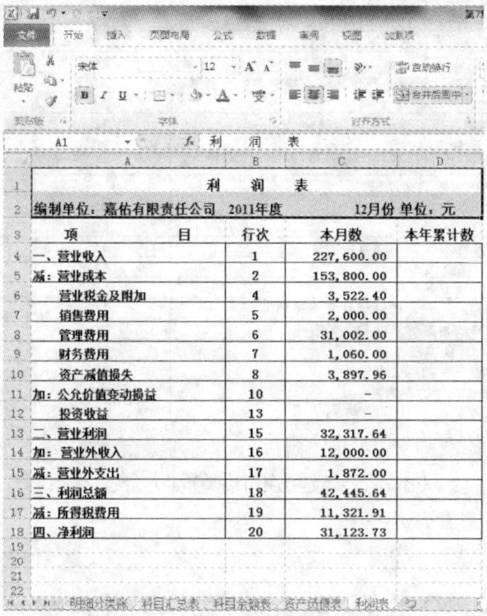

利　润　表			
编制单位：嘉佑有限责任公司　2011年度		12月份 单位：元	
项　　　　目	行次	本月数	本年累计数
一、营业收入	1	227,600.00	
减：营业成本	2	153,800.00	
营业税金及附加	4	3,522.40	
销售费用	5	2,000.00	
管理费用	6	31,002.00	
财务费用	7	1,060.00	
资产减值损失	8	3,897.96	
加：公允价值变动损益	10	-	
投资收益	13	-	
二、营业利润	15	32,317.64	
加：营业外收入	16	12,000.00	
减：营业外支出	17	1,872.00	
三、利润总额	18	42,445.64	
减：所得税费用	19	11,321.91	
四、净利润	20	31,123.73	

图 7-21　编制完成的利润表

3. 编制现金流量表

(1) 建立现金流量表格式

将【第 7 章.xlsx】工作簿中的工作表 Sheet7 重命名为【现金流量表】，根据第 6 章现金流量表的编制步骤，建立现金流量表的基本格式，并将表头各项目填制完整，如图 7-22 所示。

> **提示**
>
> 本书重点讲述现金流量表主表的编制，不涉及补充资料的填制问题。

图 7-22　建立的现金流量表

(2) 编制调整分录表

将【第 7 章.xlsx】工作簿中的工作表 Sheet8 重命名为【调整分录表】，将工作表【会计凭证表】复制到【调整分录表】工作表中，以会计凭证表为基础，编制调整分录表。

调整的方式为筛选出涉及库存现金、银行存款以及其他货币资金的单元格，按照业务发生的类型分别调整为经营活动现金、投资活动现金和筹资活动现金。例如，凡是涉及"原材料"、"在途物资"、"库存商品"、"生产成本"、"制造费用"等的会计科目均调整为"存货"资产负债表项目，但须说明明细内容。具体调整过程见下文所示(如果企业考虑"现金等价物"，还需要筛选出“投资日起三个月到期或清偿之国库券、商业本票、货币市场基金、可转让定期存单、商业本票及银行承兑汇票”等业务)。登记后的调整分录表如图 7-23 所示。

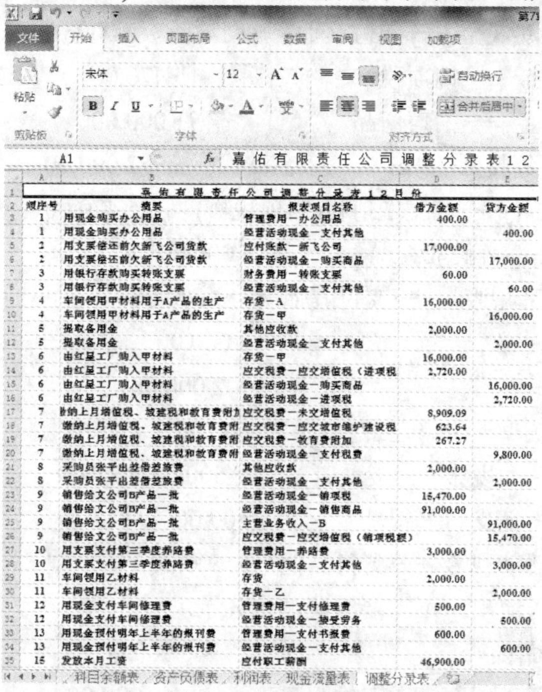

嘉佑有限责任公司调整分录表12月份

顺序号	摘要	报表项目名称	借方金额	贷方金额
1	用现金购买办公用品	管理费用－办公用品	400.00	
1	用现金购买办公用品	经营活动现金－支付其他		400.00
2	用支票偿还前欠新飞公司货款	应付账款－新飞公司	17,000.00	
2	用支票偿还前欠新飞公司货款	经营活动现金－购买商品		17,000.00
3	用银行存款购买转账支票	财务费用－转账支票	60.00	
3	用银行存款购买转账支票	经营活动现金－支付其他		60.00
4	车间领用甲材料用于A产品的生产	存货－A	16,000.00	
4	车间领用甲材料用于A产品的生产	存货－甲		16,000.00
5	提取备用金	其他应收款	2,000.00	
5	提取备用金	经营活动现金－支付其他		2,000.00
6	由红星工厂购入甲材料	存货－甲	16,000.00	
6	由红星工厂购入甲材料	应交税费－应交增值税（进项税	2,720.00	
6	由红星工厂购入甲材料	经营活动现金－购买商品		16,000.00
6	由红星工厂购入甲材料	经营活动现金－进项税		2,720.00
7	缴纳上月增值税、城建税和教育费附加	应交税费－未交增值税	8,909.09	
7	缴纳上月增值税、城建税和教育费附	应交税费－应交城市维护建设税	623.64	
7	缴纳上月增值税、城建税和教育费附	应交税费－教育费附加	267.27	
7	缴纳上月增值税、城建税和教育费附	经营活动现金－支付税费		9,800.00
8	采购员张平出差借差旅费	其他应收款	2,000.00	
8	采购员张平出差借差旅费	经营活动现金－支付其他		2,000.00
9	销售给文公司B产品一批	经营活动现金－销项税	15,470.00	
9	销售给文公司B产品一批	经营活动现金－销售商品	91,000.00	
9	销售给文公司B产品一批	主营业务收入－B		91,000.00
9	销售给文公司B产品一批	应交税费－应交增值税（销项税额）		15,470.00
10	用支票支付第三季度养路费	管理费用－养路费	3,000.00	
10	用支票支付第三季度养路费	经营活动现金－支付其他		3,000.00
11	车间领用乙材料	存货	2,000.00	
11	车间领用乙材料	存货－乙		2,000.00
12	用现金支付车间修理费	管理费用—支付修理费	500.00	
12	用现金支付车间修理费	经营活动现金－接受劳务		500.00
13	用现金预付明年上半年的报刊费	管理费用—支付书报费	600.00	
13	用现金预付明年上半年的报刊费	经营活动现金－支付其他		600.00
15	发放本月工资	应付职工薪酬	46,900.00	

图 7-23　调整分录表

具体调整分录如下所示。

【1】借：管理费用——办公用品　　400.00
　　贷：经营活动现金——支付其他　　400.00

【2】借：应付账款——新飞公司　　17 000.00
　　贷：经营活动现金——购买商品　　17 000.00

【3】借：财务费用——转账支票　　60.00
　　贷：经营活动现金——支付其他　　60.00

【4】借：存货——A　　16 000.00
　　贷：存货——甲　　16 000.00

【5】借：其他应收款　　2 000.00
　　贷：经营活动现金——支付其他　　2 000.00

【6】借：存货——甲　　16 000.00
　　应交税费——应交增值税(进项税额)　　2 720.00
　　贷：经营活动现金——购买商品　　16 000.00
　　　　经营活动现金——进项税　　2 720.00

【7】借：应交税费——未交增值税　　8 909.09
　　　　——应交城市维护建设税　　623.64
　　　　——教育费附加　　267.27

贷：经营活动现金——支付税费　　　　9 800.00

【8】借：其他应收款——张平　　　　2 000.00

　　　贷：经营活动现金——支付其他　　　　2 000.00

【9】借：经营活动现金——销项税　　　　15 470.00

　　　经营活动现金——销售商品　　　　91 000.00

　　　贷：主营业务收入——B　　　　91 000.00

　　　　应交税费——应交增值税(销项税额)　　　　15 470.00

【10】借：管理费用——养路费　　　　3 000.00

　　　贷：经营活动现金——支付其他　　　　3 000.00

【11】借：存货　　　　2 000.00

　　　贷：存货——乙　　　　2 000.00

【12】借：管理费用——支付修理费　　　　500.00

　　　贷：经营活动现金——接受劳务　　　　500.00

【13】借：管理费用——支付书报费　　　　600.00

　　　贷：经营活动现金——支付其他　　　　600.00

【14】不涉及现金流入流出，不需要编制调整分录。

【15】借：应付职工薪酬　　　　46 900.00

　　　贷：经营活动现金——支付职工工资　　　　46 900.00

【16】借：管理费用——业务招待　　　　460.00

　　　贷：经营活动现金——支付其他　　　　460.00

【17】借：应付职工薪酬　　　　240.00

　　　贷：经营活动现金——支付职工福利　　　　240.00

【18】借：存货——乙　　　　6 000.00

　　　应交税费——应交增值税(进项税额)　　　　1 020.00

　　　贷：应付账款——新飞公司　　　　7 020.00

【19】借：存货　　　　600.00

　　　贷：经营活动现金——支付其他　　　　600.00

【20】借：存货——B　　　　30 000.00

　　　贷：存货——乙　　　　30 000.00

【21】借：应收账款——蓝天　　　　137 592.00

　　　贷：营业收入——A　　　　117 600.00

　　　　应交税费——应交增值税(销项税)　　　　19 992.00

【22】借：销售费用——广告费　　　　2 000.00

　　　贷：经营活动现金——支付其他　　　　2 000.00

【23】借：管理费用——差旅费　　　　2 700.00

```
        贷：其他应收款——张平              2 000.00
            经营活动现金——支付其他          700.00
【24】借：管理费用                  800.00
      存货                      1 900.00
        贷：经营活动现金——支付其他      2 700.00
【25】借：财务费用                1 000.00
        贷：应付利息              1 000.00
【26】借：预收款项                8 000.00
      经营活动现金——销售商品    11 000.00
                  ——销项税       3 230.00
        贷：营业收入——丙                      19 000.00
            应交税费——应交增值税(销项税额)      3 230.00
      借：营业成本——丙          17 000.00
        贷：存货——丙                17 000.00
【27】借：管理费用——电话费        1 000.00
        贷：经营活动现金——支付其他    1 000.00
【28】借：存货——A              18 000.00
      存货——B              12 000.00
      存货                   6 600.00
      管理费用——工资          10 300.00
        贷：应付职工薪酬              46 900.00
【29】借：存货——A               2 520.00
      存货——B               1 680.00
      存货                     924.00
      管理费用——福利费        1 442.00
        贷：应付职工薪酬             6 566.00
【30】借：管理费用                1 000.00
        贷：经营活动现金——接受劳务    1 000.00
【31】借：固定资产                8 000.00
        贷：以前年度损益调整         8 000.00
      借：以前年度损益调整        2 000.00
        贷：应交税费——应交所得税     2 000.00
【32】借：待处理财产损溢——待处理流动资产损溢    1 872.00
        贷：存货——甲                         1 600.00
            应交税费——应交增值税(进项税额转出)   272.00
【33】借：应付利息                3 000.00
```

　　　　贷：筹资活动现金——偿付利息　　　　3 000.00

【34】借：存货　　　　　　10 000.00

　　　　管理费用　　　　　8 000.00

　　　　贷：固定资产——累计折旧　　18 000.00

【35】借：固定资产　　　　12 000.00

　　　　贷：营业外收入　　12 000.00

【36】借：以前年度损益调整　　　　　　6 000.00

　　　　贷：利润分配——未分配利润　　　　6 000.00

　　借：营业外支出　　　　　　　　　　1 872.00

　　　　贷：待处理财产损溢——待处理流动资产损溢　　1 872.00

【37】借：存货——A　　　13 214.40

　　　　　　——B　　　　8 809.60

　　　　贷：存货　　　　22 024.00

【38】借：存货——A　　　49 734.40

　　　　贷：存货——A　　　49 734.40

【39】借：营业税金及附加　　　　　　3 515.13

　　　　贷：应交税费——应交城市维护建设税　　2 460.59

　　　　　　应交税费——应交教育费附加　　　1 054.54

【40】借：资产减值损失　　　3 000.00

　　　　贷：存货——存货跌价准备　　3 000.00

【41】借：管理费用——税票　　　500.00

　　　　贷：经营活动现金——支付税费　　500.00

【42】借：管理费用——加油费　　300.00

　　　　贷：经营活动现金——支付其他　　300.00

【43】借：资产减值损失　　　897.96

　　　　贷：应收账款——坏账准备　　897.96

【44】借：营业成本——A　　　76 800.00

　　　　　　——B　　　　60 000.00

　　　　贷：存货——A　　76 800.00

　　　　　　——B　　60 000.00

　　由于以下业务不涉及现金流入、流出，故省略。(实际上述业务并不完全都涉及现金流量表相关项目，但为了说明调整思路以及会计科目与报表项目的对应关系，故详细列示，实务中可以只调整与现金流量表有关的日常业务)。

(3) 编制现金流量表

利用 SUMIF()函数引用并计算现金流量表的各个项目。

◆ 经营活动产生的现金流量

① 【销售商品或提供劳务收到现金】项目栏，反映的是企业销售商品、提供劳务实际收到的现金(含销售收入和应向购买者收取的增值税)，包括本期销售商品、提供劳务收到的现金，以及前期销售和前期提供劳务本期收到的现金和本期预收的账款，扣除本期退回本期销售的商品和前期销售本期退回的商品支付的现金。需要注意的是，企业销售材料和代购代销业务收到的现金也在本项目中反映。根据该项目所反映的内容，编辑公式如下：

单击选中 C5 单元格，输入公式 "=SUMIF(调整分录表!$C$2:$C$145,"经营活动现金*销售商品*",调整分录表!$D$2:$D$145)+SUMIF(调整分录表!$C$2:$C$145,"经营活动现金*提供劳务*",调整分录表!$D$2:$D$145)+SUMIF(调整分录表!$C$2:$C$145,"经营活动现金*销项税*",调整分录表!$D$2:$D$145)"，单击【确认】按钮，完成对公式的编辑。

② 【收到税费返还】项目栏，反映的是企业收到返还的各种税费，如收到的增值税，消费税返还等。根据该项目所反映的内容，编辑公式如下：

单击选中 C6 单元格，输入公式 "=SUMIF(调整分录表!$C$2:$C$145,"经营活动现金*收到税费*",调整分录表!$D$2:$D$145)"，单击【确认】按钮，完成对公式的编辑。

③ 【收到的与经营业务有关的其他现金】项目栏，反映的是企业除了上述各项目外，收到的其他与经营活动有关的现金流入，如罚款收入等。根据该项目所反映的内容，编辑公式如下：

单击选中 C7 单元格，输入公式 "=SUMIF(调整分录表!$C$2:$C$145,"经营活动现金*收到其他*",调整分录表!$D$2:$D$145)"，单击【确认】按钮，完成对公式的编辑。

④ 【现金流入合计】项目栏，反映的是上述各经营活动现金流入项目的合计数。根据该项目所反映的内容，编辑公式如下：

单击选中 C8 单元格，输入公式 "=C5+C6+C7(或=SUM(C5:C7))"，单击【确认】按钮，完成对公式的编辑。

⑤ 【购买商品、接受劳务支付的现金】项目栏，反映的是企业购买商品、接受劳务实际支付的现金，包括本期购入商品、接受劳务支付的现金(包括增值税进项税额)，以及本期支付前期购入商品、接受劳务的未支付款项和本期预付款项。本期发生的购货退回收到的现金应从本项目中扣除。根据该项目所反映的内容，编辑公式如下：

单击选中 C9 单元格，输入公式 "=SUMIF(调整分录表!$C$2:$C$145,"经营活动现金*购买商品*",调整分录表!$E$2:$E$145)+SUMIF(调整分录表!$C$2:$C$145,"经营活动现金*接受劳务*",调整分录表!$E$2:$E$145)+SUMIF(调整分录表!$C$2:$C$145,"经营活动现金*进项税*",调整分录表!$E$2:$E$145)"，单击【确认】按钮，完成对公式的编辑。

⑥ 【支付给职工以及为职工支付的现金】项目栏，反映的是企业实际支付给职工，以及为职工支付的现金，包括本期实际支付给职工的工资、奖金、各种津贴和补贴等，以及为职工支付的其他费用。需要注意的是，本项目不包括支付的离退休人员的各项费用和支付各在建工程人员的工资等。根据该项目所反映的内容，编辑公式如下：

单击选中 C10 单元格，输入公式 "=SUMIF(调整分录表!$C$2:$C$145,"经营活动现金*支付职工*",调整分录表!$E$2:$E$145)"，单击【确认】按钮，完成对公式的编辑。

⑦ 【支付的各项税费】项目栏，反映的是企业当期实际上缴税务部门的各种税金，以及支

付的教育费附加、矿产资源补偿费、印花税和房产税等。需要注意的是，本项目不包括计入固定资产价值、实际支付的耕地占用税。根据该项目所反映的内容，编辑公式如下：

单击选中 C11 单元格，输入公式"=SUMIF(调整分录表!$C$2:$C$145,"经营活动现金*支付税费*",调整分录表!$E$2:$E$145)"，单击【确认】按钮，完成对公式的编辑。

⑧ 【支付的与经营活动有关的其他现金】项目栏，反映的是企业除上述各项目外，支付的其他与经营活动有关的现金流出，如罚款支出、支付的差旅费和业务招待费现金支出等。根据该项目所反映的内容，编辑公式如下：

单击选中 C12 单元格，输入公式"=SUMIF(调整分录表!$C$2:$C$145,"经营活动现金*支付其他*",调整分录表!$E$2:$E$145)"，单击【确认】按钮，完成对公式的编辑。

⑨ 【现金流出合计】项目栏，反映的是上述各经营活动现金流出项目的合计数。根据该项目所反映的内容，编辑公式如下：

单击选中 C13 单元格，输入公式"=C9+C10+C11+C12(或者=SUM(C9:C12))"，单击【确认】按钮，完成对公式的编辑。

⑩ 【经营活动产生的现金流量净额】项目栏，反映的是上述各经营活动现金流入项目的合计数，减去上述各经营活动现金流出项目的合计数之后的差额。根据该项目所反映的内容，编辑公式如下：

单击选中 C14 单元格，输入公式"=C8-C13"，单击【确认】按钮，完成对公式的编辑。

◆ 投资活动产生的现金流量

① 【收回投资所收到的现金】项目栏，反映的是企业出售、转让或者到期收回除现金等价物以外的短期投资、长期股权投资而收到的现金，以及收回长期债权投资本金而收到的现金。需要注意的是，本项目不包括长期债券投资收回的利息，以及收回的非现金资产。根据该项目所反映的内容，编辑公式如下：

单击选中 C16 单元格，输入公式"=SUMIF(调整分录表!$C$2:$C$145,"投资活动现金*收回投资*",调整分录表!$D$2:$D$145)"，单击【确认】按钮，完成对公式的编辑。

② 【取得投资收益所收到的现金】项目栏，反映的是企业因各种投资而分得的现金股利、利润、利息等。根据该项目所反映的内容，编辑公式如下：

单击选中 C17 单元格，输入公式"=SUMIF(调整分录表!$C$2:$C$145,"投资活动现金*取得投资收益*",调整分录表!$D$2:$D$145)"，单击【确认】按钮，完成对公式的编辑。

③ 【处置固定资产、无形资产和其他长期资产的现金净额】项目栏，反映的是企业处置固定资产、无形资产和其他长期资产所取得的现金，扣除为处置这些资产而支付的有关费用后的净额。由于自然灾害所造成的固定资产等长期资产损失而收到的保险赔偿收入也在本项目反映。根据该项目所反映的内容，编辑公式如下：

单击选中 C18 单元格，输入公式"=SUMIF(调整分录表!$C$2:$C$145,"投资活动现金*固定资产*",调整分录表!$D$2:$D$145)+SUMIF(调整分录表!$C$2:$C$145,"投资活动现金*无形资产*",调整分录表!$D$2:$D$145)+SUMIF(调整分录表!$C$2:$C$145,"投资活动现金*其他资产*",调整分录表!$D$2:$D$145)"，单击【确认】按钮，完成对公式的编辑。

④ 【收到的与投资活动有关的其他现金】项目栏，反映的是企业除了上述各项以外，收到的其他与投资活动有关的现金流入。根据该项目所反映的内容，编辑公式如下：

单击选中 C19 单元格，输入公式 "=SUMIF(调整分录表!$C$2:$C$145,"投资活动现金*其他现金*",调整分录表!$D$2:$D$145)"，单击【确认】按钮，完成对公式的编辑。

⑤ 【现金流入合计】项目栏，反映的是上述各投资活动现金流入项目的合计数。根据该项目所反映的内容，编辑公式如下：

单击选中 C20 单元格，输入公式 "=C16+C17+C18+C19(或者=SUM(C16:C19))"，单击【确认】按钮，完成对公式的编辑。

⑥ 【购建固定资产、无形资产和其他长期资产支付的现金】项目栏，反映的是企业购买、建造固定资产、无形资产和其他长期资产所支付的现金。需要注意的是，本栏目不包括为构建固定资产而发生的借款利息资本化的部分，以及融资租入固定资产支付的租赁费。根据该项目所反映的内容，编辑公式如下：

单击选中 C21 单元格，输入公式 "=SUMIF(调整分录表!$C$2:$C$145,"投资活动现金*固定资产*",调整分录表!$E$2:$E$145)+SUMIF(调整分录表!$C$2:$C$145,"投资活动现金*无形资产*",调整分录表!$E$2:$E$145)+SUMIF(调整分录表!$C$2:$C$145,"投资活动现金*其他长期资产*",调整分录表!$E$2:$E$145)"，单击【确认】按钮，完成对公式的编辑。

⑦ 【投资所支付的现金】项目栏，反映的是企业进行各种性质的投资所支付的现金，包括企业取得的除现金等价物以外的短期股票投资、长期股权投资、长期债券投资等支付的现金，以及为取得各项投资而支付的佣金、手续费等附加费用。根据该项目所反映的内容，编辑公式如下：

单击选中 C22 单元格，输入公式 "=SUMIF(调整分录表!$C$2:$C$145,"投资活动现金*投资*",调整分录表!$E$2:$E$145)"，单击【确认】按钮，完成对公式的编辑。

⑧ 【支付的与投资活动有关的其他现金】项目栏，反映的是企业除上述各项以外，支付的其他与投资活动有关的现金流出。根据该项目所反映的内容，编辑公式如下：

单击选中 C23 单元格，输入公式 "=SUMIF(调整分录表!$C$2:$C$145,"投资活动现金*投资*",调整分录表!$E$2:$E$145)"，单击【确认】按钮，完成对公式的编辑。

⑨ 【现金流出合计】项目栏，反映的是上述各投资活动现金流出项目的合计数。根据该项目所反映的内容，编辑公式如下：

单击选中 C24 单元格，输入公式 "=C21+C22+C23(或者=SUM(C21:C23))"，单击【确认】按钮，完成对公式的编辑。

⑩ 【投资活动产生的现金流量净额】项目栏，反映的是上述各投资活动现金流入项目的合计数，减去上述各投资活动现金流出项目的合计数之后的差额。根据该项目所反映的内容，编辑公式如下：

单击选中 C25 单元格，输入公式 "=C20-C24"，单击【确认】按钮，完成对公式的编辑。

◆ 筹资活动产生的现金流量各项目如下

① 【吸收投资所收到的现金】项目栏，反映的是企业收到的投资者投入的现金，包括以发行股票方式筹集的资金、发行债券实际收到的现金等。根据该项目所反映的内容，编辑公式如下：

单击选中 C27 单元格，输入公式 "=SUMIF(调整分录表!$C$2:$C$145,"筹资活动现金*吸收投资*",调整分录表!$D$2:$D$145)"，单击【确认】按钮，完成对公式的编辑。

② 【借款所收到的现金】项目栏，反映的是企业举借各种短期、长期借款所收到的现金。根据该项目所反映的内容，编辑公式如下：

单击选中 C28 单元格，输入公式 "=SUMIF(调整分录表!$C$2:$C$145,"筹资活动现金*借款*",调整分录表!$D$2:$D$145)"，单击【确认】按钮，完成对公式的编辑。

③ 【收到的与投资活动有关的其他现金】项目栏，反映的是企业除上述各项目外，收到的其他与筹资活动有关的现金流入，如接受捐赠的现金等。根据该项目所反映的内容，编辑公式如下：

单击选中 C29 单元格，输入公式 "=SUMIF(调整分录表!$C$2:$C$145,"筹资活动现金*其他现金*",调整分录表!$D$2:$D$145)"，单击【确认】按钮，完成对公式的编辑。

④ 【现金流入合计】项目栏，反映的是上述各筹资活动现金流入项目的合计数。根据该项目所反映的内容，编辑公式如下：

单击选中 C30 单元格，输入公式 "=C27+C28+C29(或者=SUM(C27:C29))"，单击【确认】按钮，完成对公式的编辑。

⑤ 【偿还债务所支付的现金】项目栏，反映的是企业以现金偿还债务的本金，包括偿还金融企业的借款本金、偿还债券本金等。需要注意的是，本项目不包括企业偿还的借款利息、债券利息等。根据该项目所反映的内容，编辑公式如下：

单击选中 C31 单元格，输入公式 "=SUMIF(调整分录表!$C$2:$C$145,"筹资活动现金*借款*",调整分录表!$E$2:$E$145)"，单击【确认】按钮，完成对公式的编辑。

⑥ 【分配股利、利润、偿付利息所支付的现金】项目栏，反映的是企业实际支付给投资者的现金股利、利润，以及支付给债权人的利息。根据该项目所反映的内容，编辑公式如下：

单击选中 C32 单元格，输入公式 "=SUMIF(调整分录表!$C$2:$C$145,"筹资活动现金*股利*",调整分录表!$E$2:$E$145)+SUMIF(调整分录表!$C$2:$C$145,"筹资活动现金*利润*",调整分录表!$E$2:$E$145)+SUMIF(调整分录表!$C$2:$C$145,"筹资活动现金*利息*",调整分录表!$E$2:$E$145)"，单击【确认】按钮，完成对公式的编辑。

⑦ 【支付的与筹资活动有关的其他现金】项目栏，反映的是企业除了上述各项目外，支付的其他与筹资活动有关的现金流出，如捐赠现金支出等。根据该项目所反映的内容，编辑公式如下：

单击选中 C33 单元格，输入公式 "=SUMIF(调整分录表!$C$2:$C$145,"筹资活动现金*其他资金*",调整分录表!$E$2:$E$145)"，单击【确认】按钮，完成对公式的编辑。

⑧ 【现金流出合计】项目栏，反映的是上述各筹资活动现金流出项目的合计数。根据该项目所反映的内容，编辑公式如下：

单击选中 C34 单元格，输入公式 "=C31+C32+C33(或者=SUM(C31:C33))"，单击【确认】按钮，完成对公式的编辑。

⑨ 【筹资活动产生的现金流量净额】项目栏，反映的是上述各筹资活动现金流入项目的合计数，减去上述各筹资活动现金流出项目的合计数之后的差额。根据该项目所反映的内容，编辑

公式如下：

单击选中 C35 单元格，输入公式"=C30-C34"，单击【确认】按钮，完成对公式的编辑。

汇率变动对现金的影响如下。

【汇率变动对现金的影响】项目栏，反映的是企业外币现金流量以及境外子公司的现金流量折算为人民币时，所采用的现金流量发生日的汇率或平均汇率折算的人民币金额与【现金及现金等价物净增加额】中外币现金净增加额，按照期末汇率折算的人民币金额之间的差额。一般企业不涉及该业务，本章对此不作介绍。

现金流量净额如下。

【现金流量净额】项目栏，反映的是上述经营活动现金流量净额，筹资活动现金流量净额与筹资活动现金流量净额的合计数。根据该项目所反映的内容，编辑公式如下：

单击选中 C36 单元格，输入公式"=C14+C25+C35+C36"，单击【确认】按钮，完成对公式的编辑。

当现金流量表编制完成后，可以通过资产负债表的货币资金项目检验该报表编制的正确性。在现金流量表流量净额附近选择一个单元格输入"=资产负债表!D5-资产负债表!C5"。货币资金项目的期末余额与期初余额之间的差额一般应与现金流量净额的数字一致，否则需要检验现金流量表的编制流程是否出现问题。

经过一系列函数的应用，完成现金流量表的编制工作，如图 7-24 所示。

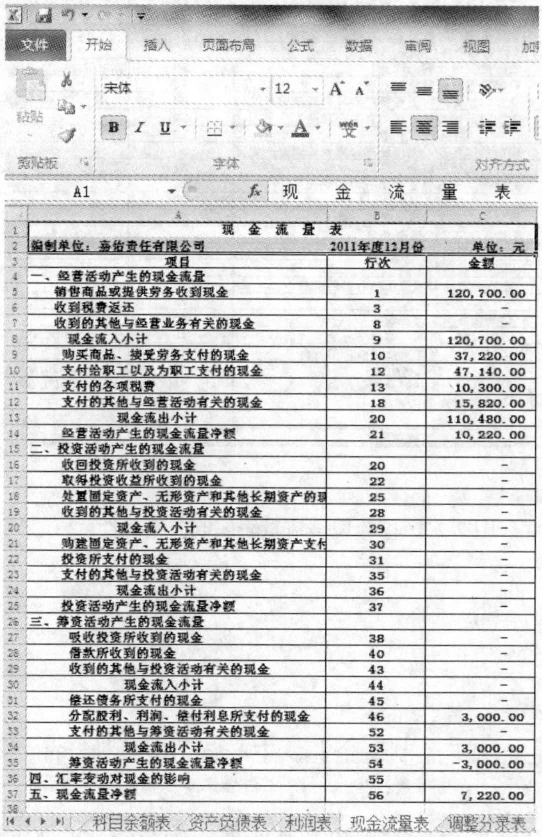

图 7-24　编制完成的现金流量表

(4) 检验现金流量表编制的正确性

借助报表之间的会计关系，检验编制完成的现金流量表是否正确。

根据“现金流量表的现金净流量=资产负债表中货币资金的期末余额-货币资金的期初余额”可以建立一个简单的验证公式。

单击 C38 单元格，在单元格输入公式“=资产负债表!D5-资产负债表!C5”，然后单击“确认”按钮，C38 单元格中显示“7 200.00”，该数据与现金流量净额完全一致，证明现金流量表编制正确，如图 7-25 所示。

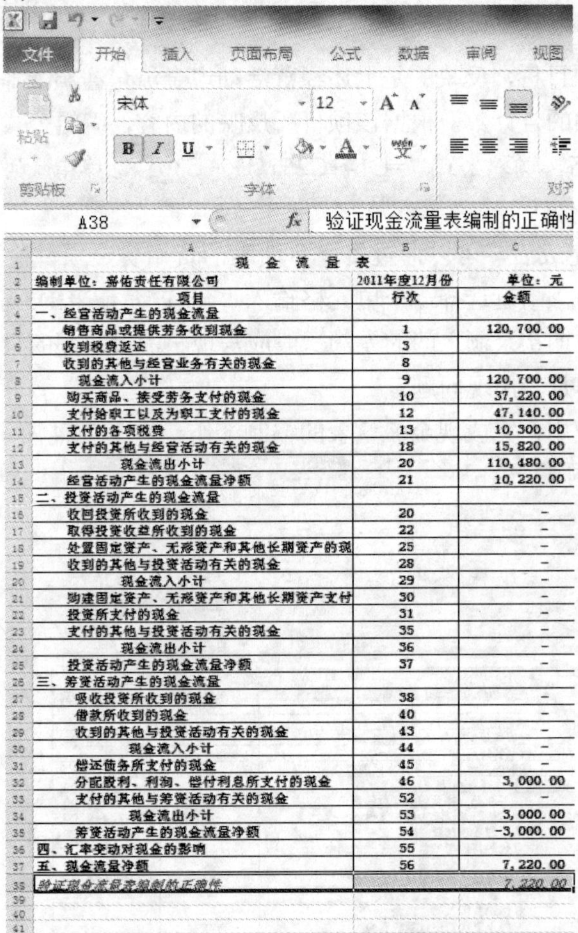

	A	B	C
1	现 金 流 量 表		
2	编制单位：嘉佑责任有限公司	2011年度12月份	单位：元
3	项目	行次	金额
4	一、经营活动产生的现金流量		
5	销售商品或提供劳务收到现金	1	120,700.00
6	收到税费返还	3	-
7	收到的其他与经营业务有关的现金	8	-
8	现金流入小计	9	120,700.00
9	购买商品、接受劳务支付的现金	10	37,220.00
10	支付给职工以及为职工支付的现金	12	47,140.00
11	支付的各项税费	13	10,300.00
12	支付的其他与经营活动有关的现金	18	15,820.00
13	现金流出小计	20	110,480.00
14	经营活动产生的现金流量净额	21	10,220.00
15	二、投资活动产生的现金流量		
16	收回投资所收到的现金	20	-
17	取得投资收益所收到的现金	22	-
18	处置固定资产、无形资产和其他长期资产的现	25	-
19	收到的其他与投资活动有关的现金	28	-
20	现金流入小计	29	-
21	购建固定资产、无形资产和其他长期资产支付	30	-
22	投资所支付的现金	31	-
23	支付的其他与投资活动有关的现金	35	-
24	现金流出小计	36	-
25	投资活动产生的现金流量净额	37	-
26	三、筹资活动产生的现金流量		
27	吸收投资所收到的现金	38	-
28	借款所收到的现金	40	-
29	收到的其他与投资活动有关的现金	43	-
30	现金流入小计	44	-
31	偿还债务所支付的现金	45	-
32	分配股利、利润、偿付利息所支付的现金	46	3,000.00
33	支付的其他与筹资活动有关的现金	52	-
34	现金流出小计	53	3,000.00
35	筹资活动产生的现金流量净额	54	-3,000.00
36	四、汇率变动对现金的影响	55	
37	五、现金流量净额	56	7,220.00
38	验证现金流量表编制的正确性		7,220.00
39			
40			
41			

图 7-25　检验现金流量表编制的正确性

7.3　上机练习

【资料】：梁峰公司是一家产品制造企业，生产 A、B 两种产品。存货采用先进先出法核算，增值税率为 17%。

2013 年 12 月 31 日，公司各总分类账户及其所属明细分类账户的期末余额如表 7-2 所示。

表7-2 期末余额表

资产类账户	借方余额(元)	负债及所有者权益类账户	贷方余额(元)
库存现金	2 500	短期借款	140 000
银行存款	600 000	应付账款	93 500
应收账款	172 000	其中：韦丰公司	85 000
其中：裕华商场	32 000	天通公司	8 500
南洋公司	140 000	应付职工薪酬	9 000
长期待摊费用	800	应付利息-短期借款利息	2 000
原材料	240 000	长期借款	100 000
-甲材料(100 吨,@900)	90 000		
-乙材料(250 吨@600 元)	150 000		
生产成本-A	52 500		
库存商品	270 000		
-A(2800 件、@50 元)	140 000		
-B(1300 件、@100 元)	130 000	实收资本	800 000
持有至到期投资	10 000	盈余公积	55 000
固定资产	186 000	本年利润	200 000
累计折旧	贷余 94 300	利润分配-未分配利润	40 000
合计	1 439 500	合计	1 439 500

公司 2013 年 12 月发生经济业务如下：

(1) 1 日，开出现金支票一张(支票号码 NO.560)，从银行提取现金 4 000 元备用。

(2) 1 日，职工王力预借差旅费 2 500 元，出纳以现金支付。

(3) 2 日，以现金购买办公用品 500 元。

(4) 2 日，从 A 公司购入甲、乙、两种材料，发票账单已到达，货款用银行存款支付，材料已验收入库。其中，甲材料 10 吨，单价 900 元；乙材料 20 吨，单价 600 元。

(5) 3 日，向燕兴公司销售 A 产品 2 500 件，每件售价 95 元。产品已发出，货款已收到并存入银行。

(6) 4 日，以银行存款支付前欠韦丰公司货款 85 000 元。

(7) 5 日，生产 A 产品领用甲材料 15 吨，领用乙材料 8 吨。

(8) 6 日，职工王力出差归来报销差旅费 2 300 元，余额退回现金。

(9) 15 日，开出转账支票(NO.763)一张，支付车间设备修理费 1 170 元(价税合计)。

(10) 17 日，向佳庭公司销售 B 产品 1 000 件，每件售价 130 元。货款尚未收到。

(11) 22 日，用银行存款支付明年的财产保险费 2 900 元。

(12) 22 日，用现金支付职工报销医药费 750 元。

(13) 23 日，本月应付职工工资 150 000 元。其中，A、B 产品生产工人工资分别为 50 000 元、50 000 元，厂部管理人员工资 50 000 元。

(14) 23 日，按工资总额的 14%提取职工福利费。

(15) 24 日，通知银行转账 150 000 元，发放工资。

(16) 26 日，以银行存款支付本月销售费用 15 000 元。

(17) 27 日，预提本月短期借款利息 2 000 元。

(18) 31 日，计提本月固定资产折旧 20 000 元，其中生产车间应负担 15 000 元，厂部负担 5 000 元。

(19) 31 日，摊销应由本月负担的长期待摊费用 400 元。

(20) 31 日，分摊并结转本月发生的制造费用(按 A、B 2 种产品的生产工人工资的比例分摊)。

(21) 31 日，本月 A 产品全部完工，结转其完工成本(包括上月未完工成本)。

(22) 31 日，结转本月 A、B 产品的销售成本。其中，A 产品每件 50 元，B 产品每件 100 元。

(23) 31 日，本月经营业务应交城市维护建设税、教育费附加。城建税税率 7%，教育费附加费率 3%。

(24) 31 日，结转本月收支至【本年利润】账户。

(25) 31 日，按当月利润总额计算所得税(所得税率为 25%)，并结转至本年利润。

(26) 31 日，结转本年利润至利润分配。

根据以上企业资料，建立会计凭证表，生成总分类账、明细分类账、现金日记账、银行存款日记账，建立科目汇总表、科目余额表，建立资产负债表、利润表以及现金流量表。

⑦.4 习题

问答题：

1. 使用 Excel 进行会计核算的基本流程是什么？与手工记账相比，显著的优势有哪些？

2. 账簿的类型有哪些，日记账是否必须全部建立，可否利用原有资料自动生成部分日记账？

3. 编制调整分录表的目的是什么？编制调整分录表的依据是什么？如何编制调整分录表？

第 8 章

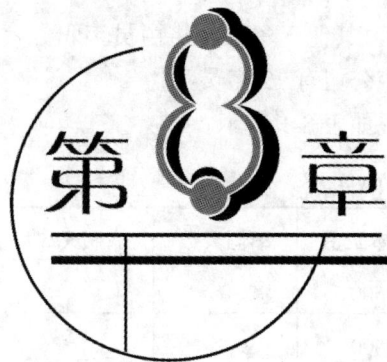

Excel 在财务中的应用
——工资核算

学习目标

工资是企业在一定时间内直接支付给本单位员工的劳动报酬，也是企业进行各种费用计提的基础。工资管理是企业管理的重要组成部分，是每个单位财会部门最基本的业务之一，不仅关系到每个员工的切身利益，也是直接影响产品成本核算的重要因素。手工进行工资核算，需要占用财务人员大量的精力和时间，并且容易出错，采用计算机进行工资核算可以有效提高工资核算的准确性和及时性。通过本章的学习，读者应了解并掌握 Excel 在工资账务处理流程中的应用。

本章重点

- 制作员工工资表
- 工资项目的设置
- 工资数据的查询与汇总分析
- 打印工资发放条

8.1 制作员工工资表

8.1.1 背景资料

嘉佑股份有限公司是一家小型工业企业，主要有管理部、生产部和销售部 3 个部门。另外，它还主要有 5 种职务类别：公司管理、生产管理、生产工人、销售管理以及销售人员。每个员工的工资项目有基本工资、岗位工资、住房补贴、奖金、事假扣款、病假扣款、养老保险扣款和医疗保险扣款等。除基本工资因人而异外(要求必须逐一输入),其他工资项目将由员工职务类别和部门决定,而且随时间的变化而变化(为便于介绍,假设该公司有 12 名员工)。

2013 年 1 月嘉佑股份有限公司员工基本工资情况与出勤情况如表 8-1 所示。

表 8-1　2013 年 1 月公司员工基本工资情况与出勤情况

员工编号	姓名	部门	性别	员工类别	基本工资	事假天数	病假天数
1001	李飞	管理部	男	公司管理	4500		
1002	马媛	管理部	女	公司管理	4000	2	
1003	李正	管理部	男	公司管理	3800		2
2001	张力	生产部	男	生产管理	4000		
2002	王沙	生产部	男	生产工人	3300		
2003	孔丽	生产部	女	生产工人	3000		
2004	赵阳	生产部	男	生产工人	3000	16	
3001	白雪	销售部	女	销售管理	4000		
3002	孙武	销售部	男	销售人员	3500		
3003	齐磊	销售部	男	销售人员	3000		15
3004	牛玲	销售部	女	销售人员	3000		
3005	王林	销售部	男	销售人员	3200		

其他工资项目的发放情况及有关规定如下。

- 岗位工资:根据员工类别不同进行发放,管理人员(公司管理、生产管理、销售管理)为 1000 元,生产工人为 500 元,销售人员 800 元。

- 住房补贴:根据员工类别不同进行发放,生产工人为 200 元,销售人员 280,管理人员为 350 元。

- 奖金:奖金由部门的效益决定,本月管理部奖金为 500 元,生产部奖金为 600 元,销售部奖金与个人销售额相关,完成基本销售额 30 万元的奖金为 500 元,超额完成的按超出金额的 1%提成,未完成基本销售额的无奖金。

- 事假扣款规定:如果事假小于 14 天,将应发工资平均到每天(每月按 22 天计算),按天扣钱;如果事假大于 14 天,扣除应发工资的 80%。

- 病假扣款规定::如果病假小于 14 天,工人扣款 300 元,非工人扣款 500 元;如果病假大于 14 天,工人扣款 500 元,非工人扣款 800 元。

- 养老保险扣款:按基本工资和岗位工资总和的 8%扣除。

- 医疗保险扣款:按基本工资和岗位工资总和的 2%扣除。

- 个人所得税:依据个人所得税税率表,见表 8-2 所示。

表 8-2　个人所得税税率表

级　　数	全月应纳所得税额	税　　率	速算扣除数
1	不超过 1 500 元部分	3%	0
2	超过 1 500 元至 4 500 元部分	10%	105
3	超过 4 500 元至 9 000 元部分	20%	555
4	超过 9 000 元至 35 000 元部分	25%	1 005
5	超过 35 000 元至 55 000 元部分	30%	2 755
6	超过 55 000 元至 80 000 元部分	35%	5 505
7	超过 80 000 元以上	45%	13 505

⑧.1.2　基本工资项目和数据的输入

(1) 建立如下工资项目。员工编号、姓名、部门、性别、员工类别、基本工资、岗位工资、住房补贴、奖金、应发合计、事假天数、事假扣款、病假天数、病假扣款、其他扣款、扣款合计、养老保险、医疗保险、应扣社保合计、应发工资、代扣税以及实发合计。如图 8-1~图 8-3 所示。

图 8-1　输入基本工资项目 1

图 8-2　输入基本工资项目 2

图 8-3　输入基本工资项目 3

(2) 进行有效性控制。为了输入方便并防止出错，可对【部门】列、【性别】列和【员工类别】列设置有效性控制。以【部门】列为例，将光标移至 C2 单元格，选择【数据】|【有效性】

命令，按如图 8-4 所示设置对话框，在【有效性条件】中选择【序列】选项，在【来源】选项中输入本企业的所有部门：管理、生产、销售。设置完毕后，向下拖动鼠标，如图 8-5 所示，将 C2 单元格的有效性控制复制到 C 列的其他单元格。

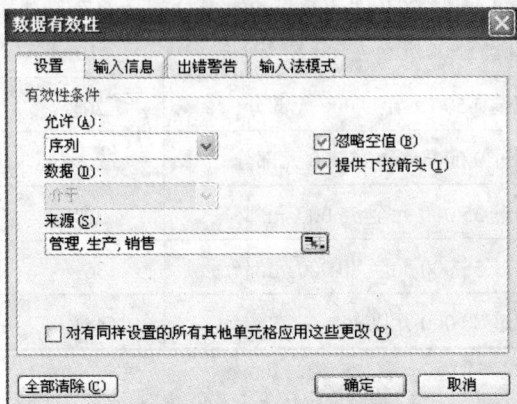

图 8-4　有效性控制设置

图 8-5　有效性控制复制

　　(3) 输入员工编号。可先在 A2 单元输入第一个员工编号 1001，然后向下拖动鼠标产生其他管理部门的员工编号。如图 8-6 所示，使用同样的方法，依次输入生产部门和销售部门的员工编号。

图 8-6　输入员工编号

　　(4) 依次输入"姓名"、"部门"、"性别"、"员工类别"、"基本工资"、"事假天数"和"病假天数"等各项信息。对于设置了有效性控制的列也可进行选择输入，其他项目的信息不必输入，如图 8-7 所示。

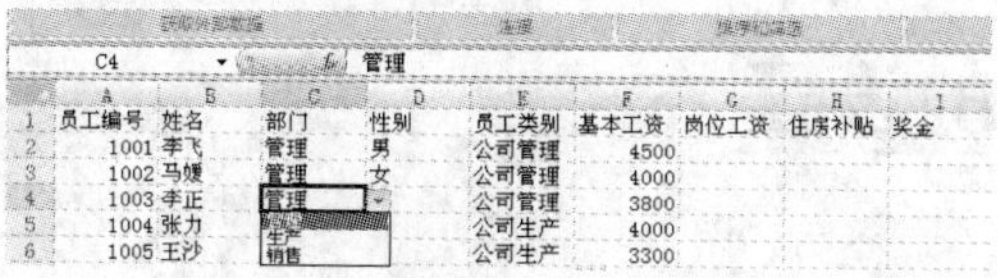

	A	B	C	D	E	F	G	H	I
1	员工编号	姓名	部门	性别	员工类别	基本工资	岗位工资	住房补贴	奖金
2	1001	李飞	管理	男	公司管理	4500			
3	1002	马媛	管理	女	公司管理	4000			
4	1003	李正	管理		公司管理	3800			
5	1004	张力			公司生产	4000			
6	1005	王沙			公司生产	3300			

图 8-7　有关项目的信息输入

(5) 输入时，也可采取另外一种方式。选择【记录单】命令，右击快速访问工具栏，在弹出的【自定义快速访问工具栏】对话框中选择【自定义】选项中的【从下列位置选择命令】下的【所有命令】选项，其中按拼音列出了所有命令，找到【记录单】命令，单击【添加】按钮，并单击【确定】按钮之后，【记录单】将出现在【快速访问工具栏】上，如图 8-8 所示。

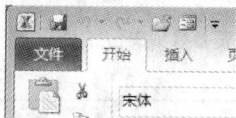

图 8-8　设置记录单

选中数据清单中的任意一个单元格，然后单击【记录单】按钮，可以输入一条新记录；单击【下一条】按钮，可以查询下一条记录；单击【上一条】按钮，可以查询上一条记录。如图 8-9 和图 8-10 所示。如图 8-11 所示的是嘉佑公司 2013 年 1 月员工的基本工资与请假情况。

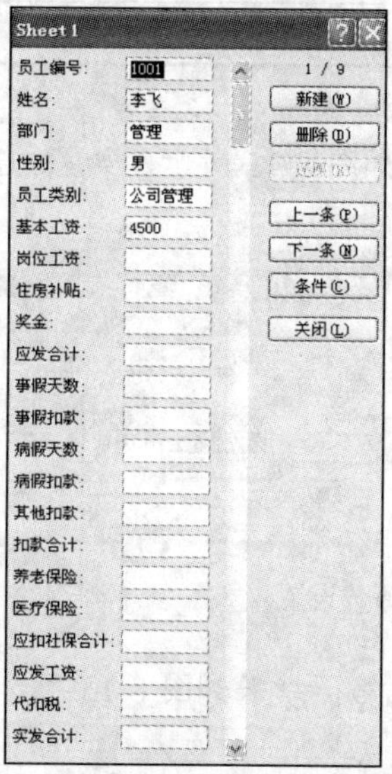

图 8-9　查询记录

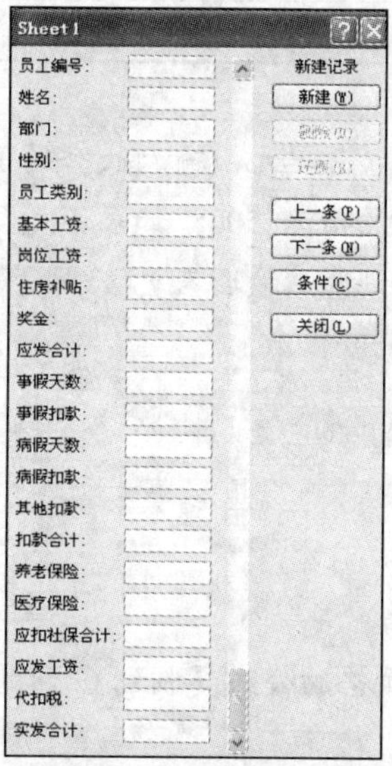

图 8-10　新建记录

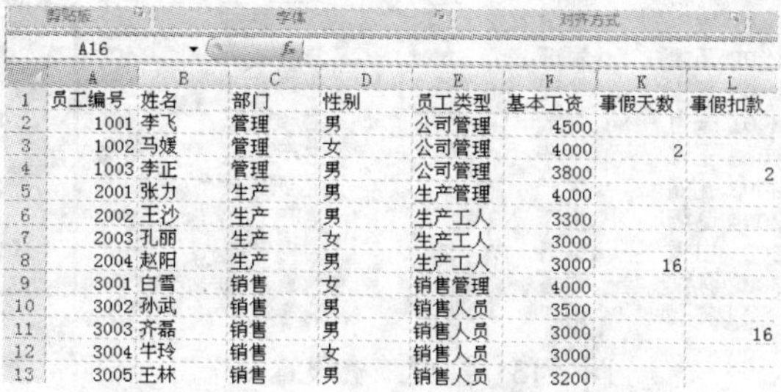

	A	B	C	D	E	F	K	L
1	员工编号	姓名	部门	性别	员工类型	基本工资	事假天数	事假扣款
2	1001	李飞	管理	男	公司管理	4500		
3	1002	马媛	管理	女	公司管理	4000	2	
4	1003	李正	管理	男	公司管理	3800		2
5	2001	张力	生产	男	生产管理	4000		
6	2002	王沙	生产	男	生产工人	3300		
7	2003	孔丽	生产	女	生产工人	3000		
8	2004	赵阳	生产	男	生产工人	3000	16	
9	3001	白雪	销售	女	销售管理	4000		
10	3002	孙武	销售	男	销售人员	3500		
11	3003	齐磊	销售	男	销售人员	3000		16
12	3004	牛玲	销售	女	销售人员	3000		
13	3005	王林	销售	男	销售人员	3200		

图 8-11　基本工资与请假情况

8.2 工资项目的设置

8.2.1 “岗位工资”项目的设置

根据嘉佑公司的规定，“岗位工资”是根据“员工类别”的不同而不同，具体要求如表 8-3 所示。

表 8-3 岗位工资情况

单位：元

员 工 类 别	岗 位 工 资
公司管理	1000
生产管理	1000
销售管理	1000
生产工人	500
销售人员	800

具体操作步骤如下：

(1) 将光标移到 G2 单元，输入嵌套的 IF 函数。如图 8-12 所示，如果 G2 单元的值为“生产工人”，IF()函数的值为 500；如果不是，进一步判断。如果为“销售人员”，IF()函数的值为 800；如果不是，则为“管理人员(公司管理、生产管理、销售管理)”，IF()函数的值为 1000。

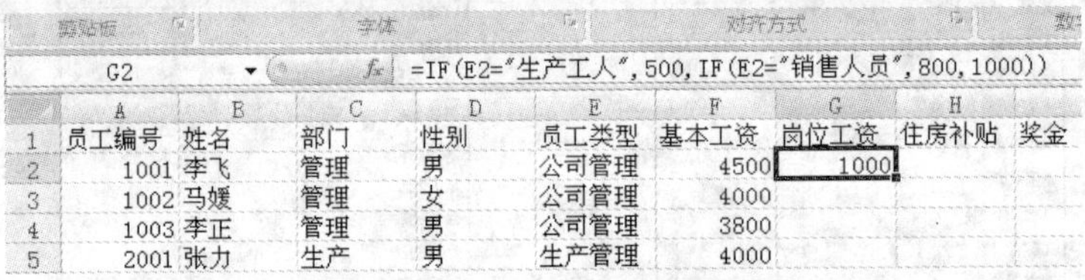
G2 =IF(E2="生产工人",500,IF(E2="销售人员",800,1000))

	A	B	C	D	E	F	G	H	
1	员工编号	姓名	部门	性别	员工类型	基本工资	岗位工资	住房补贴	奖金
2	1001	李飞	管理	男	公司管理	4500	1000		
3	1002	马媛	管理	女	公司管理	4000			
4	1003	李正	管理	男	公司管理	3800			
5	2001	张力	生产	男	生产管理	4000			

图 8-12 岗位工资的函数设置

(2) 将 G2 单元格的公式复制到 G 列的其他单元格，结果如图 8-13 所示。

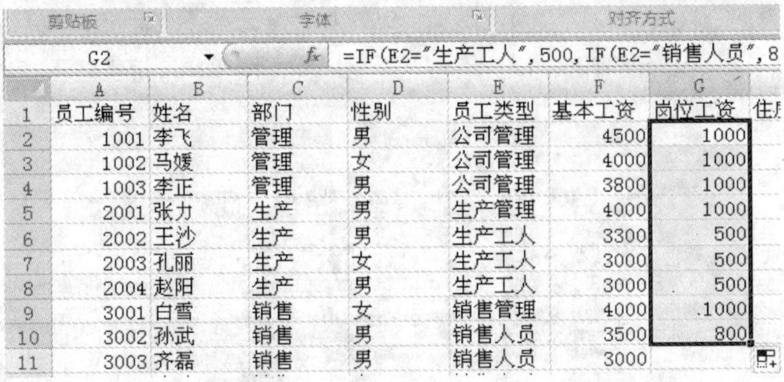
G2 =IF(E2="生产工人",500,IF(E2="销售人员",8

	A	B	C	D	E	F	G
1	员工编号	姓名	部门	性别	员工类型	基本工资	岗位工资
2	1001	李飞	管理	男	公司管理	4500	1000
3	1002	马媛	管理	女	公司管理	4000	1000
4	1003	李正	管理	男	公司管理	3800	1000
5	2001	张力	生产	男	生产管理	4000	1000
6	2002	王沙	生产	男	生产工人	3300	500
7	2003	孔丽	生产	女	生产工人	3000	500
8	2004	赵阳	生产	男	生产工人	3000	500
9	3001	白雪	销售	女	销售管理	4000	1000
10	3002	孙武	销售	男	销售人员	3500	800
11	3003	齐磊	销售	男	销售人员	3000	

图 8-13 岗位工资设置结果

8.2.2　“住房补贴”项目的设置

在嘉佑公司，“住房补贴”由“员工类别”决定，具体要求如表 8-4 所示。

表 8-4　住房补贴情况

单位：元

员 工 类 别	住 房 补 贴
公司管理	350
生产管理	350
销售管理	350
生产工人	200
销售人员	280

具体操作步骤如下：

(1) 将光标移至 H2 单元，输入嵌套的 IF 函数，如图 8-14 所示。如果 H2 单元的值为“生产工人”，IF()函数的值为 200；如果不是，进一步判断。如果为“销售人员”，IF()函数的值为 280；如果不是，则为“管理人员(公司管理、生产管理或销售管理)”，IF()函数的值为 350。

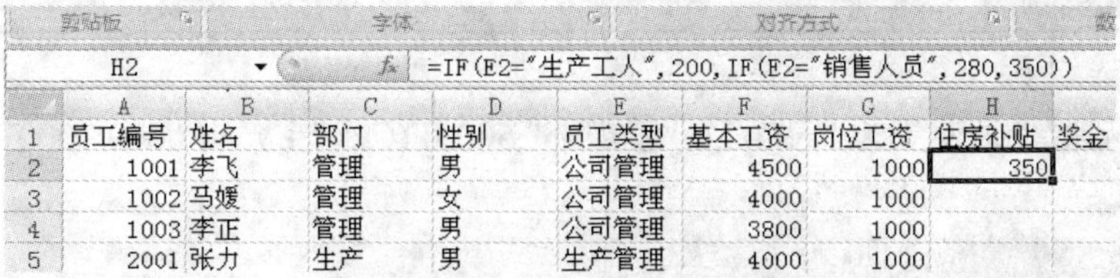
H2　=IF(E2="生产工人",200,IF(E2="销售人员",280,350))

	A	B	C	D	E	F	G	H	I
1	员工编号	姓名	部门	性别	员工类型	基本工资	岗位工资	住房补贴	奖金
2	1001	李飞	管理	男	公司管理	4500	1000	350	
3	1002	马媛	管理	女	公司管理	4000	1000		
4	1003	李正	管理	男	公司管理	3800	1000		
5	2001	张力	生产	男	生产管理	4000	1000		

图 8-14　住房补贴的函数设置

(2) 将 H2 单元格的公式复制到 H 列的其他单元格，结果如图 8-15 所示。

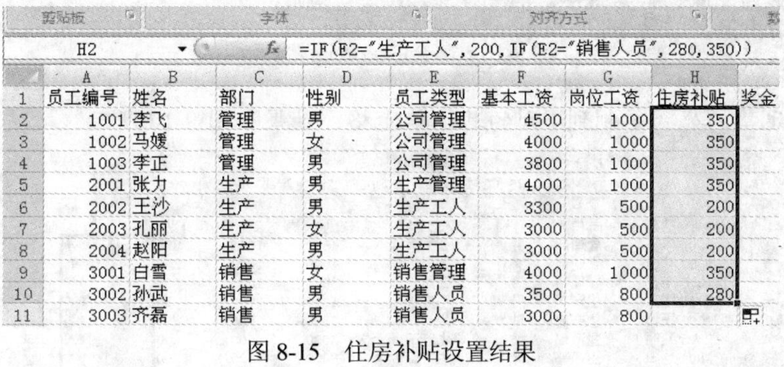
H2　=IF(E2="生产工人",200,IF(E2="销售人员",280,350))

	A	B	C	D	E	F	G	H	I
1	员工编号	姓名	部门	性别	员工类型	基本工资	岗位工资	住房补贴	奖金
2	1001	李飞	管理	男	公司管理	4500	1000	350	
3	1002	马媛	管理	女	公司管理	4000	1000	350	
4	1003	李正	管理	男	公司管理	3800	1000	350	
5	2001	张力	生产	男	生产管理	4000	1000	350	
6	2002	王沙	生产	男	生产工人	3300	500	200	
7	2003	孔丽	生产	女	生产工人	3000	500	200	
8	2004	赵阳	生产	男	生产工人	3000	500	200	
9	3001	白雪	销售	女	销售管理	4000	1000	350	
10	3002	孙武	销售	男	销售人员	3500	800	280	
11	3003	齐磊	销售	男	销售人员	3000	800		

图 8-15　住房补贴设置结果

8.2.3　“奖金”项目的设置

根据嘉佑公司的规定，“奖金”由部门的效益决定，具体要求如表 8-5 所示。

表 8-5　奖金情况

单位：元

部　门	奖　金
管理部	500
生产部	600
销售部	与个人销售额相关，完成基本销售额 30 万元的奖金为 500 元，超额完成的按超出金额的 1%提成，未完成基本销售额的则无奖金

假设销售部本月销售情况如表 8-6 所示。

表 8-6　销售情况

单位：万元

姓　名	销 售 额
白雪	35
孙武	42
齐磊	15
牛玲	36
王林	34

具体操作步骤如下：

(1) 将 I2 单元格公式设置为 “=IF(C2="管理部",500,IF(C2="生产部",600,1000))”，如图 8-16 所示。

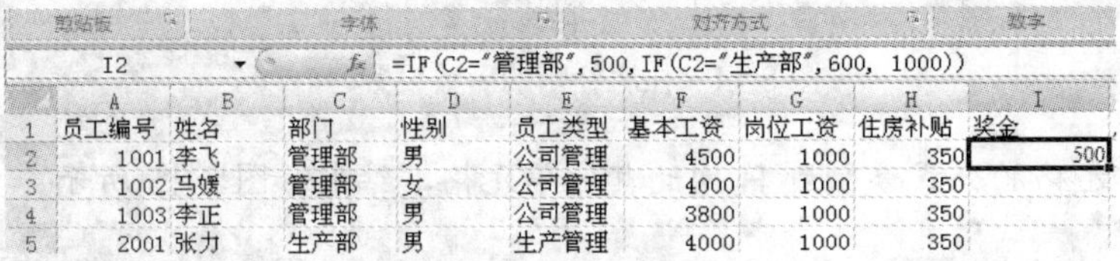

剪贴板 字体 对齐方式 数字

I2　=IF(C2="管理部",500,IF(C2="生产部",600,1000))

	A	B	C	D	E	F	G	H	I
1	员工编号	姓名	部门	性别	员工类型	基本工资	岗位工资	住房补贴	奖金
2	1001	李飞	管理部	男	公司管理	4500	1000	350	500
3	1002	马媛	管理部	女	公司管理	4000	1000	350	
4	1003	李正	管理部	男	公司管理	3800	1000	350	
5	2001	张力	生产部	男	生产管理	4000	1000	350	

图 8-16　奖金的函数设置 1

(2) 将 I2 单元格的公式复制到 I 列的其他单元格，结果如图 8-17 所示。

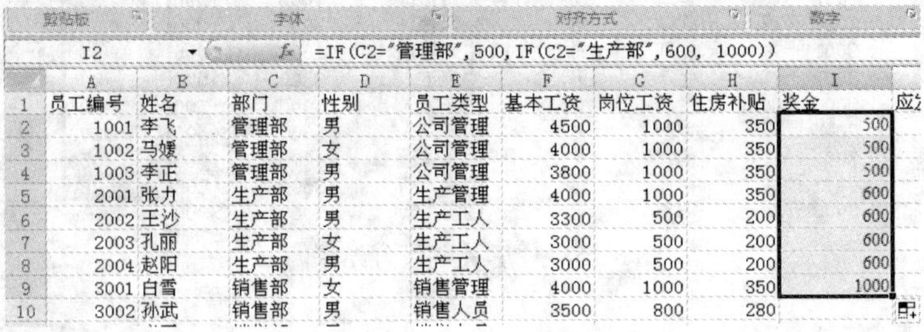

剪贴板 字体 对齐方式 数字

I2　=IF(C2="管理部",500,IF(C2="生产部",600,1000))

	A	B	C	D	E	F	G	H	I	应
1	员工编号	姓名	部门	性别	员工类型	基本工资	岗位工资	住房补贴	奖金	应
2	1001	李飞	管理部	男	公司管理	4500	1000	350	500	
3	1002	马媛	管理部	女	公司管理	4000	1000	350	500	
4	1003	李正	管理部	男	公司管理	3800	1000	350	500	
5	2001	张力	生产部	男	生产管理	4000	1000	350	600	
6	2002	王沙	生产部	男	生产工人	3300	500	200	600	
7	2003	孔丽	生产部	女	生产工人	3000	500	200	600	
8	2004	赵阳	生产部	男	生产工人	3000	500	200	600	
9	3001	白雪	销售部	女	销售管理	4000	1000	350	1000	
10	3002	孙武	销售部	男	销售人员	3500	800	280		

图 8-17　奖金的设置结果 1

(3) 从第一个显示【销售部】的 I9 单元格，将该单元格的公式设置为 “=IF(AND(C9="销售部",销售总额!F2>=30),500+100*(销售总额!F2-30),0)”，如图 8-18 所示(该步骤需要用到销售部的销售总额表，如图 8-19 所示。)

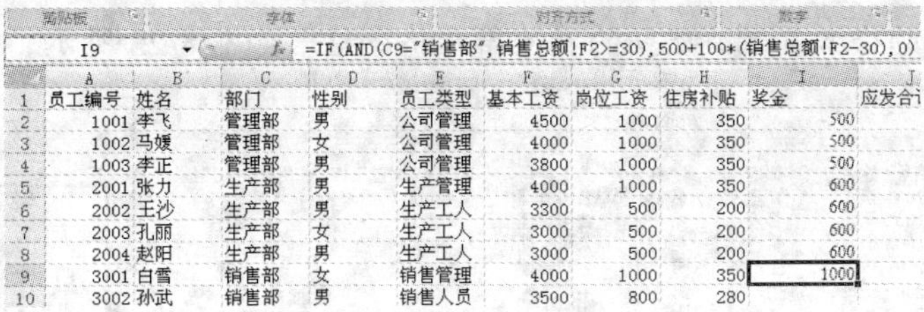

I9　=IF(AND(C9="销售部",销售总额!F2>=30),500+100*(销售总额!F2-30),0)

	A	B	C	D	E	F	G	H	I	J
1	员工编号	姓名	部门	性别	员工类型	基本工资	岗位工资	住房补贴	奖金	应发合计
2	1001	李飞	管理部	男	公司管理	4500	1000	350	500	
3	1002	马媛	管理部	女	公司管理	4000	1000	350	500	
4	1003	李正	管理部	男	公司管理	3800	1000	350	500	
5	2001	张力	生产部	男	生产管理	4000	1000	350	600	
6	2002	王沙	生产部	男	生产工人	3300	500	200	600	
7	2003	孔丽	生产部	女	生产工人	3000	500	200	600	
8	2004	赵阳	生产部	男	生产工人	3000	500	200	600	
9	3001	白雪	销售部	女	销售管理	4000	1000	350	1000	
10	3002	孙武	销售部	男	销售人员	3500	800	280		

图 8-18　奖金的函数设置 2

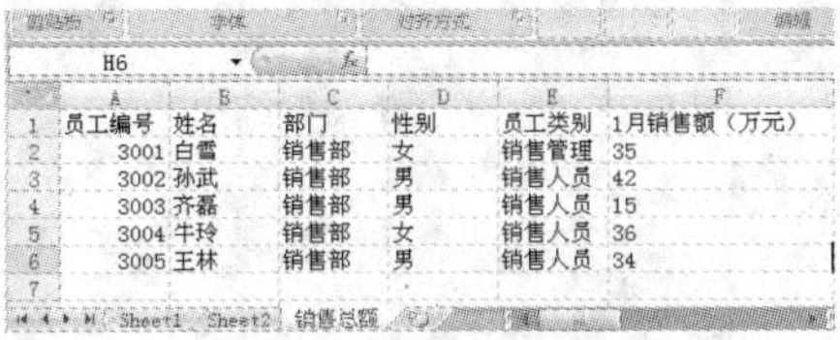

H6

	A	B	C	D	E	F
1	员工编号	姓名	部门	性别	员工类别	1月销售额（万元）
2	3001	白雪	销售部	女	销售管理	35
3	3002	孙武	销售部	男	销售人员	42
4	3003	齐磊	销售部	男	销售人员	15
5	3004	牛玲	销售部	女	销售人员	36
6	3005	王林	销售部	男	销售人员	34
7						

图 8-19　销售总额表

(4) 将 I9 单元格的公式复制到 I 列的其他显示【销售部】的单元格，结果如图 8-20 所示。

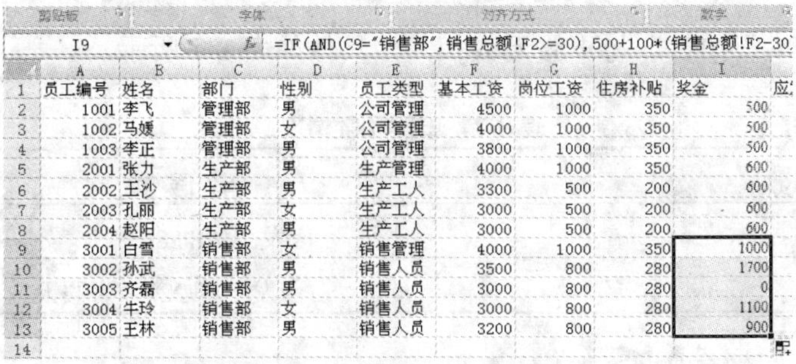

I9　=IF(AND(C9="销售部",销售总额!F2>=30),500+100*(销售总额!F2-30)

	A	B	C	D	E	F	G	H	I
1	员工编号	姓名	部门	性别	员工类型	基本工资	岗位工资	住房补贴	奖金
2	1001	李飞	管理部	男	公司管理	4500	1000	350	500
3	1002	马媛	管理部	女	公司管理	4000	1000	350	500
4	1003	李正	管理部	男	公司管理	3800	1000	350	500
5	2001	张力	生产部	男	生产管理	4000	1000	350	600
6	2002	王沙	生产部	男	生产工人	3300	500	200	600
7	2003	孔丽	生产部	女	生产工人	3000	500	200	600
8	2004	赵阳	生产部	男	生产工人	3000	500	200	600
9	3001	白雪	销售部	女	销售管理	4000	1000	350	1000
10	3002	孙武	销售部	男	销售人员	3500	800	280	1700
11	3003	齐磊	销售部	男	销售人员	3000	800	280	0
12	3004	牛玲	销售部	女	销售人员	3000	800	280	1100
13	3005	王林	销售部	男	销售人员	3200	800	280	900
14									

图 8-20　奖金的设置结果 2

8.2.4　“应发合计”项目的设置

此项目为基本工资、岗位工资以及奖金的合计数。具体操作步骤如下：

(1) 选中 J2 单元格，单击【自动求和】按钮 Σ，或直接在 J2 单元进行公式设置“=SUM(F2:I2)”，如图 8-21 和图 8-22 所示。

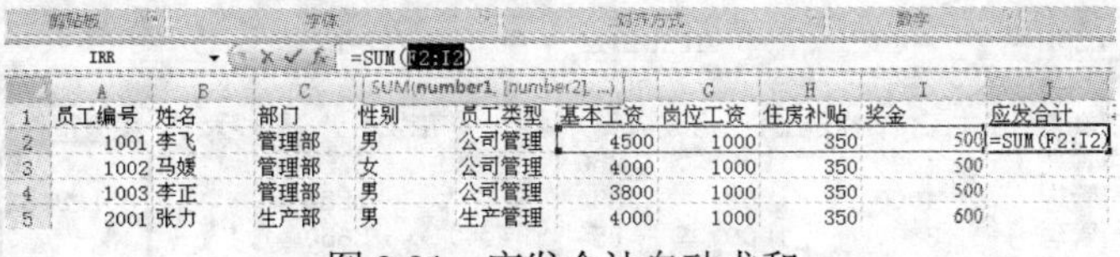

=SUM(F2:I2)

	A	B	C	D	E	F	G	H	I	J
1	员工编号	姓名	部门	性别	员工类型	基本工资	岗位工资	住房补贴	奖金	应发合计
2	1001	李飞	管理部	男	公司管理	4500	1000	350	500	=SUM(F2:I2)
3	1002	马媛	管理部	女	公司管理	4000	1000	350	500	
4	1003	李正	管理部	男	公司管理	3800	1000	350	500	
5	2001	张力	生产部	男	生产管理	4000	1000	350	600	

图 8-21　应发合计自动求和

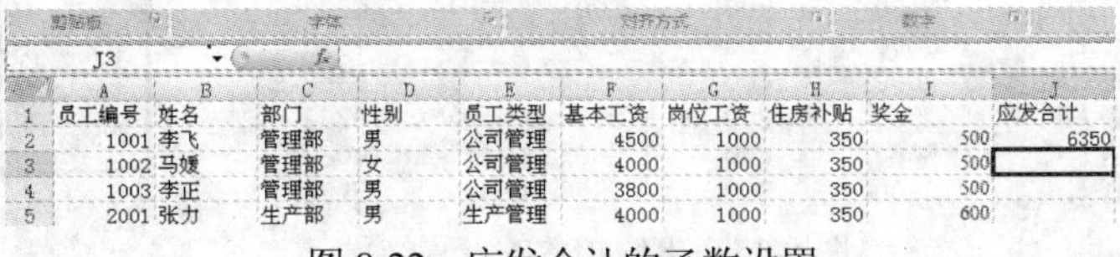

J3

	A	B	C	D	E	F	G	H	I	J
1	员工编号	姓名	部门	性别	员工类型	基本工资	岗位工资	住房补贴	奖金	应发合计
2	1001	李飞	管理部	男	公司管理	4500	1000	350	500	6350
3	1002	马媛	管理部	女	公司管理	4000	1000	350	500	
4	1003	李正	管理部	男	公司管理	3800	1000	350	500	
5	2001	张力	生产部	男	生产管理	4000	1000	350	600	

图 8-22　应发合计的函数设置

计算机基础与实训教材系列

(2) 将 J2 单元格的公式复制到 J 列的其他单元格，结果如图 8-23 所示。

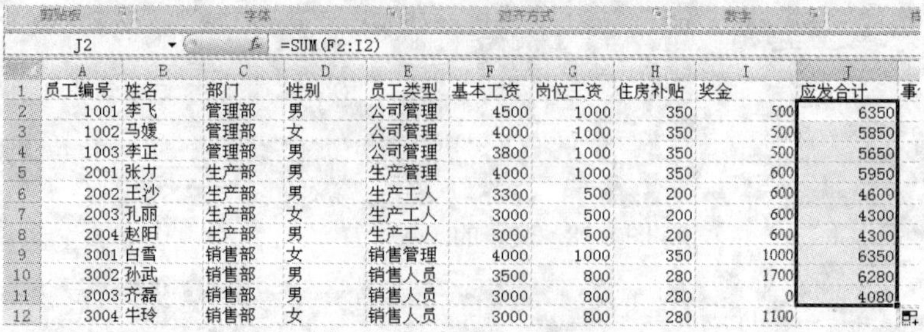

J2 =SUM(F2:I2)

	A	B	C	D	E	F	G	H	I	J
1	员工编号	姓名	部门	性别	员工类型	基本工资	岗位工资	住房补贴	奖金	应发合计
2	1001	李飞	管理部	男	公司管理	4500	1000	350	500	6350
3	1002	马媛	管理部	女	公司管理	4000	1000	350	500	5850
4	1003	李正	管理部	男	公司管理	3800	1000	350	500	5650
5	2001	张力	生产部	男	生产管理	4000	1000	350	600	5950
6	2002	王沙	生产部	男	生产工人	3300	500	200	600	4600
7	2003	孔丽	生产部	女	生产工人	3000	500	200	600	4300
8	2004	赵阳	生产部	男	生产工人	3000	500	200	600	4300
9	3001	白雪	销售部	女	销售管理	4000	1000	350	1000	6350
10	3002	孙武	销售部	男	销售人员	3500	800	280	1700	6280
11	3003	齐磊	销售部	男	销售人员	3000	800	280	0	4080
12	3004	牛玲	销售部	女	销售人员	3000	800	280	1100	

图 8-23　应发合计设置结果

8.2.5　“事假扣款”项目的设置

在嘉佑公司，“事假扣款”与事假天数相关，具体如表 8-7 所示。

表 8-7　事假扣款情况

事 假 天 数	事 假 扣 款
>14 天	应发工资的 80%
<=14 天	(应发工资/22)×事假天数

具体操作步骤如下：

(1) 将 L2 单元格的公式设置为=IF(K2>14,J2*0.8,J2/22*K2)，如图 8-24 所示。

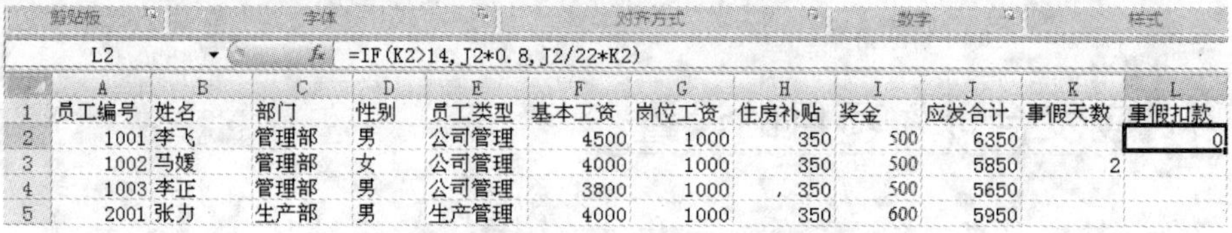

L2 =IF(K2>14,J2*0.8,J2/22*K2)

	A	B	C	D	E	F	G	H	I	J	K	L
1	员工编号	姓名	部门	性别	员工类型	基本工资	岗位工资	住房补贴	奖金	应发合计	事假天数	事假扣款
2	1001	李飞	管理部	男	公司管理	4500	1000	350	500	6350		0
3	1002	马媛	管理部	女	公司管理	4000	1000	350	500	5850	2	
4	1003	李正	管理部	男	公司管理	3800	1000	350	500	5650		
5	2001	张力	生产部	男	生产管理	4000	1000	350	600	5950		

图 8-24　事假扣款的函数设置

(2) 将 L2 单元格的公式复制到 L 列的其他单元格，结果如图 8-25 所示。

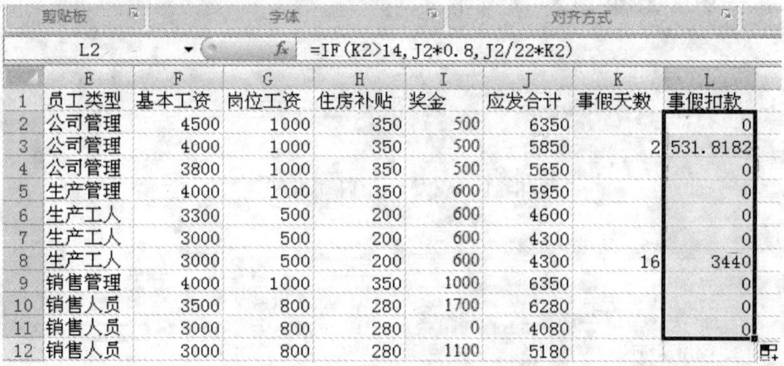

L2 =IF(K2>14,J2*0.8,J2/22*K2)

	E	F	G	H	I	J	K	L
1	员工类型	基本工资	岗位工资	住房补贴	奖金	应发合计	事假天数	事假扣款
2	公司管理	4500	1000	350	500	6350		0
3	公司管理	4000	1000	350	500	5850	2	531.8182
4	公司管理	3800	1000	350	500	5650		0
5	生产管理	4000	1000	350	600	5950		0
6	生产工人	3300	500	200	600	4600		0
7	生产工人	3000	500	200	600	4300		0
8	生产工人	3000	500	200	600	4300	16	3440
9	销售管理	4000	1000	350	1000	6350		0
10	销售人员	3500	800	280	1700	6280		0
11	销售人员	3000	800	280	0	4080		0
12	销售人员	3000	800	280	1100	5180		

图 8-25　事假扣款的设置结果

8.2.6　“病假扣款”项目的设置

在嘉佑公司，“病假扣款”由病假天数和员工类别决定，具体如表 8-8 所示。

表 8-8　病假扣款情况

单位：元

病 假 天 数	员 工 类 别	病 假 扣 款
>14 天	生产工人	500
>14 天	非生产工人	800
<=14 天	生产工人	300
<=14 天	非生产工人	500

具体操作步骤如下：

(1) 将 N2 单元格公式设置为“=IF(M2=0,0,IF(M2<=14,IF(E2="生产工人",300,500),IF(E2="生产工人",500,800)))”，如图 8-26 所示。

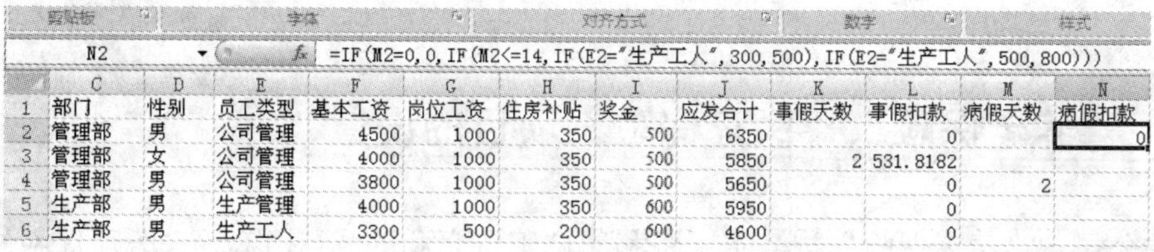
N2　=IF(M2=0,0,IF(M2<=14,IF(E2="生产工人",300,500),IF(E2="生产工人",500,800)))

	C	D	E	F	G	H	I	J	K	L	M	N
1	部门	性别	员工类型	基本工资	岗位工资	住房补贴	奖金	应发合计	事假天数	事假扣款	病假天数	病假扣款
2	管理部	男	公司管理	4500	1000	350	500	6350		0		0
3	管理部	女	公司管理	4000	1000	350	500	5850	2	531.8182		
4	管理部	男	公司管理	3800	1000	350	500	5650		0	2	
5	生产部	男	生产管理	4000	1000	350	600	5950		0		
6	生产部	男	生产工人	3300	500	200	600	4600		0		

图 8-26　事假扣款的函数设置

(2) 将 N2 单元格的公式复制到 N 列的其他单元格，结果如图 8-27 所示。

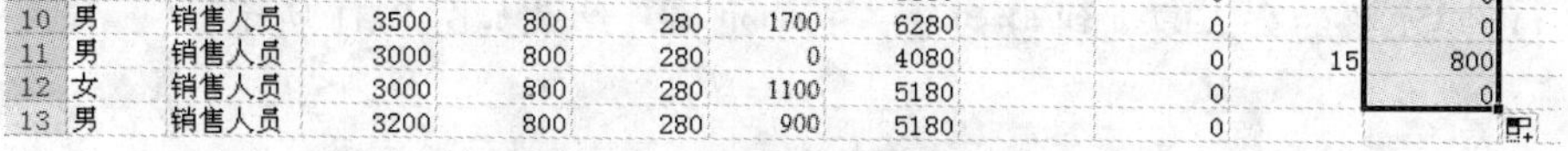
N2　=IF(M2=0,0,IF(M2<=14,IF(E2="生产工人",300,500),IF(E2="生产工人",500,800)))

	D	E	F	G	H	I	J	K	L	M	N
1	性别	员工类型	基本工资	岗位工资	住房补贴	奖金	应发合计	事假天数	事假扣款	病假天数	病假扣款
2	男	公司管理	4500	1000	350	500	6350		0		0
3	女	公司管理	4000	1000	350	500	5850	2	531.8182		0
4	男	公司管理	3800	1000	350	500	5650		0	2	500
5	男	生产管理	4000	1000	350	600	5950		0		0
6	男	生产工人	3300	500	200	600	4600		0		0
7	女	生产工人	3000	500	200	600	4300		0		0
8	男	生产工人	3000	500	200	600	4300	16	3440		0
9	女	销售管理	4000	1000	350	1000	6350		0		0
10	男	销售人员	3500	800	280	1700	6280		0		0
11	男	销售人员	3000	800	280	0	4080		0	15	800
12	女	销售人员	3000	800	280	1100	5180		0		0
13	男	销售人员	3200	800	280	900	5180		0		

图 8-27　病假扣款的设置结果

8.2.7　“扣款合计”项目的设置

扣款合计为“事假扣款”、“病假扣款”与“其他扣款”的总和，假设本月未发生其他扣款。具体操作步骤如下：

(1) 将 P2 单元公式设置为“=L2+N2+O2”，如图 8-28 所示。

P2 =L2+N2+O2

	J	K	L	M	N	O	P
1	应发合计	事假天数	事假扣款	病假天数	病假扣款	其他扣款	扣款合计
2	6350		0		0		0
3	5850	2	531.8182		0		
4	5650		0	2	500		
5	5950		0		0		
6	4600		0		0		

图 8-28　扣款合计的公式设置

(2) 将 P2 单元格的公式复制到 P 列的其他单元格，如图 8-29 所示。

P2 =L2+N2+O2

	J	K	L	M	N	O	P
1	应发合计	事假天数	事假扣款	病假天数	病假扣款	其他扣款	扣款合计
2	6350		0		0		0
3	5850	2	531.8182		0		531.8182
4	5650		0	2	500		500
5	5950		0		0		0
6	4600		0		0		0
7	4300		0		0		0
8	4300	16	3440		0		3440
9	6350		0		0		0
10	6280		0		0		0
11	4080		0	15	800		800
12	5180		0		0		

图 8-29　扣款合计的设置结果

8.2.8　“养老保险”、“医疗保险”项目的设置

在嘉佑公司，“养老保险”按基本工资和岗位工资之和的 8%扣除。“医疗保险”是按基本工资和岗位工资之和的 2%扣除。具体操作步骤如下：

(1) 将 Q2 单元格公式设置为“=(F2+G2)*0.08”，如图 8-30 所示。

Q2 =(F2+G2)*0.08

	I	J	K	L	M	N	O	P	Q
1	奖金	应发合计	事假天数	事假扣款	病假天数	病假扣款	其他扣款	扣款合计	养老保险
2	500	6350		0		0		0	440
3	500	5850	2	531.8182		0		531.8182	
4	500	5650		0	2	500		500	
5	600	5950		0		0		0	
6	600	4600		0		0		0	

图 8-30　养老保险的公式设置

(2) 将 Q2 单元格的公式复制到 Q 列的其他单元格，结果如图 8-31 所示。

Q2 =(F2+G2)*0.08

	J	K	L	M	N	O	P	Q
1	应发合计	事假天数	事假扣款	病假天数	病假扣款	其他扣款	扣款合计	养老保险
2	6350		0		0		0	440
3	5850	2	531.8182		0		531.8182	400
4	5650		0	2	500		500	384
5	5950		0		0		0	400
6	4600		0		0		0	304
7	4300		0		0		0	280
8	4300	16	3440		0		3440	280
9	6350		0		0		0	400
10	6280		0		0		0	344
11	4080		0	15	800		800	304
12	5180		0		0		0	

图 8-31　养老保险的设置结果

(3) 将 R2 单元格的公式设置为“=(F2+G2)*0.02”，如图 8-32 所示。

	L	M	N	O	P	Q	R
R2			fx	=(F2+G2)*0.02			
1	事假扣款	病假天数	病假扣款	其他扣款	扣款合计	养老保险	医疗保险
2	0			0		440	110
3	531.8182				531.8182	400	
4	0	2	500		500	384	
5	0					400	
6	0					304	

图 8-32　医疗保险的公式设置

(4) 将 R2 单元格的公式复制到 R 列的其他单元格，结果如图 8-33 所示。

	L	M	N	O	P	Q	R
R2			fx	=(F2+G2)*0.02			
1	事假扣款	病假天数	病假扣款	其他扣款	扣款合计	养老保险	医疗保险
2	0			0	0	440	110
3	531.8182				531.8182	400	100
4	0	2	500		500	384	96
5	0					400	100
6	0					304	76
7	0					280	70
8	3440				3440	280	70
9	0					400	100
10	0					344	86
11	0	15	800		800	304	

图 8-33　医疗保险的设置结果

⑧.2.9　"应扣社保合计"项目的设置

应扣社保合计为"养老保险"和"医疗保险"的合计。具体操作步骤如下：

(1) 将 S2 单元公式设置为"=Q2+R2"，如图 8-34 所示。

	M	N	O	P	Q	R	S
S2			fx	=Q2+R2			
1	病假天数	病假扣款	其他扣款	扣款合计	养老保险	医疗保险	应扣社保合计
2			0		440	110	550
3				531.8182	400	100	
4	2		500	500	384	96	
5					400	100	
6					304	76	

图 8-34　应扣社保合计的公式设置

(2) 将 S2 单元格的公式复制到 S 列的其他单元格，结果如图 8-35 所示。

	M	N	O	P	Q	R	S
S2			fx	=Q2+R2			
1	病假天数	病假扣款	其他扣款	扣款合计	养老保险	医疗保险	应扣社保合计
2				0	440	110	550
3				531.8182	400	100	500
4	2		500	500	384	96	480
5				0	400	100	500
6				0	304	76	380
7				0	280	70	350
8				3440	280	70	350
9				0	400	100	500
10				0	344	86	430
11	15		800	800	304	76	

图 8-35　应扣社保合计的设置结果

⑧.2.10 "应发工资"项目的设置

应发工资为"应发合计"和"扣款合计"、"应扣社保合计"的差额。具体操作步骤如下：

(1) 将 T2 单元公式设置为"=J2-P2-S2"，如图 8-36 所示。

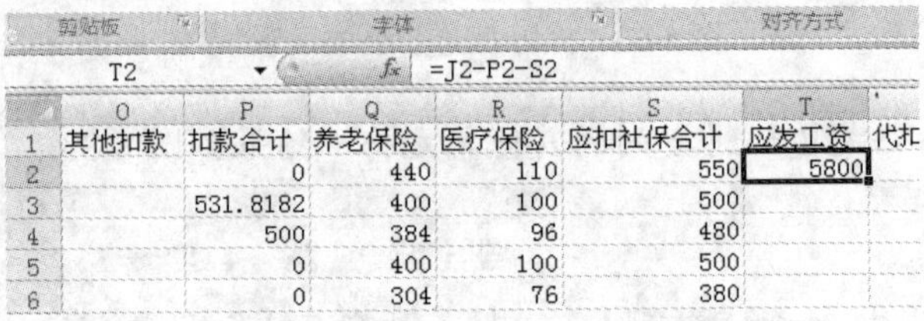

图 8-36 应发工资的公式设置

(2) 将 T2 单元格的公式复制到 T 列的其他单元格，结果如图 8-37 所示。

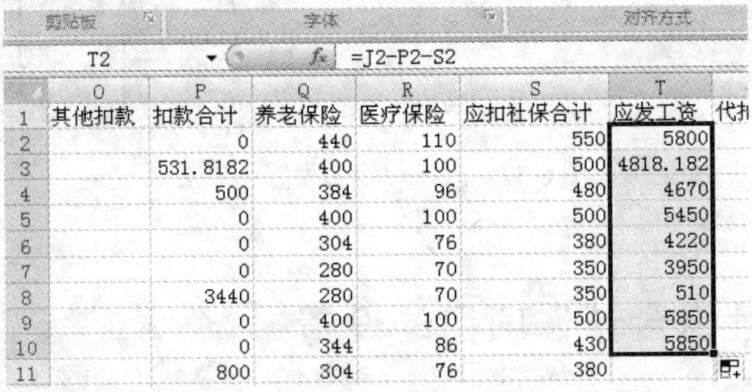

图 8-37 应发工资的设置结果

⑧.2.11 "代扣税"项目的设置

代扣所得税应当是根据应发工资的数额而定，根据该企业的情况假设要求如表 8-9 所示。

表 8-9 所得税情况

单位：元

应发工资-2000	代 扣 税
应发工资-3 500≤0	0
0<应发工资-3 500≤1 500	(应发工资-3 500)*0.03
1 500<应发工资-3 500≤4 500	(应发工资-3 500)*0.10-105
4 500<应发工资-3 500≤9 000	(应发工资-3 500)*0.20-555
9 000<应发工资-3 500≤35 000	(应发工资-3 500)*0.25-1 005
35 000<应发工资-3 500≤55 000	(应发工资-3 500)*0.30-2 755
55 000<应发工资-3 500≤80 000	(应发工资-3 500)*0.35-5 505
80 000<应发工资-3 500	复核应发工资

具体操作步骤如下：

(1) 将 U2 单元格的公式设置为 "=IF(T2-3500<=0,0,IF(T2-3500<=1500, (T2-3500)*0.03, IF(T2-3500<=4500,(T2-3500)*0.1-105,IF(T2-3500<=9000,(T2-3500)*0.20-555,IF(T2-3500<= 35000, (T2-3500)*0.25-1005,IF(T2-3500<=55000,(T2-3500)*0.30-2755,IF(T2-3500<=80000,(T2-3500)*0.35-5505,"复核应发工资")))))))"，如图 8-38 所示。

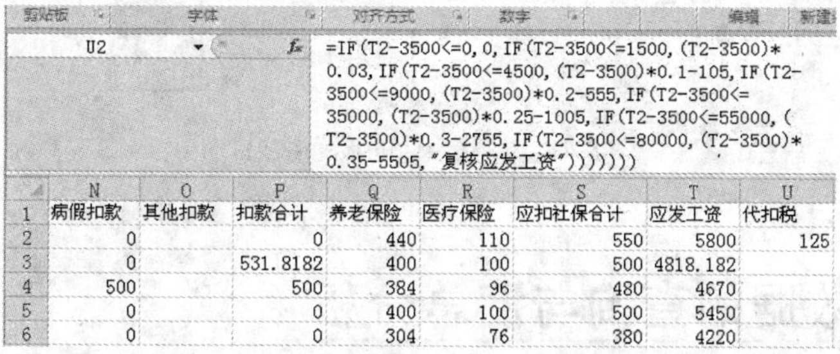

图 8-38　代扣税的公式设置

(2) 将 U2 单元格的公式复制到 U 列的其他单元格，结果如图 8-39 所示。

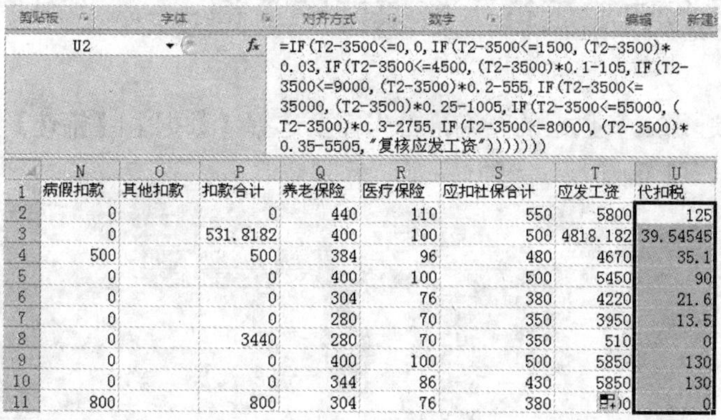

图 8-39　代扣税的设置结果

8.2.12　"实发合计"项目的设置

实发合计即实发工资，为"应发工资"与"代扣税"的差。具体操作步骤如下：

(1) 将 V2 单元格公式设置为 "=T2-U2"，如图 8-40 所示。

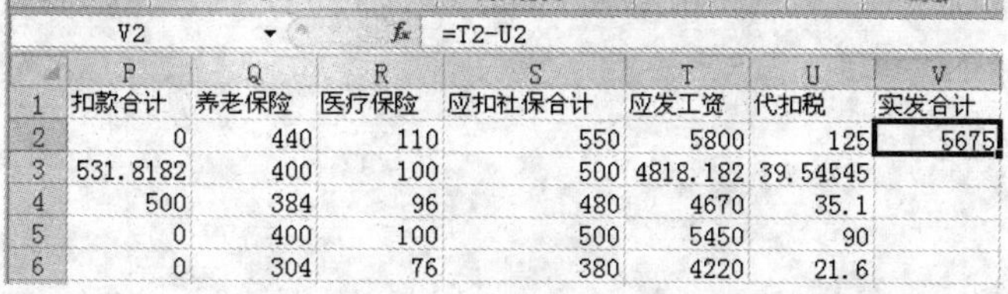

图 8-40　实发合计的公式设置

(2) 将 V2 单元格的公式复制到 V 列的其他单元格，结果如图 8-41 所示。

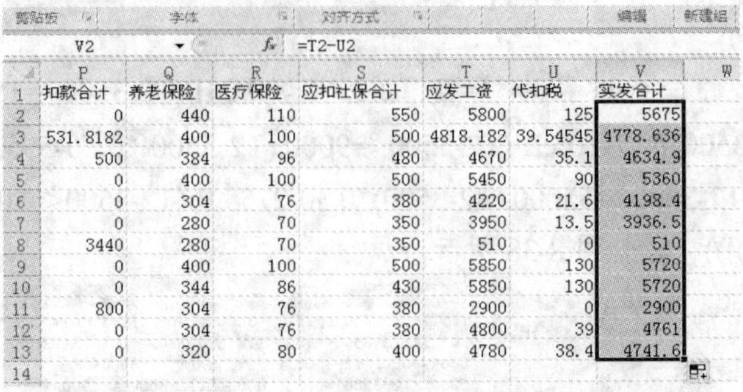

	P	Q	R	S	T	U	V
1	扣款合计	养老保险	医疗保险	应扣社保合计	应发工资	代扣税	实发合计
2	0	440	110	550	5800	125	5675
3	531.8182	400	100	500	4818.182	39.54545	4778.636
4	500	384	96	480	4670	35.1	4634.9
5	0	400	100	500	5450	90	5360
6	0	304	76	380	4220	21.6	4198.4
7	0	280	70	350	3950	13.5	3936.5
8	3440	280	70	350	510	0	510
9	0	400	100	500	5850	130	5720
10	0	344	86	430	5850	130	5720
11	800	304	76	380	2900	0	2900
12	0	304	76	380	4800	39	4761
13	0	320	80	400	4780	38.4	4741.6

图 8-41　实发合计的设置结果

8.3　工资数据的查询与汇总分析

8.3.1　利用筛选功能进行工资数据的查询

要利用筛选功能进行工资数据的查询，首先需要选择【数据】|【筛选】命令，进入筛选状态，如图 8-42 所示。

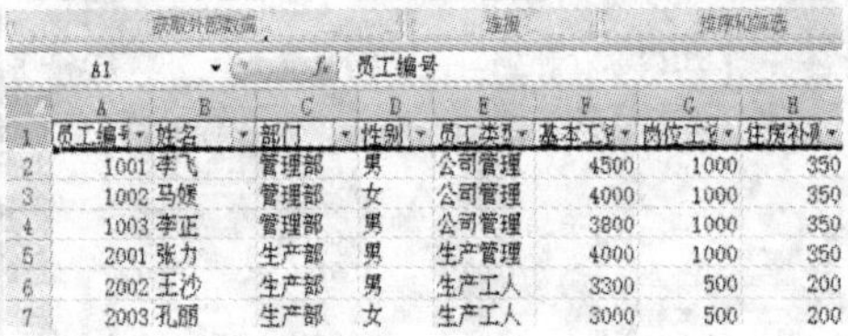

	A	B	C	D	E	F	G	H
1	员工编号	姓名	部门	性别	员工类别	基本工资	岗位工资	住房补贴
2	1001	李飞	管理部	男	公司管理	4500	1000	350
3	1002	马媛	管理部	女	公司管理	4000	1000	350
4	1003	李正	管理部	男	公司管理	3800	1000	350
5	2001	张力	生产部	男	生产管理	4000	1000	350
6	2002	王沙	生产部	男	生产工人	3300	500	200
7	2003	孔丽	生产部	女	生产工人	3000	500	200

图 8-42　筛选状态

1. 以员工姓名为依据进行查询

例如，查询姓名为“白雪”的员工工资情况。具体操作步骤如下：

(1) 单击【姓名】列的下拉按钮，在弹出的下拉列表中选择【文本筛选】|【等于】选项，如图 8-43 所示。

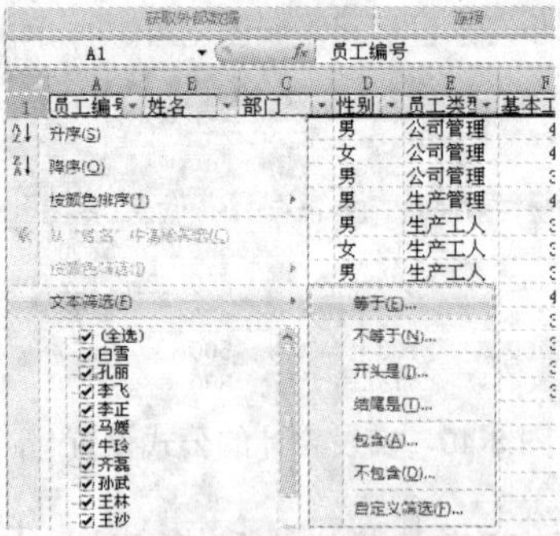

图 8-43　选择“等于”选项

(2) 在打开的对话框中输入要查询的员工姓名，如图 8-44 所示。单击【确定】按钮，查询结果如图 8-45 所示。

图 8-44　自定义筛选条件

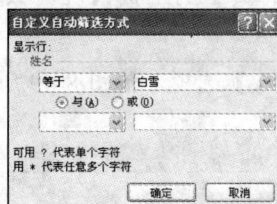

图 8-45　筛选结果

2. 以部门为依据进行查询

例如，查询销售部的所有员工的工资情况。具体操作步骤如下：

(1) 单击【部门】列的下拉按钮，在弹出的下拉列表中选择【销售部】选项，如图 8-46 所示。查询结果如图 8-47 所示。

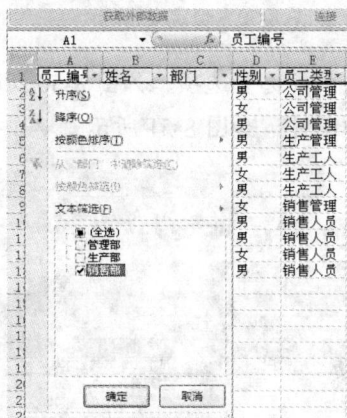

图 8-46　选择查询

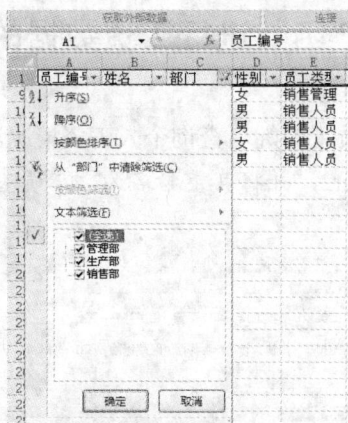

图 8-47　查询结果

(2) 如果要返回到原来的状态，则单击相应列的下拉按钮，然后选择【全部】选项即可，如图 8-48 所示。

图 8-48　返回原来状态

3. 以员工类别和基本工资为依据进行查询

例如，查询生产工人中基本工资低于或等于 3000 元的员工的工资情况。具体操作步骤如下：

(1) 单击【员工类别】列的下拉按钮，并选择【生产工人】选项，如图 8-49 所示。

图 8-49 选择筛选

图 8-50 自定义筛选

(2) 单击【基本工资】列的下拉按钮，选择【自定义筛选】选项，如图 8-50 所示，在打开的对话框中设置"基本工资小于或等于 3 000"的筛选条件，如图 8-51 所示。单击【确定】按钮，查询结果如图 8-52 所示。

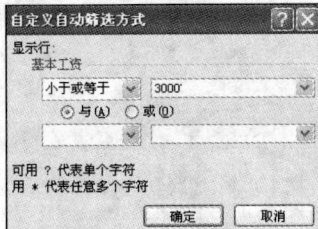

图 8-51 自定义筛选条件

图 8-52 筛选结果

如果要退出筛选状态，选择"数据"|"筛选"|"自动筛选"命令即可。

8.3.2 利用 VLOOKUP 函数进行工资数据的查询

利用 VLOOKUP 函数，依据员工的姓名查询个人工资情况。具体操作步骤如下：

(1) 将当前工作表切换到 Sheet2，并将其重命名为"工资查询"，在【工资查询】表中输入各个工资项目，如图 8-53 所示。

图 8-53 工资查询项目

（2）为了便于函数的设置，将工资数据区 Sheet1！B2:V13 命名为 GZ，选择【公式】|【名称管理器】选项，区域选择完毕，单击【确定】按钮，如图 8-54 所示。

（3）将光标移动到工资查询表的 B2 单元格，选择【公式】|【查找与引用】命令，在打开的下拉列表中选择 VLOOKUP 函数，如图 8-55 所示。

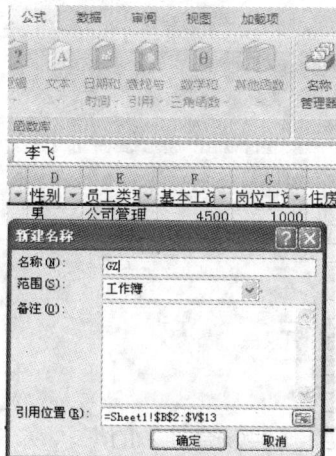

图 8-54　选定区域命名

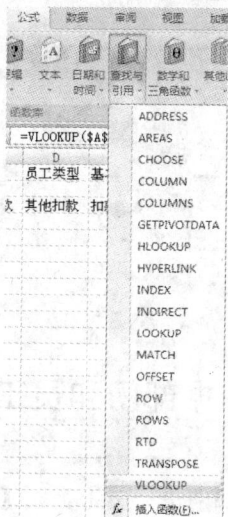

图 8-55　选择 VLOOKUP 函数

（4）输入 VLOOKUP 函数的各个参数，如图 8-56 所示，则 B2 单元格的公式设置如图 8-57所示。

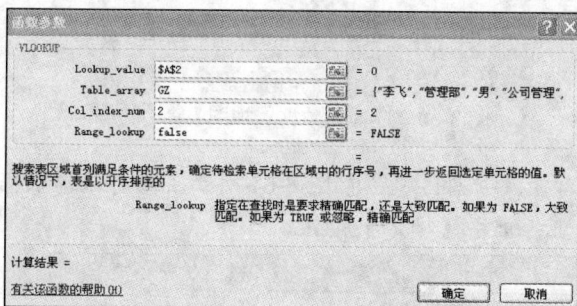

图 8-56　输入 VLOOKUP 函数的各个参数

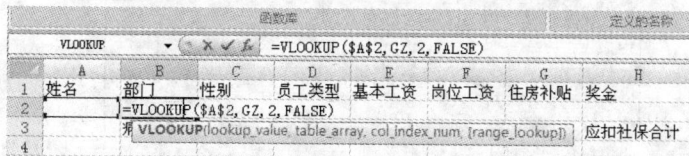

图 8-57　B2 单元格的公式设置

（5）将 B2 单元格的公式复制到其他单元格，并修改 Col_index_num 参数，即按照此项在 GZ 中对应的列数修改。

（6）在 A2 单元格输入要查询的员工姓名，即可查询出此员工的工资情况，如图 8-58 和图8-59 所示。

姓名	部门	性别	员工类别	基本工资	岗位工资	住房补贴	奖金	应发合计	事假天数	事假扣款
白雪	销售部	女	销售管理	4000	1000	350	1000	6350		0
	病假天数	病假扣款	其他扣款	扣款合计	养老保险	医疗保险	应扣社保合计	应发工资	代扣税	实发合计
	0	0	0	400	100	500	5850	130	5720	

图 8-58　查询结果 1

姓名	部门	性别	员工类别	基本工资	岗位工资	住房补贴	奖金	应发合计	事假天数	事假扣款
张力	生产部	男	生产管理	4000	1000	350	600	5950	0	0
	病假天数	病假扣款	其他扣款	扣款合计	养老保险	医疗保险	应扣社保合计	应发工资	代扣税	实发合计
	0	0	0	400	100	500	5450	90	5360	

图 8-59　查询结果 2

8.3.3　依据部门和员工类别的统计分析

计算每个部门每一员工类别【应发工资】汇总数和【实发合计】的汇总数。具体操作步骤如下：

(1) 选择【数据】|【数据透视表】|【数据透视图】命令，如图 8-60 所示。

图 8-60　选择【数据透视图】命令

(2) 选择需要汇总的工资数据源区域，如图 8-61 所示。接着选择数据透视表产生的位置，选择产生在新建的工作表上，单击【确定】按钮。

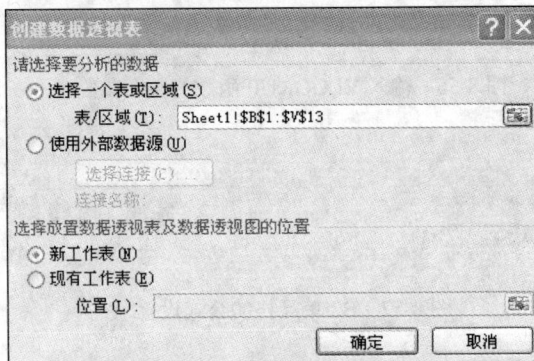

图 8-61　选择要汇总的数据区域

(3) 选择要添加到报表的字段，分别选择 "部门"、"员工类别" 和 "应发工资"，产生 "应发工资" 按部门与员工类别的数据透视图和数据透视汇总表，如图 8-62 和图 8-63 所示。

图 8-62 数据透视图

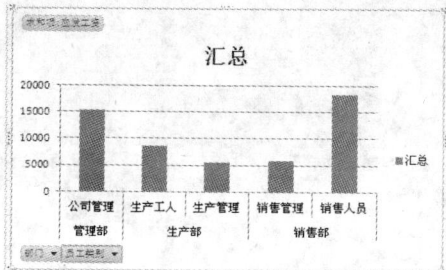

图 8-63 数据透视汇总表

(4) 选择数据透视图，选择【布局】|【数据标签】|【居中】命令，即可在数据透视表上显示相应的数字，如图 8-64 所示。

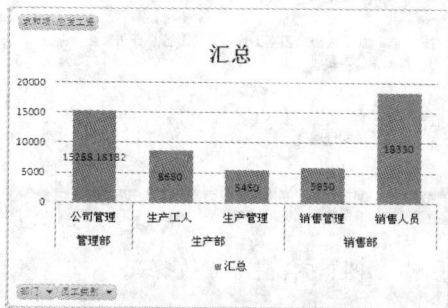

图 8-64 显示数据标志的透视图

(5) 在【选择要添加到报表】对话框中选中【实发合计】选项，并取消选中【应发工资】选项，如图 8-65 所示。即可变为【实发合计】的透视表和透视图，如图 8-66 和图 8-67 所示。

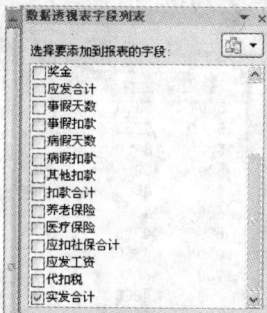

图 8-65 数据透视表字段列表

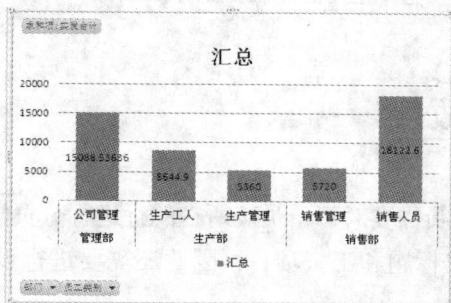

图 8-66 实发合计的数据透视表

图 8-67 实发合计的带有数据表的数据透视图

8.4 生成和打印工资发放条

8.4.1 生成工资发放条

工资发放条需要每月生成打印出来发放给员工并且每个员工的工资发放条上都需要打印标题，因此可以利用 Excel 中的复制和选择性粘贴功能由工资表数据生成工资发放条，保存在新的工作表中，并将其命名为"工资发放条一"，如图 8-68 所示。

	A	B	C	D	E	F	G	H	I	J	K	L	M	N
1										嘉佑公司工资发放条				
2	月份	员工编号	姓名	部门	性别	员工类别	基本工资	岗位工资	住房补贴	奖金	应发合计	事假天数	事假扣款	病假天数
3	2013年1月	1001	李飞	管理部	男	公司管理	4500	1000	350	500	6350		0	
4														
5	0													
6	月份	员工编号	姓名	部门	性别	员工类别	基本工资	岗位工资	住房补贴	奖金	应发合计	事假天数	事假扣款	病假天数
7	2013年1月	1002	马媛	管理部	女	公司管理	4000	1000	350	500	5850	2	531.8182	
8														
9														
10	月份	员工编号	姓名	部门	性别	员工类别	基本工资	岗位工资	住房补贴	奖金	应发合计	事假天数	事假扣款	病假天数
11	2013年1月	1003	李正	管理部	男	公司管理	3800	1000	350	500	5650		0	2
12														

图 8-68 工资发放条一

为了避免在生成每月的工资发放条时都进行上述繁琐的操作，可以将某一个月的工资发放条的操作录制为宏，随后生成每月的工资发放条时直接调用宏即可。

此外，会计人员还可以利用 Excel 的复制和选择性粘贴功能直接复制工资表，如图 8-69 所示。通过打印时的相应设计，来编制另一种格式的工资发放条。

	A	B	C	D	E	F	G	H	I	J	K	L	M
1									嘉佑公司工资发放条				
2	月份	员工编号	姓名	部门	基本工资	岗位工资	住房补贴	奖金	应发合计	事假扣款	病假扣款	其他扣款	扣款合计
3	2013年1月	1001	李飞	管理部	4500	1000	350	500	6350	0	0	0	0
4	2013年1月	1002	马媛	管理部	4000	1000	350	500	5850	531.8182	0	0	531.8182
5	2013年1月	1003	李正	管理部	3800	1000	350	500	5650	0	500	0	500
6	2013年1月	2001	张力	生产部	4000	1000	350	600	5950	0	0	0	0
7	2013年1月	2002	王沙	生产部	3300	500	200	600	4600	0	0	0	0
8	2013年1月	2003	孔丽	生产部	3000	500	200	600	4300	0	0	0	0
9	2013年1月	2004	赵阳	生产部	3000	500	200	600	4300	3440	0	0	3440
10	2013年1月	3001	白雪	销售部	4000	1000	350	1000	6350	0	0	0	0
11	2013年1月	3002	孙武	销售部	3500	800	280	1700	6280	0	0	0	0
12	2013年1月	3003	齐磊	销售部	3000	800	280	0	4080	0	0	800	800
13	2013年1月	3004	牛玲	销售部	3000	800	280	1100	5180	0	0	0	0
14	2013年1月	3005	王林	销售部	3200	800	280	900	5180	0	0	0	0

图 8-69 工资发放条二

8.4.2 打印工资发放条

对于工资发放条，会计人员需要对每一员工所在的行进行分页，并且工资发放条的每个员工的工资所在页都需要打印出标题和工资项目，因此还需要进行设置跨页列、行标题，最后进行打印。

具体操作步骤如下:

(1) 插入分页符。选择第 4 行,选择【页面布局】|【页面设置】|【分隔符】|【插入分页符】命令,从第一个员工下方开始插入行分页符,进行强制分页,并依次进行直至最后一位员工,如图 8-70 和图 8-71 所示。

图 8-70　插入分页符

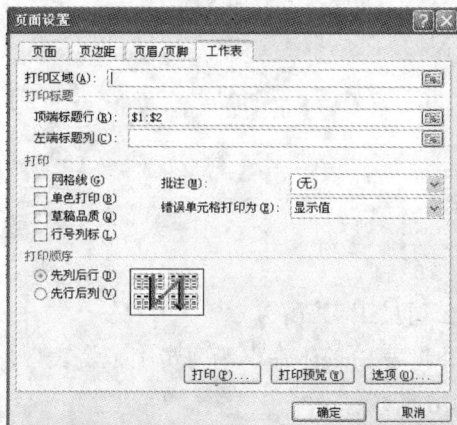

图 8-71　插入分页设置结果

(2) 选择【页面布局】|【页面设置】|【打印标题】命令,打开【页面设置】对话框,切换到【工作表】选项卡,进行【顶端标题行】设置,如图 8-72 所示。该设置的结果将保证打印出来的每一个员工的工资条上都出现第一行为标题【嘉佑公司工资发放条】,第二行为工资项目行。

图 8-72　顶端标题行设置

(3) 打印预览。单击【打印预览】按钮,则屏幕上出现"打印预览"结果,如图 8-73 所示。

也可选择【视图】|【页面布局】查看，结果更清晰，如图 8-74 所示。

图 8-73　"打印预览"结果

月份	员工编号	姓名	部门	基本工资	岗位工资	住房补贴	奖金	应发合计	事假扣款	病假扣款	其他扣款	扣款合计	养老保险	医疗保险
2013年1月	1001	李飞	管理部	4500	1000	350	500	6350				0	440	110

嘉佑公司工资发放条

图 8-74　页面布局查看结果

(4) 指定工资发放条的打印区域进行打印。在【页面设置】对话框切换到【工作表】选项卡，在【打印区域】输入要打印的范围，如图 8-75 所示，然后单击【打印】按钮，即可打印。

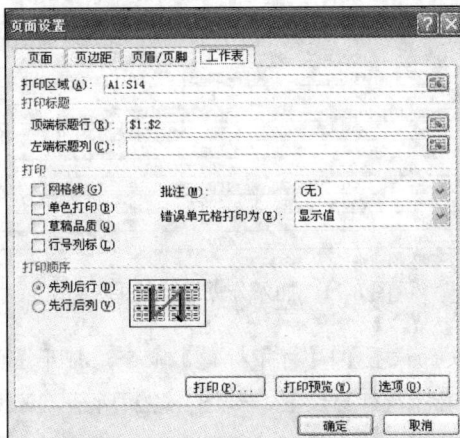

图 8-75　打印区域设置

8.5　上机练习

上机操作题

1. 依照下列步骤，完成公司员工工资表。

- 新建 Excel 工作簿，并将表 Sheet1 命名为"员工工资表"。
- 工资项目内容如图 8-76 所示。
- 自行修饰工资表。

基本工资表

代号	姓名	职称	基本工资	超课时费	工资总额	应扣税金	应发工资
101							
102							
103							
104							
105							
106							
107							

图 8-76　员工工资表

2. 利用 Excel 函数功能，并结合如图 8-77 给出的数据资料，完成工资表项目的设置。

● 将给出资料置于同一表页，作为已知数据库。

● 利用给出资料建立并完成超课时费表，如图 8-78 所示。

● 利用 Vlookup 等函数，并结合已知数据库完成工资表项目的设置。

3. 利用 Excel 完成如图 8-79 所示的工资表的查询与汇总。

代号姓名职称对照表

代号	姓名	职称
101	李晓	讲师
102	李明	教授
103	李民	讲师
104	李国风	副教授
105	李天	副教授
106	李静	实习教师
107	李瑞环	教授

职称基本工资课时费对照表

职称	基本工资	课时费
实习教师	2000	35
讲师	2500	40
副教授	3000	45
教授	3500	50

职称课时对照表

实习教师	6
讲师	8
副教授	5
教授	3

图 8-77　已知数据库资料

超课时费表

姓名	实际课时	基本课时	超课时数	超课时费
李晓	12.8			
李明	9.6			
李民	4.8			
李国风	3.8			
李天	15			
李静	14			
李瑞环	6.8			

图 8-78　超课时费表

每月按职称汇总统计表

职称	基本工资	应交所得	超课时费	应发工资
实习教师				
讲师				
副教授				
教授				

每月基本工资查询表

姓名	基本工资	应扣税金	超课时费
李晓 ▼			

图 8-79   工资表的查询与汇总

8.6   习题

问答题:

1. 当下月需要建立工资表时,如何使用本月的工资表?需要进行哪些局部更改?

第 9 章

Excel 在财务中的应用
——应收账款管理

学习目标

通过本章的学习，读者应了解并掌握 Excel 在针对企业现有的应收账款进行管理的具体方法。

本章重点

- ⦿ 掌握如何建立并登记应收账款明细账
- ⦿ 掌握如何分析逾期应收账款
- ⦿ 掌握如何分析应收账款账龄
- ⦿ 掌握如何计算应收账款的坏账准备

9.1 应收账款管理概述

9.1.1 应收账款的概念和作用

应收账款，是指企业因销售商品、产品或提供劳务等原因，应向购货单位或接受劳务单位收取的款项，包括代垫的运杂费等。应收账款实质是由于赊销向客户提供的信用。

企业通过提供商业信用，采取赊销、分期付款等方式可以扩大销售，增强竞争力，获得利润。

具体而言，应收账款具有增加销售和减少存货的作用：

(1) 应收账款产生于赊销，而赊销会给企业带来销售收入和利润增加。

(2) 企业持有一定产成品存货时，会相应占用资金，形成相关管理成本等，而赊销可避免这些成本的产生。故当企业产成品存货较多，一般会赊销，将存货转化为应收账款，节约支出。

9.1.2 应收账款管理的必要性

随着商品经济的发展，商业信用越来越重要，应收账款管理已经成为企业流动资产管理中的一个重要项目。根据对企业日常管理的调研分析发现，部分企业经营不善甚至倒闭，不是因为没有盈利能力，而是应为没有重视应收账款管理。

应收账款管理的目标是：在发挥应收账款扩大销售，减少存货，增加竞争力的同时，制定合理的应收账款信用政策，强化应收账款管理，减少坏账损失。

应收账款管理的基本内容包括客户(即债务人)管理和应收账款账龄分析：

(1) 客户管理的具体内容是对现有债权人的还款情况进行分析。客户通常都是货款到期后才付款，有的客户只有被不断催促后才付款，甚至还有些客户蓄意欺诈，根本无意还款。这就要求企业做好客户的甄别筛选工作，做好债权凭证的制作保管工作，尽可能防范和降低交易风险。

(2) 应收账款账龄分析是指根据应收账款入账时间的长短来估计坏账损失的方法。账龄分析法的设计，对提取坏账准备来说是比较科学的，虽然应收账款能否收回以及能收回多少，不一定完全取决于时间的长短，但一般来说，账款拖欠的时间越长，发生坏账的可能性就越大。

以上针对应收账款进行具体管理时，利用 Excel 可以极大提高管理人员的工作效率。

9.2 应收账款统计

9.2.1 应收账款明细账的建立

在 Excel 中进行应收账款管理，首先要将企业现有应收账款信息登记到工作表中，具体操作如下所示。

(1) 建立应收账款管理工作表

首先打开【第 9 章.xlsx】工作簿，将鼠标光标移至左下方 Sheet1 处，单击鼠标右键，在弹出的快捷菜单中选择【重命名】命令(如图 9-1 所示)，输入【应收账款管理】。

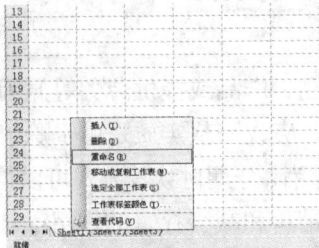

图 9-1 修改 Excel 工作表的名称

(2) 登记各项应收账款的相关信息

针对各项应收账款分别登记其相关信息如下：

应收账款产生日期(赊销日期)

客户(债务人)单位名称

应收账款金额(赊销金额)

付款期限(信用期，一般以天为单位)

应收账款到期日

以上所列相关信息仅作参考，根据企业的实际需要，可以进一步根据不同管理要求对上述信息进行添加或删除。

(1) 登记应收账款的相关明细信息

选择 A1 单元格，输入【嘉佑公司应收账款管理】。将列单元格调整为合适的宽度。

选择 A2 单元格，输入【当前日期】，本例默认日期为【2013 年 12 月 31 日】，实际工作中可以使用函数 NOW()来确定当前日期，并将该列单元格的格式调整为日期格式中的年月日形式，调整后按回车键确认，如图 9-2 所示。

图 9-2　输入当前日期

选择 A3 单元格，输入【赊销日期】。登记应收账款产生的日期。选择 B3 单元格，输入【债务人名称】。选择 C3 单元格，输入【应收金额】。选择 D3 单元格，输入【付款期限(天)】。选择 E3 单元格，输入【到期日】。在具体实务处理中，为了使应收账款管理更加合理、完善，可以根据实际情况添加补充说明资料，如图 9-3 所示。

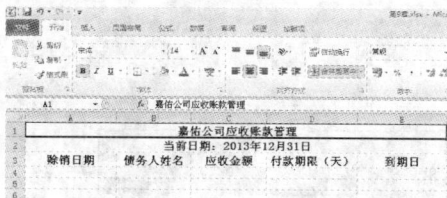

图 9-3　输入应收账款管理信息

(2) 输入企业现有应收账款详细信息

选择 A4 单元格，输入具体赊销(应收账款产生)日期，将单元格格式设置为【日期】，选择企业常用日期格式。选择 B4 单元格，输入具体债务人名称。选择 C4 单元格，输入【应收金额】，将单元格格式设置为【货币】，选择企业常用货币形式。选择 D4 单元格，输入【付款期限(天)】。选择 E4 单元格，输入函数"=A4+D4"，按回车键确认，即可直接计算出该项应收账款的到期日，如图 9-4 所示。将以上单元的有效性控制复制到 A～D 列的其他单元。

图 9-4　输入嘉佑公司现有应收账款详细信息

⑨.2.2　各债务人的应收账款统计

当嘉佑公司现有的各项应收账款登记完毕后，由于债务人众多，为了方便了解某一债务人所欠本公司款项的总额，利用 Excel 提供的数据命令，建立针对不同债权人所欠金额进行汇总的功能。

首先打开【第 9 章.xlsx】工作簿，将鼠标光标移至左下方 Sheet2 处，单击鼠标右键，在弹出的快捷菜单中选择【重命名】命令，输入【债务人应收账款金额统计】"。复制【应收账款管理】工作表中的数据到当前工作表。

(1) 以【债务人名称】重新排序

为了方便数据筛选，可以先删除该表的表头，即删除【嘉佑公司应收账款管理】和【当前日期】两行。接下来选择【数据】选项卡中的【排序和筛选】|【排序】命令，弹出【排序】对话框，如图 9-5 所示。其中，在【主要关键字】选择【债务人姓名】，单击【添加条件】，在出现的【次要关键字】选择【赊销日期】，其中【排列依据】默认为 【数值】，排列【次序】默认为【升序】，单击【确定】按钮。

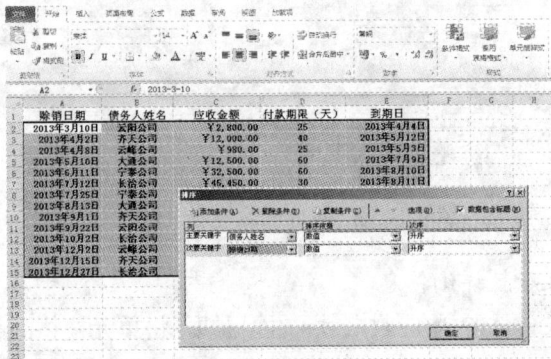

图 9-5　排序命令

执行命令后，原来按照应收账款发生先后顺序登记的数据，重排序为按照债务人名称进行排序，如图 9-6 所示。

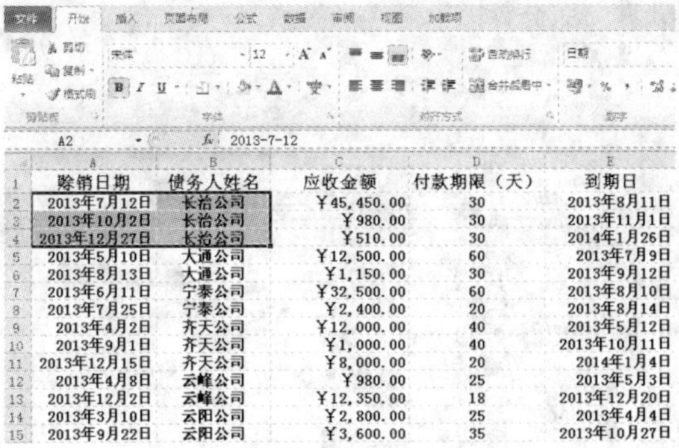

	赊销日期	债务人姓名	应收金额	付款期限（天）	到期日
2	2013年7月12日	长治公司	￥45,450.00	30	2013年8月11日
3	2013年10月2日	长治公司	￥980.00	30	2013年11月1日
4	2013年12月27日	长治公司	￥510.00	30	2014年1月26日
5	2013年5月10日	大通公司	￥12,500.00	60	2013年7月9日
6	2013年8月13日	大通公司	￥1,150.00	30	2013年9月12日
7	2013年6月11日	宁泰公司	￥32,500.00	60	2013年8月10日
8	2013年7月25日	宁泰公司	￥2,400.00	20	2013年8月14日
9	2013年4月2日	齐天公司	￥12,000.00	40	2013年5月12日
10	2013年9月1日	齐天公司	￥1,000.00	40	2013年10月11日
11	2013年12月15日	齐天公司	￥8,000.00	20	2014年1月4日
12	2013年4月8日	云峰公司	￥980.00	25	2013年5月3日
13	2013年12月2日	云峰公司	￥12,350.00	18	2013年12月20日
14	2013年3月10日	云阳公司	￥2,800.00	25	2013年4月4日
15	2013年9月22日	云阳公司	￥3,600.00	35	2013年10月27日

图 9-6　按照债务人名称重新排序

(2) 对各债务人的应收账款金额进行汇总

接下来选中 A2【债权人名称】单元格，然后选择【数据】|【分级显示】|【分类汇总】|命令，如图 9-7 所示。弹出【分类汇总】对话框。其中，【分类字段】选择【债务人名称】，【汇总方式】选择【求和】，【选定汇总项】选择【应收金额】，默认选择【替换当前分类汇总】和【汇总结果显示在数据下方】复选框后，单击【确定】按钮，如图 9-8 所示。

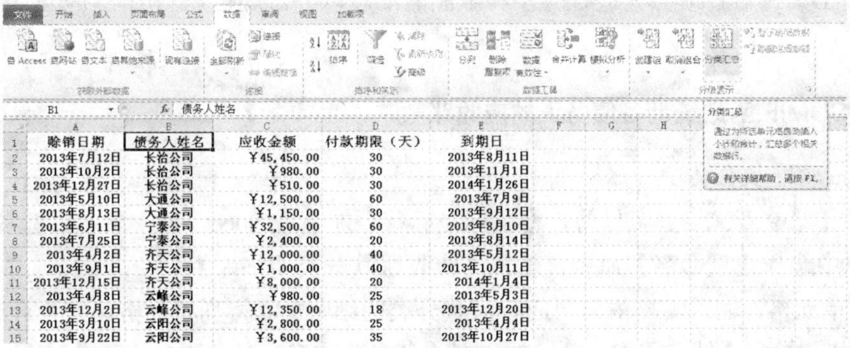

	赊销日期	债务人姓名	应收金额	付款期限（天）	到期日
2	2013年7月12日	长治公司	￥45,450.00	30	2013年8月11日
3	2013年10月2日	长治公司	￥980.00	30	2013年11月1日
4	2013年12月27日	长治公司	￥510.00	30	2014年1月26日
5	2013年5月10日	大通公司	￥12,500.00	60	2013年7月9日
6	2013年8月13日	大通公司	￥1,150.00	30	2013年9月12日
7	2013年6月11日	宁泰公司	￥32,500.00	60	2013年8月10日
8	2013年7月25日	宁泰公司	￥2,400.00	20	2013年8月14日
9	2013年4月2日	齐天公司	￥12,000.00	40	2013年5月12日
10	2013年9月1日	齐天公司	￥1,000.00	40	2013年10月11日
11	2013年12月15日	齐天公司	￥8,000.00	20	2014年1月4日
12	2013年4月8日	云峰公司	￥980.00	25	2013年5月3日
13	2013年12月2日	云峰公司	￥12,350.00	18	2013年12月20日
14	2013年3月10日	云阳公司	￥2,800.00	25	2013年4月4日
15	2013年9月22日	云阳公司	￥3,600.00	35	2013年10月27日

图 9-7　选择【分类汇总】命令

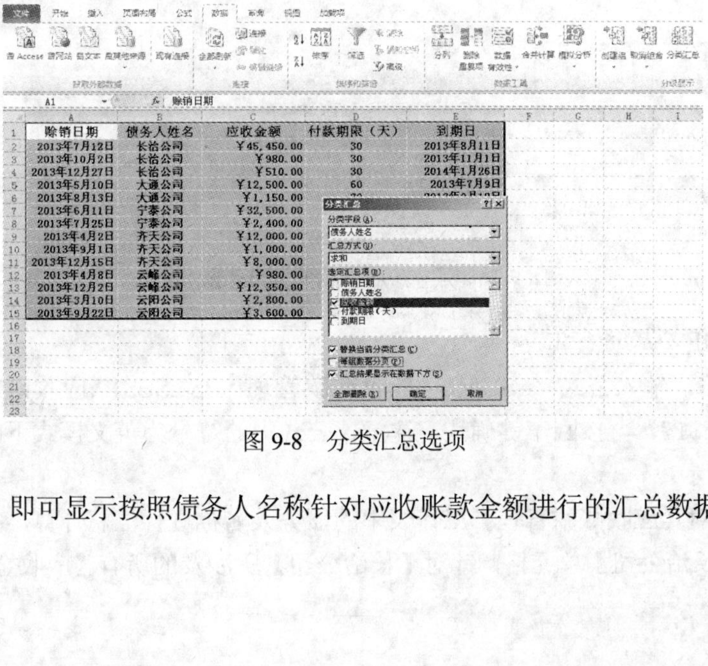

图 9-8　分类汇总选项

执行命令后，即可显示按照债务人名称针对应收账款金额进行的汇总数据，如图 9-9 所示。

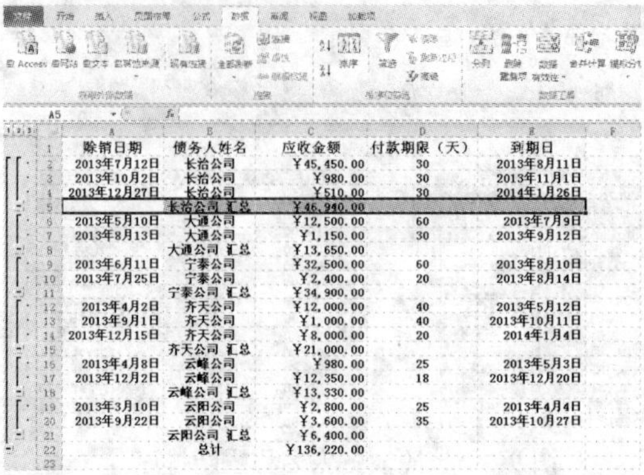

赊销日期	债务人姓名	应收金额	付款期限（天）	到期日
2013年7月12日	长治公司	￥45,450.00	30	2013年8月11日
2013年10月2日	长治公司	￥980.00	30	2013年11月1日
2013年12月27日	长治公司	￥510.00	30	2014年1月26日
	长治公司 汇总	￥46,940.00		
2013年5月10日	大通公司	￥12,500.00	60	2013年7月9日
2013年8月13日	大通公司	￥1,150.00	30	2013年9月12日
	大通公司 汇总	￥13,650.00		
2013年6月11日	宁泰公司	￥32,500.00	60	2013年8月10日
2013年7月25日	宁泰公司	￥2,400.00	20	2013年8月14日
	宁泰公司 汇总	￥34,900.00		
2013年4月2日	齐天公司	￥12,000.00	40	2013年5月12日
2013年9月1日	齐天公司	￥1,000.00	40	2013年10月11日
2013年12月15日	齐天公司	￥8,000.00	20	2014年1月4日
	齐天公司 汇总	￥21,000.00		
2013年4月8日	云峰公司	￥980.00	25	2013年5月3日
2013年12月2日	云峰公司	￥12,350.00	18	2013年12月20日
	云峰公司 汇总	￥13,330.00		
2013年3月10日	云阳公司	￥2,800.00	25	2013年4月4日
2013年9月22日	云阳公司	￥3,600.00	35	2013年10月27日
	云阳公司 汇总	￥6,400.00		
	总计	￥136,220.00		

图 9-9　按照债务人名称汇总应收账款总额

通过汇总数据可以看出，长治公司与宁泰公司所欠本公司的款项较高，必须对其进行重点管理。

9.2.3　利用函数、图标统计各债务人应收账款

除了利用工具栏对各债务人进行排序和金额的汇总以外，还可以利用 SUMIF 函数实现该统计结果。

1. 使用 SUMIF 函数统计各债务人的应收账款

(1) 建立应收账款分类明细账

首先打开【第 9 章.xlsx】工作簿，将鼠标光标移至左下方 Sheet3 处，单击鼠标右键，在弹出的快捷菜单中选择【重命名】命令，输入【应收账款分类明细账】。

选择 A1 单元格，输入【嘉佑公司应收账款分类明细账】。将列单元格调整为合适的宽度。选择 A2 单元格，输入【债务人名称】。输入各个债务人名称。选择 B2 单元格，输入【应收账款合计】。将该列单元格的格式调整为货币形式，结果如图 9-10 所示。

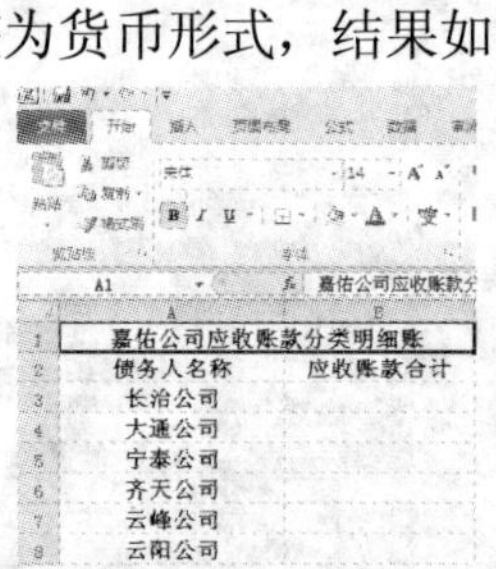

嘉佑公司应收账款分类明细账	
债务人名称	应收账款合计
长治公司	
大通公司	
宁泰公司	
齐天公司	
云峰公司	
云阳公司	

图 9-10　建立应收账款明细分类账

(2) 使用 SUMIF 公式进行汇总

选择 B3 单元格，输入公式“=SUMIF(应收账款管理!$B$4:$B$17,应收账款管理!B9,应收账款管理！ $E$4:$E$17”，按回车键确认。注意，公式中的符号为英文模式下的符号。具体函数参数如图 9-11 所示。

该公式表示针对【应收账款管理】工作表中的债务人名称进行汇总计算，找到【应收账款汇总明细账】中【长治公司】单元格，针对【长治公司】所涉及的所有【应收金额】进行汇总。

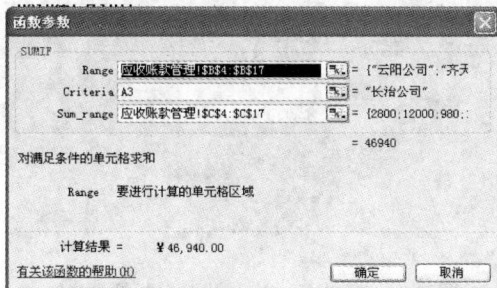

图 9-11　使用 SUMIF 函数进行汇总

(3) 生成分类汇总数据

将 B3 单元格公式复制到该列其他单元格中，则可快速计算出其他债务人的应收账款合计金额，如图 9-12 所示。

图 9-12　复制 SUMIF 函数公式汇总各债务人所欠金额

通过对比，可发现利用 SUMIF 函数公式汇总的各个债务人应收账款合计金额与利用分类汇总命令计算的合计金额完全相同，以上两种汇总方式根据应收账款管理人员的需要可自行选择。

2．建立图表进行对比分析

通过建立饼形图可以更加直观地显示出各债务人的应收账款占应收账款总额的百分比。具体操作如下：

(1) 在上文编制完成的【应收账款分类明细账】工作表中，在【插入】选项卡中的【图表】组单击【饼图】按钮，如图 9-13 所示。

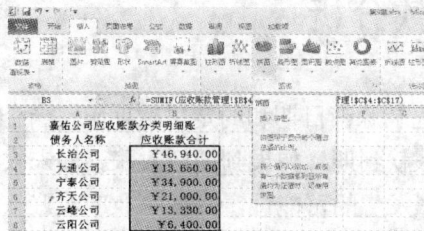

图 9-13　单击图表组中的【饼图】按钮

(2) 可以根据制表要求，选择二维饼图、三维饼图以及所有图表类型，选择【二维饼图】中的某种【饼图】，系统即可自动生成二维折线图，效果如图 9-14 所示。在图表创建完成后，可以按照前文所述，修改其各种属性，以使整个图表更加完善。从作图程序来看，Excel 2010 较 Excel 2007 简便得多，图标形式和内容修改起来也灵活得多。

图 9-14　各债务人应收账款分析饼图

通过分析图可以看出，长治公司与宁泰公司所欠本公司的款项分别占嘉佑公司应收账款总额的 34% 和 26%，必须对这两个公司的应收账款重点进行管理。

(3) 除了自动生成饼图以外，还可以根据需要调整为柱形图、折线图、条形图、面积图、散点图以及所需要的其他图表。例如，单击【柱形图】按钮，选择【三维柱形图】中的【簇状柱形图】，即可自动生成三维簇状柱形图，效果如图 9-15 所示。

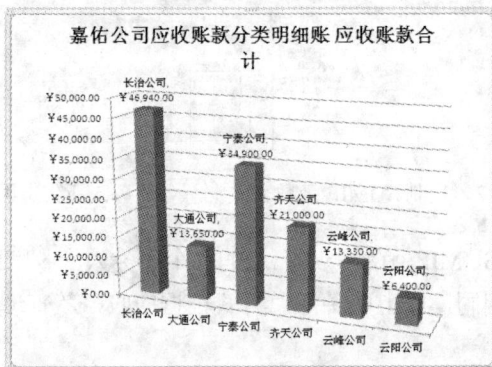

图 9-15　各债务人应收账款分析柱形图

通过分析图可以看出，长治公司与宁泰公司所欠本公司的款项分别占宏达公司应收账款金额的 46 940 元和 34 900 元，必须对这两个公司的应收账款重点进行管理。

9.3　逾期应收账款分析

应收账款在登记入账时会记录赊销日期和约定付款期限，当企业应收账款数量较多时，一般于月底统计本期是否有应收账款到期，如果到期应收账款尚未收款，必须反映逾期天数，以便及时采取催收措施，减少坏账发生的可能性，降低企业应收账款的坏账成本。

9.3.1　计算分析应收账款是否到期

(1) 建立【逾期应收账款分析】工作表

在【第 9 章.xlsx】工作簿中插入新建工作表 Sheet1，并重命名为【逾期应收账款分析】。

复制【应收账款管理】工作表中的数据到当前工作表中。为方便后文使用函数进行分析、判断，将【当前日期】与【2013 年 12 月 31 日】分列 A2 和 B2 两个单元格。

注：本例假设【当前日期】为【2013 年 12 月 31 日】，实际工作中可以使用函数【NOW()】来确定当前日期。

选中 E 列与 F 列两列，单击鼠标右键，选择【插入】命令，即可一次性插入两列。单击 E3 单元格输入【已收金额】，单击 F3 单元格输入【未收金额】，并输入实际已收金额和未收金额，将 E 列与 F 列的单元格格式调整为【货币】格式。单击 H3 单元格输入【是否到期】，建立【嘉佑公司逾期应收账款分析表】，如图 9-16 所示。

图 9-16　嘉佑公司逾期应收账款分析表

(2) 判断现有各项应收账款是否到期

通过 IF 函数判断宏达公司现有各项应收账款是否到期。

单击 H4 单元格，输入公式 "=IF(G4<$B$2,"是","否")"，按回车键确认。注意，公式中的符号为英文模式下的符号。具体函数参数如图 9-17 所示。

该公式表示针对【嘉佑公司逾期应收账款分析表】工作表中某债务人的应收账款是否到期进行判断，如果该表中 G4 单元格(即到期日)小于 B2 单元格(即当前日期)，即该项应收账款已经到期。满足上述条件，返回【是】，如果不满足应收账款已经到期条件，则返回【否】。

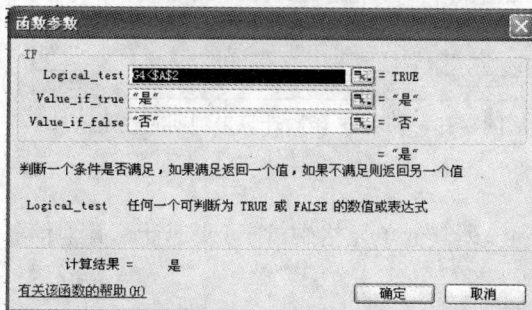

图 9-17　使用 IF 函数分析应收账款是否到期

(3) 生成判断结果

将 H4 单元格公式复制到该列其他单元格中，则可快速判断其他债务人所欠本企业的款项是否到期，如图 9-18 所示。

图 9-18　复制 IF 函数公式判断各债务人所欠款项是否到期

(4) 显示未到期金额

单击 I3 单元格，输入【未到期金额】。单击 I4 单元格，输入公式"=IF($B$2-$G4<0,$C4-$E4,0)"，按回车键确认。注意，公式中的符号为英文模式下的符号。具体函数参数如图 9-19 所示。

该公式表示针对【嘉佑公司逾期应收账款分析表】工作表中某债务人的未到期应收账款的金额进行判断计算，如果该表中 B2 单元格(即当前日期)小于 G4 单元格(即到期日)，即该项应收账款尚未到期。满足上述条件，返回"$C4-$E4"计算公式，计算该项尚未到期应收账款的剩余未收金额；如果不满足未到期条件，则返回 0，表示未到期金额为 0，即该项应收账款已经到期。

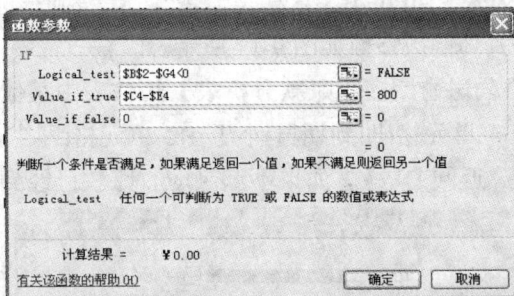

图 9-19　使用 IF 函数计算未到期应收账款

(5) 生成计算结果

将 I4 单元格公式复制到该列其他单元格中，则可快速计算其他债务人所欠本企业的尚未到期的应收账款，如图 9-20 所示。

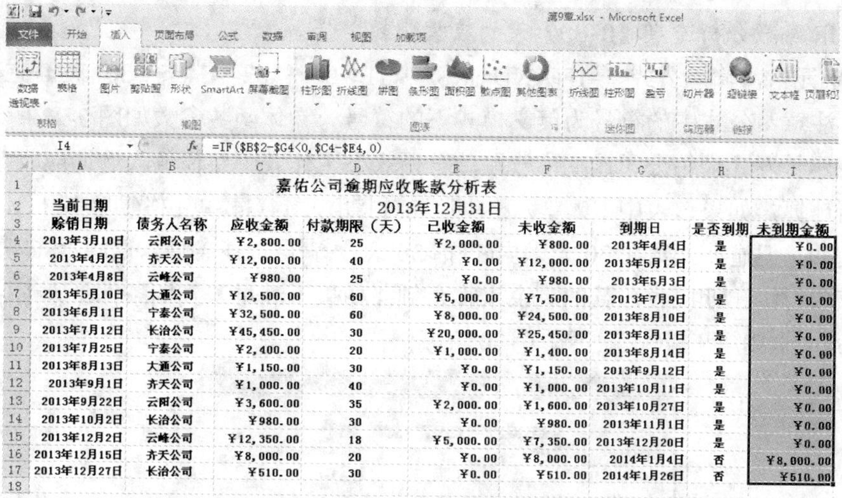

I4　=IF($B$2-$G4<0,$C4-$E4,0)

嘉佑公司逾期应收账款分析表								
当前日期	2013年12月31日							
赊销日期	债务人名称	应收金额	付款期限（天）	已收金额	未收金额	到期日	是否到期	未到期金额
2013年3月10日	云阳公司	¥2,800.00	25	¥2,000.00	¥800.00	2013年4月4日	是	¥0.00
2013年4月2日	齐天公司	¥12,000.00	40	¥0.00	¥12,000.00	2013年5月12日	是	¥0.00
2013年4月8日	云峰公司	¥980.00	25	¥0.00	¥980.00	2013年5月3日	是	¥0.00
2013年5月10日	大通公司	¥12,500.00	60	¥5,000.00	¥7,500.00	2013年7月9日	是	¥0.00
2013年6月11日	宁泰公司	¥32,500.00	60	¥8,000.00	¥24,500.00	2013年8月10日	是	¥0.00
2013年7月12日	长治公司	¥45,450.00	30	¥20,000.00	¥25,450.00	2013年8月11日	是	¥0.00
2013年7月25日	宁泰公司	¥2,400.00	20	¥1,000.00	¥1,400.00	2013年8月14日	是	¥0.00
2013年8月13日	大通公司	¥1,150.00	30	¥0.00	¥1,150.00	2013年9月12日	是	¥0.00
2013年9月1日	齐天公司	¥1,000.00	40	¥0.00	¥1,000.00	2013年10月11日	是	¥0.00
2013年9月22日	云阳公司	¥3,600.00	35	¥2,000.00	¥1,600.00	2013年10月27日	是	¥0.00
2013年10月2日	长治公司	¥980.00	30	¥0.00	¥980.00	2013年11月1日	是	¥0.00
2013年12月2日	云峰公司	¥12,350.00	18	¥5,000.00	¥7,350.00	2013年12月20日	是	¥0.00
2013年12月15日	齐天公司	¥8,000.00	20	¥0.00	¥8,000.00	2014年1月4日	否	¥8,000.00
2013年12月27日	长治公司	¥510.00	30	¥0.00	¥510.00	2014年1月26日	否	¥510.00

图 9-20　复制 IF 函数公式计算各债务人所欠未到期金额

9.3.2　计算应收账款逾期天数

虽然上文为应收账款管理提供了应收账款是否到期的判断结果，但是为了下文进一步分析应收账款账龄，还可以利用 Excel 进一步计算各项应收账款的逾期天数，以便提供更加详细的管理数据。具体计算过程如下：

(1) 设计逾期天数分析表

在【逾期应收账款分析】工作表的数据右侧建立【逾期天数分析表】，对逾期天数进行分类筛选，实际工作中，通常对逾期天数划分不同等级，如【0~30】、【30~60】、【60~90】、【90 天以上】等，如图 9-21 所示。

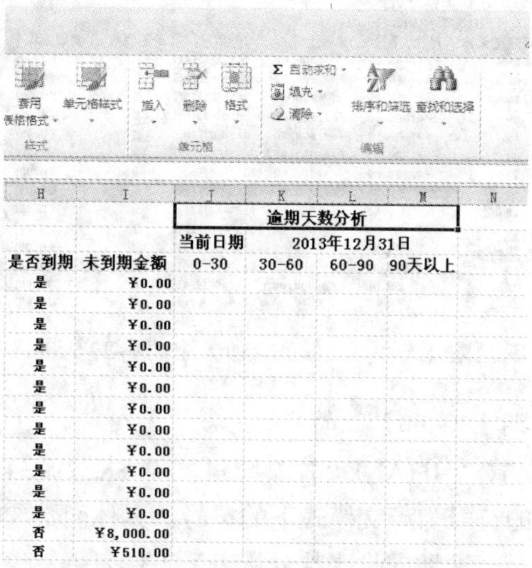

		逾期天数分析			
		当前日期	2013年12月31日		
是否到期	未到期金额	0-30	30-60	60-90	90天以上
是	¥0.00				
是	¥0.00				
是	¥0.00				
是	¥0.00				
是	¥0.00				
是	¥0.00				
是	¥0.00				
是	¥0.00				
是	¥0.00				
是	¥0.00				
是	¥0.00				
是	¥0.00				
否	¥8,000.00				
否	¥510.00				

图 9-21　在原有工作表中建立逾期天数分析表

(2) 使用 IF 函数分析逾期【0~30】天的应收账款

单击 J4 单元格，输入公式 "=IF(AND($K$2-$G4>0, $K$2-$G4<=30),$C4-$E4,0)"，按回车键确认。注意，公式中的符号为英文模式下的符号。具体函数参数如图 9-22 所示。

该公式表示针对【嘉佑公司逾期应收账款分析表】工作表中某债务人逾期应收账款的具体金额进行判断计算，如果该表中 K2 单元格(即当前日期)大于 G4 单元格(即到期日)，即该项应收账款已经逾期，但逾期天数在 30 天以内(包括 30 天)。满足上述条件，返回 "$C4-$E4" 计算公式，计算该项已经逾期应收账款的剩余未收金额；如果不满足未到期条件，则返回 0，表示未到期金额为 0，即逾期应收账款不在 0~30 天期限内。

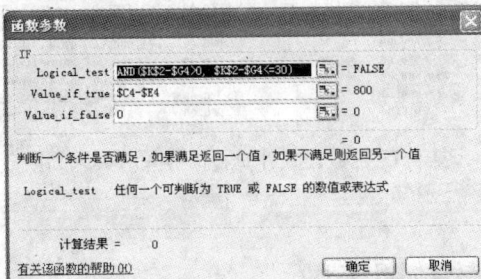

图 9-22　使用 IF 函数计算逾期应收账款具体金额

将 J4 单元格公式复制到该列已经逾期的其他单元格中(即 J5~J15，由于最后两笔应收账款尚未逾期，没有必要分析逾期天数，故不需复制公式)，则可快速计算其他债务人所欠本企业【逾期 0~30 天】的应收账款具体金额，如图 9-23 所示。

图 9-23　复制 IF 函数公式计算各债务人所欠逾期 0~30 天的应收账款金额

(3) 使用 IF 函数分析逾期【30~60】天的应收账款

单击 K4 单元格，输入公式 "=IF(AND($K$2-$G4>30, $K$2-$G4<=60),$C4-$E4,0)"，按回车键确认。注意，公式中的符号为英文模式下的符号。具体函数参数如图 9-24 所示。

该公式表示针对【嘉佑公司逾期应收账款分析表】工作表中某债务人的逾期应收账款的具体金额进行判断计算，如果该表中 K2 单元格(即当前日期)大于 G4 单元格(即到期日)，即该项应收账款已经逾期，但逾期天数在 30~60 天以内(大于 30 天，小于等于 60 天)。满足上述条件，返回 "$C4-$E4" 计算公式，计算该项已经逾期应收账款的剩余未收金额；如果不满足未到期条件，则返回 0，表示未到期金额为 0，即逾期应收账款不在 30~60 天期限内。

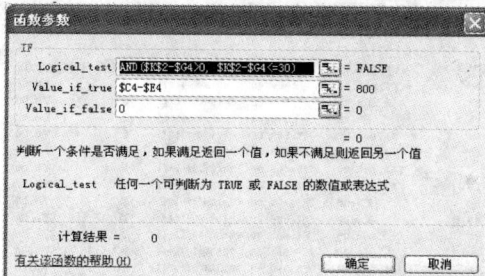

图 9-24　使用 IF 函数计算逾期应收账款具体金额

将 K4 单元格公式复制到该列已经逾期的其他单元格中(即 K5~K15，同样由于最后两笔应收账款尚未逾期，没有必要分析逾期天数，故不需复制公式)，则可快速计算其他债务人所欠本企业【逾期 30~60 天】的应收账款具体金额，如图 9-25 所示。

图 9-25　复制 IF 函数公式计算各债务人所欠逾期 30~60 天的应收账款金额

(4) 使用 IF 函数分析逾期【60~90】天和【90 天以上】的应收账款

以此类推，使用 IF 函数分析计算逾期【60~90】天和【90 天以上】的应收账款金额。

单击 L4 单元格，输入公式 "=IF(AND($K$2-$G4>60, $K$2-$G4<=90),$C4-$E4,0)"，按回车键确认。可以计算各债权人所欠逾期【60~90】天的应收账款金额。

单击 M4 单元格，输入公式 "=IF($K$2-$G4>90,$C4-$E4,0)"，按回车键确认。可以计算各债权人所欠逾期【90 天以上】的应收账款金额。

将以上公式复制到该列已经逾期的其他单元格中，则可快速计算其他债务人所欠本企业【逾期 60~90 天】和【90 天以上】的应收账款具体金额，并将 J4：M15 单元格区域的单元格格式设置为货币格式，如图 9-26 所示。

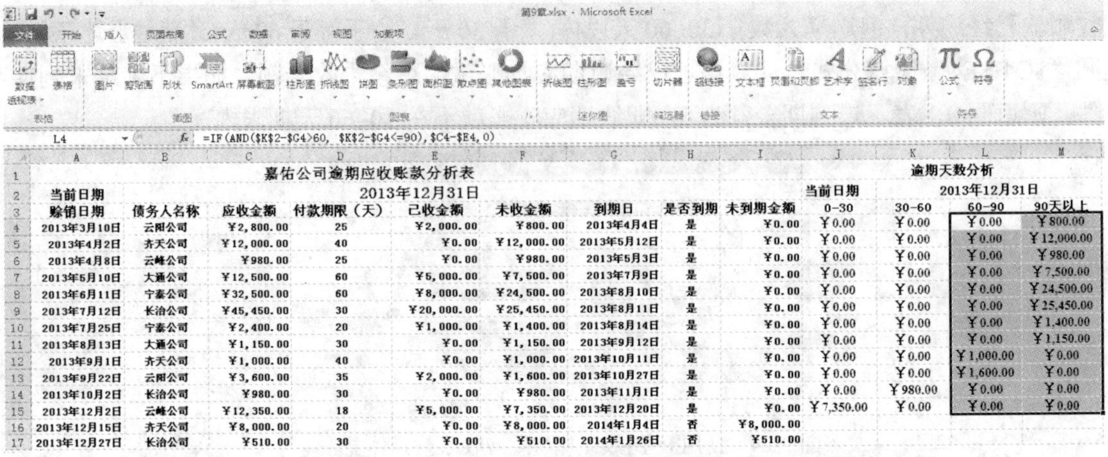

嘉佑公司逾期应收账款分析表											逾期天数分析	
当前日期				2013年12月31日					当前日期		2013年12月31日	
赊销日期	债务人名称	应收金额	付款期限（天）	已收金额	未收金额	到期日	是否到期	未到期金额	0-30	30-60	60-90	90天以上
2013年3月10日	云阳公司	¥2,800.00	25	¥2,000.00	¥800.00	2013年4月4日	是	¥0.00	¥0.00	¥0.00	¥0.00	¥800.00
2013年4月2日	齐天公司	¥12,000.00	40	¥0.00	¥12,000.00	2013年5月12日	是	¥0.00	¥0.00	¥0.00	¥0.00	¥12,000.00
2013年4月8日	云峰公司	¥980.00	25	¥0.00	¥980.00	2013年5月3日	是	¥0.00	¥0.00	¥0.00	¥0.00	¥980.00
2013年5月10日	大通公司	¥12,500.00	60	¥5,000.00	¥7,500.00	2013年7月9日	是	¥0.00	¥0.00	¥0.00	¥0.00	¥7,500.00
2013年6月11日	宁泰公司	¥32,500.00	60	¥8,000.00	¥24,500.00	2013年8月10日	是	¥0.00	¥0.00	¥0.00	¥0.00	¥24,500.00
2013年7月12日	长治公司	¥45,450.00	30	¥20,000.00	¥25,450.00	2013年8月11日	是	¥0.00	¥0.00	¥0.00	¥0.00	¥25,450.00
2013年7月25日	宁泰公司	¥2,400.00	20	¥1,000.00	¥1,400.00	2013年8月14日	是	¥0.00	¥0.00	¥0.00	¥0.00	¥1,400.00
2013年8月13日	大通公司	¥1,150.00	30	¥0.00	¥1,150.00	2013年9月12日	是	¥0.00	¥0.00	¥0.00	¥0.00	¥1,150.00
2013年9月1日	齐天公司	¥1,000.00	40	¥0.00	¥1,000.00	2013年10月11日	是	¥0.00	¥0.00	¥0.00	¥1,000.00	¥0.00
2013年9月22日	云阳公司	¥3,600.00	35	¥2,000.00	¥1,600.00	2013年10月27日	是	¥0.00	¥0.00	¥0.00	¥1,600.00	¥0.00
2013年10月2日	长治公司	¥980.00	30	¥0.00	¥980.00	2013年11月1日	是	¥0.00	¥0.00	¥980.00	¥0.00	¥0.00
2013年12月2日	云峰公司	¥12,350.00	18	¥5,000.00	¥7,350.00	2013年12月20日	是	¥0.00	¥7,350.00	¥0.00	¥0.00	¥0.00
2013年12月15日	齐天公司	¥8,000.00	20	¥0.00	¥8,000.00	2014年1月4日	否	¥8,000.00				
2013年12月27日	长治公司	¥510.00	30	¥0.00	¥510.00	2014年1月26日	否	¥510.00				

图 9-26　复制 IF 函数公式计算各债务人所欠更长逾期天数的应收账款金额

由以上统计数据可以明显看出，宏达公司应收账款逾期情况非常严重，本企业 14 笔应收账款中有 8 笔逾期 90 天以上，必须重视以上逾期应收账款的催收，盘活流动资产，减少坏账损失的发生。

根据应收账款逾期天数分析表所提供的信息，可使企业了解各债务人收款、欠款情况，判断欠款的可收回程度和可能发生的损失。同时，企业还可酌情作出采取放宽或紧缩商业信用政策，并可作为衡量负责收款部门和资信部门工作效率的依据。

9.4　应收账款账龄分析

账龄是指债务人所欠本企业应收账款的时间。一般账龄越长，发生坏账损失的可能性就越大。所以账龄分析法是指根据应收账款的时间长短来估计坏账损失的一种方法，又称【应收账款账龄分析法】。

在估计坏账损失之前，可将应收账款按其账龄编制一张【应收账款账龄分析表】，借以了解应收账款在各个债务人之间的金额分布情况及其拖欠时间的长短。这张应收账款账龄分析表实际上就是上文刚编制完成的【逾期天数分析表】，利用逾期天数分析表，不仅可以对个债务人产生的应收账款进行分析，更为计算坏账准备提供了可靠的依据。

9.4.1　建立应收账款账龄分析表

(1) 利用【应收账款逾期天数分析表】建立【应收账款账龄分析表】

利用 9.3.2 节中对应收账款逾期天数进行分析的表格可以建立账龄分析表。在【第九章.xlsx】工作簿中插入新建工作表 Sheet2，并重命名为【应收账款账龄分析】。单击 A1 单元格，输入【应收账款账龄分析表】。单击 A2 单元格，输入【当前日期】。单击 B2 单元格，输入【2013 年 12 月 31 日】。

注：本例假设【当前日期】为【2013年12月31日】，实际工作中可以使用函数【NOW()】来确定当前日期。

单击A3单元格，输入【账龄】，并设置账龄的种类。本例将账龄分为5类，分别为【未到期】、【0~30天】、【30~60天】、【60~90天】、【90天以上】。

单击B3单元格，输入【应收账款】，此列显示不同账龄的应收账款金额，设置此列单元格格式为【货币】，选择企业常用的货币表示形式即可。

单击C3单元格，输入【占应收账款总额百分比】，此列显示不同账龄的应收账款金额占应收账款总额的比例，设置此列单元格格式为【百分比】，并默认小数位数为2。

对填制完的内容进行调整、美化，从而完成应收账款账龄分析表的表头以及各项标示的建立，如图9-27所示。

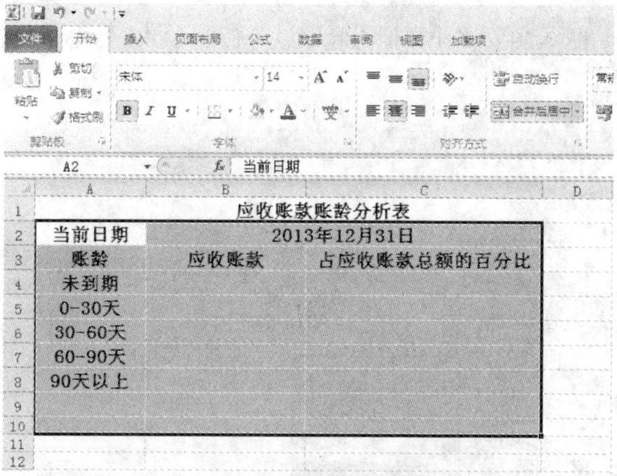

图9-27　建立应收账款账龄分析表

(2) 计算各账龄所涉及的应收账款金额

单击B4单元格，输入公式"=SUM(逾期应收账款分析!I4:I17)"，按回车键确认。可以引用【逾期应收账款分析】工作表中的未到期金额，汇总计算出截止到2013年12月31日，应收账款总额中尚未到期的应收账款金额为【￥8510.00】，如图9-28所示。

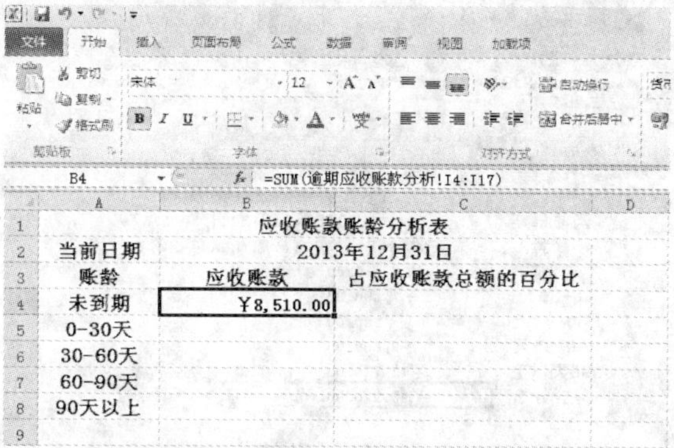

图9-28　统计未到期应收账款金额

以此类推，单击B4~B8单元格，可以输入SUM公式，对其余账龄的应收账款金额进行统计、汇总，各具体求和公式如图 9-29 所示。按回车键确认，生成各账龄所对应的应收账款金额，如图 9-30 所示。

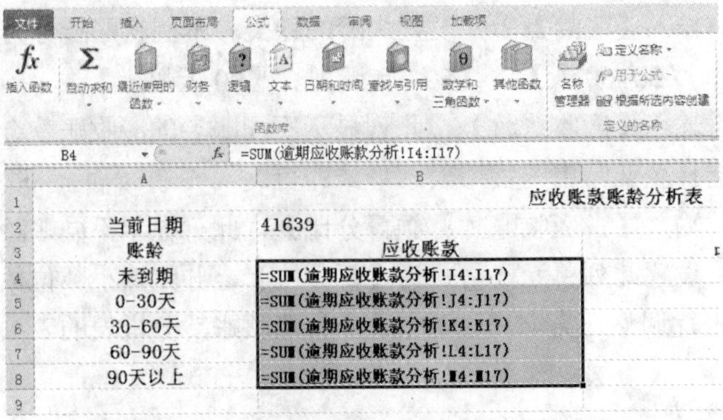

图 9-29   统计其他应收账款金额的 SUM 公式

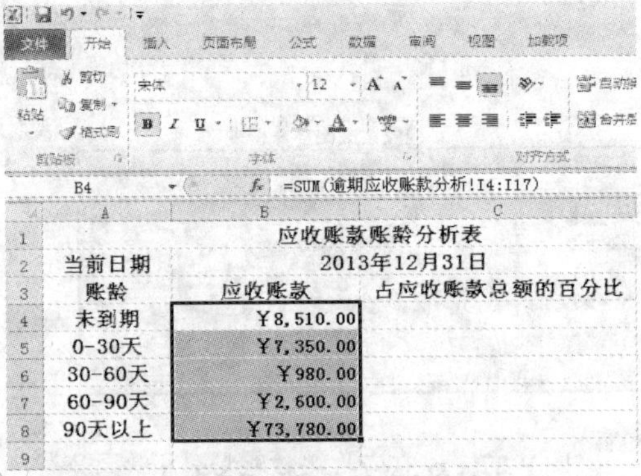

图 9-30   统计得到各账龄的应收账款金额

(3) 计算各账龄所涉及的应收账款占应收账款总额的百分比

首先计算现有应收账款总额，单击 B9 单元格，输入公式 "=SUM(B4:B8)"，按回车键确认，即可计算各账龄所涉及的应收账款总额，如图 9-31 所示。

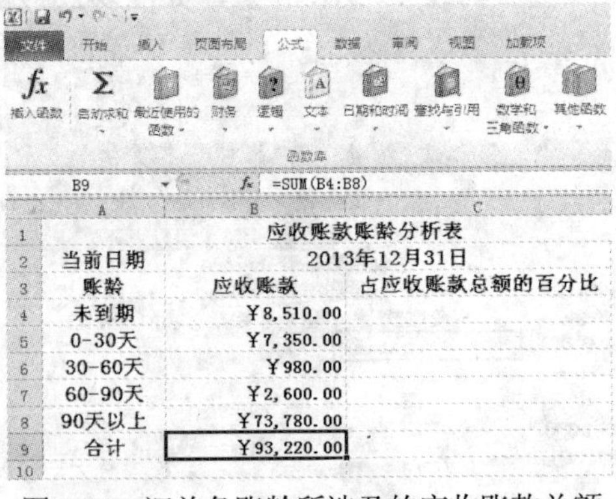

图 9-31   汇总各账龄所涉及的应收账款总额

然后计算各账龄所涉及的应收账款占应收账款总额的百分比，单击 C4 单元格，输入公式 "=B4/\$B\$9"，按回车键确认，即可计算出未到期应收账款占应收账款总额的百分比。复制公

式到该列其他单元格中，可计算出其他账龄所涉及的应收账款占应收账款总额的百分比，如图
9-32 所示。

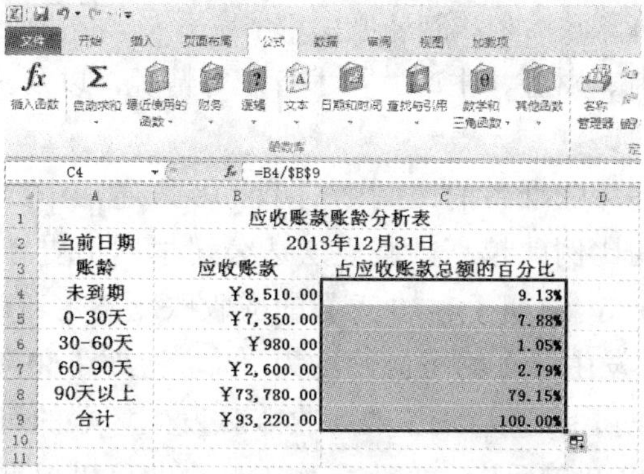

图 9-32　计算各账龄所涉及的应收账款占应收账款总额的百分比

⑨.4.2　计算应收账款坏账准备的金额

企业赊销虽然可以扩大销售，消化库存，但也会发生各种成本，例如应收账款机会成本、
管理成本和坏账成本等，其中坏账是应收账款带来的最大损失，必须加以重视。

我国现行会计制度要求企业应当定期于每年年度终了，对应收账款进行全面检查，预计各
项应收账款可能发生的坏账准备，对预计不能收回的应收款项，应当计提坏账准备。企业计提
坏账准备的方法由企业自行确定，常用计提坏账准备的方法是账龄分析法。

采用账龄分析法计提坏账准备时，将不同账龄的应收账款进行分组，将应收账款拖欠时间
(即逾期天数也就是账龄)的长短分为若干区间，计算各个区间上应收账款的金额，并为每一个
区间估计一个坏账损失百分比；然后，用各区间上的应收账款金额乘以各该区间的坏账损失百
分比，估计各个区间上的坏账损失；最后，将各区间上的坏账损失估计数求和，即为坏账损失
的估计总额。采用这种方法，使坏账损失的计算结果更符合客观情况。

(1) 估计坏账准备比例

坏账率就是坏账额占应收账款总额的比例，其计算公式为：

坏账率=年坏账额/年应收账款总额

我国《企业会计制度》在坏账准备计提比例方面给予企业较大的自主权，主要表现在：一
是计提比例不限，二是对不能够收回或收回的可能性不大的应收账款可以全额计提坏账准备，
在实际工作中，企业估计坏账准备比例时可以考虑以下因素：

① 函证情况，每次函证发出后，对方是否及时、准确地回函；

② 历史上应收款项回收的情况，包括回收时间和归还应收账款是否呈现周期性；

③ 债务单位历史上是否存在无法支付的情况；

④ 某一债务单位近期内是否有不良记录；

⑤ 债务单位目前发生的财务困难与过去已发生的财务状况是否存在类似的情形；

⑥ 债务单位的债务状况有否好转的可能性，包括债务单位的产品开发，现产品的销售、回款，市场需求以及资产质量状况，有否呈现出好转态势等；

⑦ 债务单位所处的经济、政治和法制环境；

⑧ 债务单位的内部控制、财务、生产、技术管理等情况，以及其他有利于判断可收回性的情况。

而账龄分析法下，计提坏账准备的比例则简单的多，通常账龄越长，发生坏账的可能性越大，估计的坏账准备的比例就越高，假设宏达公司根据历史经验估计，未到期的应收账款发生坏账的可能性是0%，逾期【0~30天】的应收账款发生坏账的可能性约为1%，逾期【30~60天】的应收账款发生坏账的可能性约为3%，逾期【60~90天】的应收账款发生坏账的可能性约为6%，逾期【90天以上】的应收账款发生坏账的可能性约为10%，将估计的坏账准备率分别输入D4~D9单元格，实际工作中，企业可以根据历史经验进行估计，如图9-33所示。

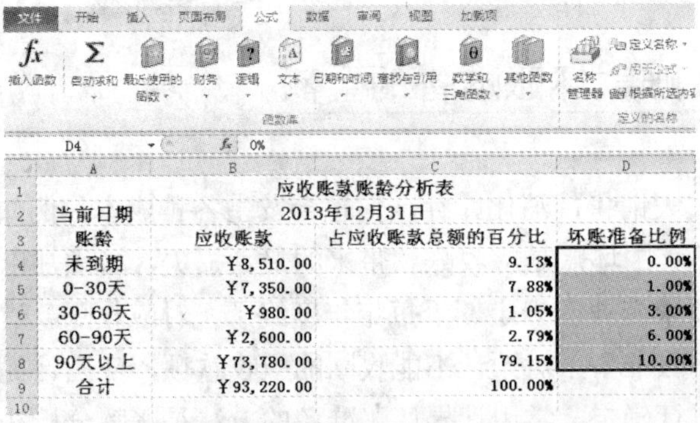

图9-33 嘉佑公司估计的坏账准备计提比例

(2) 计算坏账准备金额

单击E3单元格，输入【坏账准备金额】。单击E4单元格，输入公式"=B4*D4"，按回车键确认。

将E4单元格公式复制到该列已经逾期的其他单元格中(即E5~E8)，则可计算各账龄所涉及应收账款产生的坏账准备金额。单击E9单元格，输入公式"=SUM(E4:E8)"，按回车键确认，计算坏账准备总额，如图9-34所示。

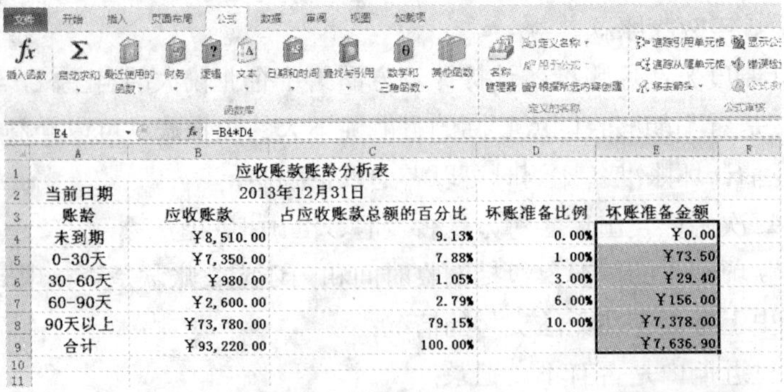

图9-34 计算各账龄所涉及应收账款产生的坏账准备

　　由以上计算的坏账准备可以明显看出，嘉佑公司应收账款产生的坏账金额较高，主要原因是逾期【90 天以上】的应收账款较多，且坏账发生的比例较高。但即便如此企业也不能放弃对逾期时间较长的应收账款的催收，而且还要加强对逾期【60~90 天】以及逾期【30~60 天】的应收账款的催收工作，防止债务人继续拖欠款项，造成企业更多坏账损失的发生。

　　使用 Excel 进行应收账款管理的方法，同样可以应用于企业的应收票据管理甚至应付账款管理，本章不再重复介绍，对于应收票据和应付账款的账龄分析，可以参照前文进行操作，但需要注意，应收票据和应付账款不需要研究坏账准备的问题。

9.5　上机练习

　　裕泰公司 2013 年 11 月 30 日发生的应收账款资料，如表 9-1 所示。

表 9-1　应收账款概况

赊销日期	债务人名称	应收金额	付款期限(天)
2013 年 1 月 8 日	红光公司	30,000	50
2013 年 2 月 18 日	蓝天公司	500,000	40
2013 年 3 月 6 日	胜利公司	20,000	30
2013 年 4 月 20 日	永安公司	100,000	40
2013 年 5 月 11 日	蓝天公司	12,000	35
2013 年 6 月 4 日	永安公司	30,000	30
2013 年 7 月 23 日	胜利公司	15,000	30
2013 年 8 月 15 日	红光公司	58,000	30
2013 年 10 月 17 日	蓝天公司	16,,000	30
2013 年 11 月 5 日	永安公司	40,000	25

　　要求：分别计算各应收账款到期日；

　　汇总统计各债务人所欠裕泰公司的欠款总额，并建立饼形图分析各债务人所占比重；

　　计算各应收账款是否到期以及未到期金额，并计算逾期天数；

　　建立应收账款账龄分析表；

　　根据未到期的应收账款发生坏账的可能性是 0%，逾期【0~30 天】的应收账款发生坏账的可能性约为 2%，逾期【30~60 天】的应收账款发生坏账的可能性约为 5%，逾期【60~90 天】的应收账款发生坏账的可能性约为 8%，逾期【90 天以上】的应收账款发生坏账的可能性约为 10%的估计值，分别计算各账龄所涉及应收账款的坏账准备。

⑨.6 习题

问答题

1. 为什么需要对应收账款进行重点管理?

2. 如何使用 Excel 的工具对现有债务人所欠款项进行统计?

3. 如何使用 Excel 的函数或图表分析现有债务人所欠款项?

4. 什么是应收账款账龄,分析应收账款账龄有何意义?

5. 如何利用已知账龄结果快捷计算坏账准备?

第10章

Excel 在财务中的应用
——固定资产管理

学习目标

通过本章的学习，读者应了解并掌握如何运用 Excel 进行固定资产卡片账的建立、登记与管理；掌握采用不同的函数计提固定资产的累计折旧，进而计算固定资产的账面价值的方法。

本章重点

- 掌握如何建立并填制固定资产卡片账
- 掌握如何计算固定资产的累计折旧
- 掌握如何计算固定资产的账面价值

10.1 固定资产概述

10.1.1 固定资产的概念

固定资产指企业拥有或控制的，使用期限超过 1 年的房屋、建筑物、机器、机械、运输工具以及其他与生产、经营有关的设备、器具以及工具等。不属于生产经营主要设备的物品，单位价值在 2000 元以上，并且使用年限超过两年的，也应当作为固定资产。

企业固定资产种类很多，根据不同的分类标准，可以分为不同的类别。企业应当选择适当的分类标准，将固定资产进行分类，以满足经营管理的需要。

(1) 固定资产按经济用途分类，可以分为生产用固定资产和非生产用固定资产。生产用固定资产指直接服务于企业生产经营过程的固定资产。非生产用固定资产指不直接服务于生产经营过程的固定资产。

固定资产按经济用途分类，可以归类反映企业生产经营用固定资产和非生产经营用固定资产之间的组成变化情况，借以考核和分析企业固定资产管理和利用情况，从而促进固定资产的合理配置，充分发挥其效用。

(2) 固定资产按使用情况分类，可分为使用中的固定资产、未使用的固定资产和不需用的固定资产。使用中的固定资产指正在使用的经营性和非经营性固定资产。由于季节性经营或修理等原因，暂时停止使用的固定资产仍属于企业使用中的固定资产；企业出租给其他单位使用的固定资产以及内部替换使用的固定资产，也属于使用中的固定资产。未使用的固定资产指已完工或已购建的尚未交付使用的固定资产以及因进行改建、扩建等原因停止使用的固定资产。如企业购建的尚待安装的固定资产、经营任务变更停止使用的固定资产等。不需用的固定资产指本企业多余或不适用，需要调配处理的固定资产。

固定资产按使用情况进行分类，有利于企业掌握固定资产的使用情况，便于比较分析固定资产的利用效率，挖掘固定资产的使用潜力，促进固定资产的合理使用，同时也便于企业准确合理地计提固定资产折旧。

(3) 固定资产按所有权进行分类，可分为自有固定资产和租入固定资产。自有固定资产指企业拥有的可供企业自由支配使用的固定资产；租入固定资产指企业采用租赁方式从其他单位租入的固定资产。

(4) 固定资产按经济用途和使用情况进行综合分类，可分为生产经营用固定资产、非生产经营用固定资产、租出固定资产、不需用固定资产、未使用固定资产、土地、融资租入固定资产。

由于企业的经营性质不同，经营规模大小不一，对于固定资产的分类可以采用不同的分类方法，企业可以根据实际情况和经营管理、会计核算的需要进行必要的分类。

10.1.2 对固定资产进行单独管理的必要性

固定资产由于其特殊性，在企业资产管理中，处于举足轻重的地位。一般而言，其重要性体现在以下几个方面：

(1) 固定资产是生产资料，是物质生产的基础

固定资产属于生产资料，生产资料是劳动者用于影响或改变劳动对象的性能或形态的物质资料，如机器设备、厂房以及运输工具等。生产资料是物质生产的基础，在企业经济活动中处于十分重要的地位。

(2) 固定资产单位价值高，所占资金比重大

与流动资产相比，固定资产的购置或取得，通常要花费较大的代价。在绝大多数企业中，固定资产所占的资金在其资金总额中占有较大的比重。由于经济价值大的特点，固定资产对企业财务状况的反映也有很大影响，任何在固定资产计价或记录上的错误，都有可能在较大程度上改变企业真实的财务状况。

(3) 固定资产的折旧计提对成本费用的影响较大

固定资产在使用过程中，它们的价值应以折旧的形式逐渐转移到产品或服务成本中去。由于固定资产的价值较大，即使其折旧计提几乎贯穿整个使用期间，在某一会计期间计入产品或服务成本中的折旧额依然较大，所以，固定资产的折旧计提方法是否相同，折旧额的计算是否正确，将在很大程度上影响当期的成本费用水平以及固定资产的净值。

(4) 固定资产管理工作的难度较大，问题较多

由于企业的固定资产种类多、数量大、使用分散且使用期限较长，在使用和管理中容易发生被遗忘、遗失、损坏或失盗等事件。

10.2　固定资产卡片账的管理

10.2.1　固定资产卡片账的建立

在我国会计实务中，企业一般对固定资产在日常核算时常采用卡片账形式。卡片账是将账户所需格式印刷在硬卡上。严格地说，卡片账也是一种活页账，只不过它不是装在活页账夹中，而是装在卡片箱内。在卡片账上详细登记固定资产的相关信息。卡片账能对固定资产进行独立的、详尽的记录，帮助企业加强对固定资产的管理。但是纸质卡片账也存在记录和保存的不便，通过 Excel 对固定资产取得时的信息进行记录、查询、修改和删除，比纸质卡片账更加准确、快捷、方便，保管也更加安全。

(1) 建立固定资产管理工作表

首先打开 Excel 工作簿，将光标移至左下方 Sheet1 处并右击，选择【重命名】选项(如图 10-1 所示)，输入"固定资产管理"。

图 10-1　修改 Excel 工作簿名称

(2) 登记单项固定资产的相关信息

针对单项固定资产分别登记其相关信息：

◉ 资产购置日期。

- 资产类别，该部分是固定资产管理的重要分类依据。在 10.1.1 节提到，固定资产基本分为 5 个类别：土地、建筑物、机器设备、办公设备及其他设备。
- 资产名称。
- 增加方式。
- 购置单位。
- 数量。
- 初始购置成本。
- 金额合计。
- 使用年限。
- 预计净残值。
- 本期计提折旧。
- 累计折旧。
- 账面价值。
- 处置时间。
- 处置净损益。

登记固定资产的相关明细信息。选择 A1 单元格，输入"购置日期"。将列单元格调整为所需宽度，并将该列单元格的格式调整为日期格式。选择 B1 单元格，输入"资产类别"。

登记固定资产名称。选择 C1 单元格，输入"资产名称"。按照上述方法，登记固定资产的其他信息。在具体实务处理中，为了使固定资产管理更加完善，可以根据实际情况添加的具体明细资料。如图 10-2 和图 10-3 所示。

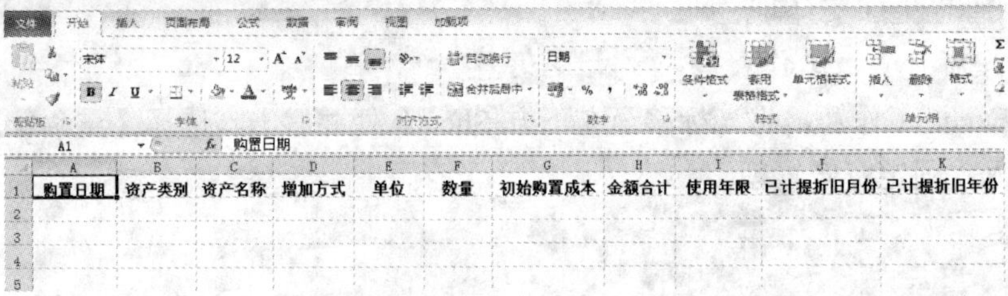

图 10-2　输入固定资产详细信息 1

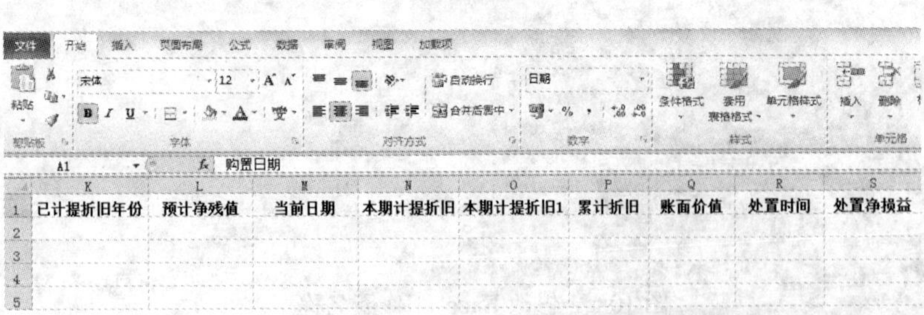

图 10-3　输入固定资产详细信息 2

(3) 保证输入固定资产相关信息的方便和有效

为了输入数据时方便并防止出错，在【增加方式】列添加有效性控制。将光标移到 D2 单元格，在【数据】选项卡的【数据工具】组中，单击【数据有效性】按钮，在打开的对话框中单击设置【允许】旁边的下拉按钮，在该下拉列表中选择【序列】选项，如图 10-4 所示。在【来源】选项中设置固定资产增加方式："在建工程转入,投资者投入,直接购入,部门调拨,捐赠"等方式(注意，输入增加方式的具体内容时，以英文模式下的","进行分隔，不可以采用中文模式下的"，"进行分隔，否则无法按照序列显示具体的增加方式)，如图 10-5 所示。单击【确定】按钮后，将 D2 单元格的有效性控制，复制到 D 列的其他单元格。

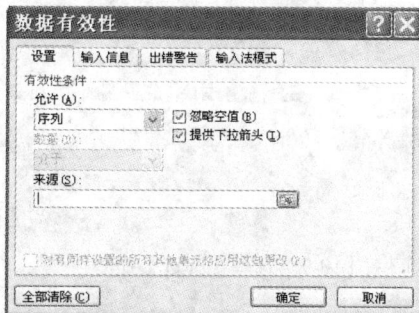

图 10-4　【数据有效性】对话框

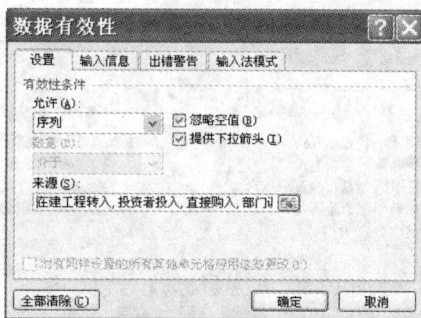

图 10-5　输入固定资产增加方式

(4) 输入现有固定资产的具体信息，如图 10-6 所示。

图 10-6　输入现有固定资产具体信息

10.2.2　固定资产卡片账的查询

当企业拥有的固定资产登记完毕后，由于固定资产数量众多，为了方便查找某一项固定资产，利用 Excel 提供的自动筛选命令，建立固定资产查询功能。自动筛选命令为用户提供了在具有大量记录的数据清单中快速查找符合某种条件记录的功能。使用自动筛选命令筛选记录时，字段名称将变成一个下拉列表框的框名。下面演示针对现有固定资产进行查找、筛选的操作步骤。首先选中 A2 单元格，然后在【开始】选项卡中的【排序和筛选】组，单击【筛选】按钮选择【筛选】命令，如图 10-7 所示。

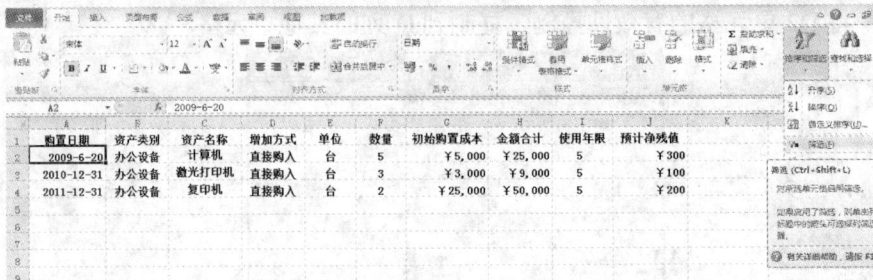

图 10-7　选择【筛选】命令

执行该命令后，系统在【购置日期】等栏显示筛选按钮，如图 10-8 所示。

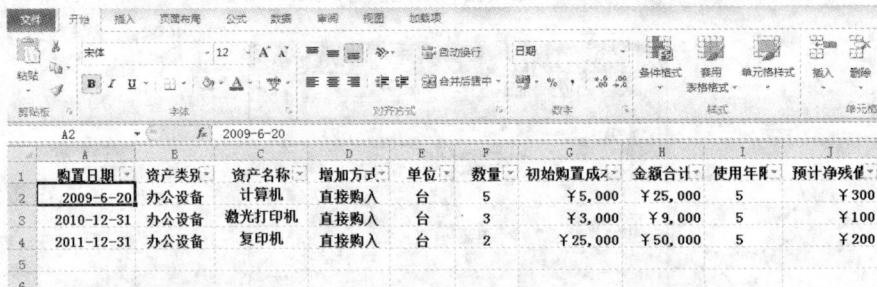

图 10-8　出现【筛选】按钮

单击该按钮，弹出查询方式的下拉列表，单击任意一栏的下拉列表，可以看到有【升序】、【降序】、【按颜色排序】以及【日期筛选】等数据查询方式，如图 10-9 所示。

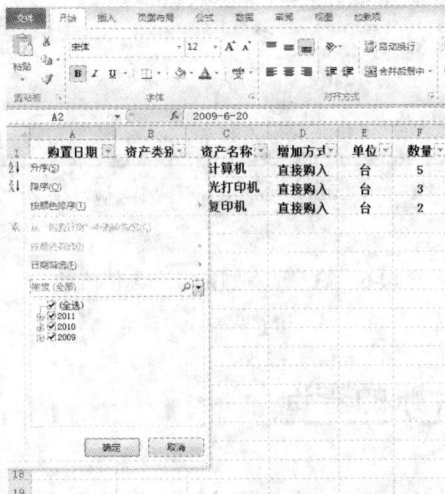

图 10-9　弹出查询方式下拉列表

自动筛选功能中最强大的是使用【自定义】方式来查询数据。【按颜色排序】实质就是自定义排序，可以添加、删除自定义筛选条件。

在图 10-9 中选择【按颜色排序】|【自定义排序】选项，打开如图 10-10 所示的【排序】对话框，可以看到，自定义排序功能是升序与降序及自定义来排列指定的固定资产数据。

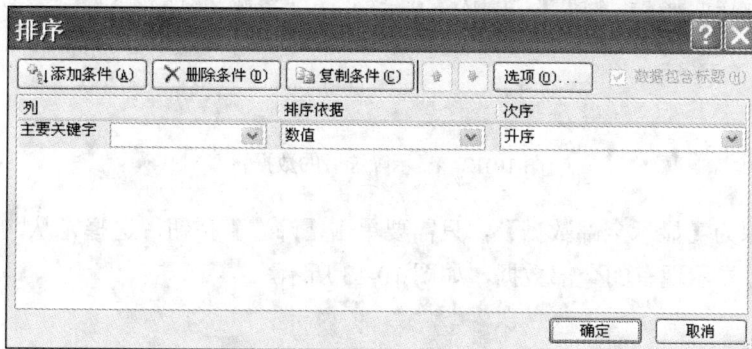

图 10-10　【自定义排序】对话框

下面以现有的固定资产资料为例，介绍自定义筛选的查询方式。如果需要查询 2010—2011 年购置的固定资产。首先将光标移至 A1 栏，单击 A1 栏；然后在【数据】选项卡中的【排序和筛选】组单击【筛选】按钮，A1 栏显示筛选按钮，单击该按钮，选择【日期筛选】，在【日期筛选】项目中取消 2009 年，如图 10-11 所示。设置完毕后，单击【确定】按钮开始执行筛选命令。

图 10-11　确定筛选条件

当返回固定资产管理工作表后，可以看到显示的固定资产项目数据已经成为所需查询的从 2010—2011 年的数据，显示结果如图 10-12 所示。

图 10-12　显示筛选后的数据

如果需要还原为【显示全部数据】，只需要单击【筛选】按钮，选择【从购置日期中清除筛选】选项，即可显示现有的全部数据，如图 10-13 所示。

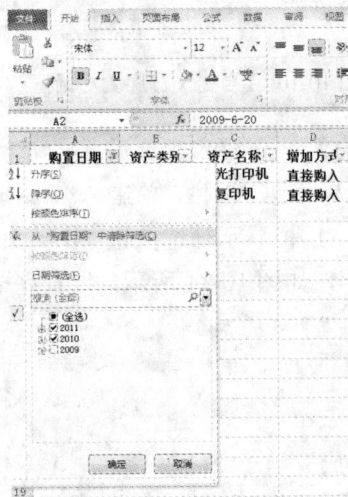

图 10-13　取消筛选的数据

10.3　固定资产折旧的计提

10.3.1　固定资产的折旧

1. 固定资产折旧概述

固定资产的折旧是指固定资产在使用过程中逐渐损耗而消失的那部分价值。固定资产损耗的这部分价值应当在固定资产的有效使用年限内进行分摊，形成折旧费用并计入各期成本。

(1) 固定资产折旧的性质

固定资产的价值随着固定资产的使用而逐渐转移到生产的产品中或构成费用，然后通过产品(商品)的销售，收回货款，得到补偿。

固定资产的损耗分为有形损耗和无形损耗两种：有形损耗是指固定资产由于使用和自然力的影响而引起的使用价值和价值的损失。无形损耗是指由于科学进步等而引起的固定资产的价值损失。

(2) 计提折旧的范围

企业在用的固定资产(包括经营用固定资产、非经营用固定资产、租出固定资产)一般均应提折旧，包括房屋和建筑物，在用的机器设备、仪器仪表、运输工具，季节性停用、大修理停用的设备，融资租入和以经营租赁方式租出的固定资产。

不提折旧的固定资产包括未使用、不需用的机器设备，以经营租赁方式租入的固定资产，在建工程项目交付使用以前的固定资产，已提足折旧继续使用的固定资产，未提足折旧提前报废的固定资产，国家规定不提折旧的其他固定资产(如土地等)。

2. 固定资产折旧方法

企业一般应按当月提取折旧：当月增加的固定资产，当月不提折旧；当月减少的固定资产，当月照提折旧。

提足折旧是指已经提足该项固定资产的应提折旧总额。应提折旧总额为固定资产原价减去预计残值。

(1) 平均年限法

平均年限法又称直线法，是将固定资产的折旧均衡分摊到各期的一种方法。

$$年折旧率=\frac{1-预计净残值}{预计使用年限}\times100\%$$

$$月折旧率=年折旧率\div12$$

$$月折旧额=固定资产原值\times月折旧率$$

(2) 工作量法

工作量法是根据实际工作量计提折旧额的一种方法。

$$每一工作量折旧额=\frac{固定资产原值\times(1-预计净残值率)}{预计总工作量}$$

$$某项固定资产月折旧额=该项固定资产当月工作量\times每一工作量折旧额$$

(3) 双倍余额递减法

双倍余额递减法是在不考虑固定资产净残值的情况下，根据每期期初固定资产账面余额和双倍的直线法折旧率计算固定资产折旧的一种方法。

$$年折旧率=\frac{2}{预计使用年限}\times100\%$$

$$月折旧率=年折旧率\div12$$

$$月折旧额=固定资产账面净值\times月折旧率$$

实行双倍余额递减法计提折旧的固定资产，应当在其固定资产折旧年限到期以前两年内，将固定资产净值(扣除净残值)平均摊销。

(4) 年数总和法

年数总和法又称合计年限法，是将固定资产的原值减去净残值后的净额乘以一个逐年递减的分数计算每年的折旧额，这个分数的分子代表固定资产尚可使用的年数，分母代表使用年限的逐年数字总和。

$$年折旧率 = \frac{尚可使用的年数}{预计使用年限的年数总和}$$

或者：

$$年折旧率 = \frac{预计使用年限-已使用年限}{预计使用年限×(预计使用年限+1)÷2}$$

$$月折旧率 = 年折旧率 ÷ 12$$
$$月折旧额 = (固定资产原值-预计净残值) × 月折旧率$$

10.3.2 固定资产折旧函数

手工计算固定资产的折旧金额的过程非常繁锁，但是利用 Excel 拥有的函数，可以自动生成固定资产折旧金额。具体处理折旧的函数有 7 个(常用的有 5 个)，每个折旧函数都有不同的使用方式，在此集中逐一说明。

1. DB 函数

函数用途：DB 函数会返回利用固定余额递减法计算在一定日期内资产的折旧金额。

使用语法：DB(Cost，Salvage，Life，Period，Month)

参数说明如下。

- Cost：指固定资产的初始取得(常为外购)成本。
- Salvage：指固定资产的残值(预计残值)。
- Life：指固定资产的使用年限。
- Period：指要计算折旧的日期。使用时 Period 必须与 Life 使用相同的衡量单位。
- Month：指第一年的月份数。如果 Month 自变量被省略，则假定其值为 12。

用法说明：固定余额递减法为在一固定比率下计算折旧。DB 函数运用下列公式来计算折旧：(Cost - 上一期总折旧值)*比率。其中，比率=1- ((Salvage / Cost)^(1 / Life))，计算时四舍五入至小数第 3 位。对于第一期的折旧和最后一期的折旧，必须使用特别的计算方式。对第一期而言，DB 函数使用运算公式：Cost*比率*Month / 12。对最后一期而言，DB 函数使用公式：((Cost - 前几期折旧值总合)*比率*(12 - Month)) / 12。

2. DDB 函数

函数用途：DDB 函数会返回指定固定资产在指定日期内按加倍余额递减法或其他指定方法计算所得折旧值。

使用语法：DDB(Cost，Salvage，Life，Period，Factor)

参数说明如下。

- Cost：指固定资产的初始取得(常为外购)成本。
- Salvage：指固定资产的残值(估计残值)。
- Life：指固定资产的使用年限。
- Period：指要计算折旧的日期。使用时 Period 必须与 Life 使用相同的衡量单位。
- Factor：此参数用来指定余额递减的速率。如果该参数被省略，其假定值是 2(即采用双倍余额递减法)。

3. SLN 函数

函数用途：SLN 函数会返回指定固定资产使用【直线折旧法】计算出每期折旧金额。

使用语法：SLN(Cost, Salvage, Life)

参数说明如下。

- Cost：指固定资产的初始取得(常为外购)成本。
- Salvage：指固定资产之残值(预计残值)。
- Life：指固定资产的使用年限。

4. SYD 函数

函数用途：SYD 函数会返回指定固定资产在某段日期内按年数合计法(Sum-Of-Years)计算出的每期折旧金额。

使用语法：SYD(Cost，Salvage，Life，Per)

参数说明如下。

- Cost：指固定资产的初始取得(常为外购)成本。
- Salvage：指固定资产的残值(估计残值)。
- Life：指固定资产的使用年限。
- Per：指要计算的某段时期，Per 必须与 Life 自变量采用相同的单位。

5. VDB 函数

函数用途：VDB 函数会返回指定固定资产在某一时段间的折旧数总额，折旧方式是使用倍率递减法计算。VDB 函数是指变量余额递减(Variable Declining Balance)折旧法。

使用语法：VDB(Cost, Salvage, Life, Start-Period, End-Period, Factor，No-Switch)

参数说明如下。

- Cost：指固定资产的初始取得(常为外购)成本。

- Salvage：指固定资产的残值(估计残值)。
- Life：指固定资产的使用年限。
- Start-Period：此参数用来指定折旧数额的计算是从第几期开始，该参数必须与 Life 自变量采用相同的衡量单位。
- End-Period：此参数用来指定折旧数额的计算是要算到第几期为止，该参数必须与 Life 自变量采用相同的单位。
- Factor：用途为指定余额递减的速率。如果此 Factor 自变量被省略了，则使用默认值 2(即采用倍率递减法)。
- No-Switch：此参数是个逻辑值参数，用于判断是否要在折旧数额大于递减余额法算出的数额时，将折旧切换成直线法的折旧数额。

6. AMORDEGRC 函数(略)

7. AMORLINC 函数(略)

10.3.3 折旧函数应用举例

对于固定资产管理而言，折旧费用的计提尤为重要，一般计算常用的折旧方法即本节前文所述的 5 种方法。在本节使用双倍余额递减法作为资产计提折旧的计算方法。

【例 10-1】固定资产的原值为 50 000，预计净残值率为 5%，预计使用年限为 6 年，采用双倍余额递减法计提折旧，计算此固定资产第一年的折旧额。计算过程如下：

首先打开 Excel 工作簿，将鼠标光标移至左下方 Sheet2 处并右击，在弹出的快捷菜单中选择【重命名】命令，输入"固定资产计提折旧演示"。

(1) 单击 Al 单元格，单击【函数】按钮右端的箭头，打开函数列表框，如图 10-14 所示。

图 10-14　打开函数列表

(2) 在打开的对话框中单击【或选择类别】下拉按钮，在弹出的下拉列表中选择【财务】选项，在出现的财务函数中选择 DDB 函数，如图 10-15 所示。

(3) 按要求输入 DDB 函数的参数：固定资产原值(Cost)=50 000、固定资产估计残值(Salvage)=50 000*0.05、预计使用年限(Life)=6、折旧计提年(Period)=1，如图 10-16 所示。

提示

使用时，Period 必须与 Life 使用相同的衡量单位，该例题中均为年。

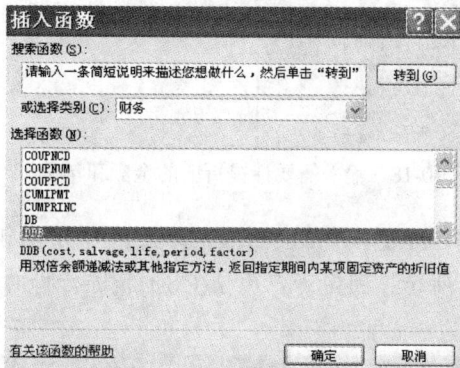

图 10-15　选择折旧函数

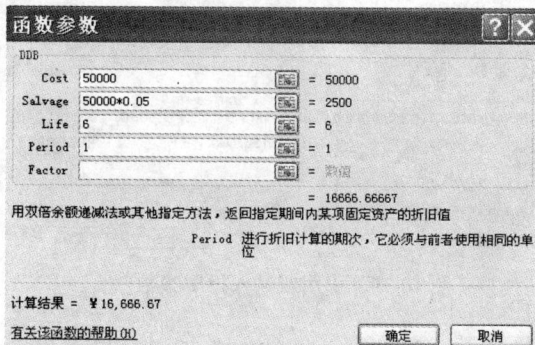

图 10-16　输入按照年份计提的折旧参数

(4) 单击【确定】按钮，要计算的折旧值出现在 A1 单元格中，显示的具体函数内容如图 10-17 所示。

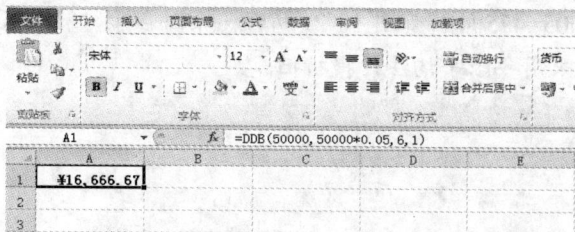

图 10-17　显示第一年折旧数据

【例 10-2】承【例 10-1】，如果需要计算第 1 年～第 6 年所有的折旧金额，具体计算过程如下。

(1) 单击 A1～A6 单元格，分别输入需要计提折旧的固定资产原价 50000 元。单击 B1～B6

单元格，输入需要计提折旧的时间，即 1～6 年。如图 10-18 所示。

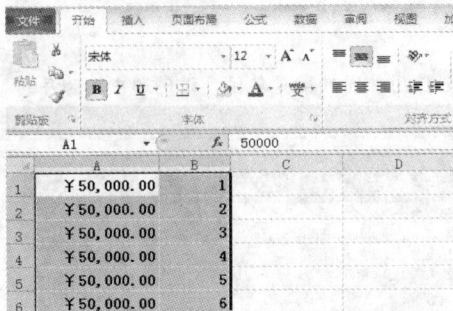

图 10-18 输入需要计提折旧的金额和年份

(2) 单击 C1 单元格，根据以上 DDB 函数的输入方法，引用 A1 和 B1 单元格的数据，完成函数内容的填制，如图 10-19 所示。固定资产原值(Cost)和进行折旧计算的期次(Period)必须为引用，不得直接输入数据。

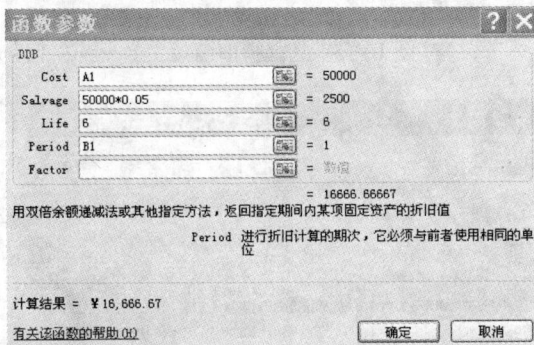

图 10-19 引用或输入折旧参数

(3) 单击【确定】按钮，在 C1 单元格生成第 1 年折旧数据，将光标移至 C1 单元格右下方，当光标变为 "+" 时，向下拖动鼠标进行复制，复制至 C6 单元格，则出现 1～6 年的折旧额，如图 10-20 所示。

(4) 利用 SUM 函数计算 6 年计提折旧金额之和。合计数为 45610.43，不等于固定资产的原值-净残值(50000-50000*0.05=47500)。如图 10-21 所示。原因在于，采用双倍余额递减法计算折旧，最后两年的数据需要采用年限平均法计提折旧。

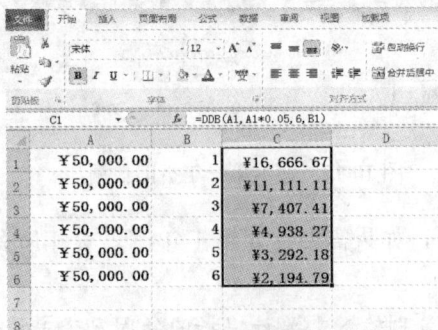

图 10-20 产生全部折旧数据

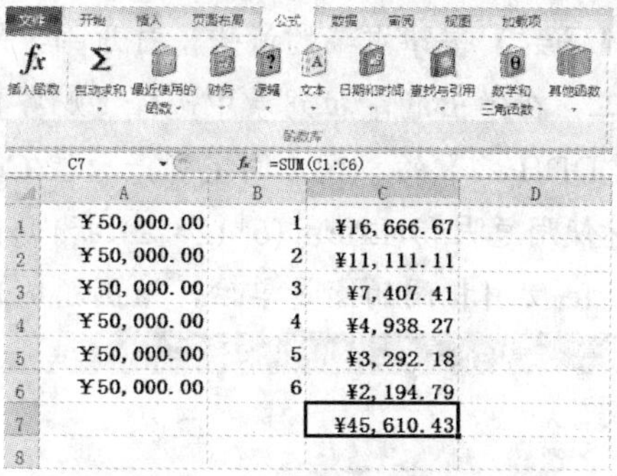

图 10-21 计算各年折旧金额之和

(5) 单击 C5 单元格和 C6 单元格，删除错误的折旧金额。单击【函数】按钮右端的箭头，打开函数列表框，在打开的对话框中单击【或选择类别】下拉按钮，在弹出的下拉列表中选择【财务】选项，在出现的财务函数中选择 SLN 函数。在 Cost 选项中输入固定资产在计提了前 4 年折旧之后的剩余账面价值(50 000-40 123.46)。在 Salvage 选项中输入固定资产的净残值(50 000*0.05=2 500)。在 Life 选项中输入固定资产的剩余使用年限 2 年，如图 10-22 所示。

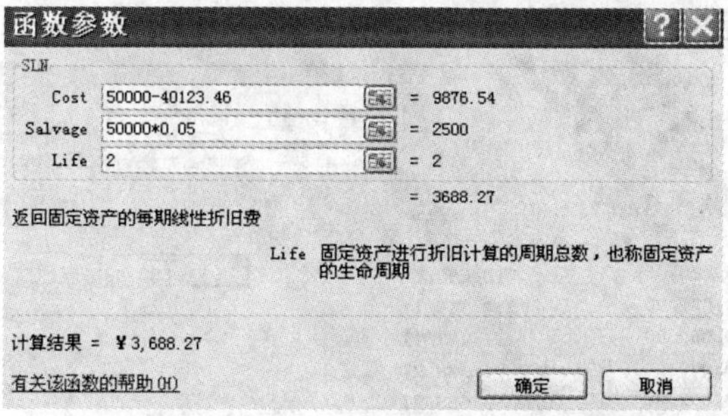

图 10-22 转为年限平均法需要填制的数据

(6) 单击【确定】按钮后，固定资产在第 5 年需要计提的折旧额为 3688.27 元，将该格式复制至 C6 单元格。最后 2 年的折旧金额确定下来。利用 SUM 函数计算 6 年计提折旧金额之和。合计数为 47500，等于固定资产的原值减净残值(50000-50000*0.05=47500)，说明折旧的金额计算正确。如图 10-23 所示。

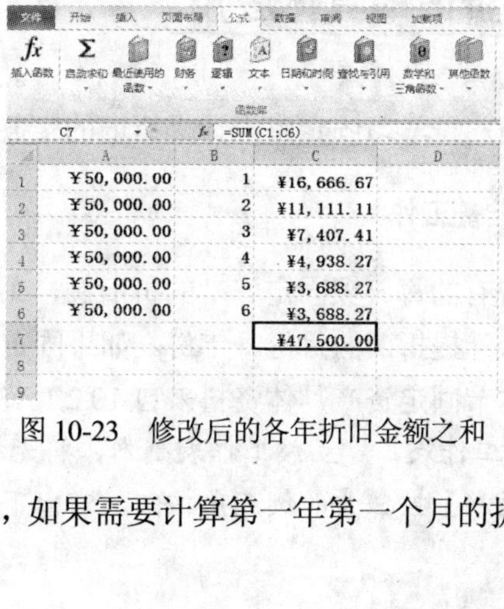

图 10-23 修改后的各年折旧金额之和

【例 10-3】承【例 10-2】，如果需要计算第一年第一个月的折旧金额，具体计算过程如下。

(1) 单击 El 单元格，单击【函数】按钮右端的箭头，打开函数列表框，在打开的对话框中单击【或选择类别】下拉按钮 ▼，在弹出的下拉列表中选择【财务】选项，在出现的财务函数中选择 DDB 函数，按要求设置 DDB 函数的参数：固定资产原值(Cost)=50 000、固定资产估计残值(Salvage)=50 000*0.05、预计使用总月份(Life)= (6*12=72)、折旧计提月(Period)=1，如图 10-24 所示。使用时，Period 必须与 Life 使用相同的衡量单位，该例题均为月。

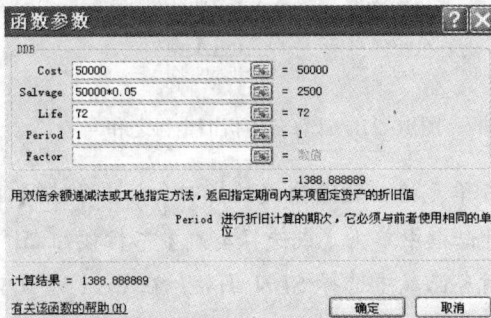

图 10-24　输入按照月份计提的折旧参数

(2) 单击【确定】按钮后，要计算的折旧值显示在 E1 单元中，如图 10-25 所示。

图 10-25　显示第一年的第一个月的折旧数据

10.3.4　固定资产计提折旧的具体应用

利用现有的固定资产具体资料，学习固定资产计提折旧的实务处理方法。

1. 固定资产计提折旧前的准备工作

为了能方便、正确地计提现有的每一项固定资产的折旧额，在计提折旧前，需要根据当前的日期先计算每一固定资产已经计提折旧的月份、年份。如果固定资产是依据工作量法计提折旧的，需要输入相关工作量。本节固定资产具体资料来自 10.2.1 节。

(1) 打开【固定资产管理】工作表，建立该工作表副本，将光标移至 K 列，在【开始】选项卡的【单元格】组中单击【插入】按钮旁的倒三角按钮，弹出下拉列表。在该下拉列表中选择命令插入【当前日期】列，如图 10-26 所示。假设当前日期为 2011 年 12 月 31 日。

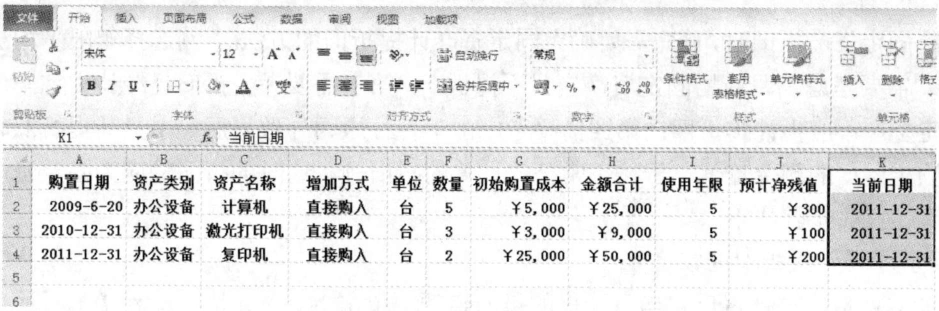

	A	B	C	D	E	F	G	H	I	J	K
1	购置日期	资产类别	资产名称	增加方式	单位	数量	初始购置成本	金额合计	使用年限	预计净残值	当前日期
2	2009-6-20	办公设备	计算机	直接购入	台	5	￥5,000	￥25,000	5	￥300	2011-12-31
3	2010-12-31	办公设备	激光打印机	直接购入	台	3	￥3,000	￥9,000	5	￥100	2011-12-31
4	2011-12-31	办公设备	复印机	直接购入	台	2	￥25,000	￥50,000	5	￥200	2011-12-31

图 10-26　确定当前日期

(2) 将光标移至 J 列，按照上述程序，插入【已计提折旧月份】列。单击 J2 单元格，设置单元格公式为“=INT(DAYS360(A2,L2)/30)”，并将此公式复制到 J 列的其他单元格，在相关单元格显示出具体的已计提折旧月份，如图 10-27 所示。在操作时，注意必须将 A 列和 K 列单元格的格式设置为【日期】格式。

函数 DAYS360(A2,K2)表示将计算从固定资产购置日期(认定为固定资产使用日期)开始，到当前日期的天数(如果每月按 30 天计算)，函数 DAYS360(A2,L2)/30 表示为从固定资产使用日期开始到当前日期的月份数，如果该数据不是整数，则在其前面加一条取整函数 INT()。

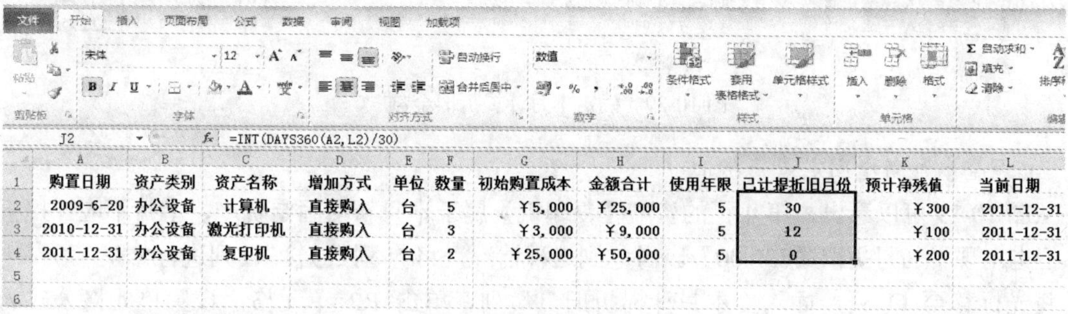

J2 　=INT(DAYS360(A2,L2)/30)

	A	B	C	D	E	F	G	H	I	J	K	L
1	购置日期	资产类别	资产名称	增加方式	单位	数量	初始购置成本	金额合计	使用年限	已计提折旧月份	预计净残值	当前日期
2	2009-6-20	办公设备	计算机	直接购入	台	5	￥5,000	￥25,000	5	30	￥300	2011-12-31
3	2010-12-31	办公设备	激光打印机	直接购入	台	3	￥3,000	￥9,000	5	12	￥100	2011-12-31
4	2011-12-31	办公设备	复印机	直接购入	台	2	￥25,000	￥50,000	5	0	￥200	2011-12-31

图 10-27　确定已提折旧月份

(3) 将光标移至 K 列，按照上述程序，插入【已计提折旧年份】列。单击 K2 单元格，设置单元格公式为“=INT(J2/12)”，并将此公式复制到 K 列的其他单元格，在相关单元格显示出具体的已计提折旧年份，如图 10-28 所示。

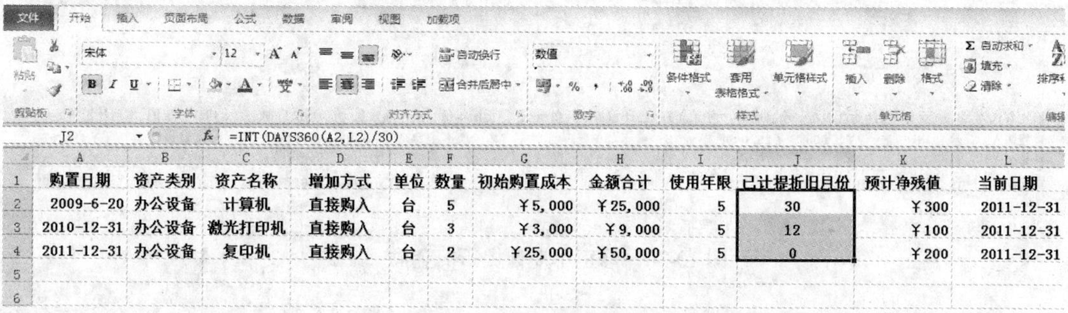

J2 　=INT(DAYS360(A2,L2)/30)

	A	B	C	D	E	F	G	H	I	J	K	L
1	购置日期	资产类别	资产名称	增加方式	单位	数量	初始购置成本	金额合计	使用年限	已计提折旧月份	预计净残值	当前日期
2	2009-6-20	办公设备	计算机	直接购入	台	5	￥5,000	￥25,000	5	30	￥300	2011-12-31
3	2010-12-31	办公设备	激光打印机	直接购入	台	3	￥3,000	￥9,000	5	12	￥100	2011-12-31
4	2011-12-31	办公设备	复印机	直接购入	台	2	￥25,000	￥50,000	5	0	￥200	2011-12-31

图 10-28　确定已提折旧年份

2. 固定资产折旧的计提

在计提固定资产折旧时，首先需要确定固定资产计提折旧的方法(本例选择年限平均法计提折旧)；第二需要考虑当月新增固定资产当月不提折旧；第三需要考虑折旧已经计提完毕仍继续使用的固定资产不应再计提折旧；第四需要考虑由于各种原因导致最后一个月计提折旧时，可能会出现固定资产的剩余价值小于按正常公式计算的折旧额，这时的折旧额应为固定资产的剩余价值。具体操作步骤如下。

(1) 计算本月计提折旧金额

根据前文列示，N 列将反映当月计提的折旧金额。单击 N1 单元格，输入【本月计提折旧金额】。单击 N2 单元格，设置单元格公式为“=SLN(H2,L2,I2*12)”，并将此公式复制到 N 列的其他单元格，在相关单元格显示出本期各个固定资产当期具体应计提的折旧额，效果如图 10-29 所示。

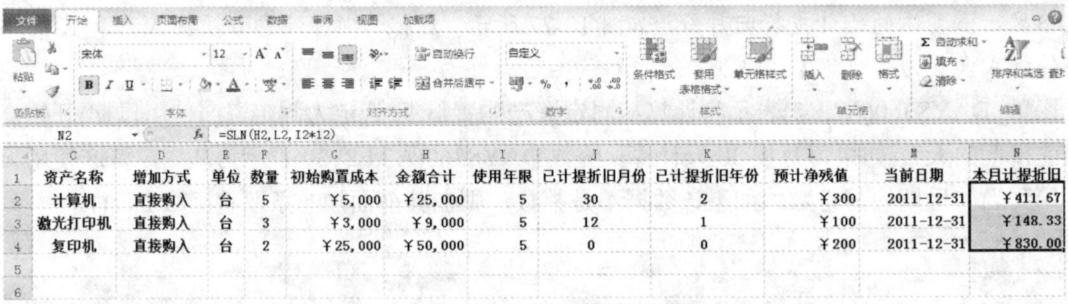

	C	D	E	F	G	H	I	J	K	L	M	N
1	资产名称	增加方式	单位	数量	初始购置成本	金额合计	使用年限	已计提折旧月份	已计提折旧年份	预计净残值	当前日期	本月计提折旧
2	计算机	直接购入	台	5	￥5,000	￥25,000	5	30	2	￥300	2011-12-31	￥411.67
3	激光打印机	直接购入	台	3	￥3,000	￥9,000	5	12	1	￥100	2011-12-31	￥148.33
4	复印机	直接购入	台	2	￥25,000	￥50,000	5	0	0	￥200	2011-12-31	￥830.00
5												
6												

图 10-29　确定本月计提折旧金额

(2) 调整本月新增固定资产折旧

从图 10-29 可以看出，第 4 行的资产【复印机】属于本月新增固定资产，本月不应计提折旧，但也出现了当月折旧【830.00】。考虑到这种情况，将 N 列数据在 O 列进行修正。

将光标移至 O 列，插入“本月计提折旧 1”列。单击 R2 单元格，设置单元格公式为“=IF(J2=0,0,N2)”，并将此公式复制到 O 列的其他单元格。此公式的含义为：如果【已计提折旧月份】为 0(即为当月新增固定资产)，则该项固定资产的月折旧额为 0，否则为原月折旧额。经过修正后，可以看出当月新增固定资产的折旧已经显示为“0”，如图 10-30 所示。

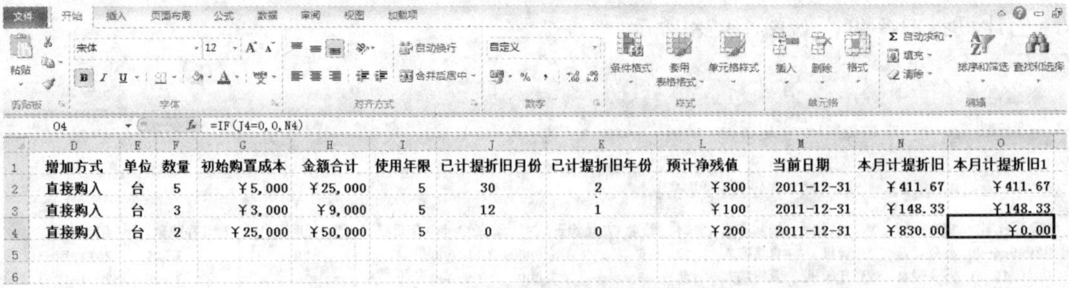

	D	E	F	G	H	I	J	K	L	M	N	O
1	增加方式	单位	数量	初始购置成本	金额合计	使用年限	已计提折旧月份	已计提折旧年份	预计净残值	当前日期	本月计提折旧	本月计提折旧1
2	直接购入	台	5	￥5,000	￥25,000	5	30	2	￥300	2011-12-31	￥411.67	￥411.67
3	直接购入	台	3	￥3,000	￥9,000	5	12	1	￥100	2011-12-31	￥148.33	￥148.33
4	直接购入	台	2	￥25,000	￥50,000	5	0	0	￥200	2011-12-31	￥830.00	￥0.00
5												
6												

图 10-30　修正本期计提折旧金额

(3) 计算累计折旧金额

由于本例中规定的累计折旧的计提方法为年限平均法，需要根据已提折旧月份和本期计提折旧的修正数额，相乘计算出累计折旧的金额。单击 P2 单元格，设置单元格公式为"=J2*O2"，并将此公式复制到 P 列的其他单元格，在相关单元格显示出具体的从计提折旧开始到截止至本月的累计折旧金额，效果如图 10-31 所示。

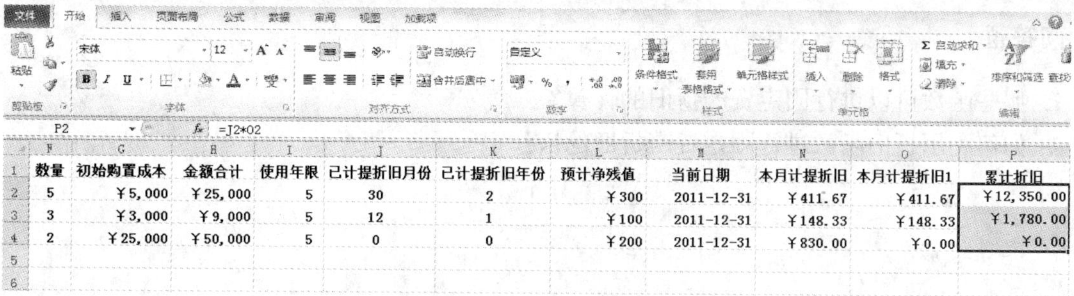

图 10-31　计算累计折旧金额

(4) 计算固定资产账面价值

在不考虑固定资产减值准备的情况下，固定资产账面价值=固定资产原价-累计折旧。单击 Q1 单元格，输入【账面价值】。单击 Q2 单元格，设置单元格公式为"=H2-P2"，并将此公式复制到 Q 列的其他单元格，在相关单元格显示出固定资产的账面价值，效果如图 10-32 所示。

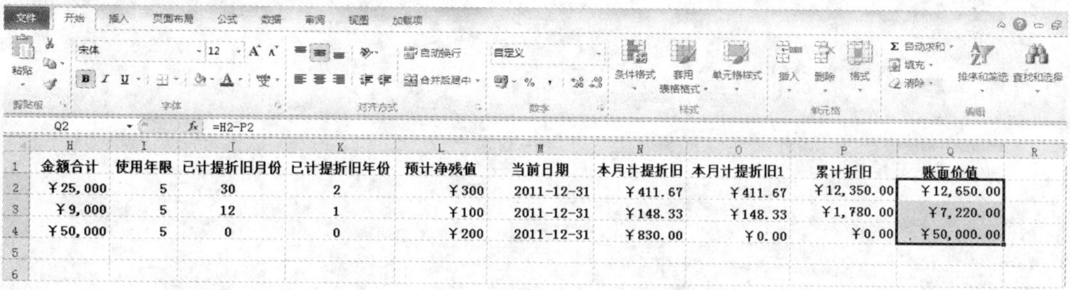

图 10-32　计算固定资产账面价值

⑩.4　上机练习

某公司有关固定资产资料如表 10-1 所示。

表 10-1　固定资产明细资料

项　　目	金　　额	预计使用年限	预计净残值率
机器设备	80 000	10	0.3%
办公设备	5 000	5	0.5%
建筑物	30 000 000	20	0.02%

要求：利用折旧函数，采用年限平均法、双倍余额递减法以及年数总和法计算各项固定资产的年折旧额和月折旧额。

⑩.5 习题

问答题

1. 哪些函数可以进行固定资产折旧的计算?
2. 如何利用折旧函数进行固定资产折旧的操作?

第11章

Excel 在财务中的应用
—— 财务分析

学习目标

通过本章的学习，读者应了解并掌握使用 Excel 进行财务分析的过程，例如如何创建财务报表、构建比率分析公式、建立企业间的数据比较、构建综合分析模型等。最终掌握利用财务分析的结果进行评价，并得出结论。

本章重点

- ◉ 掌握如何引用已经编制完成的财务报表
- ◉ 掌握如何利用财务报表数据进行比率分析
- ◉ 掌握如何利用财务报表数据进行趋势分析
- ◉ 掌握如何利用财务报表数据进行比较分析
- ◉ 掌握如何利用财务报表数据进行综合财务分析

11.1 财务分析概述

财务分析，又称财务报表分析，是指在财务报表及其相关资料的基础上，通过一定的方法和手段，对财务报表提供的数据进行系统和深入的分析研究，揭示有关指标之间的关系、变动情况及其形成原因，从而向使用者提供相关和全面的信息，也就是将财务报表及相关数据转换为对特定决策有用的信息，对企业过去的财务状况和经营成果以及未来前景做出评价。通过这一评价，可以为财务决策、计划和控制提供帮助。

财务报表中涉及的数据不仅种类繁多，而且涉及不同时期、不同企业之间的比较，因此，利用 Excel 所提供的各种功能来辅助财务分析和决策人员，可以迅速、准确地完成财务分析工作。

在本章中，将为读者介绍财务分析中的常见方法和如何运用 Excel 进行财务分析。

11.1.1 财务分析目的

财务报表的使用者包括投资人、债权人、经理、政府、雇员和会计师事务所等利益关系人，不同群体所关心的问题和侧重点不同，因此进行财务分析的目的也有所不同。主要有以下几个方面。

1. 评价企业的财务状况

通过对企业的财务报表等会计资料进行分析，了解企业资产的流动性、负债水平和偿债能力，从而评价企业的财务状况和经营成果，为企业管理者、投资者和债权人等提供财务信息。

2. 评价企业的资产管理水平

企业的生产经营过程就是利用资产取得收益的过程。资产是企业生产经营活动的经济资源，资产的管理水平直接影响到企业的收益，它体现了企业的整体素质。通过财务分析可以了解企业资产的管理水平和资金周转情况，为评价经营管理水平提供依据。

3. 评价企业的获利能力

通过财务分析，评价企业的获利能力。利润是企业经营的最终成果的体现，是企业生存和发展的最终目的。因此，不同的利益关系人都十分关心企业的获利能力。

4. 评价企业的发展趋势

通过财务分析，可以判断出企业的发展趋势，预测企业的经营前景，从而避免因决策失误而带来的重大经济损失。

11.1.2 财务报表分析的方法

财务报表虽然可以提供大量的财务信息，但很难获取各种直接有用的信息，有时甚至会被会计数据引入歧途，被表面假象所蒙蔽。为了让报表使用者正确揭示各种会计数据之间存在着的重要关系，并且能全面反映企业财务状况和经营成果，通常采用以下方法进行报表分析。

1. 财务报表纵向分析

纵向分析又称动态分析或趋势分析，指不同时期财务报表间相同项目变化的比较分析，即将企业连续两年(或多年)的财务报表的相同项目并行排列在一起，并计算相同项目增减的绝对额和增减的百分比，编制出比较财务报表，以揭示各会计项目在这段时期内所发生的绝对金额变化和百分率变化情况。在计算相同项目增减的绝对额和增减的百分比时，基期(被比较的时期)可以是固定的(例如基期固定在第一年)；也可以是变动的(例如将计算期的第一期作为基期)。若基期是固定的，则称为定基趋势分析；若基期是变动的，则称为环比趋势分析。

2. 财务报表横向分析

横向分析又称静态分析，指同一时期财务报表中不同项目之间的比较和分析，主要通过编制【共同比财务报表】(或称百分比报表)进行分析。即将财务报表中的某一重要项目(如资产负债表中的资产总额或权益总额，利润表中的营业收入，现金流量表中现金来源总额等)的数据作为100%，然后将报表中其余项目的金额都以这个重要项目的百分率的形式作纵向排列，从而揭示出各个项目的数据在企业财务中的相对意义。不仅如此，采用这种形式编制的财务报表还使得在规模不同的企业之间进行经营和财务状况比较成为可能。因为把报表中各个项目的绝对金额都转化成百分数，在经营规模不同的企业之间就形成了可比的基础，这就是【共同比】的含义。当然，要在不同企业之间进行比较，其前提条件是这些企业应属于同一行业，它们所采用的会计核算方法和财务报表编制程序也必须大致相同，否则就不会得到任何有实际意义的结果。

3. 财务比率分析

财务比率是相互联系的指标项目之间的比值，用于反映各项财务数据之间的相互关系，从而揭示企业的财务状况和经营成果，是财务分析中最重要的部分。财务比率包括同一张报表中不同项目之间的比较和不同财务报表的相关项目之间的比较；其比值有的用系数表示，有的用百分数表示。

4. 因素分析

因素分析是利用各种因素之间的数量依存关系，通过因素替换，从数量上测定各因素变动对某项综合性经济指标的影响程度的一种方法，具体包括差额分析法、指标分解法、连环替代法和定基替代法等。

⑪.1.3　财务分析的数据来源

会计报表的数据是财务分析的主要数据来源，财务分析的数据来源主要有以下两方面。

1. 会计核算数据源

会计核算数据源指第 7 章中通过 Excel 生成的资产负债表、利润表、现金流量表等。财务分析以本企业的资产负债表、利润表和现金流量表为基础，通过提取、加工和整理会计核算数据来生成所需的数据报表，然后再对其进行加工处理，便可得到一系列的财务指标。

除了会计核算数据外，进行财务分析还需要其他数据，如同行业的主要经营比率等，这些数据统称为其他数据。

2. 外部数据库

在 Excel 中获取外部数据库的方式之一是利用 Microsoft Query 获取外部数据库。首先建立 Excel 与 Query 之间的通信，然后让 Query 与 ODBC 驱动程序之间进行通信，而通过 ODBC 可以与数据库通信，这样通过一系列的通信交换过程便可实现数据库的读取。

获取外部数据库的方式之二是利用 VBA 直接与 ODBC 通信获取外部数据库。在 Excel 中可通过宏调用 Visual Basic for Application(VBA)，VBA 又可以直接与 ODBC 通信，从而获取外部数据库。由于篇幅限制，本书对如何使用 Excel 调用外部数据库，不做详细介绍，有兴趣的读者可参考和查阅其他书籍。

11.2 Excel 在财务比率分析中的应用

11.2.1 财务比率分析的具体指标

财务比率分析指将财务报表中的有关项目进行对比，得出一系列的财务比率，以此来揭示企业财务状况的一种方法。常用的财务比率可分为 5 大类：变现能力比率、资产管理比率、负债比率、盈利能力比率和市价比率。

1. 变现能力比率

变现能力比率又称偿债能力比率，是衡量企业产生现金能力大小的比率，它取决于可以在近期转变为现金的流动资产的多少。反映变现能力的财务比率主要有流动比率和速动比率。

(1) 流动比率

流动比率是企业流动资产与流动负债之比，其计算公式为：

流动比率=流动资产/流动负债

流动资产一般包括库存现金、有价证券、应收账款及库存商品。流动负债一般包括应付账款、应付票据、一年内到期的债务、应付未付的各项税费以及其他应付未付的开支。

流动比率是衡量企业短期偿债能力的一个重要财务指标。该比率越高，说明企业偿还流动负债的能力越强，流动负债得到偿还的保障越大。如果流动负债上升的速度过快，会使流动比率下降，从而引起财务方面的问题。一般情况下，营业周期、流动资产中的应收账款和存货的周转速度是影响流动比率的主要因素。因此在分析流动比率时还要结合流动资产的周转速度和构成情况来进行。

(2) 速动比率

速动比率也称酸性测试比率，指流动资产扣除变现能力较差且不稳定的存货、预付账款等资产后形成的速动资产与流动负债之比。其计算公式为：

> 速动比率=速动资产/流动负债
>
> 速动资产=货币资金+交易性金融资产+应收账款+应收票据
>
> 　　　　=流动资产－存货－预付账款－一年内到期的非流动资产－其他流动资产

影响速动比率的重要因素是应收账款的变现能力。

除了以上财务比率外，还应结合影响变现能力的其他因素来分析企业的短期偿债能力。增强变现能力的因素主要有可动用的银行贷款指标、准备很快变现的长期资产及企业偿债能力的声誉等；减弱变现能力的因素主要有未做记录的或有负债、担保责任引起的负债等。

2. 资产管理比率

资产管理比率又称运营效率比率，是用来衡量企业在资产管理方面效率高低的财务比率。资产管理比率包括：存货周转率、应收账款周转率、流动资产周转率、固定资产周转率和总资产周转率等。通过对这些指标的高低及其成因的考察，利益关系人能够对资产负债表的资产是否在有效运转、资产结构是否合理、所有的资产是否能有效利用以及资产总量是否合理等问题，作出较为客观的判断。

(1) 存货周转率

在流动资产中，存货所占的比重较大。存货的变现能力将直接影响企业资产的利用效率，因此必须特别重视对存货的分析。存货周转率是衡量和评价企业购入存货、投入生产、销售收回等各环节管理状况的综合性指标。它是营业成本与平均存货余额的比值，也称为存货的周转次数。用时间表示的存货周转率就是存货周转天数。其计算公式为：

> 存货周转率=营业成本/平均存货余额
>
> 存货周转天数=360/存货周转率
>
> 其中，平均存货余额=(期初存货余额+期末存货余额)/2

(2) 应收账款周转率

应收账款周转率是反映年度内应收账款转换为现金的平均次数的指标，用时间表示的应收账款周转速度是应收账款周转天数，也称为平均应收款回收期，它表示企业从取得应收账款的权利到收回款项所需要的时间。其计算公式为：

> 应收账款周转率=营业收入/平均应收账款余额
>
> 应收账款周转天数=360/应收账款周转率

其中，平均应收账款余额=(期初应收账款余额+期末应收账款余额)/2。

(3) 营业周期

营业周期是指从取得存货开始到销售存货并收回现金为止的时间。营业周期的长短取决于存货周转天数和应收账款周转天数，其计算公式如下：

> 营业周期=存货周转天数+应收账款周转天数

存货周转率和应收账款周转率以及二者相结合的营业周期是反映企业资产运营效率的最主要的指标。

(4) 流动资产周转率

流动资产周转率是营业收入与平均流动资产总额之比,反映的是全部流动资产的利用效率。其计算公式为:

> 流动资产周转率=营业收入/平均流动资产总额

其中,平均流动资产总额=(期初流动资产总额+期末流动资产总额)。

(5) 固定资产周转率

固定资产周转率是企业营业收入与平均固定资产净值之比。该比率越高,说明固定资产的利用率越高,管理水平越好。其计算公式为:

> 固定资产周转率=营业收入/平均固定资产净值

其中,平均固定资产净值=(期初固定资产净值+期末固定资产净值)/ 2。

(6) 总资产周转率

总资产周转率是企业营业收入与平均资产总额之比,可以用来分析企业全部资产的使用效率。如果该比率较低,企业应采取措施提高营业收入或处置资产,以提高总资产利用率。其计算公式为:

> 总资产周转率=营业收入/平均资产总额

其中,平均资产总额=(期初资产总额+期末资产总额)/ 2。

3. 长期负债比率

长期负债比率是说明债务和资产、净资产间关系的比率。它反映了企业偿付到期长期债务的能力。反映长期偿债能力的负债比率主要有资产负债率、产权比率、有形净值债务率和利息保障倍数。通过对负债比率的分析,可以看出企业的资本结构是否健全合理,从而评价企业的长期偿债能力。

(1) 资产负债率

资产负债率是企业负债总额与资产总额之比,又称举债经营比率,它反映企业的资产总额中有多少是通过举债而得到的。资产负债率反映企业偿还债务的综合能力,该比率越高,企业偿还债务的能力越差。反之,偿还债务的能力越强。其计算公式为:

> 资产负债率=负债总额/资产总额

(2) 产权比率

产权比率又称负债权益比率,是负债总额与所有者权益(或股东权益,以下同)总额之比,也是衡量企业长期偿债能力的指标之一。该比率反映了债权人所提供的资金与投资人所提供资金的对比关系，从而揭示企业的财务风险以及所有者权益对债务的保障程度。其计算公式为：

产权比率=负债总额/所有者权益总额

(3) 有形净值债务率

有形净值债务率是企业负债总额与有形净值的百分比。有形净值是所有者权益减去无形资产净值。其计算公式为：

有形净值债务率=负债总额/(所有者权益总额-无形资产净值)

(4) 利息保障倍数

利息保障倍数是税前利润加利息费用之和与利息费用的比值，反映了企业用经营所得支付债务利息的能力。其计算公式为：

利息保障倍数=息税前利润/利息费用

息税前利润=税前利润+利息费用

=净利润+所得税费用+利息费用

如果企业有租金支出，则应予以考虑，相应的比率称为固定负担倍率。其计算公式为：

固定负担倍率=利税前收益+租金利息费用+租金

公式中的【息税前利润】指利润表中未扣除利息费用和所得税之前的利润。它可以通过【利润总额+利息费用】计算得到，其中的【利息费用】指本期发生的全部应付利息，不仅包括财务费用中的利息费用，还应包括计入固定资产成本中的资本化利息。由于我国现行利润表中的【利息费用】没有单列，而是列计在【财务费用】之中，外部报表使用人只好用【利润总额加财务费用】来估算【息税前利润】。该比率越高，说明企业用经营所得按时按量支付债务利息的能力越强，它可以增强贷款人对企业支付能力的信任程度。

除了用以上相关项目之间的比率来反映长期偿债能力外，还应该注意一些影响长期偿债能力的因素，如经营租赁、担保责任或有负债等。

4. 盈利能力比率

盈利能力比率是考察企业赚取利润能力高低的比率。不论是投资人、债权人还是企业经理人员都重视和关心企业的盈利能力。因此，可以按照会计基本要素设置营业利润率、成本费用利润率、盈余现金保障倍数、总资产报酬率、净资产收益率和资本收益率等 6 项指标，藉以评价企业各要素的获利能力及资本保值增值情况。此外，上市公司经常使用的获利能力指标还有每股收益、每股股利、市盈率和每股净资产等。

(1) 营业利润率

营业利润率是企业一定时期营业利润与营业收入的比率。其计算公式为：

营业利润率=营业利润/营业收入

在实务中也经常使用销售净利率和销售毛利率等指标来分析企业经营业务的获利水平。销售毛利率表示每一元营业收入扣除销售成本后,有多少剩余可以用于各项期间费用的补偿和形成盈利。销售净利率可以评价企业通过销售赚取利润的能力。该比率越高,说明企业通过扩大销售获取收益的能力越强。销售净利率反映每一元营业收入带来净利润的多少,表示通过营业收入获得利润的水平。其计算公式为:

> 销售毛利率=销售毛利/营业收入净额
>
> =(销售收入净额-销售成本)/营业收入净额
>
> 销售净利率=净利润/营业收入净额

(2) 总资产报酬率

总资产报酬率也称资产利润率或总资产收益率,是企业在一定时期内获得的报酬总额与平均资产总额之比。总资产报酬率用来衡量企业利用全部资产获取利润的能力,反映了企业总资产的利用效率。其计算公式为:

> 总资产报酬率=息税前利润/平均资产总额
>
> 息税前利润=税前利润+利息费用
>
> =净利润+所得税费用+利息费用

(3) 净资产收益率

净资产收益率是在一定时期内企业的净利润与平均净资产之比。净资产收益率是评价企业获利能力的一个重要财务指标,反映了企业自有资本获取投资报酬的高低。其计算公式为:

> 净资产收益率=净利润/平均净资产

其中,平均净资产=(期初所有者权益总额+期末所有者权益总额)/ 2。

5. 市价比率

市价比率又称市场价值比率,实质上是反映每股市价和企业盈余、每股账面价值关系的比率,它是上述 4 个指标的综合反映。管理者可根据该比率了解投资人对企业的评价。市价比率包括:每股盈余、市盈率、每股股利、股利支付比率和每股账面价值等指标。

(1) 每股盈余

每股盈余是本年盈余与流通在外股数的比值,是衡量股份制企业盈利能力的指标之一。其计算公式为:

> 每股盈余=(净利润-优先股股息)/发行在外的加权平均普通股股数

每股盈余反映普通股的获利水平,指标越高,每股可获得的利润越多,股东的投资效益越好,反之则越差。由于每股盈余是一个绝对指标,因此在分析时,还应考虑流通在外的普通股的变化及每股股价高低的影响。

(2) 市盈率

市盈率是每股股价与每股盈余相比计算得到的比率，是衡量股份制企业盈利能力的重要指标。其计算公式为：

市盈率=每股市价/每股盈余

公式中的市价是指普通股每股在证券市场上的买卖价格。市价与每股盈余比率是衡量股份制企业盈利能力的重要指标，市盈率反映投资者对每元利润愿支付的价格。

(3) 每股股利

每股股利是股利总额与流通股数的比值，是衡量股份制企业的获利能力指标之一。其计算公式为：

每股股利=股利总额/流通股数

(4) 股利支付比率

股利支付比率是每股股利与每股盈余的比例，反映普通股东从每股全部盈余中能获得部分的数量多少。股利支付率反映公司的净利润中有多少用于股利的分派。其计算公式为：

股利支付比率=每股股利/每股盈余

(5) 每股账面价值

每股账面价值是股东权益总额减去优先股权益后的余额与发行在外的普通股股数的比值，反映的是发行在外的每股普通股所代表的企业记在账面上的股东权益额。计算公式为：

每股账面价值=(股东权益总额－优先股权益)/发行在外的普通股股数

11.2.2　利用 Excel 计算和分析财务比率

利用 Excel 进行各财务比率的计算，方法比较简单，可直接用 Excel 中的数据链接功能，在财务比率的计算公式基础上，对其进行定义。即根据已有财务报表中的原始数据(主要是资产负债表和利润表)，从不同工作表的财务报表中读取数据，设计相应的公式并在相应的单元格中输入公式。

以嘉佑公司 2010 年和 2011 年的财务报表数据为例(资产负债表和利润表)，具体操作步骤如下：

(1) 首先打开 Excel，创建嘉佑公司 2011 年度的资产负债表和利润表，如图 11-1 和图 11-2 所示。

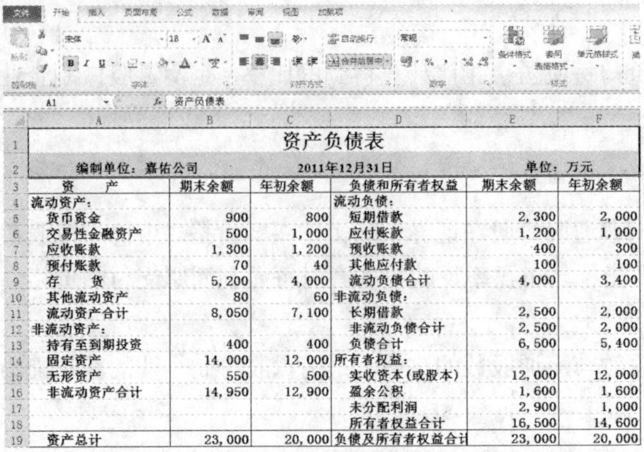

	A	B	C	D	E	F
1	资产负债表					
2	编制单位：嘉佑公司		2011年12月31日		单位：万元	
3	资　　产	期末余额	年初余额	负债和所有者权益	期末余额	年初余额
4	流动资产：			流动负债：		
5	货币资金	900	800	短期借款	2,300	2,000
6	交易性金融资产	500	1,000	应付账款	1,200	1,000
7	应收账款	1,300	1,200	预收账款	400	300
8	预付账款	70	40	其他应付款	100	100
9	存　　货	5,200	4,000	流动负债合计	4,000	3,400
10	其他流动资产	80	60	非流动负债：		
11	流动资产合计	8,050	7,100	长期借款	2,500	2,000
12	非流动资产：			非流动负债合计	2,500	2,000
13	持有至到期投资	400	400	负债合计	6,500	5,400
14	固定资产	14,000	12,000	所有者权益：		
15	无形资产	550	500	实收资本(或股本)	12,000	12,000
16	非流动资产合计	14,950	12,900	盈余公积	1,600	1,600
17				未分配利润	2,900	1,000
18				所有者权益合计	16,500	14,600
19	资产总计	23,000	20,000	负债及所有者权益合计	23,000	20,000

图 11-1　嘉佑公司的资产负债表

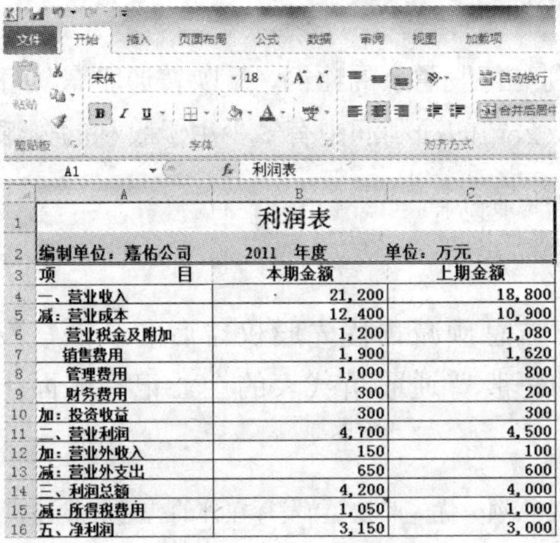

	A	B	C
1	利润表		
2	编制单位：嘉佑公司	2011　年度	单位：万元
3	项　　目	本期金额	上期金额
4	一、营业收入	21,200	18,800
5	减：营业成本	12,400	10,900
6	营业税金及附加	1,200	1,080
7	销售费用	1,900	1,620
8	管理费用	1,000	800
9	财务费用	300	200
10	加：投资收益	300	300
11	二、营业利润	4,700	4,500
12	加：营业外收入	150	100
13	减：营业外支出	650	600
14	三、利润总额	4,200	4,000
15	减：所得税费用	1,050	1,000
16	五、净利润	3,150	3,000

图 11-2　嘉佑公司的利润表

(2) 按照财务分析比率分类创建一个财务比率分析表的框架，如图 11-3 所示。

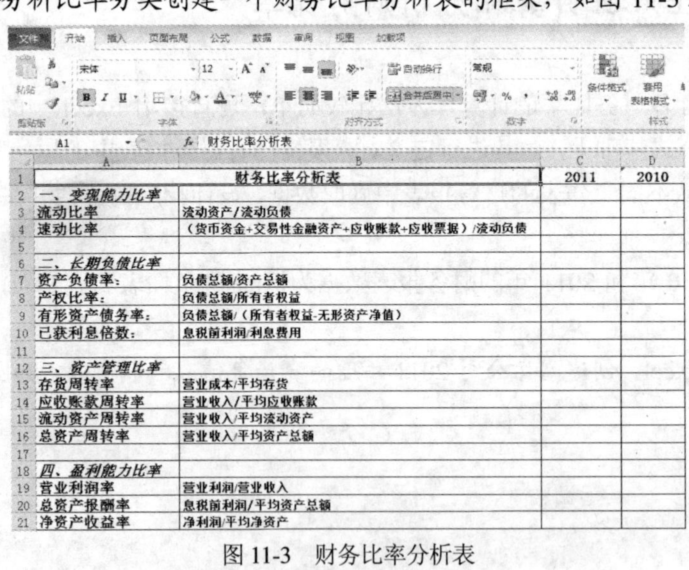

	A	B	C	D
1	财务比率分析表		2011	2010
2	一、变现能力比率			
3	流动比率	流动资产/流动负债		
4	速动比率	（货币资金+交易性金融资产+应收账款+应收票据）/流动负债		
5				
6	二、长期负债比率			
7	资产负债率：	负债总额/资产总额		
8	产权比率：	负债总额/所有者权益		
9	有形资产债务率：	负债总额/（所有者权益-无形资产净值）		
10	已获利息倍数：	息税前利润/利息费用		
11				
12	三、资产管理比率			
13	存货周转率	营业成本/平均存货		
14	应收账款周转率	营业收入/平均应收账款		
15	流动资产周转率	营业收入/平均流动资产		
16	总资产周转率	营业收入/平均资产总额		
17				
18	四、盈利能力比率			
19	营业利润率	营业利润/营业收入		
20	总资产报酬率	息税前利润/平均资产总额		
21	净资产收益率	净利润/平均净资产		

图 11-3　财务比率分析表

(3) 在财务比率表中创建公式和跨表引用数据。以计算 2011 年流动比率为例，将光标移至 C3 单元格单击鼠标左键以选取该单元格，如图 11-4 所示。

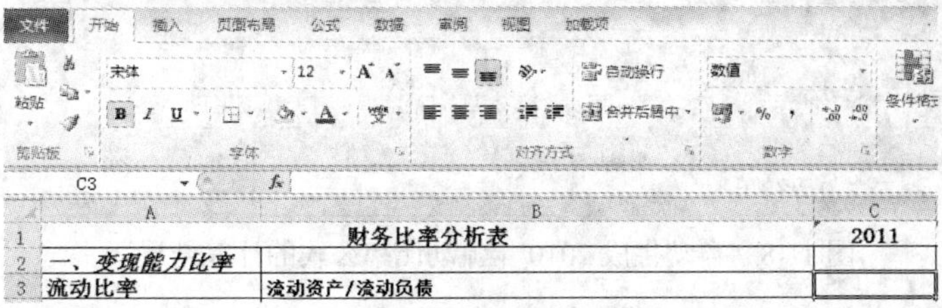

图 11-4　选取财务比率表的单元格

(4) 在 C3 单元格输入"="，进行单元格函数公式的编辑，如图 11-5 所示。

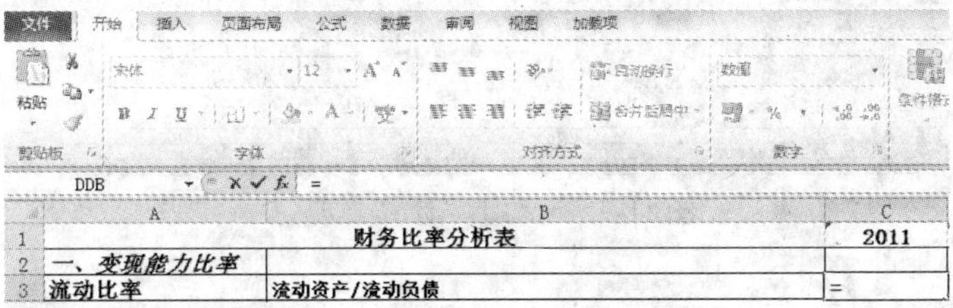

图 11-5　单元格函数公式编辑

(5) 根据流动比率公式提示(流动比率=流动资产/流动负债)，首先单击工作簿中的【资产负债表】工作表，将光标移至 B11 单元格(嘉佑公司年末流动资产余额合计)并单击，然后在函数编辑栏中输入"/"。最后单击单元格 E9(嘉佑公司年末流动负债余额合计)，生成流动比率计算公式，如图 11-6 所示。

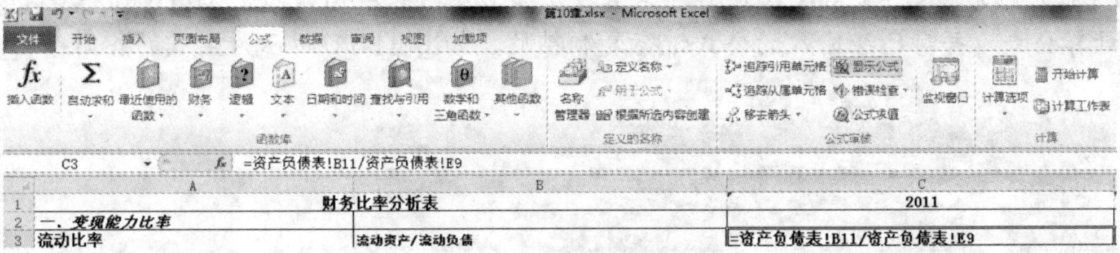

图 11-6　流动比率计算公式

(6) 单击【确认】按钮，结束公式输入，这时单元格中已显示计算结果，注意单元格的格式要调整为数值，如图 11-7 所示。

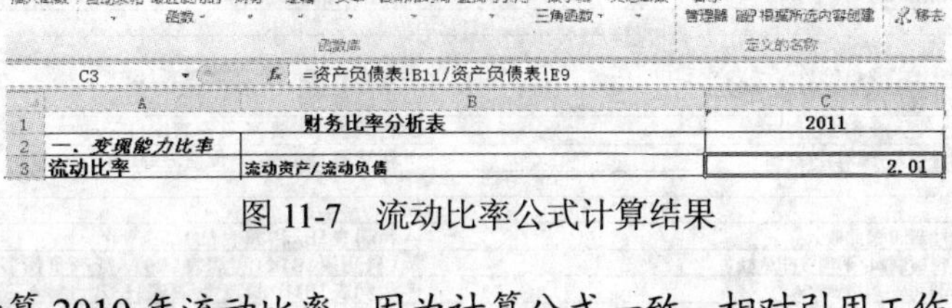

图 11-7　流动比率公式计算结果

(7) 如果需要计算 2010 年流动比率，因为计算公式一致，相对引用工作表也一致，所以，直接可以将 2011 年流动比率计算公式复制到单元格 D3，自动生成 2010 年流动比率计算公式，从而进行两年数据的对比(为了简化计算，在输入公式时，均使用各年末的数据)，如图 11-8 所示。

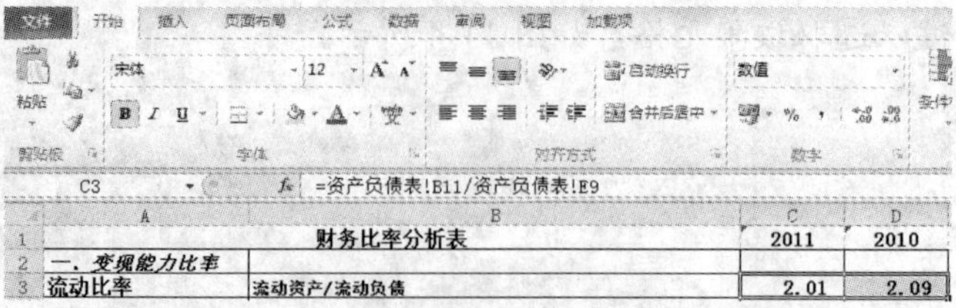

	A	B	C	D
1		财务比率分析表	2011	2010
2	一、变现能力比率			
3	流动比率	流动资产/流动负债	2.01	2.09

图 11-8　自动生成 2010 年流动比率公式的计算结果

(8) 以同样的方法，按照公式提示，在相应单元格中输入速动比率的计算公式，计算速动比率，如图 11-9 和图 11-10 所示。

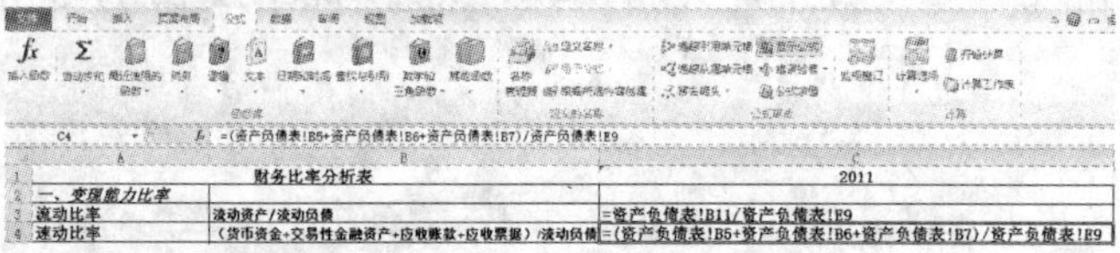

	A	B	C
1		财务比率分析表	2011
2	一、变现能力比率		
3	流动比率	流动资产/流动负债	=资产负债表!B11/资产负债表!E9
4	速动比率	(货币资金+交易性金融资产+应收账款+应收票据)/流动负债	=(资产负债表!B5+资产负债表!B6+资产负债表!B7)/资产负债表!E9

图 11-9　速动比率计算公式

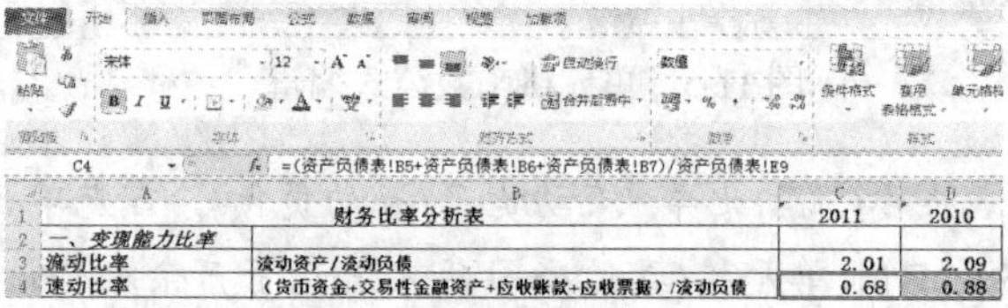

	A	B	C	D
1		财务比率分析表	2011	2010
2	一、变现能力比率			
3	流动比率	流动资产/流动负债	2.01	2.09
4	速动比率	(货币资金+交易性金融资产+应收账款+应收票据)/流动负债	0.68	0.88

图 11-10　速动比率计算结果

(9) 以同样的方法，按照公式提示，在【财务比率分析表】相应的单元格中输入各个财务比率的计算公式，并对已经输入的公式进行复制粘贴，如图 11-11 所示为生成的各财务比率计算公式。

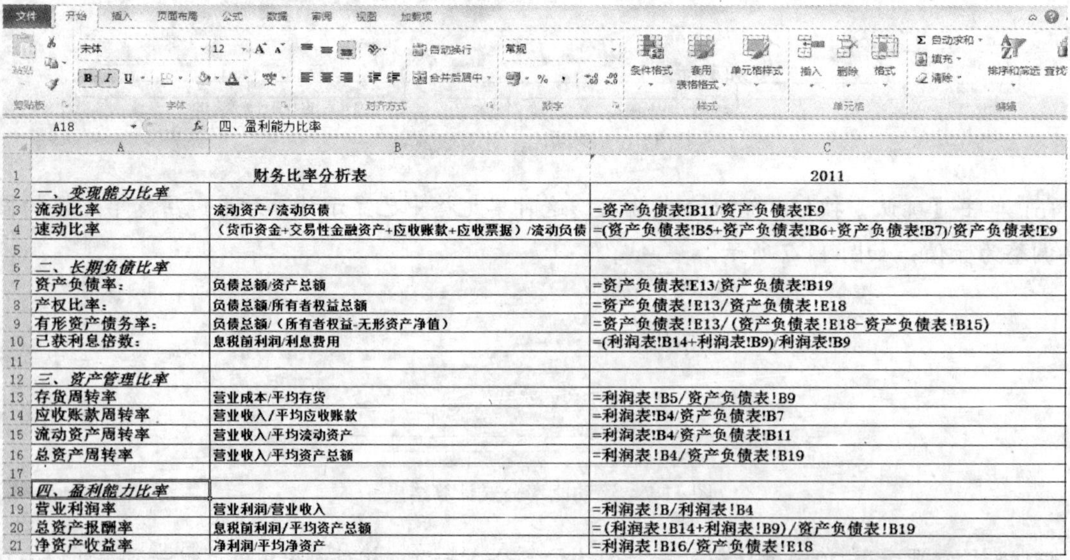

	A	B	C
1		财务比率分析表	2011
2	一、变现能力比率		
3	流动比率	流动资产/流动负债	=资产负债表!B11/资产负债表!E9
4	速动比率	(货币资金+交易性金融资产+应收账款+应收票据)/流动负债	=(资产负债表!B5+资产负债表!B6+资产负债表!B7)/资产负债表!E9
5			
6	二、长期负债比率		
7	资产负债率:	负债总额/资产总额	=资产负债表!E13/资产负债表!B19
8	产权比率:	负债总额/所有者权益总额	=资产负债表!E13/资产负债表!E18
9	有形资产债务率:	负债总额/(所有者权益-无形资产净值)	=资产负债表!E13/(资产负债表!E18-资产负债表!B15)
10	已获利息倍数:	息税前利润/利息费用	=(利润表!B14+利润表!B9)/利润表!B9
11			
12	三、资产管理比率		
13	存货周转率	营业成本/平均存货	=利润表!B5/资产负债表!B9
14	应收账款周转率	营业收入/平均应收账款	=利润表!B4/资产负债表!B7
15	流动资产周转率	营业收入/平均流动资产	=利润表!B4/资产负债表!B11
16	总资产周转率	营业收入/平均资产总额	=利润表!B4/资产负债表!B19
17			
18	四、盈利能力比率		
19	营业利润率	营业利润/营业收入	=利润表!B/利润表!B4
20	总资产报酬率	息税前利润/平均资产总额	=(利润表!B14+利润表!B9)/资产负债表!B19
21	净资产收益率	净利润/平均净资产	=利润表!B16/资产负债表!E18

图 11-11　生成各财务比率计算公式

公式的计算结果如图 11-12 所示。

将计算得出的数据与同行业企业的财务指标标准值进行比较，就可以对企业的财务状况和经营成果进行评价了。

财务比率分析表		2011	2010
一、变现能力比率			
流动比率	流动资产/流动负债	2.01	2.09
速动比率	（货币资金+交易性金融资产+应收账款+应收票据）/流动负债	0.68	0.88
二、长期负债比率			
资产负债率：	负债总额/资产总额	28.26%	27.00%
产权比率：	负债总额/所有者权益总额	39.39%	36.99%
有形资产债务率：	负债总额/（所有者权益-无形资产净值）	40.75%	38.30%
已获利息倍数：	息税前利润/利息费用	15.00	21.00
三、资产管理比率			
存货周转率	营业成本/平均存货	2.38	2.73
应收账款周转率	营业收入/平均应收账款	16.31	15.67
流动资产周转率	营业收入/平均流动资产	2.63	2.65
总资产周转率	营业收入/平均资产总额	0.92	0.94
四、盈利能力比率			
营业利润率	营业利润/营业收入	22.17%	23.94%
总资产报酬率	息税前利润/平均资产总额	19.57%	21.00%
净资产收益率	净利润/平均净资产	15.27%	16.44%

图 11-12　财务比率分析表计算结果

11.3　财务状况的趋势分析

一个会计年度中可能有一些非常或偶然事项，这些事项既不能代表企业的全部，也不能说明其未来。因此，只分析一个会计年度的财务报表往往不够全面。如果对企业若干年的财务报表按时间序列作分析，就能看出其发展趋势，有助于规划未来，同时也有助于判断本年度是否具有代表性。不同时期的分析有 3 种常用方法：多期比较分析、结构百分比分析和定基百分比趋势分析。不同时期的分析，主要是判断发展趋势，故亦称趋势分析；分析时主要使用百分率，故亦称百分率分析。

11.3.1　趋势分析的具体方法

1．多期比较分析

多期比较分析是研究和比较连续几个会计年度的会计报表及相关项目。其目的是查明变化内容、变化原因及其对企业的影响。在进行多期比较时，可以用前后各年每个项目金额的差额进行比较，也可以用百分率的变化进行比较，还可以计算出各期财务比率进行多期比较。比较的年度数一般为 5 年，有时甚至是 10 年。如图 11-12 所示即为连续两年的比较分析表。

2. 结构百分比分析

结构百分比分析是把常规的财务报表换算成结构百分比报表，然后逐项比较不同年份的报表，查明某一特定项目在不同年度间百分比的差额。同一报表中不同项目的结构分析的计算公式为：结构百分比=部分/总体。

通常，利润表的【总体】是【营业收入】；资产负债表的【总体】是【总资产】。

3. 定基百分比趋势分析

定基百分比趋势分析，首先要选取一个基期，将基期报表上各项数额的指数均定为 100，其他各年度财务报表上的数字也均用指数表示，由此得出定基百分比报表。通过定基百分比可以查看各项目的发展变化趋势。不同时期的同类报表项目的定基百分比的计算公式为：考察期指数=考察期数值/基期数值。

11.3.2 Excel 在财务状况趋势分析中的应用

沿用 11.2 节中嘉佑公司的财务报表数据，可以利用 Excel 非常方便地将常规财务报表转换为结构百分比报表。具体操作步骤如下。

(1) 新建【比较资产负债表】工作表，如图 11-13 所示。

资　产	2011	2010	负债和所有者权益	2011	2010
流动资产：			流动负债：		
货币资金	900	800	短期借款	2,300	2,000
交易性金融资产	500	1,000	应付账款	1,200	1,000
应收账款	1,300	1,200	预收账款	400	300
预付账款	70	40	其他应付款	100	100
存　货	5,200	4,000	流动负债合计	4,000	3,400
其他流动资产	80	60	非流动负债		
流动资产合计	8,050	7,100	长期借款	2,500	2,000
非流动资产			非流动负债合计	2,500	2,000
持有至到期投资	400	400	负债合计	6,500	5,400
固定资产	14,000	12,000	所有者权益：		
无形资产	550	500	实收资本(或股本)	12,000	12,000
非流动资产合计	14,950	12,900	盈余公积	1,600	1,600
			未分配利润	2,900	1,400
			所有者权益合计	16,500	14,600
资产总计	23,000	20,000	负债及所有者权益合计	23,000	20,000

图 11-13　新建【比较资产负债表】

(2) 在该工作表中，单击单元格 C5，输入计算公式 "=B5/$B$19"，并拖动光标，列向复制公式到单元格 C19，即可得出各个资产项目占资产总额的计算数据，如图 11-14 所示。

(3) 单击选中 C 列，准备设置单元格格式，单击 % 按钮，生成百分比数据，但此时生成的百分比数据为整数，不够精确，再单击 按钮，保留 2 位小数即可，如图 11-15 所示。

图 11-14　复制计算公式

图 11-15　设置单元格格式

(4) 单击单元格 E5，输入计算公式 "=D5$D$19"，并且拖动光标，列向复制公式到单元格 E19；单击单元格 H5，输入计算公式 "=G5$G$19"，并且拖动光标，列向复制公式到单元格 H19；单击单元格 J5，输入计算公式 "=I5$I$19"，并且拖动光标，列向复制公式到单元格 J19，可以得到各个负债和所有者权益项目占负债与所有者权益合计数(即权益总额)的比例，进而得到比较百分比资产负债表，如图 11-16 所示。

(5) 新建【比较利润表】工作表，在该工作表中，单击单元格 C4，输入计算公式 "=B4/$B$4"，并且拖动鼠标，列向复制公式到单元格 C16；单击单元格 E4，输入计算公式 "=D4/$D$4"，并拖动鼠标，列向复制公式到单元格 E16，可得各个利润表项目与营业收入的比例，进而得到比较百分比利润表，如图 11-17 所示。

用比较资产负债表和比较利润表所示的计算结果，如图 11-16 和图 11-17 所示，可以分析该企业的资产、负债和所有者权益的变化趋势，同时也可以用于分析应该采取何种有效措施改善财务状况。

此外，为了直观地反映出财务状况的变动趋势，还可以利用图解法进行财务状况趋势分析。图解法是将企业连续几个会计期间的财务数据或财务指标绘制成图，并根据图形走势来判断企业财务状况及其变化趋势。

比较资产负债表									
编制单位：嘉佑公司			2011年12月31日			单位：万元			
资　　产	2011		2010		负债和所有者权益	2011		2010	
流动资产：					流动负债：				
货币资金	900	3.91%	800	4.00%	短期借款	2,300	10.00%	2,000	10.00%
交易性金融资产	500	2.17%	1,000	5.00%	应付账款	1,200	5.22%	1,000	5.00%
应收账款	1,300	5.65%	1,200	6.00%	预收账款	400	1.74%	300	1.50%
预付账款	70	0.30%	40	0.20%	其他应付款	100	0.43%	100	0.50%
存　　货	5,200	22.61%	4,000	20.00%	流动负债合计	4,000	17.39%	3,400	17.00%
其他流动资产	80	0.35%	60	0.30%	非流动负债：				
流动资产合计	8,050	35.00%	7,100	35.50%	长期借款	2,500	10.87%	2,000	10.00%
非流动资产：					非流动负债合计	2,500	10.87%	2,000	10.00%
持有至到期投资	400	1.74%	400	2.00%	负债合计	6,500	28.26%	5,400	27.00%
固定资产	14,000	60.87%	12,000	60.00%	所有者权益：				
无形资产	550	2.39%	500	2.50%	实收资本(或股本)	12,000	52.17%	12,000	60.00%
非流动资产合计	14,950	65.00%	12,900	64.50%	盈余公积	1,600	6.96%	1,600	8.00%
					未分配利润	2,900	12.61%	1,000	5.00%
					所有者权益合计	16,500	71.74%	14,600	73.00%
资产总计	23,000	100.00%	20,000	100.00%	负债及所有者权益合计	23,000	100.00%	20,000	100.00%

图 11-16　比较资产负债表

比较利润表				
编制单位：嘉佑公司	2011　年度		单位：万元	
项　　　目	2011		2010	
一、营业收入	21,200	100.00%	18,800	100.00%
减：营业成本	12,400	58.49%	10,900	57.98%
营业税金及附加	1,200	5.66%	1,080	5.74%
销售费用	1,900	8.96%	1,620	8.62%
管理费用	1,000	4.72%	800	4.26%
财务费用	300	1.42%	200	1.06%
加：投资收益	300	1.42%	300	1.60%
二、营业利润	4,700	22.17%	4,500	23.94%
加：营业外收入	150	0.71%	100	0.53%
减：营业外支出	650	3.07%	600	3.19%
三、利润总额	4,200	19.81%	4,000	21.28%
减：所得税费用	1,050	4.95%	1,000	5.32%
五、净利润	3,150	14.86%	3,000	15.96%

图 11-17　比较利润表

根据比较资产负债表(如图 11-16 所示)和比较利润表(如图 11-17 所示)的计算结果，可以分析该企业的资产、负债和所有者权益的变化趋势，同时也可以分析应该采取何种有效措施改善财务状况。

此外，为了直观地反映出财务状况的变动趋势，还可以利用图解法进行财务状况趋势分析。所谓图解法，是将企业连续几个会计期间的财务数据或财务指标绘制成图，并根据图形走势来判断企业财务状况及其变化趋势。

这种方法能比较简单直观地反映企业财务状况的发展趋势，使分析者能够发现一些通过比较法所不易发现的问题。

【例 11-1】某企业 2006 年～2011 年的主营业务利润的数据如图 11-18 所示。根据利润表创建趋势图操作步骤如下。

图 11-18　主营业务利润表

(1) 在【插入】选项卡中的【图表】组中，单击【折线图】按钮 ，如图 11-19 所示。

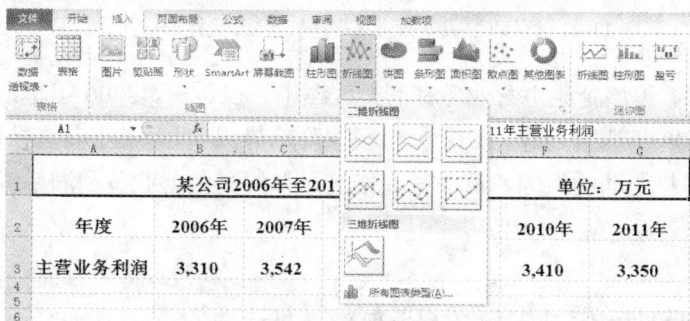

图 11-19　单击【折线图】按钮

(2) 可以根据制表要求，选择二维折线图、三维折线图以及所有图表类型，选择【二维折线图】中的某种【折线图】，系统即可自动生成二维折线图，效果如图 11-20 所示。在图表创建完成后，可以按照前文所述，修改其各种属性，以使整个图表更加完善。

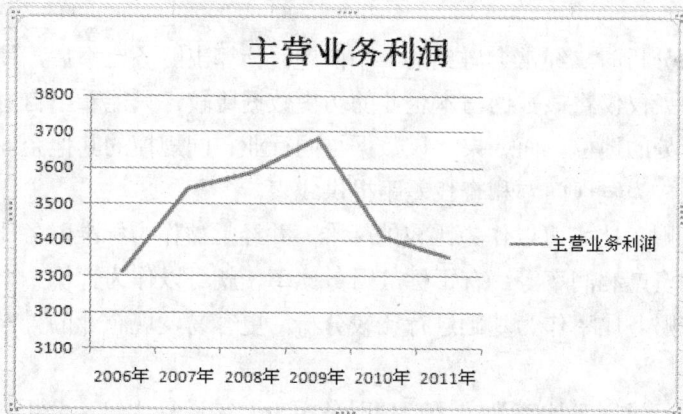

图 11-20　自动生成主营业务利润二维折线效果图

(3) 除了自动生成折线图以外，还可以根据需要调整为柱形图、饼图、条形图、面积图、散点图以及所需要的其他图表。例如，单击【柱形图】按钮 ，选择【二维柱形图】中的【簇状柱形图】，即可自动生成二维簇状柱形图，效果如图 11-21 所示。

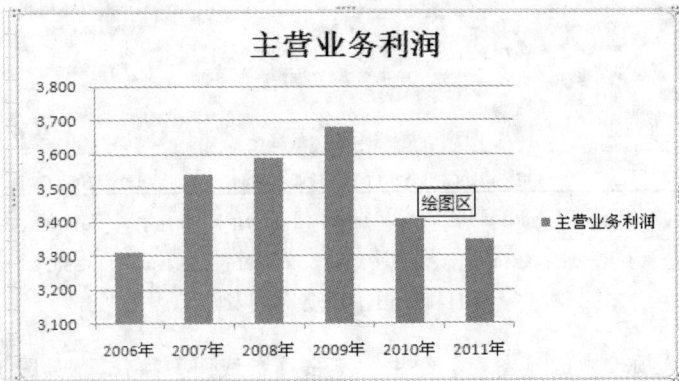

图 11-21　自动生成主营业务利润二维簇状柱形效果图

从 2006 年～2011 年该企业主营业务利润折线图中可以看出，2006 年起该企业的主营业务一直呈上升趋势，2009 年达到高峰，2010 年出现下降趋势。因此，企业应该寻找 2010 年～2011 年销售净利润发生趋势变动的原因，从而采取措施尽量提高主营业务利润率或维持主营业务利润率不再继续下跌。

11.4　企业间财务状况的比较分析

11.4.1　财务状况比较分析的具体方法

在进行财务报表分析时，经常会碰到的一个问题：计算出财务比率后，使用者无法判断它是偏高还是偏低。如果仅仅将该数据与本企业的历史数据比较，只能看出自身的变化，无法了解本企业在竞争中所处的地位。而如果将该数据与同行业、同规模的其他企业进行比较，则可以看出与对方的区别，为发现问题和查找差距提供线索。

行业平均水平的财务比率可以作为比较的标准，并经常被作为标准财务比率。例如，标准的流动比率、标准的资产利润率等。有了标准财务比率，就可以作为评价一个企业财务比率优劣的参照物。以标准财务比率作为基础进行比较分析，更容易发现企业的异常情况，便于揭示企业存在的问题。

通常可以采用【标准财务比率】或【理想财务报表】来进行比较和分析。

1. 用标准财务比率进行比较、分析

标准财务比率是特定国家、特定时期和特定行业的平均财务比率。

一个标准的确定，通常有两种方法。一种方法是采用统计方法，即以大量历史数据的统计结果作为标准。该方法是假定大多数是正常的，社会平均水平是反映标准状态的。脱离了平均水平，就是脱离了正常状态。另一种方法是采用工业工程法，即以实际观察和科学计算为基础，

推算出一个理想状态作为评价标准。该方法假设各变量之间有其内在的比例关系，并且这种关系是可以被认识的。实际上人们经常将以上两种方法结合起来使用，它们互相补充，互相印证，很少单独使用其中一种方法建立评价标准。

目前，标准财务比率的建立主要采用统计方法，工业工程法处于次要地位，这可能与人们对财务变量之间关系的认识尚不充分有关。有资料表明，美国、日本等工业发达国家的某些机构和金融企业在专门的刊物上定期公布各行业财务方面的统计指标，为报表使用人进行分析提供大量资料。我国尚无这方面的正式专门刊物。在各种统计年鉴上可以找到一些财务指标，但行业划分较粗，而且与会计的指标口径也不完全相同，不适合直接用于当前的报表分析，在使用时要注意指标口径的调整。《中国证券报》提供了上市公司的一些财务比率，包括一些分行业的平均数据，在进行财务分析时可以参考。

对于行业的平均财务报表比率，在使用时应注意以下问题。

(1) 行业平均指标是根据部分企业抽样调查来的，不一定能真实反映整个行业的实际情况。如果其中有一个极端的样本，则可能歪曲整个情况。

(2) 计算平均数的每个公司采用的会计方法不一定相同，资本密集型与劳动密集型企业可能在一起进行平均。负有大量债务的企业可能与没有债务的企业在一起进行平均。因此，在进行报表分析时往往要对行业平均财务比率进行修正，尽可能建立一个可比的基础。

2. 采用理想财务报表进行比较、分析

理想财务报表是根据标准财务报表比率和所考察企业的规模来共同确定的财务报表。该报表反映了企业的理想财务状况，决策人可将之与实际的财务报表进行对比分析，从而找出差距和原因。

(1) 理想资产负债表

理想资产负债表的百分比结构，来自于行业平均水平，同时进行必要的推理分析和调整。如表 11-1 所示为一个以百分比表示的理想资产负债表。

表 11-1　理想资产负债表

项　目	理 想 比 率	项　目	理 想 比 率
流动资产：	60%	负债：	40%
速动资产	30%	流动负债	30%
盘存资产	30%	长期负债	10%
固定资产：	40%	所有者权益：	60%
		实收资本	20%
		公积金	30%
		未分配利润	10%
总计	100%	总计	100%

表 11-1 中比例数据按如下过程确定：

① 以资产总计为 100%，根据资产负债率确定负债百分比和所有者权益百分比。通常认为，负债应小于自有资本，这样的企业在经济环境恶化时可以保持稳定。但是过小的资产负债率，也会使企业失去在经济繁荣时期获取额外利润的机会。一般认为自有资本占 60%，负债占 40% 是比较理想的。当然，该比率会因国家、历史时期和行业的不同而不同。

② 确定固定资产占总资产的百分率。通常，固定资产的数额应小于自有资本，占到自有资本的 2/3 较为恰当。

③ 确定流动负债的百分比。一般认为流动比率以 2 为宜，那么在流动资产占 60%的情况下，流动负债是其一半占 30%，因此在总负债占 40%，流动负债占 30%时，长期负债占 10%。

④ 确定所有者权益的内部百分比结构，其基本要求：实收资本应小于各项积累，以积累为投入资本的 2 倍为宜。该比例可以减少分红的压力，使企业有可能重视长远的发展。因此，实收资本为所有者权益(60%)的 1/3 即 20%，公积金和未分配利润是所有者权益(60%)的 2/3 即 40%。至于公积金和未分配利润之间的比例，并非十分重要，因为未分配利润的数字经常变化。

⑤ 确定流动负债的内部结构。一般认为速动比率以 1 为宜。因此，速动资产占总资产的比率与流动负债相同，也应该为 30%，存货因为占流动的资产一半左右，则盘存资产(主要是存货)亦占总资产的 30%。

在确定了以百分率表示的理想资产负债后，可以根据具体企业的资产总额建立绝对数的理想资产负债表。然后再将企业报告期的实际资料与之进行比较分析，以判断企业财务状况的优劣。

(2) 理想利润表

理想利润表的百分率以营业收入为基础。一般来讲，毛利率因行业而异。周转快的企业奉行薄利多销的销售原则，毛利率一般偏低；反之，周转慢的企业毛利率一般比较高。实际上每个行业都有一个自然形成的毛利率水平。如表 11-2 所示为一个以百分比表示的理想利润表。

表 11-2　理想利润表

项　目	理　想　比　率
营业收入	100%
营业成本(包括营业税金及附加)	75%
毛利	25%
期间费用	13%
营业利润	12%
营业外收、支净额	1%
税前利润	11%
所得税费用	6%
税后利润	5%

假设某公司所在行业的毛利率为 25%，则销售成本率为 75%。在毛利当中，可用于期间费用的约占一半，在本例中按 13%处理，余下的 12%为营业利润。营业外收支净额的数量不大，

本例按 1%处理。虽然所得税税率为 33%，但是由于有纳税调整等原因，实际负担在一半左右，多数还可能超过一半，故本例按税前利润(11%)的一半多一点处理，定为 6%，这样，余下的税后利润为 5%。

在确定了以百分比表示的理想损益表之后，就可以根据企业某期间的营业收入数额来设计绝对数额表示的理想损益表，然后再与企业的实际损益表进行比较，以判断其优劣。

11.4.2　Excel 在企业间财务状况比较分析中的应用

以标准财务比率分析为例说明。标准财务比率分析的数据来源为已有的财务报表数据，可采用数据链接的方法来调用相关的数据。本例中的数据来源为 11.2 节中的【财务比率分析表】中的 2011 年数据，如图 11-12 所示。具体操作步骤如下：

(1) 打开该工作簿，并插入一个新工作表，命名为【标准财务比率分析】。

(2) 在项目【财务比率】的选取时，根据需要选用并输入财务比率，如图 11-22 所示中的单元格 A2～单元格 A9 中所选用的财务比率。

	A	B	C	D
1	项目	标准财务比率	本企业财务比率	差异
2	流动比率			
3	速动比率			
4	资产负债率			
5	已获利息倍数			
6	应收账款周转率			
7	总资产周转率			
8	营业利润率			
9	净资产收益率			

图 11-22　选取合适的财务比率

(3) 在单元格区域 C2:C9 中输入计算各个财务比率的计算公式(注意这里采用的是数据链接的形式进行数据的调用)，如图 11-23 所示。

	A	B	C	D
1	项目	标准财务比率	本企业财务比率	差异
2	流动比率		2.01	
3	速动比率		0.68	
4	资产负债率		28.26%	
5	已获利息倍数		15.00	
6	应收账款周转率		15.67	
7	总资产周转率		0.92	
8	营业利润率		22.17%	
9	净资产收益率		15.27%	

图 11-23　调用图 11-12 财务比率分析表的数据

(4) 在单元格区域 B2:B6 中输入从有关渠道得到的标准财务比率，在单元格 D2 中输入公式 "=C2 - B2"，得到企业实际的流动比率与标准的流动比率之间的差异值。利用 Excel 的公式复制功能，将该单元格中的公式复制到单元格区域 D3:D6 中，如图 11-24 所示。

	A	B	C	D
1	项目	标准财务比率	本企业财务比率	差异
2	流动比率	2.58	2.01	=C2-B2
3	速动比率	1.75	0.68	=C2-B3
4	资产负债率	48.00%	28.26%	=C2-B4
5	已获利息倍数	2.46	15.00	=C2-B5
6	应收账款周转率	8.58	15.67	=C2-B6
7	总资产周转率	1.43	0.92	=C2-B7
8	营业利润率	25.00%	22.17%	=C2-B8
9	净资产收益率	18.00%	15.27%	=C2-B9

图 11-24　财务比率差异计算公式

(5) 形成标准财务比率分析表，进而可以对本企业财务比率与标准财务比率进行比较，找出存在差异的原因，如图 11-25 所示，并提出改进措施。

	项目	标准财务比率	本企业财务比率	差异
1				
2	流动比率	2.58	2.01	-0.57
3	速动比率	1.75	0.68	0.26
4	资产负债率	48.00%	28.26%	1.53
5	已获利息倍数	2.46	15.00	-0.45
6	应收账款周转率	8.58	15.67	-6.57
7	总资产周转率	1.43	0.92	0.58
8	营业利润率	25.00%	22.17%	1.76
9	净资产收益率	18.00%	15.27%	1.83

图 11-25　标准财务比率分析表

11.5　财务状况综合分析

财务状况综合分析指对各种财务指标进行系统、综合的分析，以便对企业的财务状况做出全面合理的评价。

企业的财务状况是一个完整的系统，内部各种因素相互依存、相互作用，所以进行财务分析需要了解企业财务状况内部的各项因素及其相互之间的关系。这样才能比较全面地揭示企业财务状况的全貌。

11.5.1　财务状况综合分析的具体方法

财务状况综合分析与评价的方法有财务比率综合评分法和杜邦财务分析体系两种。

1. 财务比率综合评分法

财务状况综合评价的先驱者之一是亚历山大·沃尔。他在 20 世纪末出版的《信用晴雨表研究》和《财务报表比率分析》中提出了信用能力指数的概念，把若干个财务比率用线性关系结合起来，以此评价企业的信用水平。沃尔选择了 7 种财务比率，分别给定了在总评价中占的比重，总和为 100 分，然后确定标准比率，并与实际比率相比较，评出各项指标的得分，最后求出总评分。如表 11-3 所示显示了沃尔所选用的 7 个指标及标准比率。

表 11-3　沃尔指标及标准比率

财务比率	比重	标准比率
流动比率 X_1	25%	2.00
净资产/负债 X_2	25%	1.50
资产/固定资产 X_3	15%	2.50
销售成本/存货 X_4	10%	8.00
销售额/应收账款 X_5	10%	6.00

（续表）

财务比率	比重	标准比率
销售额/固定资产 X_6	10%	4.00
销售额/净资产 X_7	5%	3.00

则综合财务指标 Y 为：

$$Y=25\%\times X_1+25\%\times X_2+15\%\times X_3+10\%\times X_4+10\%\times X_5+10\%\times X_6+5\%\times X_7$$

进行财务状况的综合评价时，一般认为企业财务评价的内容主要是盈利能力，其次是偿债能力，此外还有成长能力。它们之间大致可按 5:3:2 来分配比重。盈利能力的主要指标是资产净利率、销售净利率和净资产报酬率。虽然净资产报酬率很重要，但前两个指标已经分别使用了净资产和净利，为了减少重复影响，3 个指标可按 2:2:1 设定。偿债能力有 4 个常用指标：资产负债率、流动比率、应收账款周转率和存货周转率。成长能力有 3 个常用指标：销售增长率、净利增长率和人均净利增长率。

综合评价方法的关键技术是【标准评分值】的确定和【标准比率】的建立。标准比率应以本行业平均数为基础，适当地进行理论修正。

2．杜邦分析法

杜邦分析法是杜邦分析法利用各个主要财务比率之间的内在联系，建立财务比率分析的综合模型，来综合地分析和评价企业财务状况和经营业绩的方法。采用杜邦分析图将有关分析指标按内在联系加以排列，从而直观地反映出企业的财务状况和经营成果的总体面貌。该分析法由美国杜邦公司的经理创造，因此称之为杜邦系统(The Du Pont System)，如图 1-26 所示为杜邦分析系统图。

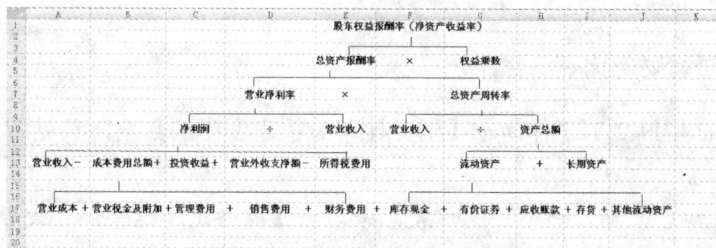

图 11-26　杜邦分析系统图

杜邦分析体系的作用在于解释指标变动的原因和变化趋势，为决策者采取措施指明方向。从杜邦分析系统图中可以了解到下面所述的财务信息。

(1) 股东权益报酬率是一个综合性极强、最有代表性的财务比率，是杜邦系统的核心。企业财务管理的重要目标之一就是实现股东财富的最大化。股东权益报酬率反映了股东投入资金的获利能力，反映了企业筹资、投资和生产运营等各方面经营活动的效率。股东权益报酬率取决于企业的总资产报酬率和权益乘数。总资产报酬率主要反映企业在运用资产进行生产经营活动的效率如何，而权益乘数则主要反映了企业的筹资情况，即企业资金的来源结构如何。

(2) 总资产报酬率是反映企业获利能力的一个重要财务比率，它揭示了企业生产经营活动的效率，综合性也极强。企业的营业收入、成本费用、资产结构、资产周转速度以及资金占用量等各种因素都直接影响资产报酬率的高低。资产报酬率是销售净利率与总资产周转率的乘积。因此，可以从企业的销售活动与资产管理各方面来对其进行分析。

(3) 从企业的销售方面看，营业净利率反映了企业净利润与营业收入之间的关系。一般来说，营业收入增加，企业的净利也会随之增加。但要想提高营业净利率，则必须一方面提高营业收入，另一方面降低各种成本费用，这样才能使净利润的增长高于营业收入的增长，从而使营业净利率得到提高。

(4) 在企业资产方面，主要应该分析以下两个方面。

① 分析企业的资产结构是否合理，即流动资产与非流动资产的比例是否合理。资产结构实际上反映了企业资产的流动性，它不仅关系到企业的偿债能力，也会影响企业的获利能力。

② 结合营业收入，分析企业的资产周转情况。资产周转速度直接影响企业的获利能力，如果企业资产周转较慢，就会占用大量的资金，增加资金成本，减少企业的利润。对资产周转情况，不仅要分析企业总资产周转率，更要分析企业的存货周转率与应收账款周转率，并将其周转情况与资金占用情况结合分析。

总之，从杜邦分析系统可以看出，企业的获利能力涉及到生产经营活动的各方面。股东权益报酬率与企业的筹资结构、销售规模、成本水平以及资产管理等因素密切相关，这些因素构成了一个完整的系统，而系统内部各因素之间又相互作用。只有协调好系统内部各个因素之间的关系，才能使股东权益报酬率得到提高，从而实现股东财富最大化的理财目标。

11.5.2 Excel 在企业财务状况综合分析中的应用

1. 运用 Excel 进行财务比率综合评分

假设数据仍然采用 11.2 节工作簿中【财务比率分析表】中的数据，参见图 11-12。具体分析步骤如下：

(1) 打开该工作簿后，插入一个新工作表，命名为【财务比率综合评分表】。

(2) 选定评价企业财务状况的财务比率。在所选择的财务比率中，财务比率要具有全面性、代表性和一致性，根据企业的不同情况，选择合适的财务比率。经过综合考虑，将该企业中有代表性的财务比率分别输入 A3 单元格～A11 单元格中，如图 11-27 所示。

	A	B	C	D	E	F
1	财务比率综合评分表					
2	财务比率	评分值	标准值	实际值	关系比率	实际得分
3	流动比率					
4	速动比率					
5	资产负债率					
6	存货周转率					
7	应收账款周转率					
8	总资产周转率					
9	总资产报酬率					
10	净资产收益率					
11	营业利润率					
12						
13						

图 11-27 财务比率综合评分表

(3) 设定评分值。根据各项财务比率的重要程度，确定其标准评分值，即重要性系数，并对应地输入单元格 B3～单元格 B11 中，如图 11-28 所示。

(4) 设定标准值。确定各项财务比率的标准值，即企业现实条件下比率的最优值。标准值也可以参考同行业的平均水平，并经过调整后确定。分别将标准值输入相应的单元格 C3～C11 单元格中，如图 11-29 所示。

图 11-28　确定评分值

图 11-29　确定标准值

(5) 计算企业在某一定时期内的各项财务比率的实际值。这里仍然采用数据链接的方式。每个财务比率计算所引用的公式及单元格位置如图 11-30 所示。

图 11-30　实际值的引用公式

(6) 计算企业在该时期内各项财务比率实际值与标准值之比，即计算关系比率。单击单元格 E3，输入计算公式 "=D3/C3"。利用 Excel 的公式复制功能，将单元格 E3 中所采用的公式复制并粘贴到单元格区域 D4～D11 中，如图 11-31 所示。

图 11-31　计算关系比率值

(7) 利用关系比率计算出各项财务比率的实际得分。该实际得分是关系比率和标准评分值的乘积。单击单元格 F3，输入计算公式"=E3*B3"。利用 Excel 的公式复制功能，将单元格 F3 中所采用的公式复制并粘贴到单元格区域 F4～F11 中，如图 11-32 所示。

财务比率	评分值	标准值	实际值	关系比率	实际得分
			财务比率综合评分表		
流动比率	10	1.62	2.01	1.24	12.42
速动比率	10	1.1	0.68	0.61	6.14
资产负债率	12	0.43	0.28	0.66	7.89
存货周转率	10	6.5	2.38	0.37	3.67
应收账款周转率	8	13	16.31	1.25	10.04
总资产周转率	10	2.1	0.92	0.44	4.39
总资产报酬率	15	0.32	0.20	0.61	9.17
净资产收益率	15	0.58	0.15	0.26	3.95
营业利润率	10	0.15	0.22	1.48	14.78

图 11-32　计算各项财务比率的实际得分

(8) 计算总得分。单击单元格 F12，并单击【求和】按钮 Σ 自动求和，按 Enter 键后得出合计值。或采用输入计算公式"=SUM(F3:F11)"的方法得到合计值，如图 11-33 所示为数据结果显示。

财务比率	评分值	标准值	实际值	关系比率	实际得分
			财务比率综合评分表		
流动比率	10	1.62	2.01	1.24	12.42
速动比率	10	1.1	0.68	0.61	6.14
资产负债率	12	0.43	0.28	0.66	7.89
存货周转率	10	6.5	2.38	0.37	3.67
应收账款周转率	8	13	16.31	1.25	10.04
总资产周转率	10	2.1	0.92	0.44	4.39
总资产报酬率	15	0.32	0.20	0.61	9.17
净资产收益率	15	0.58	0.15	0.26	3.95
营业利润率	10	0.15	0.22	1.48	14.78
					72.44

图 11-33　财务比率综合评分表

如果综合得分等于或接近 100 分，说明财务状况良好，达到了预先确定的标准；如果综合得分过低，说明其财务状况较差，应该采取措施加以改善；如果综合得分超过 100 分，说明财务状况很理想。

在本例中，该企业的财务比率综合评分为 72.44 分，说明该企业的财务状况不太理想，低于同行平均水平。需要决策者对财务状况加以分析，了解造成不理想状态的成因，并加以改进和提高。

2. 运用 Excel 进行杜邦分析

下面以某企业为例，借助杜邦分析系统，说明 Excel 在该方法中的运用步骤。

(1) 打开工作簿，建立新工作表，命名为【杜邦分析表】，输入相关比率及数据，如图 11-34 所示。

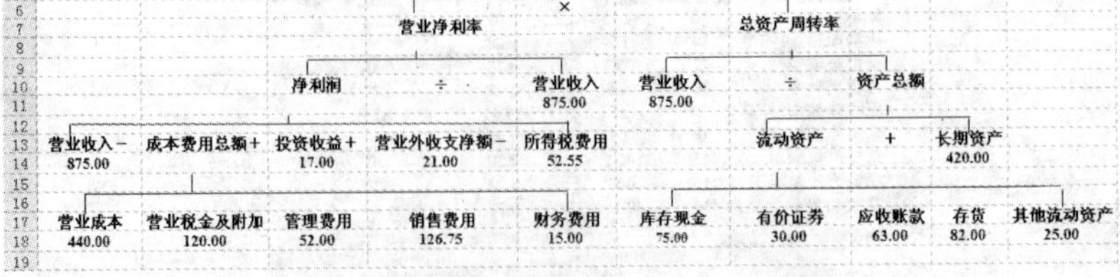

图 11-34　杜邦分析法的公式、数据图

(2) 在图中需要输入公式的单元格中输入相应的公式，如图 11-35 所示。

图 11-35　杜邦分析法的公式表示

(3) 按 Enter 键，显示计算结果，如图 11-36 所示。

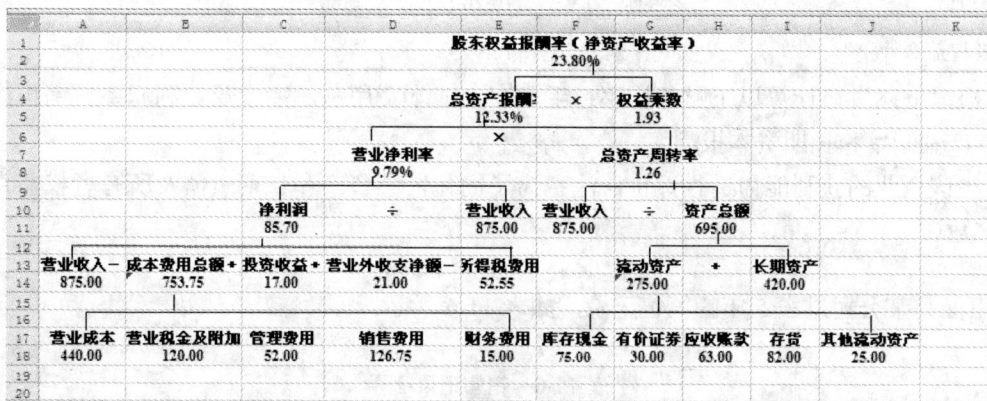

图 11-36　杜邦分析法的数值显示

11.6　上机练习

1. 某公司有关财务信息如表 11-4 和表 11-5 所示。

表 11-4　利润详细资料

项　　目	2012 年度	2013 年度
主营业务收入	42 768	48 253
减：主营业务成本	31 611	34 832
营业毛利	11 157	13 421
减：销售及管理费用	6 542	7 437
财务费用	960	1 086
营业利润	3 655	4 898
减：营业外支出	578	506

(续表)

项　目	2012 年度	2013 年度
利润总额	3 077	4 392
减：所得税费用	936	1 182
净利润	2 141	3 210

表 11-5　资产负债表(简表)

项　目	2012 年 12 月 31 日	2013 年 12 月 31 日
资产总计	34 753	46 282
长期负债	10 760	18 491
所有者权益合计	12 993	16 793

　　① 根据上述资料计算以下财务比率：毛利率、成本费用利润率、营业利润率、销售净利率、总资产利润率和长期资本报酬率。

　　② 对该企业的获利能力进行评价。注：为了简化，总资产和长期负债及所有者权益直接使用期末数。

　　2. 下面是某公司过去 5 年的销售记录，如表 11-6 所示。

表 11-6　销售记录

年　份	销　售　额
2009	1 890 532
2010	2 098 490
2011	2 350 308
年　份	销　售　额
2012	3 432 000
2013	3 850 000

请对该公司连续 5 年的销售情况做出趋势分析图。

　　3. 某企业某年末资产负债表(假定全部数据均在表中)，如表 11-7 所示。

表 11-7　资产负债表

资　产	年　初　数	年　末　数	负债及所有者权益	年　初　数	年　末　数
货币资金	1 000	960	短期借款	2 000	2 800
应收账款	?	1 920	应付账款	1 000	800
存货	?	4 400	预收账款	600	200
其他流动资产	0	64	长期借款	4 000	4 000

(续表)

资　产	年 初 数	年 末 数	负债及所有者权益	年 初 数	年 末 数
固定资产	5 790	6 400	所有者权益	5 680	5 944
总计	13 280	13 744	总计	13 280	13 744

补充资料:

① 年初速动比率 0.75,年初流动比率为 2.08。

② 该企业所在行业的平均流动比率为 2。

③ 该企业为汽车生产厂家,年初存货构成主要为原材料和零配件;年末存货构成主要为产成品(汽车)。

要求:

① 计算该企业年初应收账款、存货项目的金额。

② 计算该企业年末流动比率,并做出初步评价。

③ 分析该企业流动资产的质量,以及短期偿债能力。

4. 资料:已知某企业 2012 年、2013 年有关资料如表 11-8 所示。

表 11-8　企业相关信息

单位:万元

项　　目	2012 年	2013 年
营业收入	280	350
全部成本	235	288
其中:销售成本	108	120
管理费用	87	98
财务费用	29	55
销售费用	11	15
利润总额	45	62
所得税费用	15	21
税后净利	30	41
资产总额	128	198
其中:固定资产	59	78
库存现金	21	39
应收账款(平均)	8	14
存货	40	67
负债总额	55	88

要求:运用杜邦财务分析体系对该企业的股东权益报酬率及其增减变动原因进行分析。

5. 资料：假设某企业所处行业各指标的重要性系数及其标准值和企业的实际值如表 11-9 所示。运用综合系数分析法对该企业的实际状况进行评价。

表 11-9　重要性系数、实际值和标准值对照

指　标	重要性系数	实　际　值	标　准　值
营业利润率	0.15	14%	15%
总资产报酬率	0.15	10%	9%
净资产收益率	0.15	13%	12%
资产保值增值率	0.10	9%	8%
资产负债率	0.05	45%	50%
流动比率	0.05	1.7	2
应收账款周转率	0.05	3 次	4.5 次
存货周转率	0.05	2.5 次	3 次
社会贡献率	0.1	18%	20%
社会积累率	0.15	25%	28%
合计	1.0	—	—

11.7　习题

问答题

1. 什么是财务分析？财务分析的目的有哪些？

2. 常见的财务比率有哪些？如何利用 Excel 进行财务比率分析？

3. 如何进行财务状况的趋势分析？

4. 如何进行财务状况的比较分析？

第12章

Excel 在财务中的应用
——筹资与投资

学习目标

　　财务管理是组织企业财务活动，处理财务关系的一项经济管理工作，主要包括筹资、投资以及利润分配等内容。筹资是企业为了满足投资和资金运营的需要，筹集所需资金的行为；投资是企业根据项目资金需要投出资金的行为。本章主要运用 Excel 中的财务函数，对筹资、投资中的相关问题进行分析和论述，通过本章的学习，可以使读者理解并掌握 Excel 在财务管理中的基本运用。

本章重点

- 货币时间价值的计量
- 资本成本的计量
- 项目投资评价基本指标

12.1　货币时间价值的计量

12.1.1　货币时间价值概述

　　货币的时间价值是指资金经历一定时间的投资和再投资所增加的价值。在商品经济中，存在这样一种现象：即现在的一百元钱和一年后的一百元钱其经济价值不相等，或者说其经济效用不同。现在的一百元钱，比将来的一百元钱经济价值要大一些，即使不存在通货膨胀也是如此。为什么会这样呢？例如，将现在的一百元钱存入银行，存款利率为 2.25%。这一百元钱经过一年时间，其投资价值就增加 2.25 元，这就是资金的时间价值。即资金的时间价值是资金在周转使用中由于时间因素所形成的差额价值，是资金在生产经营过程中带来的增值额。其实质是剩余价值的转化形式。

资金时间价值的表示形式有两种：一种是绝对数形式即资金时间价值额(利息)；另一种是相对数形式即资金时间价值率(利率)。在进行货币时间价值计算时利息的计算有两种方法：单利和复利。

(1) 单利

单利指只对本金计算利息，不对利息计息。单利终值是本金与以不变的本金计算的各期利息之和。即本金加上只对本金计算的利息。其计算公式为：

$$F = P + I = P + P \times i \times n = P(1 + i \times n)$$

P 为现值，即本金；F 为终值，即 n 年后的本利和；i 为利率；I 为利息；n 为计算利息的期数，即计息期。

(2) 复利

复利指不仅本金要计算利息，利息也要计算利息，即通常所说的"利滚利"。

复利终值指一定数量的本金在一定的利率下按照复利计算出的若干时期以后的本利和。复利终值的计算公式为：

$$F = P(1+i)^n = P(F/P, i, n)$$

复利现值是指未来某一特定时间的资金按复利计算的现在价值。其计算公式为：

$$P = \frac{F}{(1+i)^n} = F(P/F, i, n)$$

(3) 年金

年金是按复利计息方式进行计算的，年金指一定时期内每期相等金额的收付款项。年金应同时满足两个条件：① 连续性。即在一定期间内，每隔相等时间段必须发生一次收付款业务。② 等额性。即各期发生的款项必须在数额上相等。年金的形式多种多样，如发放养老金、支付保险费、提取折旧、分期等额支付或收取租金、等额分期付款、等额分期收款、零存整取储蓄存款业务等，都属于年金问题。为便于计算年金的终值和现值，现设定以下符号：A 为每年收付的金额，即年金；i 为利率；F_A 为年金终值；P_A 为年金现值；n 为收款、付款的期数。

年金按照收付的次数和支付的时间不同，可以分为普通年金、预付年金、递延年金和永续年金。每期期末收款、付款的年金为普通年金，也称后付年金；每期期初收款、付款的年金为即付年金，也称先付年金、预付年金；距今若干期以后发生的每期期末收款、付款的年金为递延年金；无限期连续收款、付款的年金为永续年金。

Excel 提供了年金、利率、年金现值以及年金终值等资金时间价值的函数，其涉及的利率均为复利，利用这些函数可以将复杂的计算变得简单。而复利现值、复利终值、永续年金等计算较简单，Excel 没有提供相应的函数，可以通过直接在单元格中输入公式来进行计算。

⑫.1.2　运用 Excel 计算时间价值指标

1. 终值时间价值指标

终值指标计算包括复利终值、普通年金终值和预付年金终值。

> **提示**
>
> 终值函数 FV(rate, nper, pmt, pv, type)用于计算复利终值或年金终值，以及综合计算复利终值和年金终值。

(1) 复利终值的计算

【例 12-1】某企业将 1000 万元存入银行，以便 5 年后用于一项投资。假设存款年利率为 10%，复利计息。则 5 年后该企业可从银行取出多少钱用于项目投资？

依题意，求 5 年后可从银行取出的资金数即为求 5 年后复利的终值。即：

$$F5=1000\times(1+10\%)5=1000\times(F/P，10\%，5)$$
$$=1000\times1.6105=1610.51(万元)$$

计算结果表明，该企业 5 年后可从银行取出 1610.5 万元用于项目投资。

运用 Excel 计算复利终值指标的基本步骤如下：

① 在 Excel 工作表中任选一个单元格，选择【公式】|【插入函数】命令，在打开的【插入函数】对话框中选择【财务】函数，在【选择函数】列表框中选择 FV 选项，单击【确定】按钮，打开如图 12-1 所示的对话框。

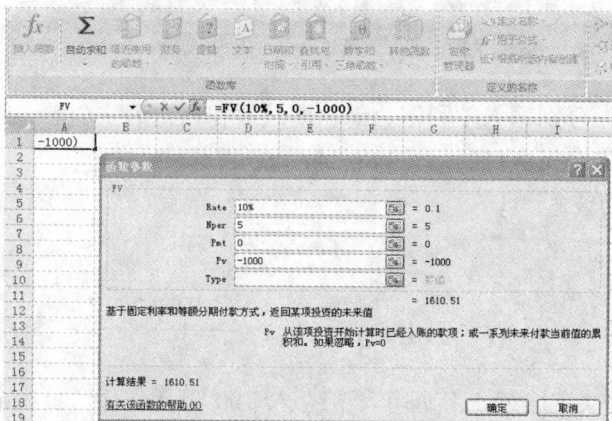

图 12-1　复利终值的计算

② 如图 12-1 所示，分别输入年利率、存款期限数和存款数(现值)，单击【确定】按钮，在该单元格中显示这笔存款 5 年后的本利和为 1610.51 万元。

(2) 普通年金终值的计算

普通年金终值的公式为：

$$F_A = A \times \frac{(1+i)^n - 1}{i} = A(F/A, i, n)$$

【例 12-2】某公司计划在 5 年内每年年末从银行借款 10 万元用于建设投资，第 5 年末偿还，借款年利率为 10%。则第 5 年年末公司应付的本息为多少？

依题意，求第 5 年年末公司应付的本息数额就是求普通年金的终值，即：

$$F_A = A \times (F/A，10\%，5) = 10 \times 6.1051 = 61.05 (万元)$$

即该公司第 5 年年末应付的本息为 61.05 万元。

运用 Excel 计算普通年金终值指标的基本步骤如下：

① 在 Excel 工作表中任选一个单元格，选择【公式】|【插入函数】命令，在打开的【插入函数】对话框中选择【财务】函数，在【选择函数】列表框中选择 FV 选项，单击【确定】按钮，打开如图 12-2 所示的对话框。

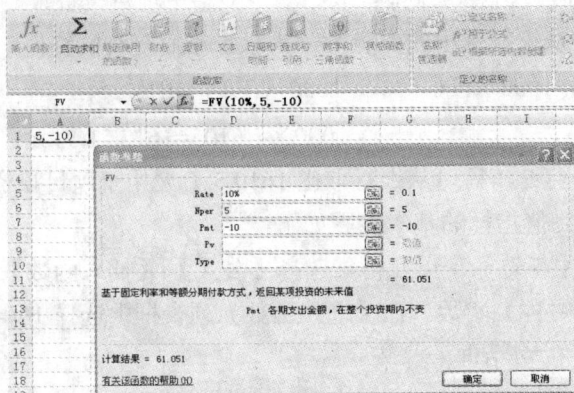

图 12-2　普通年金终值的计算

② 如图 12-2 所示，分别输入年利率、借款期限数和各期借款金额，单击【确定】按钮，在该单元格显示 5 年年末公司应付的本息数额为 61.05 万元。

(3) 预付年金终值的计算

预付年金终值的公式为：

$$F_A = A \times [(F/A, i, n+1) - 1] = A \times \frac{(1+i)^{n+1} - 1}{i} - 1$$

【例 12-3】某公司决定连续 5 年每年年初存入 100 万元作住房公积金，银行存款利率为 10%，则该公司在第五年末能一次取出本利和为多少？

依题意，该公司第 5 年年末取出款项的金额就是预付年金的终值，所以：

$$F_A = 100 \times [(F/A, 10\%, 5+1) - 1] = 100 \times (7.7156 - 1) = 671.56 (万元)$$

运用 Excel 计算普通年金终值指标的基本步骤如下：

① 在 Excel 工作表中任选一个单元格，选择【公式】|【插入函数】命令，在打开的【插

入函数】对话框中选择【财务】函数，在【选择函数】列表框中选择 FV 选项，单击【确定】
按钮，打开如图 12-3 所示的对话框。

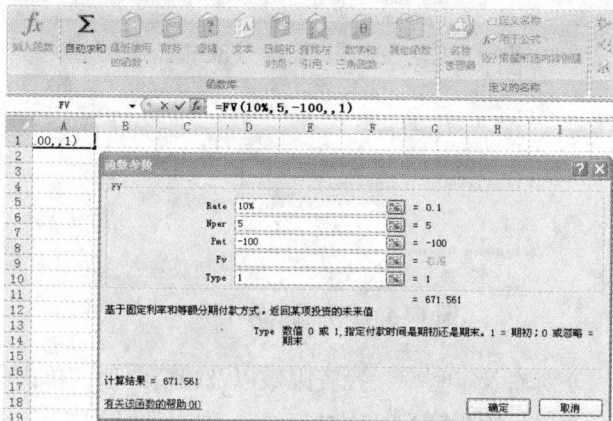

图 12-3　预付年金终值的计算

② 如图 12-3 所示，分别输入年利率、存款期限数、各期存款金额和期初数值 1，单击【确定】按钮，在该单元格显示该公司在第五年末能一次取出本利和为 671.56 万元。

2. 现值时间价值指标

现值指标计算包括复利现值、普通年金现值和预付年金现值的计算。

提示

现值函数 PV(rate, nper, pmt, fv, type)用于计算复利现值或年金现值，以及综合计算复利现值和年金现值。

(1) 复利现值的计算

【例 12-4】某企业计划 5 年后以 1000 万元进行投资，若银行存款利率为 5%，每年复利一次。则公司现在应存多少钱才能保证 5 年后取得项目投资所需资金 1000 万元?依题意，求公司现在需存入款项的金额实为求复利的现值，即：

$$P = \frac{1000}{(1+5\%)^5} = 1000 \times (P/F,5\%,5)$$

$$=1000 \times 0.7835 = 783.53(万元)$$

计算结果表明，该公司现在应一次存入 783.53 万元才能保证 5 年后取得项目投资所需资金 1000 万元。

运用 Excel 计算普通年金终值指标的基本步骤如下：

① 在 Excel 工作表中任选一个单元格，选择【公式】|【插入函数】命令，在打开的【插入函数】对话框中选择【财务】函数，在【选择函数】列表框中选择 PV 选项，单击【确定】按钮，打开如图 12-4 所示的对话框。

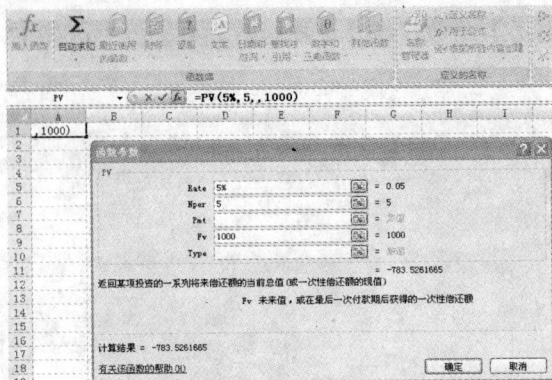

图 12-4 复利现值的计算

② 如图 12-4 所示，分别输入年利率、投资限数以及投资终值，单击【确定】按钮，在该单元格显示现在公司需存入款项的金额为-783.53 万元。因为是投入，所以结果为负数。

(2) 普通年金现值的计算

普通年金现值的公式为：

$$P_A = A \times \frac{1 - (1+i)^{-n}}{i} = (P/A, i, n)$$

【例 12-5】某人要出国三年，请你代付三年的房屋的物业费，每年末付 10000 元，若存款利率为 5%，现在他应给你在银行存入多少钱？

依题意，求现在需存入银行的款项属于求年金现值的问题，即：

PA=A×(P/A，i，n)=10000×(P/A，5%，3)=10000×2.7232=27232.48(元)

即某人现在应给你在银行一次性存入 27232.48 元，你才能每年年末帮他支付 10000 元的物业费。

💡 提示

有关操作的步骤请参考例 12-4，打开如图 12-5 所示的对话框，按照题意分别输入年利率、期限和年金金额，单击【确定】按钮，在该单元格显示现在应在银行存入 27232.48 元。

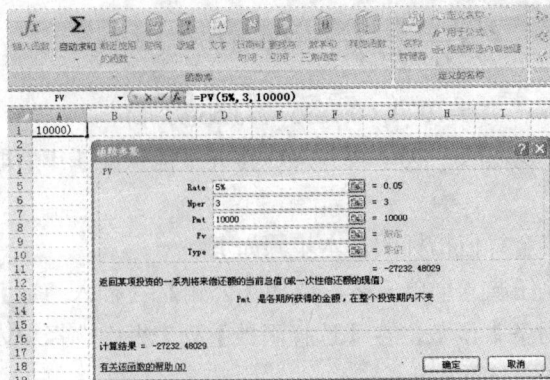

图 12-5 普通年金现值的计算

(3) 预付年金现值的计算

预付年金现值的公式为：

$$P_A = A \times \left[(P/A, i, n \quad 1) + 1 \right]$$

$$= A \times \left[\frac{1 - (1+i)^{-(n-1)}}{i} + 1 \right]$$

【例 12-6】某人分期付款购买住宅，需每年年初支付 10000 元，连续支付 20 年。若银行借款利率为 5%，则该项分期付款如果现在一次全部支付，共需支付现金多少？

依题意，现在需支付的金额为即付年金的现值，故需一次性支付的金额应为：

$$P_A = 10000 \times [(P/A, 5\%, 20 \quad 1) + 1] = 100000 \times 13.0853 = 130853 (元)$$

> 🦋 **提示**
>
> 有关操作的步骤请参考例 12-4，打开如图 12-6 所示的对话框，按照题意分别输入年利率、期限和年金金额，单击【确定】按钮，在该单元格显示一次全部支付的金额为 130853 元。

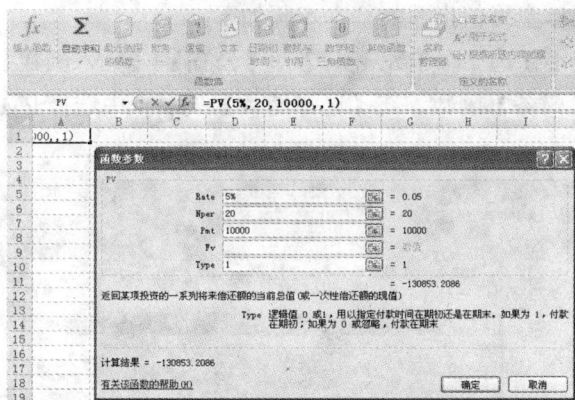

图 12-6　预付年金现值的计算

3. 特殊年金时间价值指标

特殊年金时间价值指标计算包括计算偿债基金和计算资本回收额。

偿债基金指为了在约定的未来某一时点清偿某笔债务或积累一定数额资金而必须分次等额提取的存款准备金。由于每次提取的等额准备金类似年金存款，同样可以获得按复利计算的利息，因而应清偿的债务(或应积累的资金)即为年金终值，每年提取的偿债基金即为年金。即偿债基金的计算实际上是年金终值的逆运算。其计算公式为：

$$A = F_A \times \frac{i}{(1+i)^n - 1}$$

式中 $\dfrac{i}{(1+i)^n-1}$ 称为债基金系数，可用(A/F，i，n)来表示。

> **提示**
>
> 年金函数 PMT(rate, nper, pv, fv, type)用于计算投资或贷款的等额分期偿还额，计算偿债基金。

【例 12-7】某公司希望在 5 年内每年年末存入银行一笔资金，以便在第 5 年年末归还一笔到期的 100 万元长期债务。若银行存款年利率为 10%，则每年年末应存入银行的款项数额是多少？

依题意，每年末公司应存入银行的款项数额为：

$$A = 100 \times \frac{5\%}{(1+10\%)^5-1} = 100 \times \frac{1}{(F/A,10\%,5)}$$

$$= 100 \times \frac{1}{6.1051} = 16.38(万元)$$

运用 Excel 计算普通年金终值指标的基本步骤如下：

① 在 Excel 工作表中任选一个单元格，选择【公式】|【插入函数】命令，在打开的【插入函数】对话框中选择【财务】函数，在【选择函数】列表框中选择 PMT 选项，单击【确定】按钮，打开如图 12-7 所示的对话框。

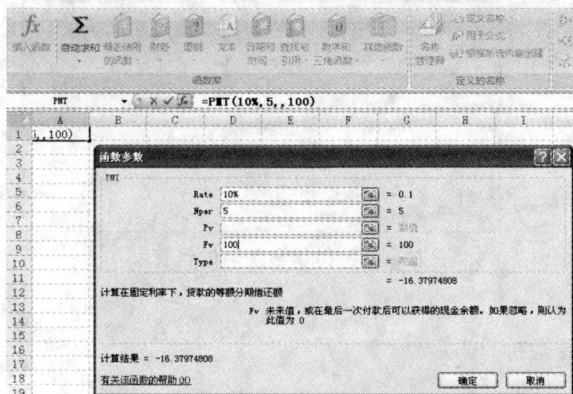

图 12-7　偿债基金的计算

② 如图 12-7 所示，分别输入年利率、限数、未来归还数值，然后单击【确定】按钮，在该单元格显示每年年末应存入银行的款项数额为-16.38 万元。因为是存款，所以结果为负数。

资本回收额是指在约定的年限内等额回收初始投入资本额或清偿所欠债务额的价值指标。资本回收额的计算即年金现值的逆运算。其计算公式为：

$$A = P_A \times \frac{i}{1-(1+i)^{-n}} = \frac{P_A}{(P/A,i,n)}$$

式中：$\dfrac{i}{1-(1+i)^{-n}}$ 称为资本回收系数，可用 $(A/P，i，n)$ 来表示，为年金现值系数的倒数。

【例 12-8】 某公司假设以 10%的利率借款 200 万元，投资于某个寿命为 10 年的项目，每年至少要收回多少现金才可投资？

依题意，每年应收回的现金数额即为年资本回收额。所以每年应收回的现金数额为：

$$A = \frac{200}{(P/A,10\%,10)} = \frac{200}{6.1446} = 32.55 \,(万元)$$

提示

有关操作的步骤请参考例 12-7，打开如图 12-8 所示的对话框，按照题意分别输入年利率、期限和未来付款额，单击【确定】按钮，在该单元格显示每年至少回收金额为 32.55 万元。

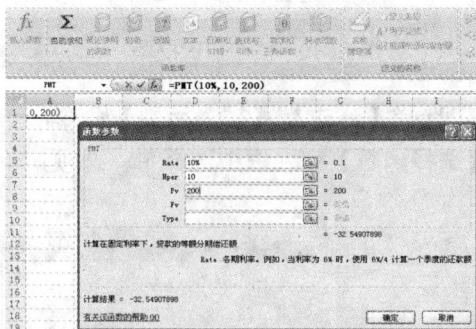

图 12-8　资本回收额的计算

12.1.3　时间价值运用——长期债券决策分析

1. 债券发行价格的确定

债券发行价格的高低取决于 4 个因素：债券面值、债券利率、市场利率和债券期限。

(1) 债券估计模型

债券估计模型如图 12-9 所示。

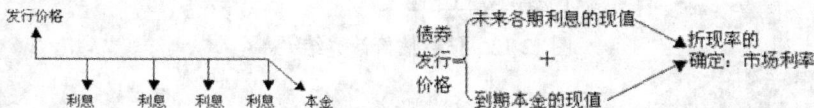

图 12-9　债券估计模型

(2) 计算公式

典型的债券是固定利率，每年计算并支付利息，到期归还本金。按照该模式，债券发行价格的计算公式为：

P=利息×(P/A，i，n)+面值×(P/F，i，n)

2. 运用 Excel 确定债券发行价格

【例 12-9】嘉佑公司拟于 2013 年 2 月 1 日发行面值为 1000 元的债券，票面利率为 5%，每年 2 月 1 日计算并支付一次利息，并于 8 年后的 1 月 31 日到期，市场利率为 6%，则债券的发行价格为多少？

运用 Excel 确定债券发行价格的基本步骤如下：

① 根据已知数据建立 Excel 表格，如图 12-10 所示。

图 12-10　债券估价模型

② 计算债券的发行价格。选择【公式】|【插入函数】命令，在打开的【插入函数】对话框中选择【财务】函数，在【选择函数】列表框中选择 PV 选项，单击【确定】按钮，打开如图 12-11 所示对话框。

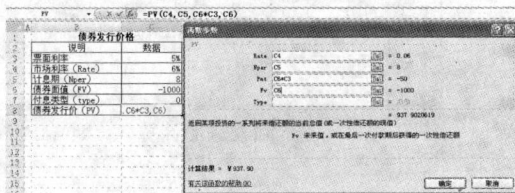

图 12-11　债券估价中 PV 函数的应用

③ 如图 12-11 所示分别引用 C4、C5、C6*C3 和 C6 单元格，单击【确定】按钮，得出 C8 单元格的值(债券发行价格)为 937.90 元，结果如图 12-12 单元格所示。

图 12-12　债券估价计算结果

计算说明：

每年支付利息(Pmt)=债券面值×票面利率=C6*C3=-50(元)

债券发行价：C8=每年债息×(p/A,i,n)+ 债券面值×(p/s,i,n)

＝PV(C4,C5,C6*C3,C6,C7)=PV(6%,8,-50,-1000,0)=937.90(元)

提示

式中由于支付利息 Pmt 和债券到期支付面值 Fv 均为支出，因此参数均为负值。

④ 根据债券估价模型和有关数据调整相关参数，进行债券价值的动态计算。

改变表中参数数据则可立刻算出结果。例如，若【例 12-9】中的付息时间为期初，则仅将图 12-11 中 C7 单元格(付息类型 type)的值改为 1，即可在 C8 单元格自动计算出债券发行价格为：

PV(C4,C5,C6*C3,C6,C7)=PV(6%,8,-50,-1000,1)=956.53(元)

结果如图 12-13 中 C8 单元格所示。

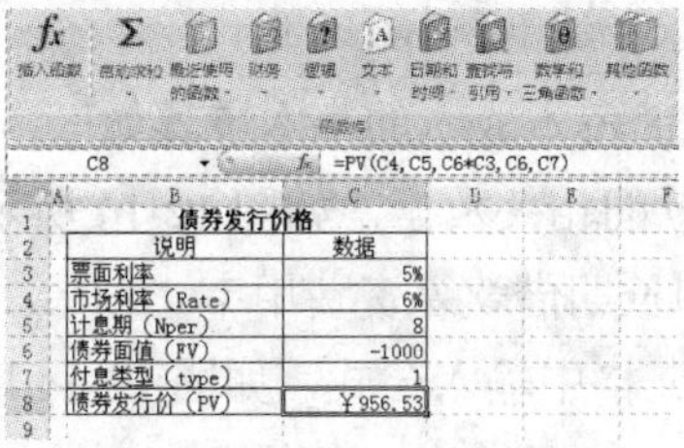

债券发行价格	
说明	数据
票面利率	5%
市场利率（Rate）	6%
计息期（Nper）	8
债券面值（FV）	-1000
付息类型（type）	1
债券发行价（PV）	￥956.53

图 12-13 动态债券估价计算结果

12.2 资本成本的计量

12.2.1 资本成本概述

资本成本指企业为筹集和使用资金而发生的各种费用，包括用资费用和筹资费用。企业的资本成本是组成企业资本结构的各种资本来源的成本的合计。按其用途可以分为：个别资本成本、综合资本成本和边际资本成本。个别资本成本是某一种筹资方式的资本成本，一般用于各种具体筹资方式的比较和评价；综合(加权平均)资本成本是对于各种个别资本成本进行加权平均而得到的结果。用于进行资本结构决策；边际资本成本是企业新筹集部分资金的成本加权，用于追加筹资决策。个别资本成本是综合资金成本和边际资金成本的基础，综合资本成本和边际资本成本是对个别资本成本的加权平均，三者均与资本结构有关。

12.2.2 个别资本成本的计量

个别资本成本包括债务资本和权益资本两大类。债务资本有长期借款和长期债券两部分。权益资本又可进一步划分为优先股、普通股和留存收益三部分。不同资本成本其计量方式也有所不同。

1. 长期借款成本的计量模型

一次还本、分期付息借款的成本为：

$$K_L = \frac{I(1-T)}{L(1-f)} = \frac{i \times L \times (1-T)}{L(1-f)} = \frac{i(1-T)}{1-f}$$

式中，Kl 为长期借款成本，T 为所得税率，I 为年利息，i 为年利息率，f 为筹资费率，L 为长期借款筹资额(借款本金)。

当长期借款的筹资费(主要是借款的手续费)很小时，也可以忽略不计。

【例 12-10】嘉佑公司取得 5 年期长期借款 200 万元，年利率为 11%，每年付息一次，到期一次还本付息，筹资费率为 0.5%，企业所得税率 33%，在该项长期借款的资金成本为：200×11%×(1–33%)/200×(1–0.5%)=7.41%。

运用 Excel 计算该项长期借款的资本成本的基本步骤如下：

① 在 Excel 工作表中输入借款的相关数据，如图 12-14 所示，分别在单元格 B2、B3、B4 中输入长期借款利率、所得税率和长期借款筹资费用率。

② 在计算资本成本数据的单元格中输入公式，如图 12-14 所示，在 B5 单元格中输入公式“=B2*(1-B3)/(1-B4)”，即可计算出该项借款的资本成本。

B5　fx　=B2*(1-B3)/(1-B4)

	A	B	C	D
1	长期借款成本			
2	长期借款的利率	11%		
3	所得税率	33%		
4	长期借款筹资费用率	0.50%		
5	长期借款资本成本	7.41%		
6				

图 12-14　长期借款资本成本

2. 债券资本成本的计量模型

发行债券的成本主要指债券利息和筹资费用。按照一次还本、分期付息的方式，长期债券资本成本的计算公式为：

$$Kb = \frac{I(1-T)}{B_0(1-f)} = \frac{B \times i \times (1-T)}{B_0 \times (1-f)}$$

其中，B 为债券面值，B_0 为债券筹资额(发行价)。

【例 12-11】嘉佑公司计划发行 10 年期公司债券，面值为 1000 万元，票面利率 12%，每年付息一次，发行费率为 3%，所得税率为 33%。等价发行，确定该公司发行债券的资金成本。

该债券的成本运用 Excel 计算，如图 12-15 所示。

其中单元格 B6 的结果是通过下述公式计算得到：“=B2*B3*(1-B5)/(B2*(1-B4))”。

B6　fx　=B2*B3*(1-B5)/(B2*(1-B4))

	A	B	C	D	E
1	债券筹资				
2	发行总面额（万元）	1000			
3	票面利率	12%			
4	筹资费用率	3%			
5	所得税率	33%			
6	债券资本成本	8.29%			
7					

图 12-15　债券资本成本 1

若债券溢价或折价发行，为更精确地计算资本成本，应以实际发行价格作为债券筹资额。

【例 12-12】假定嘉佑公司债券的发行价格为 1200 万元，其他条件相同，则其资金成本如图 12-16 所示。

B7 | fx | =B2*B4*(1-B5)/(B3*(1-B6))

	A	B	C	D	E
1	债券筹资				
2	发行总面额（万元）	1000			
3	发行价格（万元）	1200			
4	票面利率	12%			
5	所得税率	33%			
6	筹资费用率	3%			
7	债券资本成本	6.91%			
8					

图 12-16　债券资本成本 2

其中单元格 B7 中是需要计算的债券资本成本，从图 12-16 中可知，其计算结果为 6.91%，是通过在 B7 单元格中输入公式"=B2*B4*(1-B5)/(B3*(1-B6))"得出的。

3. 优先股资本成本的计量模型

企业发行优先股，要支付筹资费用，还要定期支付股利。股利固定，但是税后支付，不具有抵税作用，优先股没有固定到期日。其计算公式为：

$$Kp=\frac{D_p}{P_0(1-f)}=\frac{P\times d}{P_0\times(1-f)}$$

其中，Kp 为优先股成本，D_p 为优先股年股利，P_0 为优先股筹资额(发行价)，d 为优先股年股利率，P 为优先股面值总额。

【例 12-13】嘉佑公司按面值发行 100 万的优先股，筹资费率为 4%，每年支付 12%的股利，则优先股的成本是多少？

运用 Excel 计算该优先股的成本，如图 12-17 所示。

其中单元格 B6 中是需要计算的优先股资本成本，从图 12-17 中可知，其计算结果为 12.50%，是通过在 B6 单元格中输入公式"=B4*B3/(B2*(1-B5))"得出的。

B6 | fx | =B4*B3/(B2*(1-B5))

	A	B	C	D
1	优先股筹资			
2	优先股市价（万元）	100		
3	优先股股利率	12%		
4	优先股面值（万元）	100		
5	筹资费用率	4%		
6	优先股资本成本	12.50%		
7				

图 12-17　优先股资本成本

4. 普通股资本成本的计量模型

普通股成本的计量可以采用股利增长模型法、资本资产定价模型法和风险溢价法 3 种计算方法。

(1) 股利增长模型法

股利固定增长，年增长率为 g 的情况下，其计算公式为：

$$K_S = \frac{D_1}{V_0(1-f)} + g$$

其中，Ks 为普通股成本，D_1 为预期第一年年股利额，V_0 为普通股市价。

【例 12-14】嘉佑公司普通股每股市价 56 元，将发行新普通股，筹资费率为股价的 10%，前一年股利为 2 元/股，今年预计每股股利增长 12%，则普通股资本成本是多少？

运用 Excel 计算该普通股的成本，如图 12-18 所示。

其中单元格 B6 中是需要计算的普通股资本成本，从图 12-18 中可知，其计算结果为 16.44%，是通过在 B6 单元格中输入公式 "=B2/(B3*(1-B5))+B4" 得出的。

图 12-18　普通股资本成本 1

(2) 资本资产定价模型法

资本资产定价模型法的计算公式为：$Ks = R_f + \beta(R_m - R_f)$

式中 R_f 为无风险报酬率，β 为股票的贝塔系数，R_m 为平均风险股票必要报酬率。

【例 12-15】嘉佑公司普通股 β 值为 1.5，此时市场无风险报酬率为 12%，平均风险股票必要报酬率为 15%，留存收益的成本计算如图 12-19 所示。

其中 B5 中的数值是由输入公式 "=B2+B3*(B4-B2)" 得出的。

图 12-19　普通股资本成本 2

(3) 风险溢价法

风险溢价法的计算公式为：$Ks = R_f + R_R$

式中 R_R 为风险溢价。

【例 12-16】假定嘉佑公司普通股的风险溢价估计为 8%，而无风险利率为 5%，则该公司普通股筹资成本为多少？

其中 B4 中的计算结果是 13%，是通过输入下述公式 "=B2+B3" 计算得出。

图 12-20　普通股资本成本 3

5. 留存收益资本成本的计量模型

一般情况下，企业不会把全部的收益以股利形式分给股东，所以留存收益也是企业资金的一种重要来源，相当于股东对企业追加投资，属于普通股股东。股东对这部分与以前缴纳的股本一样，也要有一定的报酬，所以留存收益也要计算成本(机会成本)与普通股资金成本计算方法一致，只是不考虑筹资费用。

股利固定增长，年增长率为 g 的情况下，其计算公式为：

$$K_e = \frac{D_1}{V_0} + g$$

式中 K_e 为留存收益成本。

【例 12-17】嘉佑公司普通股目前的股价为 10 元/股，筹资费率为 8%，刚支付的每股股利为 2 元，g 为 3%，则留存收益成本多少。

如图 12-21 所示，其中 B5 中的计算结果是 23.60%，是通过输入公式“=B2*(1+B4)/B3+B4”计算得出。

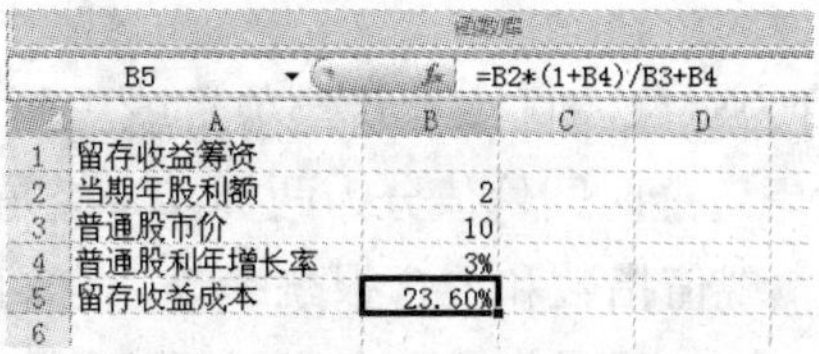
B5　=B2*(1+B4)/B3+B4

	A	B	C	D
1	留存收益筹资			
2	当期年股利额	2		
3	普通股市价	10		
4	普通股利年增长率	3%		
5	留存收益成本	23.60%		
6				

图 12-21　留存收益资本成本

12.2.3　综合资本成本的计量

企业可以从多种渠道，用多种方式筹资资金，而不同筹资方式的筹资成本不同，为进行决策，必须计算企业的加权平均资本成本，即综合资本成本。

综合资本成本是衡量企业筹资的总体代价，是企业全部长期资金的总成本，是对个别资本成本进行加权平均确定的。即以个别资本成本为基础，以个别资本占全部资本的比重为权数计算得出。

综合资本成本=∑个别资本成本×个别资本占总资金的比重(即权重)

$$Kw = \sum_{j=1}^{n} K_j W_j$$

式中：K_W 为综合资本成本，K_j 为第 j 种个别资本成本，W_j 为第 j 种个别资本占全部资本的比重(权数)。

【例 12-18】嘉佑公司共有资金 100 万元，其中长期借款 30 万元，长期债券 10 万元，普通股 40 万元，留存收益 20 万元，各种资金的成本分别为 K_l=6%，K_b=12%，K_s=15.5%，K_e=15%，试计算该企业综合资本成本。

该公司的综合资本成本如图 12-22 所示，根据题意将各种筹资方式对应的金额和资本成本的数据输入 Excel 表中，计算出每种筹资方式占全部筹资金额的权重，计算出每种筹资方式的权重和资本成本的乘数，E7 的计算利用 SUM 函数，E7 是通过输入公式“SUM(E2：E5)”计算得出。

E7 =SUM(E2:E5)

	A	B	C	D	E
1	筹资方式	金额（万元）	权重	资本成本	权重*资本成本
2	长期借款	30	0.3	6%	1.80%
3	长期债券	10	0.1	12%	1.20%
4	留存收益	20	0.2	15%	3.00%
5	普通股	40	0.4	15.50%	6.20%
6	总资金	100			
7	综合资本成本				12.20%
8					

图 12-22　综合资本成本

12.3　项目投资评价基本指标

12.3.1　项目投资评价指标概述

项目投资是一种以特定项目为对象，直接与新建项目或更新改造项目有关的长期投资行为。项目投资评价指标按是否考虑资金时间价值分为两类，一类是考虑时间价值因素的折现指标(动态指标)，主要包括净现值、现值指数和内含报酬率等，它们是进行项目投资决策的主要评价指标，并且都是正指标，越大越好；另一类是不考虑时间价值因素的非折现指标(静态指标)，主要包括投资回收期和投资收益率。本节只介绍几种动态评价指标的计量。

12.3.2　动态评价指标的计量

1. 净现值(NPV)

净现值指在项目计算期内按行业的基准收益率或其他设定折现率计算的各年净现金流量现值的代数和。净现值法现实应用的关键是如何确定贴现率。如果确定了贴现率或预期报酬率，就可以通过计算投资方案的净现值评价方案的优劣。在采纳与否的决策中，若净现值大于或等于零，表明该项目的报酬率大于或等于预期的投资报酬率，方案可取；反之，则方案不可取。在互斥方案的决策中，则净现值大于零且金额最大的为最优方案。

其中，Excel 专门提供了净现值函数：NPV(rate,value1,value2, ...)

Rate 为某一期间的贴现率，是一固定值。Value1, value2, ...为 1 到 29 个参数，代表支出及收入，在时间上必须具有相等间隔，都发生在期末，且务必保证支出和收入的数额按正确的顺序输入。

【例 12-19】嘉佑公司第一年年末要投资 10000 元，而未来 2、3、4 年年末的净现金流量分别为 3000 元、4200 元和 6800 元。假定每年的贴现率为 10%，计算该项目的净现值。

运用 Excel 计算项目净现值的基本步骤如下。

① 根据已知数据建立投资项目净现值的基本模型，如图 12-23 所示。

图 12-23　投资项目净现值模型

② 选中 F3 单元格，并插入函数 NPV()。在参数列表中分别引用相应的单元格，如图 12-24 所示。

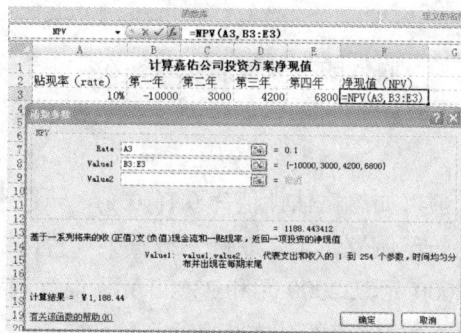

图 12-24　投资方案净现值计算

③ 单击【确定】按钮，计算出项目净现值为：

$$F3=NPV(A3,B3:E3)=1188.44$$

2. 现值指数(PI)

现值指数指投产后按行业基准收益率或设定折现率折算的各年净现金流量的现值合计与原始投资的现值合计之比。即：

现值指数=投产后各年净现金流量的现值合计/原始投资的现值合计

在采纳与否的方案决策中，若现值指数大于或等于 1，表明该项目的报酬率大于或等于预定的投资报酬率，方案可取；反之，则不可取。在互斥方案的决策中，获利指数大于 1 且指数最大的为最优方案。

Excel 未专门提供现值指数函数，但可以利用净现值函数 NPV() 计算投资项目的现值指数。以【例 12-19】为例，可以把投资项目的现金流入和现金流出分开计算其净现值，然后将二者相除即得出投资方案的现值指数。

现金流入的 NPV÷投资的 NPV

=NPV(10%,0,3000,4200,6800)/NPV(10%,10000,0,0,0)=1.13，如图 12-25 所示。

图 12-25　现值指数计算

3. 内含报酬率(IRR)

内含报酬率又叫内部收益率，即指项目投资实际可望达到的收益率，亦可将其定义为能使投资项目的净现值等于零的折现率。内含报酬率就是方案本身的实际收益率，是净现值的逆运算，反映了投资项目的真实报酬率。净现值的为绝对数指标，在相互独立方案评价中，无法评价不同投资期投资额方案的优先次序，而内含报酬率是相对数指标，弥补了这一缺陷。无论什么样的投资方案，只要 IRR 大于预期报酬率，则方案可取，且 IRR 越大说明方案越好。

手工计算该指标时常用内插法估算，十分繁琐且不精确。Excel 提供了精确计算内含报酬率的函数：IRR(values,guess)。

values：代表多笔支出(负数)及收入的参数值。values 必须包含至少一个正值和一个负值。函数 IRR 根据数值的顺序来解释现金流的顺序,故应确定按需的顺序输入支付和收入的数值,且要与收支期对应。

guess：是给定利率的估计值，如忽略估计值为 0.1(10%)，一般不用设定。

【例 12-20】嘉佑公司要将一笔闲置资金 72000 元投资某项目，并预期今后 4 年的净收益(净现金流量)分别为 25000 元、20000 元、22000 元和 23000 元，银行利率为 5%，是否应该投资？

运用 Excel 计算投资项目内含报酬率的基本步骤如下：

① 根据已知数据建立投资项目内含报酬率分析的基本模型，如图 12-26 所示。

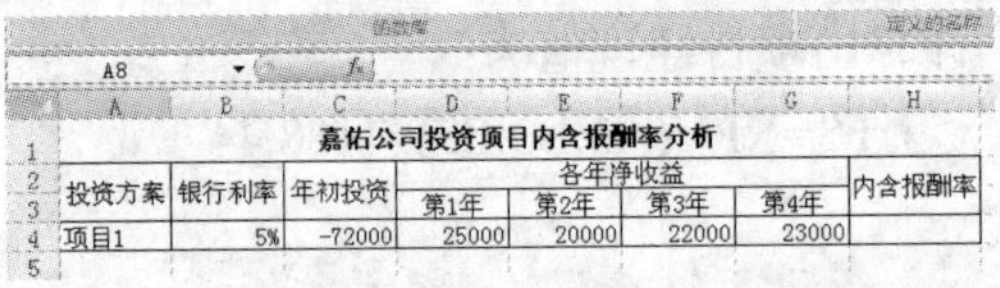

图 12-26　嘉佑公司投资项目内含报酬率模型

② 选中 H4 单元格，并插入函数 IRR()。在 Values 参数中引用 C4：G4 单元格区域，如图 12-27 所示。

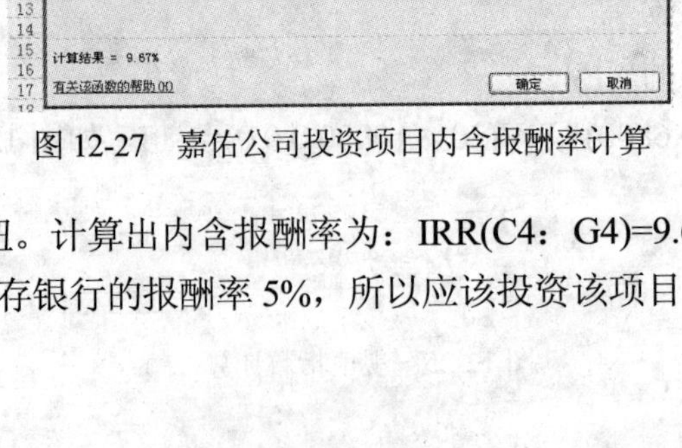

图 12-27　嘉佑公司投资项目内含报酬率计算

③ 单击【确定】按钮。计算出内含报酬率为：IRR(C4：G4)=9.67%。
内含报酬率显然大于存银行的报酬率 5%，所以应该投资该项目。

12.3.3　项目投资决策模型

【例 12-21】嘉佑公司有 3 个投资项目可供选择，各个项目的初始投资和各年净收益(净现金流量)见图 12-28。若市场利率为 5%，请分别用净现值法和内含报酬率法进行项目投资决策。

各个项目初始投资和各年净收益

投资方案	年初投资	各年净收益			
		第 1 年	第 2 年	第 3 年	第 4 年
项目 1	-72 000	25 000	20 000	22 000	23 000
项目 2	-100 000	30 000	25 000	35 000	41 000
项目 3	-100 000	40 000	50 000	35 000	0

图 12-28　各个项目初始投资和各年净收益

运用 Excel 构建嘉佑公司项目投资决策模型的基本步骤如下。

① 根据案例的原始资料建立 Excel 表格，如图 12-29 所示。

嘉佑公司项目投资决策分析模型

投资方案	市场利率	年初投资	各年净收益				净现值	内含报酬率
			第1年	第2年	第3年	第4年		
项目1	5%	-72,000	25,000	20,000	22,000	23,000		
项目2	5%	-100,000	30,000	25,000	35,000	41,000		
项目3	5%	-100,000	40,000	50,000	35,000	0		

图 12-29　嘉佑公司项目投资决策分析模型

② 根据有关数据分别计算 3 个项目的净现值和内含报酬率。

在 H4 单元格插入函数 NPV()，计算出项目 1 的净现值为：NPV(B4,C4：G4)=7501.62(元)。

在 I4 单元格插入函数 IRR()，计算出项目 1 的内含报酬率：IRR=IRR(C4：G4)=9.67%。

选中 H4 单元格的填充柄，向下拖动至 H6 单元格，求出项目 2、3 的净现值。

选中 I4 单元格的填充柄，向下拖动至 I6 单元格，求出项目 2、3 的内含报酬率。

结果如图 12-30 所示。

H4　=NPV(B4,C4:G4)

嘉佑公司项目投资决策分析模型

投资方案	市场利率	年初投资	各年净收益				净现值	内含报酬率
			第1年	第2年	第3年	第4年		
项目1	5%	-72,000	25,000	20,000	22,000	23,000	￥7,501.62	9.67%
项目2	5%	-100,000	30,000	25,000	35,000	41,000	￥14,487.89	10.96%
项目3	5%	-100,000	40,000	50,000	35,000	0	￥13,029.55	12.29%

图 12-30　嘉佑公司项目投资决策分析

③ 对模型计算结果进行分析。用净现值法决策，则项目 2 的净现值最大，应该选择投资项目 2；但用内含报酬率法决策，则项目 3 的内含报酬率最大，应该选择项目 3。显然二者相互矛盾。

由图 12-30 可知，项目 3 与项目 1 和项目 2 的投资收益不同。显然这种情况存在两个标准：效益和效率。若从资金效率上考虑，应该根据内含报酬率大小，选择项目 3 作为投资方案。但如果是从效益最大化角度考虑，则应该选择净现值最大的项目 2 作为最优方案。

对于互斥方案，暂且假设在资金供给无限量的条件下，应该以净现值为标准，选择项目 2。而若这 3 个项目为互相独立的方案，即采纳项目 2 时不排除同时采纳项目 1 和项目 3，这样很难用净现值法来确定优先次序。这时使用内含报酬率法就可以解决这个问题，应该优先安排内含报酬率高的项目 3，如有足够资金再依次安排项目 2 和项目 1。

从该案例可以看出净现值法和内含报酬率法指标在项目投资决策中具有各自的优缺点。

⑫.4　上机练习

1. 某人拟购房，开发商提出两种方案，一是 5 年后付 120 万元，另一方案是从现在起每年年末付 20 万，连续付 5 年，若目前的银行存款利率是 7%，应如何付款？请用 Excel 列表求解。

2. 某公司从银行贷款 5000 万元，年利率为 10%，借款期限为 5 年，偿还条件为每年年末等额偿还，则公司每年还款额为多少？请用 Excel 列表求解。

3. 某企业计划筹资 1000 万元，所得税率 30%，有关资料如下：

(1) 向银行借款 100 万元，年利率 7%，手续费率 2%;

(2) 按溢价发行债券，债券面值 140 万元，溢价发行价格为 150 万元，票面利率 9%，期限 5 年，每年付息一次，筹资费率 3%;

(3) 发行优先股 250 万元，预计年股利 30 万，筹资费率 4%;

(4) 发行普通股 400 万元，每股发行价格 10 元，筹资费率 6%，预计第一年每股股利 1.2 元，以后每年按 8% 递增;

(5) 企业资金通过留用利润取得。

要求：请用 Excel 列表求解：　(1)计算个别资本成本；(2)计算该项筹资方案的综合资本成本。

4. 假设某人年初投入资金 400 万元购买一家百货店，希望 5 年的净收益为：80 万元、92 万元、100 万元、120 万元和 145 万元。每年的贴现率为 8%，计算该投资项目的净现值。请用 Excel 列表求解。

5. 假设某人要开一家饭店，估计需要 70 万元的投资，并预期今后 5 年的净收益为：12 万元、15 万元、18 万元、21 万元和 26 万元，计算该项目的内含报酬率。请用 Excel 列表求解。

⑫.5　习题

问答题

1. 列举熟悉的财务函数有哪些，并举例说明它们的功能。

参 考 文 献

[1] 财政部. 企业会计准则 2006[M]. 北京：经济科学出版社，2006

[2] 财政部注册会计师考试委员会办公室. 财务成本管理[M]. 北京：经济科学出版社，2013

[3] 财政部注册会计师考试委员会办公室. 会计[M]. 北京：中国财政经济出版社，2013

[4] 财政部. 企业会计准则——应用指南[M]. 北京：中国财政经济出版社，2006

[5] 洪士吉. Excel 会计财管实战应用[M]. 北京：清华大学出版社，2008

[6] 龙马工作室. Excel 2010 中文版完全自学手册[M]. 北京：人民邮电出版社，2011

[7] 宋翔. Excel 2010 从入门到精通[M]. 北京：希望电子出版社，2011

[8] 王国胜. Excel 2010 图解应用大全[M]. 北京：中国青年出版社，2012

[9] 导向工作室. Excel 2010 办公应用快易通[M]. 北京：人民邮电出版社，2009

[10] 孙惠民. Excel 在财务会计中的应用[M]. 北京：清华大学出版社，2006

[11] 吴辉，任晨煜. Excel 在财务会计与管理会计中的应用[M]. 北京：清华大学出版社，2006

[12] 蒙评，王兴莲，刘小伟. Excel 财会应用范例[M]. 北京：机械工业出版社，2008

[13] 荣钦科技. 精通 Excel 2007 财会应用的 15 堂案例课[M]. 北京：电子工业出版社，2009

[14] 庄君. Excel 财务管理与应用[M]. 北京：机械工业出版社，2009

[15] 陈立稳. Excel 财务应用[M]. 北京：化学工业出版社，2009

[16] 韩良智. Excel 在财务管理中的应用[M]. 北京：清华大学出版社，2009